本书受到中国人民大学国家发展与战略研究院智库丛书出版资助

中国经济外交蓝皮书（2020） 第3辑

在世界经济裂变中负重前行

Walking Hard in the Divided World Economy

李 巍 主编
张玉环 宋亦明 副主编

中国社会科学出版社

图书在版编目（CIP）数据

在世界经济裂变中负重前行/李巍主编．—北京：中国社会科学出版社，2020.5（2020.8重印）

ISBN 978-7-5203-6326-6

Ⅰ.①在… Ⅱ.①李… Ⅲ.①对外经济关系—研究—中国 Ⅳ.①F125

中国版本图书馆CIP数据核字（2020）第064585号

出 版 人	赵剑英
责任编辑	张冰洁　白天舒
责任校对	田宝辰
责任印制	王　超

出　　版	中国社会科学出版社
社　　址	北京鼓楼西大街甲158号
邮　　编	100720
网　　址	http://www.csspw.cn
发 行 部	010-84083685
门 市 部	010-84029450
经　　销	新华书店及其他书店
印　　刷	北京明恒达印务有限公司
装　　订	廊坊市广阳区广增装订厂
版　　次	2020年5月第1版
印　　次	2020年8月第2次印刷
开　　本	710×1000　1/16
印　　张	34.75
插　　页	2
字　　数	481千字
定　　价	169.00元

凡购买中国社会科学出版社图书，如有质量问题请与本社营销中心联系调换
电话：010-84083683
版权所有　侵权必究

中国经济外交蓝皮书(2020)编委会

主　　　编　李　巍

副 主 编　张玉环　宋亦明

项目组成员
　　　　　　孙　忆　罗仪馥　赵　岚　黄泽群
　　　　　　艾雪颖　向恬君仪　孙　妍　张梦琨
　　　　　　赵　莉　安怡宁　林震宇

目　　录

第一部分　中国经济外交2019年年度报告：从应对贸易冲突到预防经济脱钩 …………………………………………………… （1）
　一　全球经济体系的裂变与聚合 ………………………………… （3）
　二　中美经贸谈判在艰难中寻求收获 …………………………… （6）
　三　"一带一路"外交平稳推进 ………………………………… （11）
　四　积极参与全球多边经济外交 ………………………………… （15）
　五　双边经济外交不断发力 ……………………………………… （23）
　六　自贸协定外交再上新阶 ……………………………………… （29）
　七　2020年中国经济外交展望 …………………………………… （32）

第二部分　中国经济外交十大事件 ……………………………… （37）
　一　中美经过多轮艰难谈判，初步达成第一阶段贸易协议 …… （39）
　二　中国对外开放迈向新台阶，构成大国经济外交坚实后盾 …… （39）
　三　"一带一路"外交继续推进，制度建设成为新趋向 ……… （40）
　四　中国力推RCEP谈判整体结束，能否最后签署仍有变数 …… （41）
　五　WTO岌岌可危，中国努力捍卫多边贸易体制 ……………… （41）
　六　中日经济外交密集展开，双边经济关系进一步提升 ……… （42）
　七　中俄油气外交取得重大突破，改善中国能源安全环境 …… （43）
　八　中欧峰会给双边投资协定谈判（BIT）制定时间表 ………… （43）
　九　华为成为中国经济外交重要焦点 …………………………… （44）

十　中国与中东欧合作从"16+1"升级扩展为"17+1" ……… (45)

第三部分　中国经济外交专题报告 ……………………………… (47)

打造中国经济外交新支点
——中英自贸区建设的战略意义及可行性研究 ……………… (49)
　　一　中国的自贸区战略 …………………………………………… (51)
　　二　英国在中国经济外交中的重要地位 ………………………… (55)
　　三　中英已有的经济合作基础 …………………………………… (63)
　　四　中英自贸区谈判路线图 ……………………………………… (71)
　　五　结论 …………………………………………………………… (81)

第四部分　中国经济外交月度报告 ……………………………… (83)

　　一　中国稳步扩大对外开放（一月报告） ……………………… (85)
　　二　中美经贸磋商密集进行（二月报告） ……………………… (117)
　　三　中欧经贸合作提质升级（三月报告） ……………………… (128)
　　四　中国举办第二届"一带一路"国际合作高峰论坛
　　　　（四月报告） ………………………………………………… (135)
　　五　中美经贸磋商阴云再起（五月报告） ……………………… (159)
　　六　中英财金合作再上新阶（六月报告） ……………………… (169)
　　七　中美重启经贸谈判（七月报告） …………………………… (183)
　　八　RCEP谈判加速进行（八月报告） ………………………… (195)
　　九　中德经贸关系加速发展（九月报告） ……………………… (209)
　　十　中国拓展与南亚经贸合作（十月报告） …………………… (220)
　　十一　中国FTA战略稳步推进（十一月报告） ………………… (233)
　　十二　中美经贸谈判达成协议（十二月报告） ………………… (243)

第五部分　中国经济外交重要事件 ……………………………（255）
　　一　中国双边经济外交 …………………………………（257）
　　二　中国区域经济外交 …………………………………（396）
　　三　中国全球经济外交 …………………………………（421）

第六部分　中国经济外交相关事件 ……………………………（445）

第七部分　中国经济外交相关文献 ……………………………（467）
　　一　领导人重要讲话 ……………………………………（469）
　　二　重要署名文章 ………………………………………（471）
　　三　部委文件及公告 ……………………………………（473）
　　四　国际重要协议文件声明公报 ………………………（475）

第八部分　中国经济外交相关学术文献 ………………………（483）

第九部分　中美经贸摩擦大事记 ………………………………（495）
　　一　密集磋商 ……………………………………………（499）
　　二　阴云再起 ……………………………………………（501）
　　三　柳暗花明 ……………………………………………（503）
　　四　边打边谈 ……………………………………………（505）
　　五　迈向缓和 ……………………………………………（506）

第十部分　中国经济外交相关数据 ……………………………（511）

主编后记 …………………………………………………………（548）

第一部分

中国经济外交 2019 年年度报告：从应对贸易冲突到预防经济脱钩

从应对贸易冲突到预防经济脱钩

2019年，中国所处的国际经济环境相比2018年更为复杂严峻，中美贸易争端在经历了螺旋式升级之后，虽然终于在2019年年底达成第一阶段贸易协议，但很少人能对未来中美经贸关系持乐观态度。关于中美经济脱钩的讨论，无论是在中国还是在美国都已经成为重要话题，剧烈的贸易冲突暴露出捍卫经济安全的重要性，而中美部分脱钩被不少人认为是化解中美各自经济安全隐患的一剂药方。世界上两个最大的经济体，从紧密的相互依赖关系逐渐走向部分脱钩，这是国际经济关系史上从来未有的现象，它将给整个全球经济体系带来重大影响。而如何预防和化解中美经济脱钩的负面效应，是中国2019年经济外交的重要使命。

第一部分　中国经济外交2019年年度报告：从应对贸易冲突到预防经济脱钩

◇ 一　全球经济体系的裂变与聚合

在经济单边主义和贸易保护主义持续蔓延的背景下，2019年世界经济增长持续放缓，尤其是全球制造业陷入了衰退危机，主要经济体制造业增长均面临下行压力，各国为刺激经济增长纷纷实行宽松的货币政策，国际宏观经济政策协调面临挑战。此外，主要大国的贸易保护政策持续破坏自由贸易体系，世界贸易组织（WTO）上诉机构正式停摆，国际贸易规则重构压力增大，多边贸易体系面临重大危机，全球经济治理命悬一线。中国既要应对贸易保护主义的冲击，稳定国内经济和对外贸易增长，又要推进区域和全球经济合作，为世界经济增长注入新动力。2019年，中国经济外交负重前行。

（一）世界经济增长持续放缓

2019年，世界经济陷入同步放缓境地，贸易保护主义依然是威胁世界经济增长的最重要因素，各国央行为刺激经济增长纷纷实施宽松货币政策，宏观政策操作空间日渐减小，经济复苏前景仍然存在较大不确定性。国际货币基金组织（IMF）发布2019年全球经济增速为2.9%，是2008年美国金融危机以来的最低水平。

发达经济体中，欧洲整体经济增长低迷，主要国家增长势头疲弱，前景较为黯淡，IMF公布2019年欧元区经济增长1.2%，是2013年以来的最低水平，尤其是欧洲经济"火车头"德国经济增长乏力，国内制造业增长低迷，陷入衰退困境，2019年GDP增速仅为0.6%，创下6年新低。

在英国脱欧、贸易局势等不确定性因素的影响下，法国、英国、意大利等主要经济体也增长乏力，几乎都在零增长附近徘徊，英国在2019年第二季度甚至出现了负增长。日本经济增长呈放缓趋势，由于全球贸易紧张局势、消费税上调等原因，日本制造业增长乏力，出口面临困境，经济复苏面临较大压力，2019年日本GDP增速仅为0.7%。相比之下，美国经济维持温和扩张势头，在主要经济体中可谓"一枝独秀"，私人消费拉动经济增长，失业率维持在50年来最低水平，IMF发布2019年美国GDP增速为2.3%，2020年预计为-5.9%。

在全球经济放缓、大宗商品出口需求减少、国际金融风险上升的背景下，新兴经济体和发展中国家仍面临较大挑战，IMF公布的2019年新兴经济体和发展中国家的增速降至3.7%，低于2018年的4.5%。金砖国家中，印度、南非增速下滑明显，印度2019年GDP增速仅为4.2%，为近11年来最低增速，南非经济面临衰退风险，2019年GDP增速仅为0.2%，低于2018年的0.8%。俄罗斯和巴西经济增速有所放缓，IMF统计2019年俄罗斯GDP增速将降至1.3%，巴西年内GDP增速为1.1%，均略低于2018年。中国经济也继续放缓，2019年GDP增速为6.1%，低于2018年的6.6%。

随着全球经济增长放缓，各国为应对经济下行压力、刺激本国经济增长，纷纷实行货币宽松政策。货币宽松政策蔓延或将导致宏观政策操作空间减小，不利于应对金融风险。2019年以来，全球有近30个国家的中央银行实施降息措施，尤其是美联储连续三次降息，引发其他国家跟风随潮。全球货币宽松政策可能为刺激经济增长做出贡献，但同时也意味着应对金融风险的货币政策空间愈来愈小，值得警惕。

（二）国际贸易秩序重塑趋势加快

2019年，贸易保护主义依然在全球范围内发酵，对以WTO为核心的多边贸易体系破坏程度持续加深；同时，以区域自由贸易谈判为主的贸易规则重构进程加快，一些主要经济体加强联合以在新兴贸易议题及规则制定方面寻求协调。

一是全球贸易保护措施仍在加码升级，直接破坏自由开放、互惠互利的多边贸易体系。美国与中国、欧盟等国的"关税战"仍在上演，并继续引发"以邻为壑"的加征关税浪潮。根据WTO最新报告，2018年10月至2019年10月，WTO成员共实施102项新贸易限制措施，涉及贸易进口额约为7469亿美元，同比增长27%，是自2012年10月以来的最高纪录。

二是WTO争端解决机制濒临瘫痪，改革面临阻碍。在美国的阻挠下，WTO争端解决机制上诉机构于12月11日正式停摆，多边贸易体系危机不断加剧。面对欧盟等成员提出的WTO改革方案，美国以方案无法解决其关切的争端解决机制系统性问题为由持反对立场，阻碍WTO改革进程，多边贸易体系危机重重。

三是区域贸易协定蓬勃发展，成为全年亮点。欧盟分别与日本、新加坡、越南、南方共同市场达成或批准贸易、投资协定，在重构自由贸易体系方面表现主动；由54个国家签署的非洲大陆自由贸易区于5月正式生效；由15国构成的区域全面经济伙伴关系协定（RCEP）于11月结束全部文本谈判以及实质上所有市场准入谈判，有望于2020年签署协议；中日韩自贸协定（FTA）谈判取得积极进展；美墨加三国于2019年年底正式签署《美墨加协定》新版协议，进入三国国会批准程序。在全球贸易体系不断走向混乱的背景下，区域贸易协定成为各国寻求提高贸易投资自由化水平的重要方式。

四是美欧日发达经济体强化经贸互动，有意率先在新兴贸易议题领域建规立制，重新掌握规则制定权。2019年上半年，美日欧举行两轮三边贸易部长对话，截至2019年年底，美欧日三方已举行了六次贸易部长会议，重点关注非市场政策与实践、产业补贴与国有企业、强制技术转让、不公平竞争等多项议题的合作，同时也重视对数字经济与贸易等新领域的规则发展。可见，在国际贸易秩序重新洗牌之际，老牌发达国家正通过联合与协调，维护并拓展其既有的贸易规则优势地位。

（三）国际经济治理体系面临严重失能

在上述背景下，国际宏观经济政策协调面临挑战，国际经济治理困难重重，无力应对全球经济下行趋势。一方面，以二十国集团（G20）为主的全球经济治理平台缺乏有效执行机构，在应对国际经济、贸易、投资新变化方面存在不足，传统的IMF、世界银行等国际经济组织亟待改革，以反映国际政治经济力量对比变化。这些全球经济治理的主要机制在2019年的表现几乎都乏善可陈。

另一方面，区域经济治理机制在推动本地区经济贸易增长方面也力有不逮，例如亚太地区最大的区域经济组织亚洲太平洋经济合作组织（APEC）的影响力日渐下滑，2019年APEC智利峰会因智利国内骚乱取消，这是APEC历史上首次取消年度首脑峰会，而"茂物目标"即将到期，亚太地区贸易投资自由化和便利化笃定难以实现。

面对这样的国际经济大环境，中国经济外交可谓负重前行，力争将国际环境的负面影响降到最低。

◇◇ 二 中美经贸谈判在艰难中寻求收获

中美经贸谈判是2019年中国经济外交最重要的内容，它不仅事关中国经济发展的大局，还影响整个全球经济秩序。2019年元旦刚过的1月7

第一部分　中国经济外交2019年年度报告：从应对贸易冲突到预防经济脱钩　　7

日至9日，中美就在北京举行副部级经贸谈判，随后不久，中美在华盛顿举行第五轮中美经贸高级别谈判，这是自2018年7月中美"关税战"正式开打之后，双方举行的首次高级别谈判，它也拉开了中美2019年贸易争端"相持阶段""边打边谈"的序幕，并在经过了艰苦努力之后最终于2019年12月初步收获了中美第一阶段贸易协议，它在关键时刻为避免中美经济全面脱钩提供了一股正面力量。中美经贸谈判将载入整个中国经济外交的史册。

（一）从黎明初现到再坠谷底

在2019年春寒料峭之际，中美双方先后在北京和华盛顿举行了第六轮和第七轮经贸高级别谈判。在此期间，美国总统特朗普宣布，推迟原定3月1日上调中国输美商品关税的计划，还表示将在佛罗里达海湖庄园同习近平主席再次举行峰会以完成协议签署。

2019年4月，中美贸易谈判再次迎来高潮。第九轮和第十轮谈判先后在华盛顿和北京举行。美方表示，谈判进入了最后阶段，但仍存在一些棘手问题有待解决。对于中方来说，美国是否以及何时取消对价值2500亿美元的中国商品加征关税是最后要解决的问题之一。4月4日，特朗普总统在推特上表示，协议可能在此后大约4周内达成，这向全世界传达了中美即将结束贸易战的最积极信息。

2019年5月9日至10日，中美在华盛顿举行第十一轮谈判。然而，此轮谈判却以破裂收场，双方未能如期达成协议，中美经贸关系随即再次急转直下，两国"关税战"再度升级。根据刘鹤副总理在采访中释放的信息，导致中美谈判再次遭受挫折的原因主要是双方存在几个重要分歧，涵盖了中方的三个核心关切问题：一是取消全部加征关税，中方认为，如果要达成协议，加征的关税必须全部取消；二是贸易采购问题，中方认为贸易采购数字要符合实际，并指出双方在阿根廷元首会晤期间已对贸易采购数字形成初步共识，不应随意改变；三是改善文本平衡性，中方认为文本表达方式要为中国国内民众所接受，不损害国家主权和尊严。第十一轮谈判的挫折是中美关税战自爆发以来的又一次重大转折，导致了中美关税战的进一步升级。

不仅如此，美国继续维持或加大对包括华为在内的企业的制裁力度。5月，美国以切断供应链的方式将华为及其68家附属公司列入"实体清单"，这一"围剿"华为的举动引发业界巨大震动，为中美贸易摩擦火上浇油。

除以上双边事件外，中美在多边场合的博弈也继续进行。WTO上诉机构对美国对华加征关税案件进行终裁，裁决美国违反了世贸规则，但WTO上诉机构对此案的最终裁决接受了美国的说法，即中国国有企业补贴了部分原材料的成本。该裁决授权中国可以选择对美国施以报复措施。美国对此裁决并不接受。此外，特朗普政府发表声明，要求WTO就"发展中国家"身份的规则在90天内进行改革，否则美国将不承认某些富裕经济体的"发展中国家"身份。

可以说，2019年5月，对于中美经贸关系而言是最为黑暗的一个月，一种"黑云压城城欲摧"的悲观气氛笼罩在中美两国上空。

（二）大阪元首会晤后柳暗花明

经过了5月的硝烟再起，2019年6月29日，习近平主席同特朗普总统在日本大阪G20峰会期间举行了举世瞩目的元首会晤，在关键时刻为更加紧张的双边经贸关系"降了温"，使双方重新回到寻求贸易协议的轨道上来。

大阪会晤是自2018年7月中美贸易争端开始以来的第二次两国元首

会晤。会晤主要取得三点积极成果：第一，两国元首同意，中美双方在平等和相互尊重的基础上重启经贸磋商；第二，美方表示，不再对此前所说的剩下 3000 多亿美元中国产品加征新的关税；第三，特朗普表示，有可能会解除对华为公司的一些限制，允许美国企业继续向华为出售部分零部件。大阪会晤对稳住中美双边经贸关系极为关键，它向世界释放出积极信号，即两国仍将继续致力于达成一个双方都能接受的贸易协议，双方并没有彻底"闹掰"。而且这次会晤所达成的元首共识也为正在两国舆论界甚嚣尘上的中美经贸"脱钩论"提供了一种强大的对冲力量。

7 月 30 至 31 日，第十二轮中美经贸高级别谈判在上海举行。选取上海而非以往的北京作为谈判新地点具有重要象征意义，上海是 1972 年尼克松访华并同中国签署《中美联合公报》的城市。在上海重启中美经贸磋商也释放出中方积极达成协定、延续上海《中美联合公报》精神的信号。但是这轮谈判并未有实质性突破。2019 年 8 月 1 日，特朗普因不满谈判进展，宣布将再度升级中美关税战，以对中国施加压力。对此，中国也迅速做出了关税反制回应。至此，中美关税加征范围已覆盖至双方出口的全部产品，两国关税水平已到达一个新高度。

不仅如此，中美金融和投资关系也日趋紧张。8 月 5 日，美国财政部时隔 15 年再度将中国认定为"汇率操纵国"。此外，特朗普还在推特上命令美国企业寻找替代中国的方案，将工厂撤出中国搬回美国，为中美双边投资关系带来巨大不确定性。在持续一年的贸易摩擦的影响下，2019 年上半年，东盟取代美国成为中国第二大贸易伙伴，美国滑落至第三位，排在欧盟和东盟之后，这一数据变化预示着中美贸易"脱钩"事实上正在发生。

而美国对中国企业的定向制裁也在继续推进。8 月 7 日，特朗普政府根据《2019 财年国防授权法案》发布一项暂行规定，禁止美国联邦机构购买华为、中兴、海能达通信、海康威视和大华科技五家中国企业的通信和视频监控设备以及服务。这预示着，无论协议能否达成，美国对中国高科技的打压恐难放松，"技术战"或将成为未来中美经贸摩擦的主战场。

（三）"第一阶段"贸易协议最终达成

在经历了双方的激烈较劲之后，进入9月中美之间再次展开了一系列经济外交活动，缓和两国的紧张关系。空前烈度的贸易争端让双方都感到了巨大"疼痛"，尤其是在2020年美国大选的压力之下，美方对达成贸易协议的迫切性日益提高。

在这一背景下，10月10至11日，第十三轮谈判在华盛顿举行，会后双方宣称初步达成"第一阶段"贸易协议的草案。具体内容包括：第一，关税方面，美国决定暂停原定于10月15日对中国2500亿美元产品提高关税至30%，维持25%的关税，12月15日对3000亿美元中的部分产品加征15%关税仍需谈判；第二，农业方面，中方将购买价值约400亿—500亿美元的农产品；第三，知识产权保护方面，中美关于技术转让的一些内容和知识产权保护的大部分内容都得以解决，其余问题可在中美"第二阶段"贸易磋商中解决；第四，货币和金融服务业方面，中美在外汇市场透明度等方面达成协定，中国将加大对金融服务机构的对外开放力度；第五，对于此前中国关切的"执行机制"，"第一阶段"贸易协议以"争端解决机制"代替。此外，华为等被加入"实体清单"的企业和政府机构并不在"第一阶段"贸易谈判中。

"第一阶段"贸易协议原本计划在11月16日智利APEC峰会期间正式签署，但因为该会流产而未能实现。2019年11月，刘鹤副总理与美国贸易代表罗伯特·莱特希泽、美国财长史蒂文·姆努钦先后三次通话，推动协议最后达成。在万众焦虑的等待中，2019年12月13日，中美双方同时宣布，经过两国经贸团队的共同努力，双方已就第一阶段经贸协议文本达成一致。

在2019年寒冷的冬季里，中美第一阶段贸易协议不啻一束温暖阳光，尽管它并不足以温暖整个世界经济，两国的贸易摩擦也不会完全终止，双边谈判和博弈仍将延续，但它仍然是对中国对美经济外交团队艰辛努力的一个重要见证。

三 "一带一路"外交平稳推进

2019年，以第二届"一带一路"国际合作高峰论坛的顺利举办为标志，中国的"一带一路"外交开始迈入攻坚克难、纵深发展的新里程。在这一年间，中国先后与意大利、卢森堡等世界各地的18个国家或国际组织签署了27份政府间合作文件。截至2019年年底，中国已经与137个国家和30个国际组织签署了197份共建"一带一路"合作文件。在此基础上，"一带一路"国际合作在制度建设、吸引力与影响力、项目进展以及创新合作方式等方面取得诸多实质性成果。

（一）"一带一路"合作机制日益完善

在"一带一路"框架下的各种双、多边合作机制建设日趋多元与成熟，参与者的层级与所涉议题类型也更加丰富。一方面，第二届"一带一路"国际合作高峰论坛成果丰硕，尤其在机制和平台建设上有所突破。第二届"一带一路"国际合作高峰论坛于2019年4月25至27日在北京顺利举行，论坛期间先后举办了高峰论坛开幕式、领导人圆桌峰会、高级别会议、12场分论坛和1场企业家大会，吸引了来自37个国家的元首或政府首脑出席圆桌峰会，以及240多个国家与国际组织的6000余外宾参加论坛。会议最终形成了共六大类283项成果，通过了《第二届"一带一路"国际合作高峰论坛圆桌峰会联合公报》。与第一届高峰论坛相比，本届论坛不仅在参会规模与所取得的成果上有明显进步，还新设了不少新的论坛机制，即在首届峰会中的政策沟通、设施联通、贸易畅通、资金融通、民心相通与智库交流六个分论坛的基础上，更有针对性地设置了廉洁、数字、绿色、创新、地方合作与境外经贸合作区六个具体议题的分论坛，还首次创建了企业家大会，为各国工商行业人员提供专门的交流平台。此外，第二届论坛的顺利举办本身也具有里程碑式的意义，即作为"一带一路"框架下成员规模最大、层级最高、所涉议题领域最为丰富的国际机制，"一带一路"国际合作高峰论坛正在稳定步入制度化的阶段。

另一方面，具体议题领域里的合作机制建设也取得一些进展，这些机制的参与者不再局限于政府部门，而更多地包含了民间机构，这也是"一带一路"国际合作的实践不断下沉或深化的表现。4月，"一带一路"新闻合作联盟和"一带一路"国际智库合作委员会先后宣布成立并正式运营。新闻合作联盟吸纳了包括中方机构在内的86个国家的182家媒体成员，并在人民日报社设立秘书处；国际智库合作委员会的发起单位共计16家，分别来自中国、美国、俄罗斯、韩国、新加坡和印度尼西亚等多个国家。这两大机制都由中方机构首先发起，并得到"一带一路"倡议相关国家的积极回应，是"一带一路"建设在新闻与智库交流方面取得的重大成果。此外，11月由中外共八家仲裁机构共同举办的"一带一路"仲裁机构高端圆桌论坛，以及在12月由中华全国律师协会发起建立的"一带一路"律师联盟则有效填补了"一带一路"制度建设在法治营商方面的空白，将有助于解决跨国商事纠纷、减少贸易与投资合作障碍等。

（二）"一带一路"参与成员不断增多

"一带一路"倡议在国际社会上的认可度日益提升，主要表现在主动加入"一带一路"倡议的国家类型更加多元，以及一些国家对于"一带一路"倡议由质疑到支持的态度转变。2019年，中国与所罗门群岛正式建立外交关系，双方随即签署了《共建"一带一路"谅解备忘录》，旨在加强中国与所罗门群岛在贸易投资、基础设施建设等领域的合作。至此，21世纪海上丝绸之路顺利实现向南延伸。与此同时，作为七国集团（G7）的成员国，意大利率先与中国签署《关于共同推进"一带一路"建设的谅解备忘录》也具有里程碑式的意义，这标志着"一带一路"国际合作的直接参与者不再局限于亚、非、拉发展中国家，而开始正式地扩展至西方发达国家。

除意大利外，以德国、韩国为代表的工业化国家也一改以往质疑与观望的姿态，先后以不同的方式肯定、接纳或融入"一带一路"国际合作。例如，德国最大的银行——德意志银行集团发布《"一带一路"倡议白皮书》，详解了"一带一路"倡议为参与者带来的机遇，并强调该倡议未来可期，这在某种意义上代表了德国部分经济外交参与者或决策者对"一带一路"倡议的积极态度；韩国创建的首个"一带一路"研究院正式获得法人社团地位，并于4月与新华社研究院等15家智库共同发起成立"一带一路"国际智库合作委员会，这也是韩国政府及民间重视与支持"一带一路"建设的一种表现。

（三）"一带一路"多个项目取得突破

"一带一路"框架下的重点项目建设较为顺利，其中不少项目在2019年都取得了突破性的进展。一是在中国与当事国政府的积极沟通下，个别在2018年受阻的项目开始重回"正轨"，其中马来西亚东海岸铁路就是最典型的案例之一。2018年由于马来西亚政权更迭而一度遭遇停工甚至有终止风险的东海岸铁路项目，于2019年4月出现转机，中方承建企业与马方业主在双方政府代表的见证下签署了有关补充协议以及竣工后的联合管理、运营及维护合作备忘录，铁路建设随即复工，并计划于2026年年底完成。

二是诸多基础设施项目先后投产或进入收尾阶段，设施联通的红利逐渐显现。在能源设施方面，柬埔寨最大水力发电工程——桑河二级水电站在2018年12月竣工后，如今已顺利投产，年发电量达19.7亿千瓦时，可以满足柬埔寨约300万人口的用电需求；印度尼西亚爪哇7号燃煤发电工程1号机组是中国企业在海外投建的单机容量最大、拥有自主知识产权的火电机组，截至目前也顺利完工投产；由中国企业承建的肯尼亚加里萨50兆瓦光伏发电站竣工并投入运营，该项目是东非最大的光伏电站，年均发电量约为7646.7万千瓦时，预计将解决超过38万人口的用电问题，等等。

在以铁路为主的交通设施领域里，中老铁路在2019年取得了超出原计划的进展，先后攻克了"中老铁路首座超过5公里的大隧道""全线高风险、重难点控制性工程——卡村一号隧道"等多个高难度隧道贯通的难题，按照这一进展速度，该铁路有望于2021年前实现建设通车；中泰铁路（曼谷至呵叻段）一期工程的建设也按部就班地进行，在此基础上，中泰政府在4月签署了《关于廊开—万象铁路连接线的合作备忘录》，并于11月李克强总理访泰期间，共同强调将加快落实该文件，实现中老泰铁路的贯通；此外，泰国政府与包括中国企业在内的投标方还在2019年启动了泰国东部经济走廊（EEC）高铁的谈判工作，并基本确定了由泰国正大集团牵头、中日韩等多国企业或机构参与的企业联合体为中标方，这也是"一带一路"国际合作在设施联通方面取得的重要进展。

（四）第三方市场合作发展迅速

第三方市场合作成为"一带一路"国际合作的新兴方式，这是中国

"一带一路"外交的重要创新。2019年,中国先后与阿拉伯国家、英国、奥地利等国谈及或达成了关于第三方市场合作的文件,建立第三方市场合作的机制。截至2019年年底,中国已与近20个国家签署了第三方市场合作政府间文件,签署对象国以日本、韩国、新加坡等东亚工业化国家以及法国、英国等欧洲发达国家为主,第三方市场合作的新方式为上述国家间接参与"一带一路"国际合作提供特定的平台。由于目前加入"一带一路"倡议的国家以发展中经济体为主,这种合作方式实际上也使"一带一路"倡议成为发达国家与发展中国家等不同类型的参与者进行资源对接、优势互补的"桥梁"。

总体而言,在过去五年"一带一路"国际合作的丰硕成果与经验教训的基础上,2019年中国的"一带一路"外交前进步伐更加稳健,各种形式的合作也更加深入与务实。但另外,在当前全球经济增长形势不容乐观、自由贸易与多边主义屡受冲击的不利背景下,如何维护多年深耕形成的"一带一路"合作网络,以及通过"带路"外交修复甚至重建一个经济全球化的世界,也成为中国正面临的主要难题与挑战。

◇ 四 积极参与全球多边经济外交

2019年,面对经济单边主义和贸易保护主义对国际经济体系的冲击,G20、WTO等全球经济治理平台和机制依然无力应对。不过,中国仍然积极通过扩大自身对外开放、推动全球和区域经济外交等行动,维护以规则为基础的多边贸易体系,并为世界经济增长增添动力。

(一)参与全球经济治理

第一,努力扩大开放,捍卫自由贸易体系。2019年,中国全面加快对外开放步伐，以实际行动维护多边合作和自由贸易体系。中国先后出台多项措施，扩大对外开放：全国人大于3月审议通过了《外商投资法》，国务院于11月印发《关于进一步做好利用外资工作的意见》，全面保障国外企业在华的经营权利，加大吸引外国投资的力度；国务院金融稳定发展委员会于7月公布11条金融业对外开放措施，涉及银行、证券、保险、基金、期货、信用评级等多个领域；国务院关税税则委员则于12月印发通知，自2020年1月始将对850余项商品实施低于最惠国税率的进口暂定税率；此外，第二届中国国际进口博览会在上海举行，国家主席习近平强调与各国共建开放合作、开放创新、开放共享的世界经济，等等。

新一轮全方位深层次对外开放不仅体现在中国在投资、金融服务、商品贸易等领域进一步向世界打开大门，更体现在中国通过出台相关法律法规、搭建多边合作平台等措施，向国际社会做出继续扩大对外开放的郑重承诺，向世界释放出谋求共同发展的积极信号。一系列的制度性、结构性的对外开放措施，逐步推动中国由"商品和要素流动型对外开放"向"规则等制度型对外开放"的转变，这有利于中国更好地对接世界规则，促进国内实体产业和资本市场的健康发展，也将为世界经济发展提供改革和开放的红利，发挥自由贸易和多边合作的优势。在目前保护主义盛行的宏观背景下，中国以实际行动践行以开放促改革的发展理念，中国的开放举措成为中国在国际舞台上展开经济外交的坚实后盾，日渐成为维护多边主义、捍卫自由贸易的中坚力量。

第二，推动多边机制改革，完善全球治理体系。2019年，中国继续推动WTO、IMF等国际经济组织的渐进性改革，为完善全球经济治理体系贡献中国力量。推进以WTO为核心的多边贸易体系改革是2019年国际经济机制改革的重点领域。面对WTO争端解决机制上诉机构停摆危机，主要成员将WTO改革提上日程，试图重振WTO谈判职能、完善争端解决机制、加强贸易政策监督。中国也积极参与推进WTO改革，2019年5月商务部发布《中国关于世贸组织改革的建议文件》，进一步阐明中国建议的改革四大行动领域，即解决危及世贸组织生存的关键和紧迫性问题；增加世贸组织在全球经济治理中的相关性；提高世贸组织的运行效率；增强多边贸易体制的包容性。

中国继续同欧盟等成员在争端解决机制上诉机构法官遴选问题上向美国施压，还联合印度等10个发展中成员针对美国的"特殊与差别待遇"改革提案提出反驳意见，向WTO理事会提交相关文件，反对美欧等发达经济体有选择性地使用某些经济和贸易数据来否认发达国家和发展中国家之间的差别。中国坚决维护以规则为基础的多边贸易体系，驻WTO大使张向晨多次在各种会议上阐述中方的改革立场，并与美国外交官展开激烈交锋。

除推动WTO改革外，中国还继续施压IMF和世界银行等国际金融机构的改革，以增加新兴经济体和发展中国家的话语权和代表性。作为世界上最大的新兴经济体和发展中国家，中国经济实力持续增长、对外开放水平不断提高，是IMF份额的重要贡献者，也是IMF份额改革的积极参与者。不过，由于美国的阻挠，2019年IMF第十五次份额总检查未能就增加份额和调整份额比重达成一致，此次份额改革无果而终，未能助力新兴经济体和发展中国家在IMF中的投票权和话语权的进一步增长。IMF第十六次份额总检查即将开始，中国支持一个强健、基于份额、资源充足的IMF，维护其在全球金融安全网中的核心作用。未来，中国仍会积极推动IMF份额和治理改革，以此维护发展中国家利益和完善全球经济治理体系。

第三，抓住新科技革命机遇，发挥创新引领作用。尽管2019年世界经济增长平庸、逆全球化浪潮不断蔓延，但新科技革命迅猛发展依旧蕴含着新挑战和新机遇，中国利用达沃斯世界经济论坛、第二届中国国际进口博览会和创新经济论坛等全球经济合作平台，宣介中国创新合作理念，积极引领全球科技创新合作，为世界经济增长注入新动力。

一是强调包容性，以开放包容的创新合作推动世界经济增长，而非以安全为由搞知识保护和封锁。正如国务院总理李克强在2019年夏季达沃斯论坛开幕式致辞中提出的，中国要通过深入实施创新驱动发展战略、强化科技支撑、支持"互联网+"升级、实施包容审慎监管、加快发展现代职业教育、推进大众创业万众创新等增强经济的创新力和竞争力，为世界经济繁荣提供新思路。尽管美国对华科技制裁和封锁日益加剧，中国依然坚持开放包容的创新合作理念，为全球创新发展增加压舱石。国家主席习近平在第二届中国国际进口博览会开幕式演讲中指出，各国应该共同加强知识产权保护，而不是搞知识封锁，制造甚至扩大科技鸿沟。

二是突出规则性，打造第四次工业革命时代的全球架构，设置科学技术创新合作的标准和规范。第四次工业革命正在如火如荼地发展，如何利用先进技术推动全球化继续深入发展，需要国际社会共同制定相关标准和规则。中国积极参与全球科技创新治理，并提出规则制定相关原则。国家副主席王岐山在世界经济论坛2019年年会上致辞时表示，构建第四次工业革命时代的全球架构，各国要遵循六方面原则，即守住安全底线，留下技术创新空间；平衡各国利益，设置普遍技术规则标准；尊重各国主权，不搞技术霸权；坚持多边主义，构建技术规则体系和合作框架；维护公平正义，确保创新基于法治和国际准则；改善政策环境，协同各方发展。

第四，解决"发展赤字"问题，维护发展中国家利益。当前，世界经济运行风险和不稳定性持续上升，新兴市场国家面临着更加严峻的"发展赤字"挑战。中国作为世界第二大经济体和最大的发展中国家，既强调维护广大发展中国家利益，倡导"共商共建共享"的全球治理理念；同时也发挥大国影响力，为其他发展中国家提供可供参考的范例。

一方面，中国利用多个国际机制和平台，不断深化同发展中国家的经贸合作，并持续为推动世界经济高质量持久发展，为发展中国家与发达国家的沟通搭建桥梁。例如，在2019年金砖国家领导人巴西利亚会议上，中国继续坚持"金砖+"合作理念，共建新工业革命伙伴关系，希冀同其他新兴市场国家和发展中国家共谋发展，并积极推动二十国集团领导人峰会将发展作为重点议题。在G20大阪峰会期间，中国领导人同参加会议的非洲国家创造性地举行了中非领导人小型会晤，为多边主义注入了崭新内容，为发展中国家合作奠定了更深厚的基础。

另一方面，中国将自身的成功发展经验与成果同广大发展中国家分享，并帮助其他发展中国家实现自主可持续发展。2019年9月中国国务院发布《新时代的中国与世界》白皮书，系统介绍中国的发展经验，给众多发展中国家的现代化发展道路提供启示。此外，除了援助手段，中国还在"一带一路"框架下与非洲等地的发展中国家开展基础设施建设、农业技术合作等减贫合作，体现出了带有中国特色的减贫理念与作为。

（二）大力推进区域经济合作

在全球经济治理困境重重之际，2019年，中国与区域尤其是周边区域的经济外交活动丰富多样，区域经济合作取得一定成就。其中，中国与东南亚在"一带一路"与东盟互联互通的对接，以及次区域合作等方面取得较大进展，中日韩合作机制在推进三方务实合作、捍卫自由贸易等方面发挥重要作用，中亚区域经济合作在上海合作组织的引领下也在持续发展。

第一，中国与东南亚经济合作稳中有进。东南亚地区一直是中国推动区域经济合作的重点地区。中国已连续十年是东盟第一大贸易对象，2019年东盟也正式取代美国成为中国第二大贸易伙伴，这进一步凸显了东盟在中国经济外交中的重要地位。中国与东南亚国家经贸关系的深化主要体现在双方共同推进"一带一路"倡议、"10+X"制度框架、区域全面经济伙伴关系（RCEP）和澜湄合作等各种区域经济合作平台。

2019年，中国与东盟国家的合作意愿不断加强，并利用现有机制凝聚共识，加强对接。11月，第35届东亚系列峰会在泰国曼谷举行，国务院总理李克强在此期间先后出席了第22次中国—东盟（10+1）领导人会议、第22次东盟与中日韩（10+3）领导人会议和第14届东亚峰会（EAS）。在系列会议中，中国与其他参会各方继续就实现更高水平经济一体化、支持地区互联互通建设、加强贸易投资金融往来、拓展创新领域合作等议题展开交流与磋商，并取得重要成果。"10+1"领导人会议宣布制定《落实中国—东盟面向和平与繁荣的战略伙伴关系联合宣言的行动计划（2021—2025）》，并发表了关于"一带一路"倡议同《东盟互联互通总体规划2025》对接合作的联合声明等3份成果文件；"10+3"领导人会议通过了《东盟与中日韩领导人关于互联互通再联通倡议的声明》，以推进高质量基础设施建设；东亚峰会则通过了《关于可持续伙伴关系的声明》。此外，由东盟主导、中国积极推动的RCEP已于11月结束文本谈判及实质上所有市场准入问题的谈判，协议有望于2020年签署，届时中国与东盟经济合作的制度路径将更加丰富，为更广泛的亚太区域经济合作奠定基础。

作为中国与东南亚次区域合作的典范，澜湄合作的建设在2019年也稳中有进。除例行的部长级会议与各工作组会议等官方磋商顺利举行外，地方政府、半官方或民间力量对澜湄合作的参与日益广泛和深入，这成为2019年澜湄合作发展最突出的特点。3月，中国外交部在北京主办了澜湄合作三周年暨2019年"澜湄周"招待会，各成员在此期间共同举办了青年交流、智库论坛、合作成果展等多项活动。此外，2019年澜湄成员国还在不同议题或行业领域下共同开拓更多的合作平台与新的合作方式。在农业科技领域，由云南省农业科学院牵头，澜湄成员于8月在云南昭通宣布成立澜湄合作农业科技交流协作组；在纺织行业领域，首次澜湄纺织合作峰会于10月在江苏苏州举办；在旅游合作领域，2019澜沧江—湄公河区域旅游合作工作会议发布了《昆明共识》，决定由云南省牵头建立澜湄旅游合作联席会议机制；而在教育领域，澜湄成员国的地方政府、高校通过举办澜湄区域对话·教育合作论坛、设立澜湄青年交流合作中心等切实推进了区域教育合作。

最后，作为澜湄合作的关键基石，澜湄合作专项基金也实现了进一步的落实。除了启动或实施上一年度签约的首批国别项目外，中国还先后与其他成员国开启澜湄合作专项基金新一批项目的申报、审批与签约工作，并分别与柬埔寨、老挝、缅甸与泰国达成新的项目协议，据不完全统计，项目数量累计超过了60个。

第二，中日韩经济合作取得新进展。中日韩合作是东北亚区域经济合作的重要组成部分。自1999年启动后，中日韩合作机制在区域制度建设与具体项目合作等方面取得丰硕成果。2019年正值中日韩合作机制成立20周年，在世界经济下行压力加大、单边主义和保护主义蔓延，尤其是日韩因二战劳工等历史问题爆发贸易战的背景下，三方合作再次备受瞩目。

2019年，中日韩领导人会议、外长会议、经贸部长会议等磋商机制均举办了新一届会议并达成多项合作共识。其中，第八次中日韩领导人会议成果最引人注目，三方发表了《中日韩合作未来十年展望》，通过了"中日韩+X"早期收获项目清单等成果文件。在第12次中日韩经贸部长会议上，三方达成了共同推动RCEP在2020年如期签署的目标，表明了中日韩在推进东亚区域经济合作上的一致立场。此外，第9届中日韩外长会议、第11届中日韩央行行长会议等先后举行，助力三方深化在经济等领域的合作。

除中日韩合作机制框架下的各层级磋商会议如期举行外，中日韩自由贸易协定（FTA）谈判也取得重要进展。中日韩FTA是三方经济合作的

"重头戏"，2019年，中日韩先后在东京与首尔展开第十五轮与第十六轮FTA谈判，围绕货物贸易、服务贸易、投资、竞争、电子商务、知识产权、政府采购和原产地规则等多个议题展开磋商，并取得积极进展。

除继续推进中日韩务实合作外，三方还致力于加强与东盟的联系，促进更广泛意义上的东亚区域经济融合。2019年11月，在10+3领导人会议举办前夕，中日韩与东盟共同宣布成立中日韩—东盟银行联合体（10+3银联体）。该多边金融合作机制将为区域内重点项目、中日韩与相关国家开展第三方市场合作等提供融资支持，有效服务东亚经济协作与融合。

第三，中国对中亚经济外交稳步推进。2019年，中国对中亚区域经济外交活动依然以上海合作组织为主要平台，国家主席习近平与国务院总理李克强先后出席了上海合作组织元首理事会峰会和政府首脑理事会峰会，同其他成员达成了多项成果，推动中国与中亚国家区域经济合作向前迈进。

"扩员"之后的上海合作组织在中国与中亚国家开展经济合作中的推动作用愈发显著。一方面，上海合作组织机制在推动区域经济合作领域取得新成果。2019年，上海合作组织成员国元首理事会峰会和上海合作组织成员国政府首脑理事会峰会分别在吉尔吉斯斯坦首都比什凯克、乌兹别克斯坦首都塔什干举行，上合成员国还在会上签署了涉及信息通信技术、地方合作、经贸、铁路、数字经济等领域的多项合作文件和决议，进一步推动中国与中亚经济合作深入发展。除成员国元首理事会、政府首脑理事会外，上海合作组织框架下还建立了外长理事会和其他工作层面的合作机制。不同层级的合作机制和定期会晤机制保障了上海合作组织具有充沛的活力。

另一方面，在中国的推动下，上海合作组织推动中亚区域经济合作的职能有所增强。李克强总理在参加政府首脑理事会时表示，上合组织在推进经济合作方面需要扩大开放融通，拓展发展空间；完善联通格局，畅通高质量发展路径；培育创新亮点，增强发展新动能。与会各国领导人也一致主张上海合作组织要推进经贸、金融、农业、互联互通、人文等全方位合作。可以说，近年来在中国的推动下，上海合作组织早已超出了反恐等传统安全合作的范畴，在区域经济合作上的职能愈发凸显，正在发挥着"欧亚大陆腹地的安全稳定器"以及"欧亚经贸务实合作的加速器"的重要作用。

◇ 五 双边经济外交不断发力

2019年，中国与除美国以外的主要经济体双边经济外交均取得了较大进展，高层交往与互动及经济对话机制均顺利进行，进一步推动双边经贸关系向前发展。不过，中国双边经济外交也并非一帆风顺，政治安全、战略等因素仍为一些双边经贸关系蒙上阴影。

（一）中欧经济外交

第一，中国对欧盟经济外交喜中有忧。2019年，中美贸易争端阴霾密布，欧美贸易关系继续恶化，这为中欧在全球经贸问题上的态度和立场逐渐靠拢提供契机，中欧在反对单边主义和保护主义、维护以规则为基础的多边贸易体系等问题上存在共识。一是中欧高层会晤继续为双方战略沟通提供主渠道。4月9日，国务院总理李克强与欧洲理事会时任主席图斯克、欧盟委员会时任主席容克在比利时首都布鲁塞尔共同主持了第二十一次中欧峰会，并发表《第二十一次中国—欧盟领导人会晤联合声明》，此次会议收获颇丰，中欧在开放市场准入、停止强制在华经营的外资企业转让技术、WTO改革问题等议题上取得共识。二是中欧双边投资协定谈判

（BIT）成为2019年中欧经济合作一大亮点。中欧计划在2020年达成高水平的双边投资协定，2019年共进行六轮BIT谈判，在投资市场准入清单等方面取得了决定性进展。另外，在第24轮谈判期间，中欧签署了中欧地理标志协定，这是中国第一个全面、高水平的地理标志保护双边协定。

不过，随着中国经济实力日益增加，欧盟开始对中欧关系进行重新思考和认识，更加强调中欧经贸关系的"对等性"和部分领域的"竞争性"。2019年3月，欧盟委员会发布《欧盟—中国：战略展望》报告，将中国视为5G等关键经济领域的"竞争对手"、政治领域的"全面对手"，法国总统马克龙在欧洲峰会上还发表了"欧洲对中国的天真时代已经过去"等言论。相比前任主席容克的谨慎友好，欧盟委员会"新掌门"冯德莱恩就任前已多次出现对华强硬的言论，但在欧洲议会"碎片化"格局和欧美裂痕日益加深的背景下，冯德莱恩将优先考虑对华政策的延续性。

第二，中国与中东欧经济外交取得新突破。2019年，第八次中国—中东欧国家领导人会晤在克罗地亚杜布罗夫尼克举行，此次会议欢迎希腊从"16+1合作"框架下的第三方合作伙伴成为正式成员。"16+1合作"机制一直以来是中欧战略伙伴关系的重要组成部分和有益补充，希腊加入"16+1合作"将在中国和欧盟的经贸关系中起到沟通和桥梁作用，并为中国和中东欧国家之间的包容性合作开拓更广阔的空间。"中欧陆海快线"作为"16+1合作"的重要成果，其南点就是雅典的比雷埃夫斯港，未来在"17+1合作"这一跨区域务实合作平台下，中国与中东欧国家的互联互通水平将得到进一步提升。此次领导人会晤还发布了《中国—中东欧国家合作杜布罗夫尼克纲要》，为中国与中东欧国家的未来合作制定了下一阶路线图。"17+1合作"除了为中国和中东欧国家在贸易、投资、金融合作、农牧和能源领域提供高质量的互动平台，还在特定领域逐渐走向机制化。2019年4月揭牌成立的中国—中东欧国家全球伙伴中心将为"17+1合作"深入发展提供政策、法律咨询以及智力支持。此外，2019

年由斯洛伐克牵头设立的中国—中东欧区块链中心将以金融数字化为切入点,将推动中国与中东欧国家的科技与经贸合作迈上更高水平。

第三,中英双边经济外交成果显著。2019年,中英两国高层互访频繁,经济领域对话机制日益成熟,双边经贸关系深入发展,中英关系"黄金时代"进一步强化。4月,国务院总理李克强、副总理胡春华会见了英国首相特别代表、财政大臣哈蒙德,双方希望中英进一步加强贸易投资、大项目、科技、农业、金融等合作。5月,国家能源局局长章建华在北京会见英国商业、能源和产业战略部常务大臣亚历克斯·奇泽姆,双方探讨了核电、油气和新能源领域的合作、第六届中英能源对话安排等议题。6月,中英召开第十次中英经济财金对话,双方围绕宏观经济形势及全球经济治理、贸易投资与大项目合作、金融改革与金融市场发展、战略性与新领域合作四大议题进行交流,共达成69项政策成果,为中英互利共赢带来新机遇。2019年,金融、能源与科技依然是中英三大重点合作领域,双方央行、工业和商业部门高层保持会晤,探讨深化双方的金融、能源和科技合作等议题。脱欧前景的不明确是当前中英双边经贸关系中最大的影响因素,不过中英双方也在主动接洽,尽量降低脱欧对中英双边经贸关系的消极影响。

第四,中法双边经济外交延续上一年良好势头。2019年,中法首脑互动频繁,高层对话持续进行,推动双边经济关系持续发展,并为全球经济治理贡献力量。3月,习近平主席对法国进行国事访问,会见法国总统马克龙和总理菲利普,中法还发表关于共同维护多边主义、完善全球治理的联合声明。10月,习近平主席同马克龙总统通电话,双方保持沟通与交流。11月,习近平主席分别在上海和北京同来华参加第二次进博会的马克龙总统进行会谈,双方发表了《中法关系行动计划》,强调在促进互联互通、推进双边贸易和双向投资、促进传统和新兴领域合作等领域加强合作。除元首互动外,中法战略对话牵头人磋商、中法科技合作联委会等高层对话机制如期举行，双方在推进双边合作、维护多边主义等领域达成共识。具体来看，2019年中法经贸、金融等领域合作实现突破，比较突出的合作成果包括：在推进双边贸易和双向投资方面，法国总统马克龙访华期间，两国企业签署24份合同，涉及认证、航空、工业、金融和农业食品等领域；中国财政部在巴黎成功定价发行40亿欧元主权债券，体现出中国积极支持巴黎国际金融中心建设，是双方深化金融合作的重要事件，等等。

第五，中德经济外交有喜有忧。2019年，中德首脑保持互动，高层对话机制逐渐成熟，推动双边经贸关系加速发展，并在维护多边主义和自由贸易方面共同发挥作用。中德领导人借中法全球治理论坛、G20峰会等多边机制举行双边会晤，中国国家副主席王岐山于5月访德，德国总理默克尔于9月访华，双方利用双边、多边会晤就加强中德互利合作、扩大双向开放市场、反对贸易保护主义等领域达成多项共识。高层对话方面，双方先后举行了第二次中德高级别财金对话、2019中德互联网经济对话等会议，并签署《中德央行合作谅解备忘录》等合作文件，助力深化双边经济、金融、互联网等领域合作。此外，中德在农业、环境、科技等领域的合作也不断深化，相关经济外交活动频繁，例如，农业农村部部长韩长赋于6月在北京会见德国联邦食品及农业部部长尤利亚·戈洛克内尔，双方签署了《关于气候与农业合作意向的联合宣言》等文件；中国科技部部长王志刚于10月率团访问德国，参加中德科技创新合作大会等双边对话会议，并在深化中德交通领域科技创新合作等方面取得重要成果。不过，中德经贸关系中阴影犹存，中国企业在德国的收购限制、德国企业在中国的市场准入和公平待遇仍是中德经贸关系发展的不确定因素。

（二）中日经济外交

2019年，中日经济外交总体进一步升温，但仍有暗流涌动，这主要是因为两国在经济层面的合作需求与战略层面上的互信程度仍存在一定程度的不匹配。

经济层面上，中日两国经济外交活动逐渐频繁，双方通过多个较高级别的双边机制化平台开展积极交流与合作，密切双边经济合作关系，并就区域经济合作、世界经济形势、全球治理等议题进行深入交流。双方先后举行中日创新合作机制第一次会议、第13次中日经济伙伴关系磋商副部级会议、中日经济高层对话、中国商务部与日本经济产业省第19次副部级定期磋商等经济对话会议，涉及议题包括知识产权保护和技术创新领域、贸易、投资、第三方市场、金融等领域合作，两国及世界宏观经济形势、RCEP、中日韩自贸区、WTO改革、G20等区域及多边合作。中日在以上诸多领域达成合作共识，尤其在第五次中日经济高层对话中，双方在共同维护多边主义和自由贸易体制、加强G20机制框架下的合作等十个领域达成一致，取得显著成果。

可以看出，中日在多项经济议题上都有较大合作空间，双方也有比较强烈的合作意愿，在中国实施高水平开放和高质量发展、日本寻求持续性经济增长的背景下，中日共同努力将有更大可能构建出互利共赢的、符合新时代需要的中日经济关系。

不过，中日之间在战略上较低的互信程度仍可能会给双边经济外交带来障碍。例如，尽管日本目前在5G技术开发竞争中落后于中国，也很难绕过中国企业华为公司独立建设5G通信网络，但日本依旧追随美国脚步抵制华为。由此可见日美同盟在战略层面对日本的重大影响，当需要"选边站队"时，日本很大可能会选择站在美国一方。又如，当2019年11月印度宣布退出RCEP谈判时，日本随后不久也表达出可能"退群"的意向。尽管日本此举有部分原因是为了劝说印度重回RCEP，但这也反映出日本想要与印度这一南亚大国共同抗衡中国在RCEP中影响力的意图。

总的来说，中日经济合作需求与战略互信程度的错位常常很难调和，中国需要把握好中日两国关系改善的契机，以双边经济合作默契推动中日韩自贸区等区域经济一体化合作实现突破与进展。

（三）中俄经济外交

2019年，中俄继续保持密切的经济合作往来，两国经济外交活动频繁，取得多项重要成果。推动中俄双边经济合作、加快欧亚经济联盟与"一带一路"倡议的战略对接成为本年度中俄经济外交的核心议程。中俄两国领导人利用上海合作组织峰会、第二届"一带一路"国际合作高峰论坛等多边场合举行双边会晤，习近平主席访俄并出席第二十三届圣彼得堡国际经济论坛和中俄能源商务论坛，李克强总理访俄主持中俄总理第二十四次定期会晤，两国领导人就在欧亚经济联盟与"一带一路"战略对接的基础上开展经贸、投资等合作加以探讨，双方还签署了涵盖能源、金融、农业、航天等多项双边合作文件。10月，《中国与欧亚经济联盟经贸合作协定》正式生效，该协议的生效也标志着中国与欧亚经济联盟首次达成经贸方面重要制度性安排，对于推动"一带一路"与欧亚经济联盟对接合作具有积极意义。

2019年，中俄在能源领域实现了多项重要突破。习近平主席访问俄罗斯并出席中俄能源商务论坛期间，两国在能源领域达成了涉及核能合作、股份转让、成立天然气合资公司、签署框架协议、在帕亚哈油气田项目进行合作等多项重磅商业协议，此外两国能源监管部门还签署了《中俄能源商务论坛章程》。12月，历经5年筹备和建设的中俄东线天然气管道项目正式投产通气，这标志着曾于2014年达成的价值4000亿美元的"世纪协议"最终顺利落实，也意味着中俄能源合作达到了前所未有的新高度。

此外，中俄地方合作延续了2018年的良好势头。中俄双方建立了

第一部分　中国经济外交2019年年度报告：从应对贸易冲突到预防经济脱钩　　**29**

"东北—远东"委员会，力求通过副总理级的会晤推动中国东北地区与俄罗斯远东地区实现更好的发展与合作。同时，中俄双方还召开了第二届中俄地方合作论坛、第五届东方经济论坛并派高级别的官员出席，这凸显了两国政府对地方合作的关注和重视。最后，2019年度科技合作分委会、经贸合作分委会、投资合作委员会、金融合作分委会、农业合作分委会、工业合作分委会、通信与信息技术合作分委会、中俄财长对话等悉数召开，中俄两国在此基础上达成了多项共识和技术层面的合作成果。

◇◇ 六　自贸协定外交再上新阶

2019年，在WTO岌岌可危的背景下，中国继续着力推行自由贸易协定（FTA）谈判，彰显中国捍卫自由贸易的身份，自贸协定外交再上新台阶。在伙伴数量上，中国虽然在一定程度上放缓了接触新自贸伙伴的脚步，但没有放松对当前谈判中的自贸伙伴对象国的关注，正努力推动这些自贸协定尽快完成谈判。在协议质量上，中国逐渐凸显出了对协议规则水平的高度重视，通过多个双边自贸协定的升级和区域高水平自贸协定的达成来驱使自身逐渐向高标准贸易规则靠拢。自贸区外交整体呈现出比较稳健的态势。

（一）推动区域FTA取得战略成果

2019年，中国FTA谈判在区域层面取得的最大进展即推动RCEP谈判整体结束。RCEP于2013年5月开始首轮谈判，历经7年共28轮正式谈判、19次部长级会议、3次领导人会议，到2019年11月才整体上完成了谈判进程。除印度以外的15个国家结束了全部20个章节的文本谈判以及实质上所有市场准入的谈判,只剩下一些很少的遗留问题。各参与国的谈判团队在谈判结束后一个月内启动了法律文本审核工作,以尽快于2020年签署协定。

从制度重要性上看,RCEP整体上结束谈判,意味着当前世界上人口最多、成员发展水平迥异、发展潜力巨大的全球最大自贸区即将建成。在经济层面,中国、日本、东盟等主要经济体借助RCEP在亚太区域内推行贸易投资自由化和便利化,将进一步推动区域经济一体化发展,也为区域经济增长提供更强劲的动力,并为全球经济稳定繁荣提供有力支撑。在规则层面,RCEP协议既涵盖了货物贸易、服务贸易、投资保护等自贸协定传统议题,又包括投资准入、电子商务、知识产权、竞争政策、政府采购、中小企业等新贸易议题,其中在货物贸易、服务贸易、投资和规则领域方面都实现了利益平衡,还为老挝、缅甸、柬埔寨等比较不发达的国家准备了过渡期安排,体现了RCEP一直坚持的制度灵活性与协调性。不过,由于印度认为RCEP谈判内容不利于其各行业及国家利益而拒绝加入,日本方面也透露出可能"不会考虑在没有印度的情况下签署RCEP"的意向,这些都在一定程度上为RCEP未来发展蒙上阴影。

对于中国而言,RCEP既是中国加快实行自贸区战略在区域层面上的重大突破,对中国有着重要的经济意义,也是中国用以抵御国际制度压力、参与国际制度竞争的重要方式和手段。当前,国际制度竞争成为大国竞争的重要内容,在亚太地区,日本已牵头建成"全面且先进的跨太平洋伙伴关系协定"(CPTPP),而中国已有的FTA在范围和标准上均有所不及,面临较大的制度竞争压力。RCEP对中国意义重大,中国对RCEP也格外重视,过去七年的谈判马拉松中可以明显体现出来,中国从未缺席RCEP所有的部级谈判和技术谈判,并且还积极做出贡献。在可以预见的将来,中国还会继续在RCEP中发挥建设性作用。

此外,中国积极推动中日韩自贸区谈判,中日韩自贸区是中国参与的经济体量最大、占中国外贸比重最高的自贸谈判之一,是 2019 年中国自贸区建设的一大着力点,也将继续成为中国推行自贸区战略的重点内容。

(二) 加快双边 FTA 规则深化升级

中国对更高标准、更高水平的自贸规则的追求不仅在区域层面自贸区谈判中有所体现,在双边层面的自贸区建设过程中也积极付出努力。

2019 年,中国在亚太地区的多个双边自贸协定实现了规则升级,与智利、新加坡、东盟的自贸协定升级议定书已全面生效,中国与巴基斯坦自贸协定第二阶段议定书也已生效,与新西兰结束了自贸协定升级谈判。这些自贸协定升级都是中国与 FTA 伙伴国为深化和拓展彼此间经贸合作而对已签协议内容的修订与升级,除了对原产地规则、服务贸易等领域进行升级外,大多还新增了电子商务、竞争政策、环境与贸易等内容,其他则是根据各个自贸协议的具体问题采取的有针对性的升级措施。这些升级对中国而言实际上是个逐渐接受和适应更高标准贸易规则的过程,也有利于中国更深层次地扩大对外开放,倒逼国内改革。

此外,中国与韩国的自贸协定第二阶段谈判、与秘鲁的自贸协定升级谈判也在逐步推进,前者主要围绕服务贸易和投资展开谈判,后者则主要就服务贸易、投资、知识产权、电子商务、竞争政策等多项议题展开了全面深入的磋商。

(三) 完善双边自贸伙伴网络

2019 年,中国继续拓展自贸伙伴网络。譬如,中国于 10 月 17 日与毛里求斯签署了自贸协定,这是中国与非洲国家签署的第一份自贸协定,不仅将为深化两国经贸关系提供更加有力的制度保障,更为中非全面战略合作伙伴关系赋予新内涵，意味着中国自贸伙伴网络实现向非洲的拓展。值得注意的是，中国与毛里求斯的自贸谈判于2017年12月才正式启动，经过四轮密集谈判，2018年9月正式结束谈判，协议谈判与达成的速度是比较快的。此外，中国—毛里求斯自贸协定是毛里求斯迄今为止在服务领域开放水平最高的自贸协定，在投资方面也成为了中国首次与非洲国家升级原投资保护协定的案例。可以看出，中毛双方在签订自贸协定时都具有较大诚意。

另外，中国与以色列、挪威、巴拿马的双边自贸协定谈判在2019年继续向前推进，与巴勒斯坦开启了自贸协定谈判进程，与蒙古的自贸可行性研究有所进展，双方已就联合科研报告提纲达成了一致。由此可见，中国自贸伙伴网络立足亚太地区，进一步向中东地区延伸，并向欧洲和美洲深入布局。

总体而言，2019年中国自贸区战略的实施主要突出了一个"稳"字，重点关注对既有自贸伙伴网络的巩固与协议质量的提升。这符合目前中国提升自身规则适应能力的需要，为应对国际经济发展带来的制度与规则挑战做好准备。

七 2020年中国经济外交展望

回顾2019年，世界经济和国际贸易增长持续走弱，以WTO为核心的多边贸易体系遭遇重创，中美战略竞争持续进行。在诸多负面因素发挥作用的背景下，中国通过开展多层次经济外交活动为改善外部环境做出努力。展望2020年，中国将继续推动与重点国家的双边经济外交、立足周边推动"带路"外交、围绕国际机制改革开展全球经济外交，为维护本国经济发展与安全、推进区域和全球繁荣与增长贡献中国力量。

第一,中美经贸谈判是2019年中国双边经济外交活动中的重中之重,并于年底取得阶段性成果,减少了双边经贸关系的对抗性,不过,2020年中美经贸关系仍然存在不确定性。中美"第一阶段"贸易协议对提振世界经济增长信心、缓解国际贸易增长压力有积极意义。协议的达成符合中美两国国内政治经济发展的内在需求,有利于避免双边经贸关系走向全面脱钩。2020年中美有望在农产品贸易、能源贸易等方面的合作取得进展,中美经贸关系可能扭转过去两年悬崖式下降的趋势。但是中美第一阶段贸易协议无法从根本上改变美国对华经济竞争政策,也无法显著改善国际贸易中的保护主义思潮,中国未来对美经济外交工作风险犹存。

一方面,2019年中美经贸摩擦从贸易领域进一步扩散到科技和金融领域,尤其是双边科技领域的竞争日益激烈,美国将华为等中国高科技公司列入"实体清单",加强高科技领域的出口管制,双边科技关系向"半脱钩"方向发展,且这一态势并未随着中美达成"第一阶段"贸易协议而有所缓解,反而仍在加强,这反映出中美科技博弈未来或将延续下去,成为双边经贸关系的重大不稳定因素。另一方面,美国为维护其贸易霸权地位,将继续实施进攻型单边主义贸易政策,并在其新兴优势行业中建章立制以引领21世纪国际贸易新规则,最终建立一个"美国优先"的多边贸易体系,将对中国对外经贸发展带来不利影响。美国对华加征关税尚未完全取消,相反美国会以此作为筹码在下阶段贸易谈判中谋取利益。美国对欧盟汽车关税尚未正式落地,在美国反对下,WTO改革也面临较大障碍。总之,未来特朗普政府单边主义和保护主义政策不会发生转向,仍将是威胁国际贸易稳定的重要因素,对中国对美经济外交工作的压力不容忽视。

第二,2019年中国与欧盟、日本、俄罗斯等经济体双边经济外交进展良好,2020年仍将在中国经济外交版图中占据重要位置。为了加大应对中美经贸摩擦的力度,2020年,中国将继续与欧盟、法国、德国、英国、意大利、希腊等经济体开展多种经济外交活动，共同捍卫多边主义、抵御贸易保护主义浪潮、推动WTO改革。一方面继续依托中欧领导人会晤、中英财金对话、中英经贸联委会、中法高级别经济财金对话、中德总理定期会晤机制加快双方服务贸易、投资准入、本币互换等谈判，另一方面与意大利、希腊等支点国家加强"一带一路"合作，借此加快"一带一路"在欧洲发展。其中，中欧双边投资协定（BIT）谈判是2020年中欧经济外交的最大看点。中日经济外交还会保持积极的合作势头，两国还将就RCEP批准实施、中日韩自贸区谈判等议题进行更为广泛深入的磋商。在中美经济竞争的背景下，中日经济关系的全面改善和提升究竟能走多远，值得期待。中俄经济外交也将继续保持稳中有进的发展态势，延续两国目前在各领域的多项合作，两国或将在能源领域以及中国东北与俄罗斯远东地方合作等方面取得更多突破。

第三，2019年是"一带一路"外交攻坚克难的一年，在国际政治经济形势存在变局的情况下，2020年中国"一带一路"外交或可实现趋利避害。当前，"一带一路"国际合作已积累了丰富的实践经验，2020年中国的"一带一路"外交将借鉴过去的成败经验，继续深入发展。其一，"一带一路"建设将继续维持过去一年间"纵深发展"的基本方向，除了重点经营周边国家和地区外，对于在2019年对"一带一路"表态积极的部分国家（如德国、韩国等），中国可以增加相关经济外交往来，为其正式加入"一带一路"倡议创造更加成熟的条件；其二，2019年"一带一路"外交的两个基本策略——重抓项目质量而非数量，以及大力推进第三方市场合作，在2020年的实践中也值得进一步探索与施行；其三，"一带一路"框架下的制度建设将继续强化，这既是稳固中国与"一带一路"参与国的伙伴关系，塑造更加合理有效的规则体系，进而深化"一带一路"国际合作的必由之路，也是中国联合其他国家维护多边主义与自由贸易的具体实践，有助于彰显"一带一路"倡议对于扭转当前全球经济发展不利局势的重要价值。

第四，中国将继续通过全球与区域经济外交捍卫自由贸易、推进经济合作。在全球层面，2019年以WTO为核心的自由贸易体系经历震荡，WTO改革迫在眉睫，2020年中国将继续联合欧盟等成员推动WTO改革，争取在WTO阿斯塔纳部长级会议（MC12）上有所突破。除通过WTO外交维护多边贸易体系外，中国还将继续以实际行动推动多边主义发展，践行以开放促改革的发展理念。此外，中国还将利用IMF、世界银行、G20、金砖国家等多边机制和平台，推动国际宏观经济政策协调，加快主要国际金融机构民主化与透明化进程，加强新兴经济体和发展中国家团结合作，为世界经济平稳增长及风险应对贡献力量。在区域层面，中国仍将倚重中日韩合作机制、东盟"10 + 1"和"10 + 3"、APEC、东亚峰会等推动亚太区域经济合作，借助"17 + 1"合作机制强化中国与中东欧合作，进一步发挥上海合作组织经济合作功能，推动落实中非合作论坛北京峰会成果，促进经济互联互通及区域经济合作深入发展。

第五，2019年中国以我为核心的自贸区网络进一步完善，未来中国的自贸区建设或将在以下方面取得突破。在区域层面，中国将继续致力于推动RCEP完成谈判并签署协议，尽管印度"退群"、日本摇摆可能会对RCEP的最终签订带来不确定性，但中国将努力采取外交行动弥合各国分歧，推动区域贸易和投资自由化进一步发展。中国还将加快推动中日韩自贸区谈判进程，若2020年RCEP顺利签署，那么中日韩朝"RCEP +"的方向构建自贸区将更具有可操作性。在双边层面，中国将更关注双边FTA的规则水平。中国与韩国、秘鲁正在进行FTA升级谈判，与瑞士也正在研究FTA升级的可能性，可能会在2020年有所突破。在伙伴网络的拓展上，中国或将更聚焦于与中东、欧洲、美洲等地区国家的自贸网络建设，可重点聚焦中国与海湾合作委员会，以及以色列、巴勒斯坦、挪威、巴拿马等国的自贸协定谈判。

第二部分

中国经济外交十大事件

一 中美经过多轮艰难谈判，初步达成第一阶段贸易协议

项目组评论：中美经贸谈判是 2019 年中国经济外交最重要的内容，其不仅事关中国经济发展的大局，还影响整个全球经济秩序。一年来，中美"边打边谈""以打促谈"，双方"关税战"螺旋升级、美国将华为等中国高科技企业列入"实体清单"、美国财政部认定中国为"汇率操纵国"等事件使中美经贸关系多次陷入紧张甚至对抗态势。在中美两国元首 G20 布宜诺斯艾利斯及大阪会晤的"定向把舵"下，双方经过九轮经贸高级别谈判和两轮副部级谈判，以及多次电话沟通，终于在 12 月初步达成第一阶段贸易协议。协议涉及知识产权、技术转让、农产品贸易、争端解决机制等内容，同时，美方将履行分阶段取消对华产品加征关税的相关承诺，实现加征关税由升到降的转变，这为缓和中美贸易冲突、改善双边关系、提振世界经济增长信心带来一丝希望。不过，2020 年中美经贸关系走向如何，仍然充满巨大不确定性。

二 中国对外开放迈向新台阶，构成大国经济外交坚实后盾

项目组评论：2019 年，中国对外开放步伐全面加快。11 月 5 日，第二届中国国际进口博览会在上海开幕，国家主席习近平出席开幕式并发表主旨演讲，强调与各国共建开放合作、开放创新、开放共享的世界经济。2019 年，中国还先后出台多项措施，扩大对外开放：全国人民代表大会

于 3 月审议通过了《外商投资法》，全面保障国外企业在华的经营权利，加大吸引外国投资的力度；国务院金融稳定发展委员会于 7 月公布 11 条金融业对外开放措施，涉及银行、证券、保险、基金、期货、信用评级等多个领域；国务院关税税则委员于 12 月印发通知，将对 850 余项商品实施低于最惠国税率的进口暂定税率。可以说，中国在直接投资、金融服务、商品贸易等多个领域进一步向世界打开大门，践行以开放促改革的发展理念，在目前保护主义盛行的宏观背景下，中国的开放举措成为中国在国际舞台上展开经济外交的坚实后盾。

三 "一带一路"外交继续推进，制度建设成为新趋向

项目组评论：4 月 25 至 27 日，第二届"一带一路"国际合作高峰论坛在北京顺利举办，标志着中国的"一带一路"外交逐渐迈入纵深发展的新里程。以第二届高峰论坛的举办为契机和起点，2019 年"一带一路"国际合作在制度建设、吸引力与影响力、项目进展以及创新合作方式等方面取得了诸多实质性成果。首先，在高峰论坛期间和结束之后，"一带一路"新闻合作联盟、"一带一路"国际智库合作委员会等不同议题领域里的合作机制先后成立，反映了"一带一路"国际合作制度建设的日趋丰富与完善；其次，中国先后与意大利、卢森堡、牙买加、所罗门群岛等来自世界各地的 18 个国家或国际组织新签了政府间合作文件，"一带一路"合作伙伴的性质日益多元；再次，以中老铁路、柬埔寨桑河二级水电站等为代表的重点项目都已取得重要进展，基础设施建设合作的积极效果逐渐显现；最后，中国先后与阿拉伯国家、英国、奥地利等多个国家建立了第三方市场合作机制，这是"一带一路"建设在国际合作方式上的重

要创新。

四 中国力推 RCEP 谈判整体结束，能否最后签署仍有变数

项目组评论：历经七年的 RCEP 谈判最终于 2019 年 11 月在泰国宣布整体结束，除印度外的 15 个国家完成了全部 20 个章节的文本谈判以及实质上所有市场准入的谈判。这意味着当前世界上人口最多、成员发展水平迥异、发展潜力巨大的全球最大的自贸区即将建成，它不仅涉及了对货物贸易、服务贸易、投资保护等传统自贸协定规则的制定，还纳入了投资准入、电子商务、知识产权、竞争政策等新型贸易议题内容。自 2013 年 5 月开始首轮 RCEP 谈判以来，中国参与了全部 28 轮正式谈判、19 次部长级会议和 3 次领导人会议，并且在关键时刻发挥了引领性作用。当然，印度的"退群"行为以及由此引起的日本的摇摆意图给 RCEP 今后的发展带来了一定的不确定性，RCEP 能否在 2020 年顺利签署仍然存在不小的变数。

五 WTO 岌岌可危，中国努力捍卫多边贸易体制

项目组评论：2019 年，伴随贸易单边主义甚嚣尘上，WTO 争端解决机制上诉机构逼近瘫痪，WTO 改革日益提上日程。欧盟、加拿大、日本等国都先后推出自己的改革方案。作为 WTO 中最大的发展中成员和受益国，中国在 2019 年更加积极推动 WTO 改革，继 2018 年 11 月中国商务部

发布《关于世贸组织改革的立场文件》后，2019年5月商务部向WTO提交了《中国关于世贸组织改革的建议文件》，进一步阐明中国建议的改革四大行动领域。此外，中国还联合其他发展中成员维护WTO"特殊与差别待遇"原则，反对发达经济体有选择性地使用某些经济和贸易数据、否认发达国家和发展中国家之间的差别。中国坚决维护以规则为基础的多边贸易体系，驻WTO大使张向晨多次在各种会议上阐述中方的改革立场，并与美国外交官展开激烈交锋。由于世界主要经济体在一些关键问题上的立场分歧，2020年WTO改革料难有进展。

六 中日经济外交密集展开，双边经济关系进一步提升

项目组评论：2019年4月14日，国务委员兼外交部部长王毅在北京与日本外相河野太郎共同主持第五次中日经济高层对话。在2018年中日双方时隔八年重启这一对话机制后，2019年两国继续在该机制下加强沟通与交流，共同努力构建符合新时代需要的中日经济关系。2019年6月，国家主席习近平在大阪出席G20峰会期间会见日本首相安倍晋三。12月，习近平主席和李克强总理先后在北京和都江堰会见日本首相安倍晋三。双边表示将在应对老龄化、金融、旅游、环保、减灾、医疗等领域深化合作，培育新的合作增长点，同时加强投资、科技创新和第三方市场等领域的合作。不仅如此，2019年中日还通过创新合作机制、中日经济伙伴关系磋商副部级会议、中国商务部与日本经济产业省副部级定期磋商等多个渠道，针对具体议题展开了诸多具有成效的讨论与交流，进一步拓展两国经济合作空间，为两国经济发展提供助力。预计2020年中日经济合作还会进一步得到发展。

七 中俄油气外交取得重大突破，改善中国能源安全环境

项目组评论：2019年，中俄能源合作取得重大进展。6月，习近平主席访问俄罗斯并出席中俄能源商务论坛期间，两国在能源领域达成了涉及核能合作、股份转让、成立天然气合资公司、签署框架协议、在帕亚哈油气田项目进行合作等多项重磅商业协议，此外两国能源监管部门还签署了《中俄能源商务论坛章程》。12月，历经5年筹备和建设的中俄东线天然气管道项目正式投产通气，俄罗斯将在未来30年内累计对华供应约1万亿立方米的天然气。这标志着曾于2014年达成的价值4000亿美元的"世纪协议"最终顺利落实，意味着中俄能源合作达到了前所未有的新高度。中俄能源合作的推进与深化不仅对于保障中国能源安全、降低经济运行成本、推进能源转型与能源革命会产生积极作用，还对全面提升中俄两国双边经贸及战略关系具有重要意义。

八 中欧峰会给双边投资协定谈判（BIT）制定时间表

项目组评论：2019年4月，国务院总理李克强在布鲁塞尔出席并共同主持了第二十一次中欧峰会。此次峰会的最大成果就是中欧投资协定谈判（BIT）取得积极进展，双方承诺2019年取得结束谈判所必需的决定性进展，特别是投资自由化承诺方面，以便在2020年达成高水平的中欧投资协定。中欧投资协定谈判是中欧双边经济外交中最重要的事项

之一，谈判正式启动于2013年11月，目标是在中国与欧盟成员国已签署的投资保护协定基础上尽早达成一个更高水平、涵盖投资保护和市场准入的协定。2019年进行了第20轮至第25轮六轮谈判与3次会间会，频次明显增加。目前，双方已就文本中不少投资自由化和投资保护方面的重要条款达成了一致，并已交换了关于投资市场准入的清单改进出价。共同的经贸利益推动中欧加快投资协定谈判，而11月签订的中欧地理标志协定将进一步助推谈判的顺利开展。另外，中国政府表示愿早日启动中欧自贸协定谈判，中欧投资协定的早日签署或将对此产生积极影响。

◇◇ 九 华为成为中国经济外交重要焦点

项目组评论：2019年5月，美国政府将华为列入"实体清单"，这意味着美企对华为零部件售卖、技术转让授权将受到出口管制。8月，美国政府禁止联邦机构采购华为。此外，美国还持续向其盟友持续施压，以"危害国家安全"为由限制情报同盟"五眼联盟"成员采购华为。英国明确禁止华为提供"非核心"部件，加拿大依旧扣押华为副董事长孟晚舟，澳大利亚、新西兰和日本仍然"封杀华为"。鉴于华为所受之重压，中国在慕尼黑安全会议、上海合作组织等国际平台，呼吁各国政府与企业维持与华为的紧密合作，反对美国"经济霸凌"；在商务部和外交部的记者会上，中国政府多次敦促美国政府停止打压华为，支持华为捍卫正当权利。2019年中国政府通过多种渠道和外交平台要求他国政府给予华为公平待遇，华为已成为中国经济外交的重要焦点。

十　中国与中东欧合作从"16+1"升级扩展为"17+1"

项目组评论：2019年4月12日，李克强总理在克罗地亚杜布罗夫尼克出席第八次中国—中东欧国家领导人会晤。在此次会上，希腊从"16+1合作"框架下的第三方合作伙伴发展成为正式成员，"16+1"发展为"17+1"合作机制，这成为中国—中东欧合作机制过去七年充满生命力和吸引力的力证。一方面希腊可以在17+1合作机制中将其与中国的经济合作推到一个新高度；另一方面，希腊是巴尔干地区重要国家，也可以借助该合作机制全面加强中国与其他中东欧成员的合作关系。但是，中国—中东欧合作机制也引发了部分西欧国家的疑虑，认为中国此举有"分裂"欧洲的嫌疑，如何安抚和化解它们的疑虑是今后中国推动"17+1"机制顺利向前发展需要重点考虑的问题。

第三部分

中国经济外交专题报告

打造中国经济外交新支点
——中英自贸区建设的战略意义及可行性研究[*]

【摘要】 近年来,经济民族主义在世界范围内风起云涌,多边国际经贸机制严重受挫,大国贸易摩擦不断加剧,既有的全球经济秩序面临严重危机。在此背景下,中国需积极应对国际经济环境的变化,拓展经济发展的外部空间。无论从对象国自身政治经济地位,还是从其与中国合作历史及战略意义等方面来看,英国都是中国目前进一步打开外部局面的重要支点国家。本报告认为,中英两国可以在贸易、金融、投资、经贸规则和技术领域进行全面综合性谈判,达成共识,以深化两国经济合作、密切双方经济互动。然而需要承认的是,由于目前英国脱欧进程仍有诸多不确定性、英国国内政治领导力衰落、中英两国存在较大的经济规则和标准差异、敏感领域谈判难度大等因素,中英自贸区的谈判将会面临诸多困难。尽管如此,考虑到两国合作所具有的战略意义,中国依然应该坚定推进中英自贸区建设,使之成为深化中国与西方世界合作的重要窗口。基于此,本报告主要探讨创建中英自贸区、签署中英经济伙伴协议的实践基础与现实意义,以及双方谈判中的重点议题与可能遇到的困难。

【关键词】 中英自贸区 制度建设 贸易 金融 投资

---

[*] 本文作者为李巍、安怡宁。

当前的全球经济体系正面临着结构性重塑，中国经济外交的国际环境正在发生重大变化。在大国关系层面，美国对华经济战略发生了40年来的最大转型，经济接触宣告终结，新的经济竞争战略正在快速成型之中。[①] 肇始于2018年的中美经贸争端最先以"关税战"的形式在贸易领域爆发，随后美国强化外资安全审查机制，并在知识产权和出口管制方面对中国继续施压。两国在贸易、投资、技术三大领域的关系变化使中国在国际经济体系中面临巨大压力。

在国际机制层面，全球价值链的影响深化并形成了新的国际贸易模式，而既有的国际贸易规则体系未能很好地适应这些变化，在新的国际政治经济形势下逐步开始了重塑的过程。多边层面，以美日欧为代表的发达经济体在世界经济变局中率先采取行动，达成《全面且先进的跨太平洋伙伴关系协定》（CPTPP）、日本与欧盟经济伙伴关系协定（EPA）、美墨加协定等FTA，力图在新一轮国际经贸规则制定中占据先机。而在全球层面，WTO改革也正式提上日程，全球经济秩序重建加速向前。

在产业层面，最近一轮跨国产业链转移也为中国经济的发展带来挑战。2008年国际金融危机后兴起的第四次全球产业转移对中国目前的产业结构形成严重冲击。一方面，随着中国的生产成本不可避免地不断上涨，越南、印度这些东南亚国家的成本优势逐渐显露，劳动力密集型产业向中国周边国家转移，或继续向中国中西部地区转移。另一方面，相当一部分的高端制造业向发达国家本土进行转移。在高端消费品领域，通用电气已经将洗衣机、电冰箱和加热器的业务从中国回迁到肯塔基州，而且回迁后不仅组装时间缩短、物流效率提高，与之相应的售价也有所降低，提高了其市场竞争力。总之，中国的国际经济环境正在发生深刻变化，这对中国经济持续发展形成挑战。基于上述变局，中国应主动采取措施，适应

[①] Kurt M. Campbell and Ely Ratner, "The China Reckoning: How Beijing Defied American Expectations," *Foreign Affairs*, March/April, 2018, pp. 60–70.

国际经济环境变化,并在新一代经贸规则形成的过程中谋取主动权。

◇ 一 中国的自贸区战略

当前,中国正在着力构建一个立足周边、辐射"一带一路"、拓展全球的自贸区网络,加快实施自由贸易区战略已成为中国国家官方战略的一个重要组成部分。中国共产党十八届三中全会提出了"以周边为基础加快实施自贸区战略,形成面向全球的高标准自贸区网络",中国共产党第十九次代表大会也提出了"促进自由贸易区建设,推动建设开放型世界经济"的要求。自贸区网络建设是中国在新时期适应国际贸易体系变迁,谋求国际贸易新规则制定权的主要手段。从涉及中国的 FTA 数量上看,中国参与的 FTA 数量越来越多,自贸区网络扩张的速度有所提升(见图 3.1、图 3.2),这体现出中国对 FTA 呈现出一种愈发开放、主动、积极的态势。

(一)双边层面:伙伴日益多元,规则不断深化

2013 年至今,中国在构建自贸协定网络的过程中,在伙伴选择上更加重视自贸伙伴的多元化,在规则制定上也正在向更高水平迈进,自贸区外交整体呈现出比较积极的态势。

在这一阶段,一方面,中国的自贸伙伴对象更加多元,除了先前的亚太国家,中国还陆续与欧洲、南亚一些国家建立起了自贸联系。从更广泛的意义上看,中国目前还与以色列、巴勒斯坦、斯里兰卡、挪威、摩尔多瓦、巴拿马、毛里求斯等国家开展 FTA 谈判,这意味着中国自贸区网络也向中东、非洲等地区进行拓展。值得注意的是,在中国新选择的这些自贸伙伴对象国中,有相当大一部分位于中国"一带一路"战略版图上,

这体现出中国自贸区战略布局与"一带一路"建设较高的契合度。

另一方面,中国自贸网络日益注重规则深度。中国在建设自贸网络的过程中,既重视制度的数量,也重视制度的质量,即注重利用自贸谈判使贸易规则向更高标准、更高水平迈进。中国与新加坡正式签署FTA升级版议定书,这是2018年大国贸易摩擦背景下中国在自贸区建设上取得的最为重要的一项实质性成果,该议定书全面升级了投资章节,涵盖了全面的投资者与国家间争端解决机制等内容,体现了中国在国际投资缔约实践的最新发展。中国—新加坡FTA升级版中的共识和规则在一定程度上代表了中国目前所签署的双边自贸协定的最高水平,也有望成为未来中国与其他国家签订FTA的模板。

总体上看,当前中国自贸伙伴的多元化凸显出中国在宏观层面上的自贸区战略布局,即要在全球更大范围内与不同地区的国家建立贸易制度伙伴关系,在国际贸易体系变迁中寻求支持,并谋求制度竞争的主动地位。

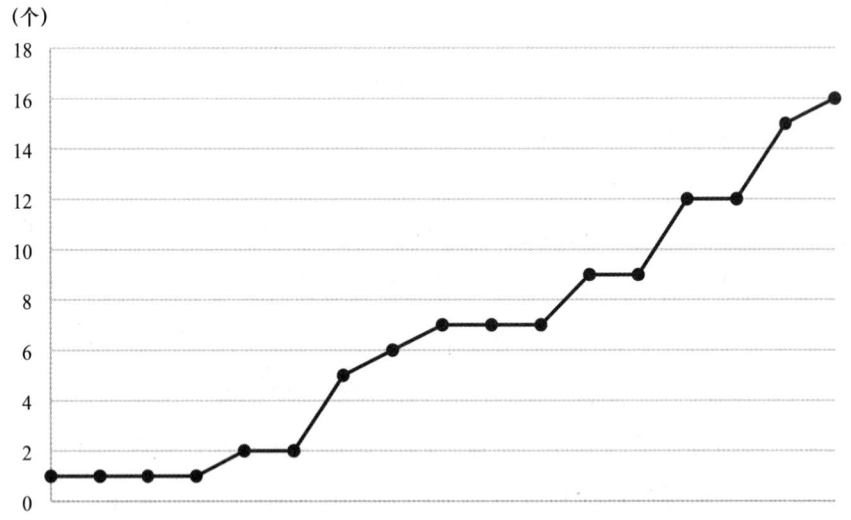

图 3.1 历年中国 FTA 总量图

资料来源:商务部中国自由贸易区服务网及相关新闻报道。

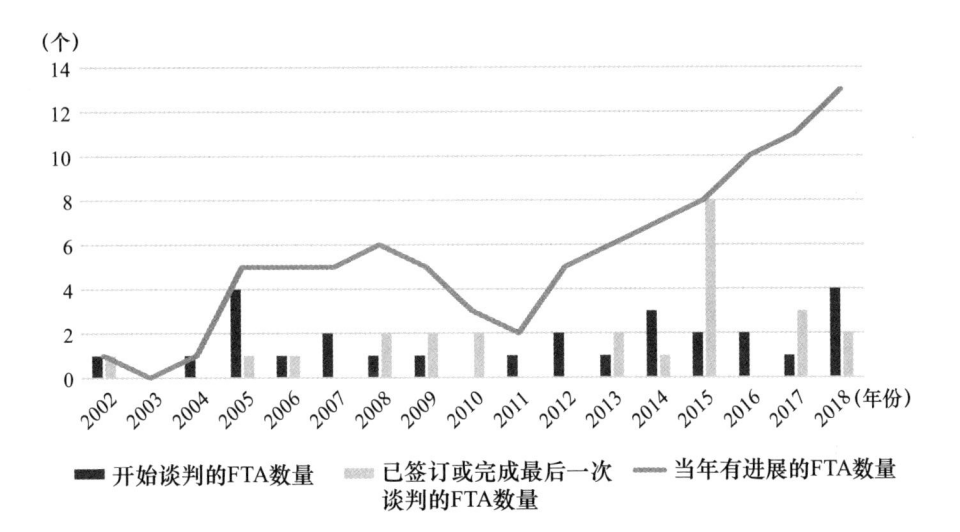

第三部分　中国经济外交专题报告　53

图 3.2　中国 FTA 进展情况及其数量变化图

注："当年有进展的 FTA 数量"指当年与中国有谈判行为或成功签订协议的 FTA 数量。
资料来源：商务部中国自由贸易区服务网以及相关新闻报道。

（二）区域层面：推动地区合作，争取规则制定权

中国在区域层面上也力争拓展自己的自贸区网络版图。中国参与的区域自贸协定，包括 RCEP 和中日韩自贸区，现在都处于谈判进程中。目前 RCEP 规则领域已经完成了七个章节，有望在 2020 年尽早达成一个现代、全面、高质量、互惠的自贸协定。相比之下，中日韩 FTA 谈判较为低迷，经过长达六年的谈判后，三国尚未达成框架协议。但值得注意的是，2018 年 5 月的第七次中日韩领导人会议上，三国领导人表示将积极推动中日韩 FTA 的谈判进程，12 月举行的中日韩自贸区第十四轮谈判首席谈判代表会议则标志着谈判进程重回"快车道"。

如果说在双边层面上寻找并接触新的自贸伙伴是为自身参与国际贸易制度竞争谋求伙伴支持，那么中国在区域层面上积极推动地区经贸合作一体化进程则是意在争取下一代贸易规则制定权和地区主导权。若 RCEP 和

中日韩FTA能顺利谈成，中国将不仅能通过实施更高水平的贸易规则来适应经贸规则不断升级的发展趋势，避免在制定国际贸易新规则的过程中处于劣势，还能在地区贸易一体化进程中占据更加主动、有利的地位，进一步融入世界经济，进而寻求在全球贸易体系中的中心地位。

（三）战略支点：推进中英自贸区谈判与建设

如前文所述，当前国际经济体系正在加速变革，这使中国在贸易、投资、科技发展等方面面临着更大的压力，而"脱欧"的模糊前景也使英国面临着一场充满不确定性的变革。在此背景下，推进中英自贸区建设有助于两国对冲外部环境变化给本国经济发展带来的巨大压力，并获得新的发展机遇。对中国而言，与英国签订一份高水平、综合性的经济协议不仅能促进经济发展，更具有重要的战略意义。在美欧指责中国为保护主义者的当下，与"自由贸易立国"的老牌资本主义国家——英国进行高水平自贸协定谈判能够释放出中国正在扩大开放的信息，并有助于化解发达国家对中国的集体性压力，同时可以期待通过中英合作来撬动中国与西方世界经贸关系的发展。而对于英国而言，加强与中国的经贸联系有助于保障本国经济利益、维护全球竞争力，弥补脱欧带来的潜在损失，同时，也将助推其"全球英国"战略的实现。

总的来看，中国已有的自贸区网络中，双边层面上的自贸协定构建已日渐成熟，在伙伴选择的广度和协议规则的深度上都已有相当的经验总结，这为日后中国继续构建双边自贸联系提供了示范性模板；区域层面上的自贸协定仍在逐渐成形的过程当中，谈判虽然艰苦，但中国仍有一定的战略谋划空间，推动更有利于本国和地区发展福祉的区域贸易安排最终形成。而在整个中国自贸区战略中，英国因为其特殊的地位而越来越成为中国经济外交中应该重点争取的一个支点国家。

◇◇ 二 英国在中国经济外交中的重要地位

作为世界一大重要经济体，英国在国际经济体系中的地位举足轻重；作为曾经的"日不落帝国"和老牌"金融帝国"，英国目前在西方世界中依然具有相当的综合性影响力。中国在面临国际经贸格局巨变的背景下，全面加强与英国的战略性经贸合作关系，特别是加快推动中英自贸区谈判，争取签署中英全面经济伙伴关系协议，有利于提升中英贸易往来关系；有利于借助伦敦作为国际金融中心的地位推进人民币国际化；有利于通过与英国这一老牌发达国家签订高水平自贸协定来抢占规则制定的制高点，提升在新一轮经贸规则形成过程中的话语权。总之，开展中英自贸区谈判对于中国的经济外交布局具有重要的意义。

（一）英国在全球经济体系中的重要地位

2018年，英国是世界第六大经济体和欧盟内第三大经济体，尽管近年来脱欧导致国内经济动荡，但GDP一直处于增长中，经济实力依然强劲：英国对外贸易总额呈增长趋势，是诸多世界主要经济体的重要贸易伙伴；对外投资与吸引外商投资规模较大，在全球投资领域中占有一席之地；英镑依旧是重要的国际货币，2016年至2018年第三季度期间，国际官方货币储备中英镑占比排名第四；伦敦作为国际金融中心的地位也相对稳固。

首先，英国在全球贸易体系中地位重要。从贸易总量来看，2017年，英国对外贸易总额为10890亿美元，世界排名第八（详见表3.1）。在过去二十年间，英国在全球货物贸易中的地位一度受2008年金融危机的影响而走弱，但2010年起进出口贸易有所回升，到2016下半年英国进出口贸易分别有大幅增长（详见图3.3）。在贸易结构方面，英国与欧盟27

国、美国、中国等世界主要行为体经贸关系密切，并在器械、能源、贵金属等产品领域具有重要的国际贸易地位。①

表 3.1 2017 年全球贸易大国（地区）排名

排名	货物进出口金额	货物进口金额	货物出口金额
1	中国大陆	美国	中国大陆
2	美国	中国大陆	美国
3	德国	德国	德国
4	日本	日本	日本
5	荷兰	英国	荷兰
6	法国	法国	韩国
7	中国香港	中国香港	中国香港
8	英国	荷兰	法国
9	韩国	韩国	意大利
10	意大利	意大利	英国

资料来源：世界贸易组织。

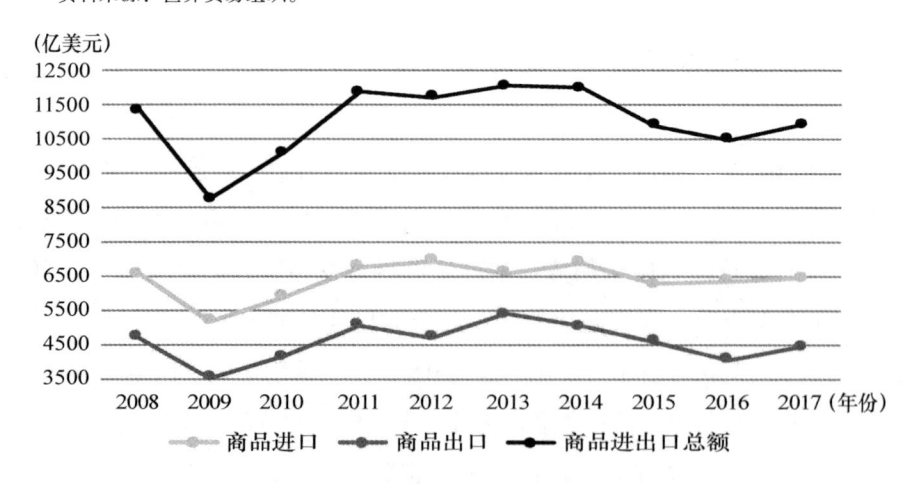

图 3.3 英国近十年商品进出口情况

资料来源：世界银行公开数据。

---

① "UK overseas trade in goods statistics: December 2018", March 29, 2019, https://www.gov.uk/government/statistics/uk-overseas-trade-in-goods-statistics-december-2018.

其次，英国是仅次于美国的全球性金融大国。英国的金融机构具有相当的国际影响力。以银行为例，根据英国《银行家》杂志发布的排名，2018年世界前二十大银行中，中美各占五席，英国和法国分别占三席，但三家英国银行的排名比法国银行靠前（详见表3.2）。从资本市场（股票和债券）的完善程度来看，英国以自由贸易立国，由于具备开放的市场环境、完善的市场机制、发达的商业和创新文化，以及全球通用的商业语言等因素，成为世界最具吸引力的外国投资目的地之一。此外，英镑在国际货币体系中占据重要地位。根据IMF于2019年1月公布的数据，在2016年至2018年第三季度间，英镑是全球第四大储备货币，仅次于美元、欧元和日元所占份额（详见图3.4）。最后，伦敦是全球领先的国际金融中心，根据2018年9月公布的最新一期"全球金融中心指数"（GFCI），伦敦（786分）仅以2分之差落后纽约，排名全球第二，在过去24期GFCI榜单中，伦敦的排名一直保持在全球前两位。

表3.2　　　　　　　　　　2018年世界前二十大银行

排名	银行	国家
1	中国工商银行	中国
2	中国建设银行	中国
3	摩根大通	美国
4	美国银行	美国
5	汇丰控股	英国
6	花旗银行	美国
7	中国银行	中国
8	富国银行	美国
9	中国农业银行	中国
10	三菱UDJ金融集团	日本
11	法国巴黎银行	法国
12	巴克莱	英国

续表

排名	银行	国家
13	法国农业信贷银行	法国
14	桑坦德银行	西班牙
15	**苏格兰皇家银行**	**英国**
16	高盛	美国
17	三井住友金融集团	日本
18	德意志银行	德国
19	交通银行	中国
20	法国 BPCE 银行集团	法国

资料来源：《银行家》杂志数据库，http://www.thebankerdatabase.com。

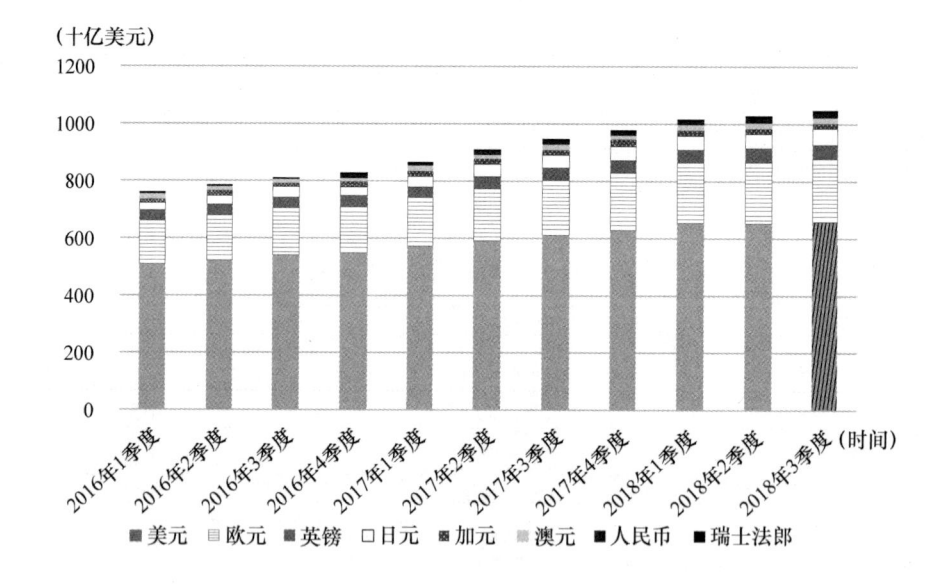

图 3.4　2016—2018 年国际官方外汇储备构成

资料来源：Currency composition of official foreign exchange reserves COFER。

最后，英国是重要的对外投资来源国。从外商直接投资（FDI）流量来看，英国 FDI 流入量在 2016 年飙升后下降 92%，降至 150 亿美元，跌出全球前二十名；但英国依然是全球重要的对外投资来源国，2017 年，英国对外投资流量达1000亿美元，排名全球第四，仅次于美国、日本和中国。从英国对外直接投资的行业结构来看，服务业占对外直接投资的较大份额，以2015年为例，英国海外FDI在金融和保险业中的份额为22.1%，批发、运输和住宿一项占比5.9%，制造业为17.4%，采矿业为15.8%。[1] 从FDI国别分布来看，2016年英国对外直接投资最多的国家是美国，荷兰次之，排名前二十的国家占英国对外投资总额的79.9%，其中九个国家是欧盟成员国，四个是离岸金融中心。对英国直接投资最多的两个国家也是美国和荷兰，排名前二十的投资者中有六个金融中心和九个欧盟国家（见表3.3）。[2]

表3.3　　　　　　　　2016年英国直接投资主要对象

	英国对外直接投资的国别/地区分布	英国吸收外商直接投资的国别/地区分布
1	美国	美国
2	荷兰	荷兰
3	卢森堡	法国
4	法国	卢森堡
5	西班牙	德国
6	爱尔兰	泽西岛
7	澳大利亚	日本
8	泽西岛	瑞士
9	瑞士	西班牙
10	百慕大群岛	百慕大群岛

资料来源：Organization for Economic Co-operation and Development（OECD）。

总之，尽管英国的经济实力次于美国、日本和德国，但其在国际贸易、金融、投资中均占有重要的一席之地，是国际经济体系中具有重要影

---

[1] Organization for Economic Co-operation and Development（OECD）and Office for National Statistics.

[2] Organization for Economic Co-operation and Development（OECD）.

响力的一大行为体。

（二）英国在西方世界的政治影响力

曾经作为全球霸主的英国在世界范围内的政治影响力也不容小觑。19世纪，英国凭借雄厚的资本积累、先进的工业技术和强大的军事实力建立了大英帝国。两次世界大战后，英国的国家实力大为削弱，因而通过"三环外交"策略维系本国与美国、欧洲大陆、英联邦国家的紧密联系，并以此扩散本国的国际影响力。目前，英国仍旧是联结美欧的重要节点，它对英联邦国家具有特殊的影响力，并担任联合国安理会常任理事国。上述因素使英国在当今的国际政治体系中具有相当的影响力。

首先，第二次世界大战以后，英国长期在美欧间扮演"桥梁"的角色，一方面通过参与欧洲事务成为美国对欧盟发挥影响力的支点，另一方面以盟友的身份影响美国对欧政策。可以说，"英美特殊关系"和对欧洲事务的参与是英国政治影响力的两大基石。目前，随着特朗普政府推行"美国优先"的战略导向，美欧关系出现裂痕，但美欧双方依然认为加强与对方的合作具有重要意义。在这一背景下，英国作为美欧"桥梁"的角色会继续存在并发挥重要影响。

其次，英国对英联邦国家与主要新兴经济体具有影响力。尽管目前的英联邦没有法定权力机构，通过的决议不具有法律约束力，各成员国拥有独立主权，但英国王权依然是成员国间的一条纽带，且成员国内部有一定的历史情结。近年来，英国重新对这一组织予以关注，通过达成《英联邦宪章》、举办英联邦运动会、设立英联邦基金会并为欠发达成员国提供经济和技术援助、提供移民便利等措施密切英国与其他成员国的联系，从而扩大英国的外交话语权和国际影响力。[①]

[①] 赵俊杰：《查尔斯王子成为新元首：英联邦走向何方》，《世界知识》2018年第10期，第42—43页。

最后,作为联合国常任理事国的英国可以通过"否决权"对重大国际议题施加影响。① 享有否决权的英国相当于拥有"豁免权",在不利于本国利益的情形中,英国可以利用"豁免权"来保障最低限度的利益不受损害,同时也能通过"否决权"在重大国际事务中表明本国立场,并影响其走向。

(三) 中英关系的"特殊性"

在中国与发达国家的外交关系中,无论从历史上还是现实中来看,中英关系都具有相对的"特殊性"。

首先,英国是率先与新中国建立代办级外交关系的发达资本主义国家。② 1949年12月26日,英国正式通知美国将于1950年1月6日承认新中国,并正式通知国民党驻英大使,英国与台湾国民党当局的对外关系自然中止。1950年1月6日,贝文致电周恩来,宣布英国承认中华人民共和国中央人民政府为"中国法律上之政府""愿在平等互利及互相尊重

---

① 1945年,旧金山制宪会议通过的《联合国宪章》规定第二次世界大战期间反法西斯同盟国中的美、英、法、俄、中五国担任联合国安理会常任理事国,并规定"大国一致"原则,即安理会就非程序性问题投票表决时只要一个大国不同意,决议就不能通过。

② 第二次世界大战结束后,由于英国许多企业的总部位于中国大陆或香港,因此英国对华外交的主要目标是维护英国在华经济地位。基于此,在国共内战期间,英国采取"有限中立"的立场,实行"不干涉"政策。1948年年底,随着中共取得一系列重大军事胜利,英国外交部远东司向内阁提交了一份题为"中国的局势"的文件,文件对英国在华利益的未来抱乐观的态度。根据这一文件的建议,英国对华政策由有限中立转变为争取同共产党建立联系。新中国成立后,为保护英国在华经济利益,英国工商界普遍要求英国同新中国建交,英国政府也希望通过发展中英贸易促进英国战后经济复苏。同时,印度、锡兰、巴基斯坦等英联邦国家准备与新中国建交,如果英国采取另一种立场,则将加深宗主国与英联邦各重要成员间的分歧,这将有损英国的国际影响力。基于上述考虑,英国率先与中国建立了代办级外交关系。

领土主权的基础上建立外交关系",并已准备与中央人民政府互派使节。1950年3月2日,中英建交谈判拉开帷幕,并最终于1954年9月2日建立代办级外交关系。中英建交在美国为首的西方阵营内部打开缺口,削弱美国对新中国的政治孤立和经济封锁。[①]

其次,在中国的亚洲基础设施投资银行(以下简称"亚投行")外交中,英国也是率先宣布加入亚投行的欧洲大国。在美国和日本等国或明或暗抵制亚投行的时候,英国加入亚投行之举带动了其他西方国家,在英国提交加入亚投行确认函后的几天,德国、意大利等国也表达了参与亚投行的意愿。此外,英国的加入使亚投行的代表性与可信度进一步提升。加入亚投行的第一批意向成员国中有大量国家有巨大贷款需求,这将为亚投行的初期运作带来巨大压力,因此,部分国家对亚投行运行的有效性持怀疑态度。作为传统金融大国,英国的加入使亚投行成员国更具多元性,同时英国丰富的金融经验将对提升亚投行管理水平、优化运行机制大有裨益,减少国际社会对亚投行的质疑。[②]

最后,当欧盟和美国收紧针对中国在欧美投资的规定时,英国对中国企业投资并购的态度明显更为和缓与开放。2019年2月14日,具有相当国际影响力的英国跨境支付公司World First宣布已被蚂蚁金服全资收购。尽管在收购过程中,美国外国投资审查委员会(CFIUS)多次予以干预,称中国企业收购World First将会为美国公民的财务数据安全带来潜在威胁,但此次收购依然顺利完成。考虑到金融安全的敏感性,蚂蚁金服对World First的成功收购不仅意味着中英两国均有意愿维护贸易投资领域的自由主义秩序、加强金融领域合作,也表明两国具有较高水平的政治互信

---

① 孙艳飞:《对新中国成立前后中英建交问题的历史考察》,硕士学位论文,安徽大学,2011年。

② 储殷、高远:《加入亚投行:英国为何要"抢先"》,《世界知识》2015年第7期,第50—51页。

与发展共识。

◇ 三 中英已有的经济合作基础

自2015年中英关系升级为"面向21世纪全球全面战略伙伴关系"以来，两国经贸往来进一步密切。在顶层设计方面，中英通过总理年度会晤，以及副总理级的经济财金对话、高级别人文交流机制和战略对话这四大机制与其他双多边机制展开对话、深入共识，并推进两国战略层面的对接与合作。在贸易、金融、投资和科技等多个领域，中英都已经展开了非常丰富和深度的合作，这为中英推动自贸区谈判提供了良好条件。

（一）稳定的双边制度架构

2015年，中英两国宣布构建"面向21世纪全球全面战略伙伴关系"，双方将进一步密切高层往来，通过总理年度会晤、经济财金对话、高级别人文交流机制和战略对话四大机制深化共识；双方围绕中方"一带一路"倡议、英方基础设施升级投资计划及"英格兰北方经济中心"开展战略对接；推动两国在贸易、投资和货币金融领域加深合作，并在产能、能源、气候、交通等具体领域展开合作。[1]

一方面，中英政府通过高级别对话机制对两国经贸合作进行顶层设计。在总理年度会晤机制、中英战略对话机制、中英经济财金对话机制和高级人文交流机制四大对话机制中（详见表3.4），中英主要通过经济财

---

[1] 《中英关系构建面向21世纪全球全面战略伙伴关系的联合宣言》，新华网，2018年11月10日，http://www.xinhuanet.com/world/2015-10/22/c_1116911370.htm。

金对话对双方经济和财金领域中战略性、长期性和全局性的重大议题进行对话,推动两国在经贸领域的合作,加强在国际重大财金问题上的沟通。自2008年首次中英经济财金对话以来,截至2018年双方共举行了九次对话,达成了500多项政策成果,推动两国在宏观经济政策、全球治理、贸易、投资、金融、能源、产业、基础设施等领域的合作。

表3.4　　　　　　　　中英四大对话机制(截至2018年)

机制名称	成立时间	机制级别	运行情况	讨论议题
总理年度会晤机制	2004年	总理级	2018年1月举行最近一次会晤	增进两国领导人对话,规划合作,妥善处理分歧
中英经济财金对话机制	2008年	副总理级	目前举行九次对话	就中英两国在经济和财金领域的战略性、长期性和全局性重大问题进行对话,推动两国经济财金领域的合作,加强两国在国际重大财金问题上的沟通,巩固和推动两国全面战略合作伙伴关系
中英高级别人文交流机制	2011年	副总理级	目前举行五次对话	深化两国人文交流,提升人文交流的质量和水平,惠及更多民众,为中英关系"黄金时代"持续深入发展奠定更加坚实的社会和民意基础
中英战略对话机制	2004年	最初由两国外长进行,2010年升级为副总理级	目前举行九次对话	双方通过这一机制就两国关系和国际关系中战略性全局性问题进行深入讨论,增进了解与互信,密切合作,推动中英全面战略伙伴关系长期健康稳定发展

另一方面,中英政府通过对接宏观性国家发展战略(即"英国工业2050战略""北方经济增长战略"与"一带一路"倡议)推动双边经贸合作发展。作为最早发生工业革命的国家,英国国内早在20世纪六七十

年代就出现了"去工业化"现象，金融服务业在英国经济结构中占比甚高。2008年金融危机对英国经济造成严重冲击，破裂的金融泡沫和迟缓的经济复苏使英国重新认识制造业在维护国家经济韧性方面的重要意义，并因而制定了"英国工业2050战略"①和"北方经济增长战略"。但由于英国实行财政整顿，政府缺乏充足财政资金，同时还存在技术和人才短缺，一些交通基础设施项目被迫暂停，既有路线改造项目工期持续延迟、成本严重超出预算。英国存在的基础设施领域的资金缺口恰好与中国"一带一路"倡议下资本"走出去"的需求相契合，同时，中国在基础设施建设方面拥有技术、人才优势，管理经验丰富，是英国北方经济增长区发展计划的理想合作伙伴。② 而从中国方面来看，与英国在产业升级方面的合作为中国制造产业升级、创新发展提供新的机遇，符合"中国制造2025""互联网+"的战略部署。

（二）贸易领域中的合作

中英贸易往来已有漫长的历史，最早可追溯到16世纪，当时，英国向中国出口毛呢制品和金属制品，中国则主要出口手工制品和农产品。19世纪中后期，英国为扭转与中国贸易中存在的巨大的贸易逆差，大量向中国走私鸦片，并发动两次鸦片战争，此后，英国一直在对华贸易中居于主导地位。③ 1978年改革开放的政策实施后，中英经贸关系获得快速发展，贸易规模不断扩大，贸易结构有所改善。

从贸易总量看，近五年来，中英双边贸易额总体处于增长趋势，中国

---

① 张蓓：《英国工业2050战略重点》，《学习时报》2016年2月15日第2版。
② 徐惠喜：《发挥英国北方经济区与"一带一路"协同效应》，《经济日报》2017年1月25日第9版。
③ 刘毅、刘慧芳：《中英贸易合作对我国经济发展的影响》，《山东社会科学》2016年第4期，第126—131页。

进口额的变化幅度大于出口额。据中国海关统计，2018年中英双边货物贸易额804.4亿美元，同比上升1.8%，中国是英国增长最快的出口市场之一。目前，英国为中国在欧盟内的第二大贸易伙伴，仅次于德国，中国是英国第三大贸易伙伴和第六大出口目的地国（详见表3.5）。

表3.5　　　　　　　　2014—2018年中英双边贸易金额

年份	进出口额（亿美元）	中国出口额（亿美元）	中国进口额（亿美元）	累计比去年同期增减（%）进出口	出口	进口
2014	808.7	571.4	237.3	15.3	12.2	23.5
2015	785.2	595.8	189.4	-2.9	4.3	-20.2
2016	743.4	556.9	186.5	-5.3	-6.5	-1.5
2017	790.3	567.2	223.1	6.2	1.8	19.4
2018	804.4	565.6	238.8	1.8	-0.3	6.9

资料来源：商务部欧洲司。

从贸易结构看，中英贸易具有较强的产业互补性。近年来，英国对华出口产品主要为运输设备、矿产品、机电产品、化工产品、贵金属及制品、贱金属及制品。2016—2018年，上述种类产品的出口额占英国对华总出口额的70%以上。其中，运输设备和机电产品的出口额占比逐年下降，矿产品与化工产品的出口额未呈现出明显变化趋势，贵金属出口额占比在2018年有显著提高。从中国对英出口商品构成来看，机电产品、家具和玩具及杂项制品、纺织品及原料稳居出口额占比前三位，其出口额之和占总出口额超过60%，且三者排名在近三年未发生变化（见表3.6和表3.7）。总体而言，中国出口优势集中在劳动力密集型产业，而英国在技术密集型的高附加值产业中更具优势。

表 3.6　　　　　　　英国对中国出口主要商品构成

	2018 年（1—9 月）		2017 年		2016 年	
	种类	占出口额比重	种类	占出口额比重	种类	占出口额比重
1	贵金属及制品	27.7%	运输设备	28.5%	运输设备	29.0%
2	运输设备	20.4%	矿产品	17.5%	机电产品	17.7%
3	矿产品	14.3%	机电产品	15.1%	矿产品	11.9%
4	机电产品	11.9%	化工产品	10.1%	化工产品	10.5%
5	化工产品	7.7%	贱金属及制品	6.3%	贱金属及制品	6.6%

资料来源：商务部国别贸易报告。

表 3.7　　　　　　　中国对英国出口主要商品构成

	2018 年（1—9 月）		2017 年		2016 年	
	种类	占出口额比重	种类	占出口额比重	种类	占出口额比重
1	机电产品	35.6%	机电产品	34.9%	机电产品	35.9%
2	家具、玩具、杂项制品	14.2%	家具、玩具、杂项制品	15.1%	家具、玩具、杂项制品	15.0%
3	纺织品及原料	11.6%	纺织品及原料	12.5%	纺织品及原料	13.1%
4	贱金属及制品	7.4%	贱金属及制品	7.2%	贱金属及制品	6.7%
5	塑料、橡胶	5.3%	塑料、橡胶	5.0%	塑料、橡胶	4.6%

资料来源：商务部国别贸易报告。

（三）金融领域中的合作

近年来，中英两国在货币金融领域的合作不断深化，英国为中国企业提供高水准的国际金融服务，与中国一道推动人民币国际化的进程，并在国际货币金融机构中展开合作，推动现有体系改革。

一方面，中英在金融产业领域展开广泛合作，这主要体现于两国在金融服务业、绿色金融等方面的合作。金融服务业作为英国的支柱产业具有悠久的发展历史、完备的市场法规和丰富的行业经验。"金融是现代经济发展的血脉",① 随着中英两国的经贸往来更为密切、经贸合作领域扩展、合作程度走向深化,两国企业对金融服务的需求也不断提高。"沪伦通"是中英金融领域合作的一大重要举措。2018年12月14日,沪伦通业务启动,这一业务指中英上市公司可发行存托凭证并在对方市场上市交易,从而实现上海证券交易所与伦敦股票交易市场的互联互通。从短期来看,由于当前融资规模相对有限、两国市场均未新增投资者与市场本身呈现的渐进演变的逻辑,沪伦通的市场有限。但从中长期来看,沪伦通将使中国A股市场国际化程度提高,并进一步推动中国资本市场双向开放与人民币国际化的进程。②

另一方面,英国是人民币国际化进程的重要支点国家。③ 英国同中国的大规模货币合作始于2013年,两国货币金融合作发展十分迅速,目前已经进行了包括本币互换、货币直接交易、人民币清算机制在内的多项货币合作举措。作为兼具能力与意愿的优质货币合作方,英国在中国货币伙伴网络中正在日益发挥着核心作用。英国以其广泛的贸易网络、首屈一指的金融中心、强大的地区影响力为人民币国际化提供巨大支持,人民币因此得以在规模巨大的市场网络中流通,并被更多欧洲国家在贸易与投资中使用。

(四)投资领域中的合作

双边投资是中英经济合作的一大重要领域。随着经贸合作深入发展,两国投资规模大体呈上升趋势,投资的深度和广度逐步扩展,投资规则不断完善。

---

① 石建勋:《中英金融合作大有可为》,《证券时报》2015年10月27日第A03版。
② 苏杰:《沪伦通的主要特点及影响评估》,《金融博览》2018年第10期,第46—47页。
③ 李巍、朱红宇:《货币伙伴外交与人民币崛起的战略支点国》,《外交评论(外交学院学报)》2015年第1期,第27—54页。

从投资总量看，中英双向投资势头良好。中英两国经贸合作的不断深入使双边投资规模呈现出稳步发展的趋势。近十年来，中国对英投资流量波动上升，2009年，中国对英投资流量仅为1.92亿美元，2017年这一数值达到20.66亿美元，该年度英国是中国对外直接投资流量排名第九的东道国，并且在中国企业对外投资并购的十大目的地中排名第五，相较于2015年和2016年，排名有所上升。截至2017年年底，中国对英直接投资存量为203亿美元，英国是中国在欧盟内的第二大投资目的地（详见图3.5）。[①] 同时，英国对华投资额也在不断上升：2015年，对华投资流量前十五位国家，英国榜上无名，对华投资存量前十五名中，英国位列十一；2016年，英国对华投资倍增，是欧盟地区对华投资第二大来源国；

图3.5 中国对英投资流量与存量

资料来源：2017年度中国对外直接投资统计公报。

---

① 《2017年度中国对外直接投资统计公报》，中华人民共和国商务部、中华人民共和国国家统计局、国家外汇管理局合作编写。

2017年，英国是该年度对华投资第九位资金来源地。①

从投资结构来看，中国对英国的投资深度和广度逐步拓展，从以贸易、运输、电信等领域为主，已经扩展到覆盖高端制造、基础设施、品牌网络、研发中心、酒店地产等多个领域，产业链条不断延伸，价值中枢持续上移。目前，中英投资合作主要集中在相对传统的基础设施建设领域与部分新兴经济领域。英国在基础设施建设上的投资缺口巨大，已积累大量"基建赤字"，并且能源、铁路方面的发展已显现出某些滞后性，具有投资合作的发展空间。而中国经过多年发展在基础设施建设领域积累了丰富的经验，且需要推动优势产能走出国门，在全球价值链中发挥更为重要的作用。② 中国的优势主要在装备制造和资金方面，而技术先进、管理经验充足和便捷的金融服务是英国的竞争力所在，双方优势互补、利益契合，这些因素共同推动了两国在基建领域的投资合作。

在新兴经济领域，"英国电信入华"与"蚂蚁金服收购 World First"是两个标志性事件。2019年年初，英国电信公司称，该公司获得中国工信部颁发的两项增值电信业务许可：中国全国性 IP-VPN 许可证和中国全国互联网服务提供商（ISP）许可证，这尚属国际电信公司中的首例。上述两个"牌照"将允许英国电信在中国的通信公司——英电通讯信息咨询有限责任公司（英国电信香港有限公司与深圳一家公司的合资企业）直接与其在中国国内的全球客户签订合约，并以人民币计费。中国市场对英国电信公司的开放标志着中国或将为外国电信公司打开一扇大门，允许其分享中国庞大的国内市场，而英国公司被首先授予权限则体现了中英关系的特殊性。与此同时，如前文所述，中国公司蚂蚁金服对英国跨境支付公司 World First 的成功收购也标志着两国在新兴经济领域合作深化，这有

---

① 《中国外商投资报告》，中华人民共和国商务部编写。
② 关秀丽：《中英产能合作的方向与重点》，《海外投资与出口信贷》2016年第5期，第20—24页。

助于优化两国投资结构,并共享发展经验。

(五) 科技领域中的合作

自 1978 年中英签订科技合作协议以来,两国在科技领域展开深入合作。两国通过中英科技创新合作联委会会议和中英高级别人文交流机制展开对话,并签订相关备忘录,联合出台政策,这些举措促进了两国在科技领域中的合作。

具体而言,中英学界多次就农业、水资源、气候变化、空间技术等重要议题进行交流,深化合作。例如,启动于 2008 年的"中英科学桥"计划旨在加强两国在自然环境与粮食生产、医药和医疗技术、4G 无线移动通信技术、可再生能源和建筑环境四大领域的合作;启动于 2009 年的"中国明天"计划旨在促进两国研究机构和企业相互了解;两国合作成立了干细胞研究基地与复旦—丁铎尔全球环境变化研究中心,集合双方科研力量,合作推进相关研究;2018 年 11 月,优自奖联谊会在伦敦举行首届"硬科技"创新创业大赛,旨在为中英两国的科研项目建立高效的创新运行机制。[①] 可以说,科学技术合作是中英经贸合作的重要组成部分,推进科技合作深入发展有助于进一步优化两国的经济结构,提升综合国力。

◇◇ 四 中英自贸区谈判路线图

中英两国是全球重要经济体,在国际贸易、投资和货币金融体系中均占有一席之地。两国现已建立四大对话机制,通过政府高层对话增进合作

---

① 强薇:《中英科技创新合作渐入佳境——记首届"硬科技"创新创业大赛》,《人民日报》2018 年 11 月 5 日第 21 版。

共识，同时双边贸易额和投资额整体呈上升趋势，贸易结构不断改善，投资领域逐渐扩展，金融合作日益深化，为两国签订高水平自贸协定奠定现实基础。目前，英国即将正式脱欧，在随后一段时期，英国需加紧与本国重要经贸伙伴展开谈判并签订相关协定，否则英国将与其经贸伙伴重回WTO框架下展开经济合作，这将会对英国的国际经济地位形成严重冲击。与此同时，尽管G20峰会后中美达成协议暂缓双方进一步加征关税，但中国在对外投资、科技创新发展、产业升级、知识产权保护等领域依然面临巨大压力。基于此，中英展开高水平、综合性的经济伙伴协议谈判势在必行，而且已经水到渠成。

（一）启动中英自贸区谈判的基本条件

英国悠久的经济自由主义传统与中英经济体系中产业结构的高度互补使英国具有与中国开展高水平自贸区谈判的动机，而脱欧后重新获得进行经贸谈判的自主权则为中英自贸协定谈判提供了现实可能性。

首先，英国的自由贸易传统为深化中英合作奠定基础。英国长期以来一直是自由主义国际经济秩序的推动者与捍卫者，它反对保守主义与单边主义，促进全球范围内的经济自由发展。基于此，脱欧后的英国将更有可能与世界重要经济体达成高水平自贸协定，为本国经济发展创造优越的外部环境。2019年1月，在日本首相安倍晋三和时任英国首相特雷莎·梅的会谈中，英国表示有意加入日本等11国参与的《全面且先进的跨太平洋伙伴关系协定》（CPTPP），这表明英国已经开始为脱欧后的对外经济网络布局，并展示出该国对自由主义经济秩序的一贯追求，从而，在现阶段推动中英自贸区的建设将具有可行性。

其次，脱欧将使英国重获经济主权，从而具备与中国展开自贸区谈判的制度可行性。尽管英国在身为欧盟成员国时能够享有诸多优惠政策，但也需要让渡部分经济主权以促进区域共同发展，同时可能被欧盟内部其他国家的经济困局所绑架，影响英国的自由发展。脱欧后，英国将不再被欧洲议题所绑架，无须为其他国家的经济问题"买单"，而能够将资源向国内倾斜，减少承担国际义务，对本国民众关切予以更充分的回应。同时，脱欧后的英国将在贸易、金融、生产领域获得更大的经济政策自主性，提高本国经济的国际竞争力。①

最后，中英间产业结构互补性显著大于竞争性，这使两国具有广泛的共同利益与广阔的合作空间。在货物贸易领域，两国不同的工业发展历程、经济发展水平和资源禀赋使两国优势产业与现阶段主导产业存在互补性。尽管近年来中国劳动力、土地等要素价格上涨，但与英国相比，中国在原材料、轻工业品生产等劳动密集型产业中仍然更具优势，而英国则凭借长期处于世界政治经济体系中的优势地位，在全球价值链中占据高附加值的位置，多出口成熟工业品与其他技术密集型产品。在服务贸易领域，两国出口的服务类别也具有互补性，同时，中国可以通过学习借鉴英国经验助力服务出口结构升级。中英两国服务贸易的规模存在巨大差异（详见图3.6）。2017年，中国服务贸易进出口总额占GDP的5.5%，而英国这一数据为21.9%，这一差距表明中国仍需继续引导扩大高附加服务的出口。从服务贸易结构来看，旅行、运输、建筑三大传统服务在中国依然占据相当比重。而英国依托本国强大的金融业、电信技术与娱乐产业，其主要出口服务为金融、保险、通信、文化等。② 基于此，中英在服务贸易领域一方面具有互补性，另一方面中国需借鉴英国发展经验，提升本国在高附加值的新兴服务产业的竞争力，优化服务出口结构，扩大出口规模。

---

① 李巍、安怡宁：《英国脱欧：重获经济主权后去向何方？》，参考消息网，2019年3月17日，http://column.cankaoxiaoxi.com/g/2018/1127/2358893.shtml。

② 刘毅、刘慧芳：《中英服务贸易与货物贸易差异性及影响要素分析》，《江西师范大学学报》（哲学社会科学版）2016年第2期，第157—163页。

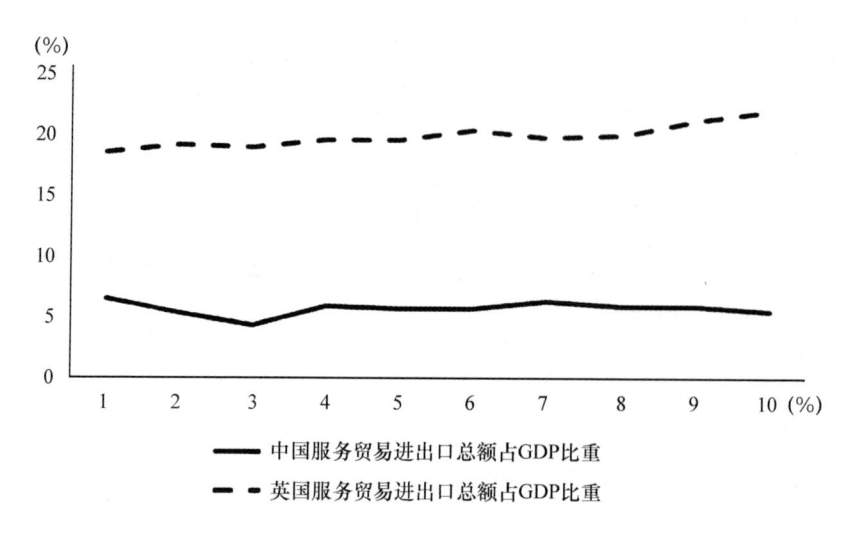

图 3.6 中英服务贸易进口总额占 GDP 比重对比

事实上，早在 2016 年英国公投脱欧之初，英国财政大臣菲利普·哈蒙德就表示愿与中国达成双边自由贸易协定。① 随后，中国商务部回应称，作为一个主张自由贸易的国家，英国脱欧或在某种程度上可以推动中英启动自贸协定谈判。2018 年，中国商务部推动成立中英企业家委员会，且中英贸易工作组在年内召开两次会议，着眼于推进两国贸易投资评估工作，研究双方经济互补性，并探索未来合作机遇。总之，两国政府对深化经贸合作的积极态度也有力助推了中英自贸区的建设进程。

（二）中英自贸区协定的基本目标

为对冲"脱欧"对英国的消极影响，释放中国在中美贸易争端下的压力，中英两国应尽快展开自贸区谈判，促进两国经贸合作深入发展，增

---

① 蒋华栋：《英国积极推动中英双边自贸谈判》，经济日报，2019 年 3 月 18 日，http：//paper.ce.cn/jjrb/html/2016-08/09/content_308404.htm。

强两国防范各种国际风险的能力，为两国企业在与对方进行的经贸活动中保驾护航。通过研究中国—新加坡自贸协定升级版、中韩自贸协定、《全面且先进的跨太平洋伙伴关系协定》（CPTPP）等高水平自贸协定的条款设置，并结合中英利益关切，本报告认为，中英应在贸易、金融、投资、产业合作、规则制定等领域进行综合性的谈判，争取签署全面经济伙伴关系协议。

1. 贸易领域

为解决目前中英贸易结构不合理、产业竞争日益激烈的问题，并减小国际经济环境变化对两国发展构成的冲击，中英两国应加强在货物贸易与服务贸易领域的合作，促进贸易自由化与便利化，扩大双方国际市场。

就货物贸易而言，在关税方面，中英应在一段时间内对原产于两国的绝大部分产品实现零关税，中国应提高货物贸易自由度，英国在农产品、鱼类、机动车等领域应降低关税。在非关税壁垒方面，中英应对环保标准、技术标准形成共识，既避免以环境为代价发展经济，也减少未来贸易中环保和技术壁垒出现的可能性。

在服务贸易领域，中英也应加强合作。一方面，双方应消除服务贸易壁垒。在中英自贸区谈判中，除涉及国家安全的领域外，两国应扩大行业准入范围，采用"正负面清单混合"或"负面清单"谈判模式，促进海洋运输、计算机、金融服务等领域的合作。另一方面，应推动两国自然人移动便利化，为两国经贸合作（尤其是双边服务贸易发展）提供有利条件，此举也将缓解英国脱欧后面临的劳动力短缺的困境。

2. 投资领域

中英两国应重点针对投资自由化、投资结构升级、促进公平竞争等议题展开谈判。首先，在促进投资自由化方面，中英应采用"负面清单"方式谈判，扩大行业准入范围，在除去交通运输、电信等基础设施建设、与文化传播和意识形态建构相关的影视文化行业、医疗卫生、军火等涉及国家安全的领域外,降低外商投资门槛,鼓励对方企业在本国领土范围内进行投资并为其创造有利的投资环境,促进投资规模稳步增长。其次,优化双边投资结构。除基础设施领域的投资合作外,中国企业也应注重投资英国高附加值制造业、研发机构、品牌建设等领域,延伸产业链条,提升投资价值,并与英国在创新、绿色发展、城镇化等领域拓展合作机遇。[①] 最后,双方应完善投资规则,推动投资领域的公平竞争。两国应围绕准入相关条款、准入后条款、争端解决机制等议题进行谈判,授予外商投资国民待遇和最惠国待遇,并采用"投资者东道国争端解决机制(ISDS)",为外商提供更加公平的投资环境。就中国而言,尽管目前已出台《外商投资法》,但由于其条款尚不成熟,外国投资者多认为其承诺性大于可操作性。为优化中国投资环境,推动国有企业改革是一大核心议题。中国可参照加拿大、澳大利亚等国对国有资产的管理方式进行改革,确保国有企业与外国投资者展开公平竞争,或以公平的方式获得对方市场准入,并在"公平竞争"与确保国内经济稳定间做好平衡。[②]

3. 金融领域

中英自贸区谈判不仅仅是贸易与投资谈判,而是着眼于达成全面的经济合作协议,因此,金融议题是谈判中的重要组成部分。中英两国可加强在金融产业和推动人民币国际化中的合作。

一方面,在金融产业领域,中英可采用准入前国民待遇原则和负面清单管理制度,深化在银行、证券、基金等方面的合作。考虑到英国在金融领域影响力大,业务体系成熟,加强双边合作有利于中国学习英国的成熟经验,提升本国金融行业水平。同时,中英应加强在绿色金融与金融科技

---

① 关秀丽:《中英产能合作的方向与重点》,《海外投资与出口信贷》2016年第5期,第20—24页。

② 王芳:《CPTPP投资规则对中国外资政策的启示》,《区域与全球发展》2018年第2期,第141—153页。

两大新兴领域的合作。目前，中英间多所金融机构已签署《绿色金融战略合作备忘录》，在未来，加强双边绿色金融合作将有效弥补欧洲市场萎缩对英国金融业的冲击，并推动人民币离岸市场中"绿色融资"的发展。[1]在金融科技领域，中国是全球范围内金融科技市场成长速度最快的国家之一，而英国则由于金融业发达、监管体系成熟、政府政策支持等因素，也拥有发达的金融科技行业。在未来，中国发展相对成熟的金融科技公司可以对英投资，从而扩大企业的国际影响力；区块链、金融监管等处于发展初期的领域则可向英国学习经验。[2]

另一方面，中英应继续合作推动人民币国际化进程。在推动伦敦的离岸人民币债券市场发展的同时，也应着重发展离岸人民币市场基础设施建设，并加强两国在金融监管领域的合作与协调。[3]

4. 产业与科技合作

一方面，双方应继续推进"英国工业 2050 战略""北方经济增长战略"与"一带一路"倡议对接。中英两国应深化在基础设施领域的投资合作，也应注重开拓第三方市场合作与政策项目合作，通过高层对话增进共识，为两国战略对接与合作打好基础。

另一方面，中英应加强在能源和高技术领域的产业合作。在能源领域，核能、页岩气、石墨烯为三大合作重点。在高科技领域中，英国在信息技术、能源与环境、生物科学等领域具有技术优势，中国则在高铁技术、电子商务方面具备丰富的经验，双方应发挥本国优势，共享发展机遇，在保护知识产权的前提下增加上述领域先进设备进口，从而推动两国

---

[1] 蔺皓明：《中英金融合作迎来发展新机遇》，《文汇报》2018 年 2 月 3 日第 5 版。

[2] 龚文：《建立中英双赢的金融科技生态圈》，《国际融资》2017 年第 3 期，第 14—15 页。

[3] 黄宁：《"一带一路"倡议和人民币国际化背景下深化中英金融合作研究》，《黑龙江金融》2017 年第 12 期，第 36—39 页。

技术发展和产业结构升级,增强创新能力,优化贸易投资结构。

5. 其他:统一规则与新兴领域合作

为推动双边经贸关系有序发展,两国应在自贸协定中对原产地原则、竞争政策、知识产权等规则做出明确规定。同时,中英可开展在电子商务、环境、合作和能力建设、监管一致性、透明度和反腐败等新兴领域的合作。促进两国电子商务企业相互开拓市场和开展务实合作,能够提升双边贸易便利化水平,有利于双边贸易长足健康发展。环境议题方面,双方应在适当的时候就有关问题进行磋商与合作,应承诺不通过降低环境保护水平鼓励贸易和投资,并同意环境标准不得用于贸易保护主义目的。

为使中英自贸协定谈判顺利,在谈判过程中,中英需将对方利益诉求纳入考虑,并做出一定让步,从而扩大谈判目标的交集。近年来,由于中国经济结构升级、外资在华超国民待遇逐渐取消以及中国本土企业竞争力上升,英国在面临大规模对华贸易逆差的同时,英资企业在华发展遭遇瓶颈,而中国对英投资整体呈上升趋势,这引起英国对华合作心态失衡。[①]为避免英国脱欧后对中国采取限制性政策以谋求对华优势,中国需在中英自贸协定谈判中展现进一步扩大开放的决心,并给予英国资本输出的便利环境,同时学习与接纳英国发展理念,在贸易投资规则、环保技术标准方面与英国对接。作为发达经济体的英国则需率先对自中国进口的产品实行零关税,并与中国开展科技领域合作,推动中国产业转型升级。

(三)中英自贸区谈判的主要难点

中英经贸关系近年来获得长足发展,在高层对话、经济合作方面都卓有成就。目前,在中英发展面临变局之际,两国深化合作、建立中英自贸

[①] 姚铃:《中欧自贸区建设的经济影响、挑战与前景》,《国际贸易》2018年第2期,第44—47页。

区有利于促进双方贸易投资发展，打开经济发展的外部局面，并倒逼国内改革。但是，由于目前英国脱欧进程仍有诸多不确定性、英国国内政治领导力衰落、中英两国存在较大的经济规则和标准差异、敏感领域谈判难度大等因素，可以预见到，中英自贸区的谈判将会面临诸多困难。

第一，英国国内政治分裂与政府领导力衰弱的现状使其国内各方力量难以就重要议题达成共识，中英自贸区谈判可能不会一帆风顺。脱欧造成了严重的政党分裂，仅保守党内部就已出现三种不同的立场：一派支持相对温和的脱欧协议，一派希望"硬脱欧"，一派希望举行二次公投并留在欧盟。工党内部也分裂为三派：党魁科尔宾和副党魁托马斯·沃特森各领导一派，第三派同样主张留在欧盟。与此同时，梅首相的内阁也出现分裂迹象，特蕾莎·梅的首相之位再受威胁。政治分裂的背后是统一政府权威的缺失与由此导致的国家利益界定混乱，这一现状使英国政界与社会在敏感议题上的立场差距更加难以弥合。因此，就推进中英自贸区谈判而言，英国是否有能力凝聚对华强硬派与温和派的观点、是否存在具备权威性和执行力的机构来牵头推动谈判就成为值得关注的问题。

第二，中英经济发展阶段的不同使两国存在较大的制度差距，这是双方谈判面临的又一大难点。与英国相比，中国的市场化程度尚显不足，在技术标准、市场准入等领域与英国统一标准较为困难。因此，在签订高水平、综合性的经济协议的过程中，中国需进行大规模国内改革以适应更高标准，而这对中国而言又是一大挑战。举例来说，若中英自贸协定对标CPTPP中的标准，则中国在严格监管食品安全、扩大劳工权益、保护知识产权等方面依然任重道远。但尽管如此，也无需将上述困难过分夸大，因为在签订自贸协定的过程中，谈判各方必定都有所取舍，即使是作为老牌资本主义国家的英国也在部分领域面临改革压力。而更重要的是，"以开放促改革"正是签订自贸协定的一大目的，通过国际压力倒逼国内在国有企业、竞争政策、知识产权领域进行改革对中国经济长期发展而言大有裨益。

第三，在敏感性领域展开谈判、扩大开放具有挑战性。英国政府核心关切的领域包括先进计算机技术等敏感技术、国家电网和运输等核心基建与涉及军事用途的行业。就中国而言，由于国内金融监管与风险防范体系尚不完善，大规模金融市场开放可能引起国内经济不稳定性增强，在全球经贸体系变革、中国经济转型的关键时期为中国带来更大的挑战，因此中国对金融领域的开放必将非常审慎。同时，由于经济发展体制的特殊性，中国对国有企业"竞争中性"政策、产业政策等议题也相对敏感。此外，随着中国产业结构升级，中国对高附加值产业的重视将会与日俱增，中英两国的产业重合度提高，竞争将更为激烈，这可能会削弱两国合作的利益基础，对两国贸易往来与产业合作形成阻碍。基于上述分析，笔者认为在未来的中英自贸区谈判中，两国在尖端技术、知识产权、金融体系开放、国家资产保护等敏感议题上会遭遇谈判瓶颈。

第四，中英双边政治关系也会对中英自贸区建设产生一定的负面影响，如英国积极介入中国南海问题已为两国关系投下了阴影。2018年以来，英国海军曾在中国南海数次举行敏感性活动，英国《每日星报》甚至称英国将在未来常态化保持在中国南海的军事存在。此类行为已对中英关系与中英自贸区的建设构成负面影响。

第五，美国与欧盟的态度也将对中英自贸区谈判构成影响。出于维护本国国际影响力的目的，美国很难对中英自贸区谈判持积极态度。目前，美国将中国视为本国的战略竞争对手，并同中国展开制度竞争与实力竞争。在国际经贸规则领域，质疑WTO规则、带头创建高标准巨型FTA的美国对新一代国际经贸规则的主导权志在必得，因此不会乐见中国达成高水平自贸协定以成为经贸规则重塑过程中的有力角逐者，也不乐见中国在西方阵营中扩大伙伴网，从而使其发展模式受到更广泛的认可，削弱美国在建制领域对中国"包围"的能力。在实力竞争领域，中国通过建立高水平自贸协定、扩展自贸网络，可将美国对华施加的压力更好地消解，如能够从其他发达国家进口高科技产品、将本国的科技企业与金融服务业企业在其他发达国家和地区实现业务扩张，从而扩大本国发展机遇，将助推本国产业转型。基于上述因素，美国很可能对建立高水平的中英自贸区持消极态度。就欧盟而言，尽管3月12日发布的《欧中战略前景》中对华定位也发生转变：承认中国依然是合作伙伴，但在科技领域是经济竞争者，在治理模式领域则是"全面对手"，但欧美对华转变战略定位的落脚点却并不相同。相比于美国希望通过一套"组合拳"来延滞中国发展、保持本国优势，欧盟的主要目标是促使中国扩大开放，实现双方经济关系的平衡互惠，共享发展机遇，从而助力欧洲渡过工业岗位流失、社会深刻变革的紧张时期。尽管美欧互为对方的重要盟友，但随着美国背弃伊朗核协议、巴黎气候协定、中导条约等大型多边协议，并威胁对欧盟加征关税，欧盟也需要加强同中国的合作来维护自由贸易秩序与本地区利益。基于上述因素，并考虑到欧盟在近期表示希望在2020年达成中欧投资协定，可以认为欧洲将乐见一个愿意接纳高标准协定、扩大开放的中国，因此，可能会对中英自贸区谈判持相对积极的态度。

◇ 五　结论

在全球经济体系面临危机、世界经济秩序正在重建的今天，中国应注重与重要经贸伙伴国深化发展双边关系，构建更为全面、标准更高的自贸区体系。英国作为世界第六大经济体和欧盟内第三大经济体，尽管近年来脱欧导致不确定性增加，但经济实力依然强劲，是中国建立高标准自贸区范本、深化与西方世界合作的重要窗口。目前，中英已经建立包括中英总理年度会晤和中英经济财金对话在内的四大对话机制和其他双多边合作机制，为中英在经贸领域的具体合作奠定基础，并指明路径和方向；中英贸易额和双边投资额总体呈增长趋势，在金融领域的合作也不断深化。但是，两国合作中依然存在贸易逆差大、贸易结构有待升级、产业竞争日益加剧等问题。在这一背景下，签订高水平与综合性的中英经济伙伴协议、建立中英自贸区有利于深化中英双边经贸合作，解决目前在贸易、投资和货币金融领域的合作中遇到的问题，并能开拓新的合作空间。同时，对英国而言，与中国共建自贸区有利于减小在脱欧后面临的不确定性，对冲脱欧带来的消极影响；中国则能够在中美"贸易战"下开拓发展空间，助力国内产业升级，并能倒逼国内在环境条款、知识产权保护等方面进行改革。基于此，中英应加强贸易投资便利化并改善贸易投资结构，密切金融合作，发展在能源、科技等领域产业合作，增进双方在经贸规则领域的共识，在电子商务、环境、科技创新等新兴领域展开合作。为解决中英面临的贸易摩擦、制度距离、文化差异等问题，双方应秉持互利共赢的原则，将对方的利益诉求纳入考量，增加合作的利益基础，推动中英自贸区在较短时间内顺利建成。

第四部分

中国经济外交月度报告

第四部分　中国经济外交月度报告

◇◇ 一　中国稳步扩大对外开放（一月报告）

2019年1月，中国经济外交全方面展开。在多边层次，国家副主席王岐山出席达沃斯世界经济论坛并致辞，中国还以主席国身份参加并主持可再生能源署全体大会。在双边层次，中美恢复高级别经贸磋商，为实质性结束贸易战打下基础；中国与中东国家的自贸区谈判进程加快；第二次中德高级别财金对话在北京举行，中德重申在财政金融领域加强宏观经济政策协调与合作；缅甸中央银行宣布增加人民币和日元为官方结算货币，人民币国际化进程取得新成果。此外，中国放宽市场准入取得新进展，美国特斯拉上海独资工厂正式开工，标普全球公司获准进入中国信用评级市场。值得一提的是，国家国际发展合作署成立一年来，中国援助外交在制度结构改革和援助战略调整方面都取得了显著的成效，对外援助整体方略"转型升级"逐步推进。

（一）中国放宽市场准入取得新进展

2019年1月，中国放宽市场准入取得新进展。一是在新能源汽车领域，美国特斯拉上海独资工厂正式开工；二是在金融领域，美国标普全球公司获准进入中国信用评级市场。本月，新一轮中美经贸磋商也在如火如荼展开，允许特斯拉和标普这两家美国企业在华独资经营，不仅在继续推进中国扩大开放的既定路线，而且也符合美方关于中国更大程度开放市场的诉求，有助于推动中美谈判达成协议。

美国特斯拉上海工厂开工

1月7日，美国特斯拉汽车公司（Tesla）落户上海的独资超级工厂

（Gigafactory 3）正式开工。特斯拉是一家美国电动车及能源公司，成立于2003年，入围2018世界品牌500强并位列第81。据悉，本次项目总投资500亿元人民币，目前正在进行的是整体建设项目第一期第一阶段，该阶段投资140亿元，建成后年产能为15万辆Model 3，项目将在2019年9月完成整车四大车间的建设，在2020年3月完成动力系统车间等其他重要功能区域的建设。该项目受到了中国政府的重视，9日，工信部副部长辛国斌会见特斯拉首席执行官埃隆·马斯克，就新能源汽车发展及特斯拉上海超级工厂建设等议题交换意见。

特斯拉进驻上海受到了中国开放政策和中美关税对垒的双重驱动。2018年4月，国家发展改革委公布了汽车行业对外开放时间表，计划分类型实行过渡期开放，2018年取消专用车、新能源汽车外资股比限制，2020年取消商用车外资股比限制，2022年取消乘用车外资股比限制，同时取消合资企业不超过两家的限制。通过五年过渡期，汽车行业将取消全部限制，这对倚重中国市场的外国汽车制造企业而言是重大的政策红利。2018年7月6日，中美贸易战正式爆发，包括特斯拉在内的美产汽车被包含在中方反制清单内，成为这轮关税对垒的受害者之一。在中国新能源汽车领域放开外资股比和中美贸易战剑拔弩张的双重背景下，前往中国投资建厂成为规避额外关税的最好策略。据悉，早在2017年特斯拉就曾与上海市政府探讨了在该地区建设工厂的可能性，中美贸易战的冲击某种程度上加速了特斯拉的这一计划。7月10日，特斯拉创始人马斯克就前往上海，与上海临港管委会、临港集团共同签署了纯电动车项目投资协议，从签约到土地摘牌，再到正式开工，只用了半年左右的时间，可见该项目充分利用了我国汽车产业进一步扩大开放的政策机遇。

中国新能源汽车行业最早在政府补贴的支持下起步发展，在近一两年补贴连年滑坡的背景下，中国特斯拉上海工厂无疑将加剧国内新能源汽车行业的市场竞争。2009年3月，国家出台《汽车产业调整和振兴规划》，首次提出新能源汽车战略，2010年，新能源汽车被列为我国七大战略性新兴产业之一。自那以后，国家和地方政府密集推出各类财政补贴政策，基于低价格优势，比亚迪、北汽新能源、吉利汽车、东南汽车、众泰汽车等国产品牌不断在新能源汽车领域发力，迅速推动中国成为全球新能源汽车的第一大市场。随着行业发展的不断成熟，财政部、税务总局、工信部、科技部四部委在2018年表示将逐年取消新能源补贴，直至2020年全部取消，这意味着国内新能源汽车行业将进入优胜劣汰的兼并重组阶段，而此时特斯拉这一强大对手的入局无疑将进一步加剧竞争，倒逼国产品牌提升自身实力。

美国标普获准进入中国信用评级市场

1月28日，中国人民银行发布公告，对美国标普全球公司（Standard & Poor's）在北京设立的全资子公司——标普信用评级（中国）有限公司予以备案，同日，中国银行间市场交易商协会亦公告接受该公司进入银行间债券市场开展债券评级业务的注册，这标志着标普已获准正式进入中国信用评级市场。

标普公司在1941年由标准统计公司及普尔出版公司合并而成，与穆迪和惠誉同为全球信用评级行业的三巨头之一，其中标普更是被公认为创建金融业标准的先驱。国际评级机构参与中国信用评级市场并非新鲜，不过长期以来只能采取与中国本地信用评级机构合资的方式参与国内市场，如2006年穆迪以49%股权入股中诚信国际，2007年惠誉以49%股权入股联合资信，标普虽不持有上海新世纪资信股权，但也在2008年通过技术服务协议与之建立了专业知识和经验方面的合作关系。

因此，标普这次以独资形式进入国内市场的情况尚属首例，是中国金融业对外开放过程的一个标志性事件。2017年6月28日，国家发展改革委、商务部对外发布《外商投资产业指导目录（2017年修订）》，在服务业领域取消了"资信调查与评级服务"的外资准入限制；2018年3月27

日，中国银行间市场交易商协会发布《银行间债券市场信用评级机构注册评价规则》，宣布正式接受境外评级机构注册。在此背景下，标普、穆迪和惠誉"三巨头"纷纷加紧筹备在华独资经营事宜。6月15日，穆迪注册成立穆迪（中国）信用评级有限公司，注册资本5000万人民币；6月27日，标普注册成立标普信用评级（中国）有限公司，注册资本1800万美元；7月27日，惠誉注册成立惠誉博华信用评级有限公司，注册资本5000万人民币。随后，三家机构都开始经由市场交易商协会推进注册评价工作，其中标普最先完成。下一步，央行表示将持续扩大金融市场对外开放，支持更多国际外资信用评级机构进入中国市场，可见穆迪和惠誉在华独资子公司通过注册审核也将指日可待。

适当引入国际评级机构不仅可以通过竞争机制推动国内评级行业整体水准进步，还有望吸引更多境外投资者。业内人士指出，我国评级业长期存在评级级别"虚高"的问题，这是许多境外投资者对中国市场"望而却步"的原因之一。中国人民银行副行长潘功胜表示，截至2018年年末，中国债券市场余额达12.6万亿美元，是全球第三大债券市场，仅次于美日；但境外投资者目前在中国的银行间债券市场持债的规模大概是2.3%，持有国债规模比例是8.1%，这一比例远远低于一些发达经济体，甚至也低于周边一些新兴市场经济体。随着境外投资者配置人民币资产的需求越来越浓厚，我国债市在吸引外资流入方面具有很大空间，而引入更具公信力的国际评级机构则有助于消减部分境外投资者的疑虑。

中国稳步扩大开放 或推动中美协议达成

从1978年设立经济特区，到2001年加入WTO，再到2013年提出"一带一路"倡议，中国一直致力于扩大对外经济交往。2017年党的十九大报告和2018年博鳌讲话标志着中国对外开放进入一个新阶段，主要内容是大幅度放宽市场准入、创造更有吸引力的投资环境、加强知识产权保护、主动扩大进口。其中，就大幅度放宽市场准入而言，习近平主席博鳌讲话强调了服务业特别是金融业、制造业方面政策的加速落地，并且特别强调放宽对汽车行业外资限制，特斯拉和标普正是新一轮开放政策的首批直接受益者。

在中国扩大开放的大背景下，中美"贸易战"也在2018年年末布宜诺斯艾利斯"习特会"之后进入新一轮的经贸谈判阶段。就在特斯拉上海工厂开工的当天，即1月7日，中美双方在北京举行了为期两天半的经贸问题副部级磋商；在标普完成信用评级业务注册评价的两天后，即1月30日至31日，中方代表团前往华盛顿与美方展开又一轮中美经贸高级别磋商。

放宽市场准入不仅可以激发市场活力、激励创新、提高效率，进而增强国内各产业的国际竞争力，某种程度上可能还将推动中美贸易谈判达成协议。美方在谈判中的核心诉求之一即要求中国更大程度开放市场，同时加强知识产权保护，取消强制技术转让和政府补贴，保证公平竞争。因此，特斯拉和标普两家美国企业双双获准在华独资经营，不仅符合中国扩大开放的既定方向，而且也间接体现了中方对经贸谈判的诚意，从而可能对中美达成协议起到一定作用。

（执笔人：赵莉）

（二）"国合署"成立一周年：中国援助外交"转型升级"

2018年3月，十三届全国人大一次会议通过了新的政府机构改革方案，其中就包括整合商务部和外交部等部门对外援助工作有关职责，组建国家国际发展合作署（简称"国合署"），作为国务院直属机构。一年来，以国合署内设机构的基本完善与援外工作的全面开展为标志，中国的援助外交可谓迈入了新的历史阶段。虽然对外援助长期以来都是中国经济外交的组成部分，但直至近五年来，为了支撑"一带一路"建设与辅助中国"负责任大国"的形象构建，援助外交在中国经济外交中的整体地位逐渐上升并日益得到重视，对外援助整体方略的"转型升级"也被提上日程。新的国合署便是在这样背景下诞生的。伴随着该机构的成立与顺利运作，中国的援助外交无论在制度结构改革上，还是援助战略调整方面，都取得了显著的成效。

中国援助外交的制度变迁

中国经济外交的全面开展依托于国内一整套结构复杂但层次分明的制度体系，其中也包含了援助外交的制度基础。新中国成立之初，对外援助的决策工作由中央政府直接统筹，再分由有关部门执行具体的事务性工作。从1952年开始，负责对外经济和贸易事务的部门长期成为中国对外援助的主导性单位，因此中国援助外交的机构演变与该部门的历史沿革密切相关。

1952年至1961年间，中国的援助外交由当时的对外贸易部与财政部共同承担，二者分别负责成套项目的对外援助与现汇援助两大块业务。1961年起，对外贸易部的援助职能被分离出来，并改由新设立的国务院直属机构——对外经济联络总局承担；此后，对外经济联络总局又依次演变为对外经济联络委员会（1964年）与对外经济联络部（1970年），后两者先后继承了对外经济联络总局的所有职能。1982年，国务院推行机构改革，将对外贸易部、对外经济联络部、国家进出口管理委员会、国家外国投资管理委员会合并后设立对外经济贸易部，对外援助的职能也因此并入该部门。

2003年对外经济贸易部改组成为商务部后，中国援助外交的"主角"又转变为后者。商务部牵头与外交部、财政部等多个机构统一管理中国的对外援助事务，从而形成了典型的"对外援助部际协调制度"。具体而言，商务部下设的援外司负责拟定并执行援外政策，起草援外法律法规，研究和推进援外方式改革、项目规划以及与受援国的谈判与协议的签署等。在此过程中，商务部需与外交部、财政部和中国进出口银行等部门进行经常性沟通并综合考虑这些部门的各类专业性建议，再做出相关决策。在对外援助的实施环节，商务部直属的国际经济合作事务局、中国国际经济技术交流中心等机构负责执行成套项目、技术援助项目和一般物资项目等各种类型的援助工作；中国进出口银行主要负责政府优惠贷款项目的实施；驻外经商机构则承担搜集受援国需求、政府间协商和援外项目一线监管等工作。

2018年3月，国务院直属机构——国合署的正式成立标志着中国援助外交的制度形式由多部门协调制向独立机构统筹制的顺利转变。从职能定位来看，国合署整合了原商务部的对外援助工作和外交部涉外协调等职责，从援助战略的拟定、援助方式的改革到援助方案的编制、具体项目的规划，再到项目实施的监督与评估等，都由国合署独力承担。当然，对外援助是一个庞大的业务体系，即使建立独立的统筹机构，援助外交仍离不开其他部门的支持。但与此前相比，在当前的对外援助制度结构下，其他部门只是扮演辅助性角色，国合署具有较高的自主性，总体上有利于集中援助外交的方向，也提高了中国对外援助的效率。

运作近一年来，国合署已形成了较为完善的内设机构与人员分工。根据对外援助的主要业务版块，国合署内部设立了综合司、政策和规划司、地区一司、地区二司、监督评估司五个职能部门。目前该机构的领导班子由一位正署长（王晓涛）与三位副署长（周柳军、邓波清、张茂于）组成，他们分别来自发展改革委、商务部、外交部与国家知识产权局，这种领导班子的设计基本吸收了过去"对外援助部际协调机制"时期多部门分工的思路，也彰显了通过援助外交的转型推进"一带一路"建设的目标，确保了新制度结构下中国援助外交的专业性与明确的战略导向性。

值得一提的是，设置独立的国家级援外机构在某种意义上被视为一国援助外交较为成熟的标志，世界主要的对外援助大国均设有类似的部门，例如美国的国际开发署、日本的国家协力机构、英国的国际发展部、法国的开发署等。但其中一部分国家的对外援助专职机构实际上仍由外交部代管。相比较之下，国合署直接向国务院负责，而不受制于其他职能部门，这不仅说明当前中国援助外交制度设计具有一定的超前性，也凸显了中国政府对于对外援助的高度重视。

国合署助力中国援助外交取得新进展

伴随着制度结构的改进，中国援助外交的整体方略也有所调整，这在过去一年间国合署的工作布局中可以得到充分体现。而从国合署的运作效果来看，中国援助外交的转型也取得了一定的成效。

首先，对外援助的双、多边合作布局不断扩大。作为对外援助专职部门，国合署开展外交活动的对象集中于受援国政府、国际上其他援助国的对口部门以及各种类型的国际组织。在过去一年间，国合署的外交行程相当密集：署领导会见外国政府对应部门或国际组织有关负责人超过40次，出访也有20余次。由于职能对口、独立部门运作较为高效，截至目前国合署已与上述诸多国家或机构达成合作协议或具体的援助计划。截至2019年3月初，国合署已代表中国政府与老挝、吉尔吉斯斯坦等十余个国家签署了在民生、经济技术等领域的双边发展合作协议，与福特基金会、联合国儿童基金会、盖茨基金会、联合国人口基金等多个政府或非政府间国际组织达成实质性的项目协议或合作谅解备忘录。

就援助对象的布局而言，在保持非洲与东南亚国家在中国对外援助布局中的优先性的同时，中国政府对中亚东欧和南美洲国家的重视程度也日益提升。如表4.1所示，来访者的国别或出访的对象国数量以非洲国家居首位，而国合署与中亚、南美洲国家对应部门的交往频率也不容忽视。

从与援助方的外交情况看，各种类型的国际组织是国合署开展援助合作的重点，截至目前与国合署进行过正式对话的国际组织已多达25个，其中既有全球或区域层面的多边援助机构，也包含非营利属性的民间组织。与此同时，国合署也寻求发达国家或地区的相关部门的对话合作，已相继与澳大利亚、欧盟、英国与瑞士等多个国家或地区进行交流。

表 4.1　　　　　　　　国合署领导外交活动概况

时间	来访方	时间	出访地
2018 年 4 月 25 日	联合国儿童基金会	2018 年 10 月 8 日	乌兹别克斯坦
2018 年 4 月 28 日	联合国开发计划署	2018 年 10 月 13 日	塔吉克斯坦
2018 年 4 月 28 日	哈萨克斯坦财政部	2018 年 10 月 21 日	巴拿马
2018 年 5 月 7 日	联合国世界粮食计划署	2018 年 10 月 29 日	联合国儿童基金会
2018 年 5 月 7 日	国际移民组织	2018 年 10 月 29 日	联合国人道主义事务部
2018 年 5 月 28 日	多米尼加总统府	2018 年 10 月 29 日	联合国人口基金
2018 年 5 月 29 日	红十字国际委员会	2018 年 10 月 29 日	联合国经社事务部
2018 年 6 月 1 日	白俄罗斯经济部	2018 年 10 月 29 日	联合国开发计划署
2018 年 6 月 11 日	多米尼加经济规划和发展部	2018 年 10 月 24 日	多米尼加
2018 年 6 月 12 日	白俄罗斯总统办公厅	2018 年 10 月 27 日	福特基金会
2018 年 6 月 13 日	埃塞俄比亚财政经济合作部	2018 年 11 月 7 日	纳米比亚
2018 年 6 月 22 日	金砖国家新开发银行	2018 年 11 月 10 日	博茨瓦纳
2018 年 6 月 25 日	南苏丹内阁总统事务部	2018 年 11 月 13 日	马拉维
2018 年 7 月 2 日	联合国工业发展组织	2018 年 11 月 30 日	阿根廷
2018 年 7 月 2 日	联合国环境规划署	2018 年 12 月 3 日	巴拿马
2018 年 7 月 6 日	蒙古国财政部	2018 年 12 月 15 日	柬埔寨
2018 年 7 月 13 日	博茨瓦纳国际事务与合作部	2018 年 12 月 9 日	老挝
2018 年 7 月 16 日	世界卫生组织	2018 年 12 月 19 日	越南
2018 年 7 月 20 日	盖茨基金会	2019 年 1 月 9 日	阿尔及利亚
2018 年 7 月 25 日	非洲绿色革命联盟	2019 年 1 月 11 日	突尼斯
2018 年 8 月 10 日	联合国难民署	2019 年 1 月 13 日	瑞士

续表

时间	来访方	时间	出访地
2018年8月15日	埃塞俄比亚总理府	2019年1月13日	世界卫生组织
2018年8月24日	菲律宾财政部等	2019年1月13日	红十字国际委员会
2018年8月24日	福特基金会		
2018年9月5日	索马里驻华大使		
2018年9月17日	萨尔瓦多		
2018年9月21日	联合国人道主义事务协调办公室		
2018年9月26日	阿富汗自然灾害管理和人道主义事务国务部		
2018年10月18日	乍得经济和发展规划部		
2018年11月7日	盖茨基金会		
2018年11月8日	澳大利亚外交部		
2018年11月14日	欧盟国际合作与发展委员会		
2018年11月20日	英国国际发展部		
2018年11月23日	苏丹外交国务部		
2018年11月28日	挪威国际发展事务大臣		
2018年12月12日	国际电信联盟		
2018年12月13日	联合国妇女署		
2018年12月18日	国际民航组织		
2019年1月4日	联合国减少灾害风险办公室		
2019年1月15日	联合国亚太经社会		
2019年1月30日	联合国项目事务署		
2019年2月15日	世界卫生组织		
2019年2月20日	世界银行		
2019年2月25日	世界气象组织		

资料来源：国家国际发展合作署网站，统计时间为2018年3月至2019年3月3日。

其次，援助方式有所改进，主要表现在项目导向性更加突出，三方合作也渐成趋势。2015年9月，中国国家主席习近平在联合国发展峰会上宣布设立"南南合作援助基金"，由中国提供20亿美元，支持发展中国家落实2015年后发展议程；2017年5月又向南南合作援助基金增资10亿美元。该基金的管理采取项目申报制，随着国合署的成立，这种运作模式也日趋成熟。2018年3月以来，国合署在南南合作援助基金项下，已先后与联合国儿童基金签署了由后者实施的尼日尔妇幼健康项目等8个项目立项协议；与联合国人口基金签署了塞拉利昂孕产妇保健及宫颈癌防治项目协议等。项目导向性使对外援助更具针对性和精准性，援助效果也更易于凸显。

此外，在国合署的推动下，中国的对外援助三方合作也日益热络。前文提及的国合署与诸多国际组织或发达国家的有关部门的对话交流就是一大突出表现。这种援助方式有利于中国借鉴世界主要援助国的对外援助经验，增强中国对全球发展援助的参与力度和融入程度，进而提高中国在发展援助领域的影响力与话语权。

中国的援助外交转型正面临内外挑战

虽然在国合署的助力下，中国对外援助取得的成绩斐然，但不可否认，当前中国的援助外交转型依然面临一些挑战，主要表现为制度建设的局限与内外部舆论压力两方面。

第一，对外援助的制度建设仍有待进一步完善。尽管国合署的成立已是中国在援助外交制度建设上取得的重大进步，但与国际上一些对外援助大国相比还存在一定的局限性。就内部机构建设而言，向海外派出的办事机构有利于深入了解受援国的需求与舆论，并对援助项目形成更有效的监督，但目前国合署的海外办事机构尚未成体系地建立起来。从外部联系来看，虽然国合署已与不少国家或国际组织展开交流，但大部分并未形成稳定的双边（或多边）对话机制，这在一定程度上也限制了国合署在援助外交上的能力发挥。

第二，目前中国对外援助的内外部舆论形势并不乐观，国内的舆论分歧集中于现阶段的中国是否应该扩大对外援助的问题，国际的舆论压力则体现在其他国家对中国对外援助规模与国家实力匹配程度，以及对外援助的政治意图的质疑。而这些压力在一定程度上归因于中国在对外援助方面的对内解说与对外宣传的不足。

据《中国的对外援助》白皮书的数据，截至2012年，中国对外援助金额累计为3456.3亿元人民币。2017年，中国宣布在未来三年向参与"一带一路"建设的发展中国家和国际组织提供600亿元人民币援助；在2018年中非合作论坛上，中国又承诺向非洲国家提供600亿美元的资金支持。显然，自2013年"一带一路"倡议提出以来，中国对外援助的力度正在大幅度增强。但对于这些事实，国内民众由于不了解对外援助的内涵，以及中国扩大对外经济辐射能力与软实力的迫切需求而有所误解；外国政府与民众则因为无法获取全面的数据与信息而低看中国的对外援助规模，或曲解中国的意图。这些误读都在一定程度上限制了中国援助外交的深入开展。

总之，随着以国合署为主导的援助外交制度建设的日趋完善，以及对外援助战略方向与技巧的不断调整与改进，对外援助在中国经济外交中的积极效应正在不断凸显。但另一方面，中国在开展援助外交上所面临的压力也不容忽视，如何进一步完善援助外交的制度建设、妥善引导国内外舆论以扩大中国对外援助的正面影响，是实现中国援助外交成功转型所无法回避的问题。

（执笔人：罗仪馥、李巍）

（三）中国加快与中东国家自贸区谈判

2019年1月，中国与中东国家的自贸区谈判进程加快，具体包括同以色列开展中以自贸区第五轮谈判,同巴勒斯坦开展中巴自贸区首轮谈判,同卡塔尔达成尽快启动中国—海合会自贸区下一轮谈判的共识。

中国—以色列自贸区谈判

1月28—31日,中国—以色列自贸区第五轮谈判在耶路撒冷举行。双方就货物贸易、服务贸易、投资、原产地规则、海关程序及贸易便利化、贸易救济、环境、争端解决及机制条款等议题展开磋商,并取得积极进展。

表4.2　　　　　　　　　　中以自贸区历次谈判内容

	时间	地点	谈判议题
第一轮	2016.03	以色列	宣布自贸区谈判启动
第二轮	2017.07	北京	货物贸易、服务贸易和自然人移动、贸易救济、经济技术合作、电子商务、争端解决和其他法律问题等议题
第三轮	2017.11	以色列	货物贸易、服务贸易、原产地规则及海关程序、卫生与植物卫生、经济技术合作、电子商务、争端解决等议题
第四轮	2018.05	北京	双方在多个领域的相关议题上进行了磋商,并取得了积极进展。
第五轮	2019.01	以色列	货物贸易、服务贸易、投资、原产地规则、海关程序及贸易便利化、贸易救济、环境、争端解决及机制条款等议题

资料来源:中国自由贸易区服务网。

自2016年中以自贸区谈判正式启动以来,双方取得积极进展,主要原因有三:第一,目前中以双边贸易关系紧密,2018年中以双边贸易额达139.2亿美元,同比增长6.1%,中国已成为以色列第三大贸易伙伴国,双方均对降低贸易成本、提高贸易稳定性有较高的需求;第二,两国贸易结构具有较强的互补性,以色列属于发达国家,出口商品主要为高科技、高附加值产品,而中国目前仍主要出口劳动密集型产品，以低技术水平的轻工业为主，因此签署自贸协定能够发挥双方比较优势；第三，中以双方一直保持着较为紧密的科技、创新合作关系，包括建立政府间经济技术合作机制、签署《中以创新合作三年行动计划》、建立创新全面伙伴关系等，若能够顺利建立并运行自贸区，可充分发挥以方的科技、产业优势和中方的市场、资金优势，使之与两国的科技创新合作形成良性互动。

中国—巴勒斯坦自贸区谈判

1月30日，中国—巴勒斯坦自贸区首轮谈判在巴勒斯坦拉马拉举行。中国驻巴勒斯坦办事处主任郭伟和巴勒斯坦国民经济部部长欧黛出席开幕式。双方就谈判基本原则、协定领域范围、谈判推进方式及各自重点关注进行了深入磋商，并就谈判职责范围文件达成一致。

近年来，中国与巴勒斯坦积极推动双边经贸关系，2017年7月，巴勒斯坦总统阿巴斯访华，中巴两国领导人就探讨启动双边自贸协定联合可行性研究达成共识；同年11月，中国商务部副部长王受文与巴勒斯坦国民经济部部长欧黛在巴勒斯坦共同签署启动中巴自由贸易协定联合可行性研究的谅解备忘录；2018年10月，中巴双方正式宣布启动自贸区谈判。

2018年中巴双边贸易额达7375万美元，同比增长6.5%，目前仍以中国向巴勒斯坦出口为主，两国若签订自贸协定必将降低双边贸易成本，进一步密切中巴经贸关系。

中国—海合会自贸区谈判

1月31日，国务院总理李克强在北京会见来华进行国事访问的卡塔尔埃米尔塔米姆。期间，李克强表示，卡塔尔是中国在中东和海湾地区的重要合作伙伴，中方愿同卡塔尔等海合会成员尽快启动中海自贸区下一轮谈判，争取早日达成一致。塔米姆表示，愿同中方和各方努力推进海中自贸区谈判。

海合会全称为海湾阿拉伯国家合作委员会，成立于1981年，由沙特、巴林、阿拉伯联合酋长国、阿曼、科威特、卡塔尔6国组成，是全球重要的石油和天然气生产、出口基地。中国作为世界上主要的石油、天然气进口国，与海合会成员国形成贸易互补，因而中方积极推进与海合会的自贸区谈判进程。

然而，中国—海合会自贸区谈判一波三折。2004年7月，中国—海合会自贸区谈判启动，2005年4月在沙特举行首轮谈判。在举行了五轮谈判和两次工作组会议后，2009年6月海合会单方面宣布中止正在进行的17个自贸协定谈判，其中也包括中海自贸区谈判。海合会中断自贸协定谈判有两方面原因，一是由于国际市场的变化，油价自2009年第二季度开始持续走高，石油成为卖方市场，海合会推动自贸区谈判意愿不强；二是中方对国内化工产业的国家保护使海合会感到不满，海合会期望签署自贸协定后，立即取消所有产品的进口关税，而中方则希望对海合会出口中国的石化产品仍预设保护性关税，双方始终无法就这一问题达成共识。

2015年12月，海合会仍然维系终止并重新评估其他自贸协定谈判的决定，却重新启动了和中国的自贸协定谈判。2016年1月，双方正式宣布谈判重启，并在一年内开展了四轮谈判，期待于年内达成一份全面的自由贸易协定。但中海自贸区第九轮谈判于当年12月在沙特利雅得举行后，双方谈判又一次实质性地暂停了，至今没有开启新一轮谈判。自2017年卡塔尔断交危机以来，卡塔尔与海合会其他成员国陷入了复杂的外交纷争中，卡塔尔开始积极推动中海自贸区谈判，以提高其在海合会政治地位、凝聚海湾国家。

2017年6月，沙特、阿拉伯联合酋长国、巴林宣布同卡塔尔断交并对其实施制裁、封锁，至今尚未解除。2018年12月9日，海合会领导人峰会在利雅得举行，卡塔尔元首虽受到沙特邀请，但并未出席，卡塔尔只派外交国务大臣穆莱基与会，成为唯一国家元首没有出席的成员国。同月

15日，卡塔尔副首相兼外交大臣穆罕默德在多哈论坛的开幕式上说，与"单打独斗"相比，海湾国家作为一个集体对西方更有影响力，但海合会作为集体目前"没有实际作用"，不能援用自身机制化解内部争端。同月，卡塔尔还宣布于2019年1月1日退出欧佩克，此举同样削弱了沙特对中东地区能源事务的影响力。

目前，在中东地区局势日趋复杂，各方势力不断介入的背景下，中国与中东地区积极推动自贸区合作，是主动降低贸易风险的举措，将在优化产业结构、维护能源安全等方面将发挥重大作用。

（执笔人：孙妍）

（四）中德高级别财金对话在京举行

2019年1月18日，第二次中德高级别财金对话在北京举行，国务院副总理刘鹤与德国副总理兼财政部长肖尔茨共同主持对话。双方围绕当前全球宏观经济形势与经济治理、中德战略性合作、金融合作与金融监管等重大议题进行讨论，重申在财政金融领域加强宏观经济政策协调与合作。双方表示将共同努力推动完善国际经济治理，维护全球多边体系，反对贸易保护主义，支持以规则为基础、以世贸组织为核心的多边贸易体制，促进开放型世界经济和全球经济增长。当前，全球范围内单边主义势力不断扩大，众多双多边国际机制受到挑战，在世界经济不确定性加大的背景下，中德作为两大主要经济体，加强宏观经济政策沟通与协调，对中德、中欧乃至整个世界经济的发展都具有重要意义。

对话期间，双方签署了《中德央行合作谅解备忘录》《中德银行业监管合作意向信》和《中德证券期货监管合作谅解备忘录》三份合作文件，并达成了34项共识。其中包括：双方同意加强全球经济治理领域合作，特别是完善金融架构，推进主要国际金融机构改革，加强多双边沟通交流；支持二十国集团（G20）作为国际经济合作主要论坛的作用；重申支持以世贸组织为核心，以规则为基础，非歧视、开放、包容和透明的多边贸易体制；双方一致认为，中德合作有利于促进两国经济发展，加强现有经济关系，实现优势互补；双方承诺确保非歧视的、开放的市场准入环境和稳定的制度框架，减少现有市场准入和投资壁垒，改善外企商业环境；双方将共同努力支持亚投行不断发展，提供客户导向的融资和服务，通过亚投行特别基金开展合作，进一步鼓励亚投行从成员国国家发展专家中引进专业人才；双方支持中欧互联互通平台就"一带一路"倡议与欧盟提出的欧亚互联互通战略以及欧洲基础设施规划对接所开展的工作；双方支持中欧国际交易所发挥促进两国金融合作、人民币国际化以及中德先进制造业对接与合作的重要平台作用，支持法兰克福离岸人民币市场发展，以扩大人民币在中德之间的跨境使用。

中德高级别财金对话是中德之间三大高级别对话与合作机制之一。2014年3月习近平主席访德期间，两国发表联合声明，宣布双方定期举行高级别财金对话，就中德在财金领域的战略性、全局性和长期性重大问题进行对话，加强两国在国际重大财金问题上的沟通协调，推动中德财金合作不断发展。

2015年3月16日至17日，首次中德高级别财金对话在德国柏林举行，时任国务院副总理马凯与时任德国联邦财政部长朔伊布勒共同主持对话。双方围绕"促进具有前瞻性和互惠互利的中德财金关系"主题，就"宏观经济形势与国际经济政策协作""中德战略性合作方向和欧盟事务""财政政策和财政合作"和"金融稳定与金融市场发展"四项议题进行了讨论，共达成21项政策成果并以联合声明的形式对外发布。双方在宏观经济、税收预算、金融监管、第三方市场合作、中小企业融资等领域达成重要共识，特别是德国在对话期间宣布有意向成为亚投行意向创始成员国，为亚投行将"朋友圈"扩至欧洲大陆国家具有重要意义，进一步深化和提升了中德财金合作。

（执笔人：安怡宁）

（五）缅甸宣布增加人民币和日元为官方结算货币

2019年1月30日，缅甸中央银行发布2019年第4号令，宣布增加人民币和日元为官方结算货币。通告称，为促进国际支付、结算与边境贸易的发展，允许持有外汇经营许可证的银行，使用人民币和日元进行国际支付与结算。这是缅甸中央银行于2017年12月批准中国工商银行仰光分行办理人民币与缅币之间的兑换和人民币汇款业务之后，中缅在货币领域合作的一次实质性突破。

中缅经济合作密切，缅甸将人民币作为官方结算货币有助于中缅经济合作的进一步扩展。在贸易方面，中国目前是缅甸的第一大贸易国。根据商务部的统计，2018年中缅双边贸易额152.4亿美元，增长13.1%。其中，中方出口105.5亿美元，增长17.9%；进口46.9亿美元，增长3.6%。在对外投资方面，中国是缅甸第一大外资来源国。截至2017年年底，中国企业对缅直接投资存量55.2亿美元，缅甸居中国对亚洲直接投资存量第九位。2018年，中国对缅新增非金融类投资2.7亿美元，下降38.4%。此外，中缅两国政府还致力于增强宏观政策协调，扩展和深化经贸合作。2018年9月11日，中缅联合召开了中缅经济走廊联合委员会第一次会议，同意成立12个重点合作领域专项工作组。在此背景下，缅甸将人民币作为官方结算货币，有助于深化中缅经贸往来，而且或可扭转2018年中对缅非金融类投资下降的局面。

对缅甸来说，此举有助于其加速融入地区经济。随着中国积极推动人民币国际化，中国与周边国家的货币合作稳步推进。中国与日本、韩国、越南、印度尼西亚、马来西亚、新加坡、斯里兰卡、泰国等国签订了双边本币互换协议。在东南亚，把人民币作为结算货币的经济体也在增多。例如，中越签订了双边本币结算协定，自2018年10月12日起，可在越中边境地区（谅山、广宁、河江、莱州、老街、高平和奠边等7个越南省内）使用人民币结算。人民币在周边国家的使用快速增长。2017年，柬埔寨人民币跨境收付金额同比增长19倍，文莱同比增长7倍，马来西亚、菲律宾等同比增长均超过50%。在周边国家中，新加坡和文莱位列货物贸易人民币收付第一位和第二位。另外，中国还与韩国、马来西亚、泰国建立了人民币清算安排，有力支持了人民币成为区域计价结算货币。因此，缅甸将人民币作为官方结算货币，势必将加速其融入地区经济的进程。

缅甸推动官方结算货币的多元化有助于降低对美元的依赖及由此带来的风险。缅甸存在汇率风险，为稳定缅元，缅甸中央银行（CBM）从2015年5月起开始采取措施，遏制美元需求。这些措施包括收紧美元撤资规模下限、允许货币兑换处进行缅元和区域货币兑换，采取更市场化的汇率制度。此前，缅甸批准的官方结算货币有欧元、美元和新加坡元。2018年5月以来，缅币兑美元出现大幅贬值，缅甸加速降低对美元的依赖。人民币币值相对稳定，而日元本就是可自由兑换货币，缅甸将人民币和日元纳入官方结算货币可以降低以美元作为结算货币所带来的外汇成本和金融风险。

总的来看，此举对缅甸对华经济往来、参与区域经济合作、稳定金融体系带来诸多利好。对中国而言，缅甸此举有助于推动人民币在东南亚地区的使用，但同时需要注意的是，缅甸也将日元纳入了官方结算货币，可能会使人民币和日元在区域内的竞争更加激烈。

（执笔人：张梦琨）

（六）国际可再生能源署召开全体大会

2019年1月11—13日，国际可再生能源署第九次全体大会在阿拉伯联合酋长国阿布扎比召开，约有来自160多个国家和地区的政府代表参与此次会议。本次会议除了审议国际可再生能源署总干事所做的年度报告、回顾该组织成立以来的进展与成绩、选举下一任总干事等例行议程外，一大亮点在于中国首次担任大会主席国，国家能源局副局长李凡荣作为大会主席出席并主持会议。李凡荣在大会上详细阐述了中国在可再生能源治理领域的基本立场与实施方案。他特别强调了将可再生能源作为中国能源开发的优先方向，力求与国际可再生能源署合作共同推进全球能源变革目标的顺利实现。

国际可再生能源署成立于2009年，最早由德国倡议筹建并得到了阿拉伯联合酋长国等多个国家的积极响应，旨在弥补国际能源署在可再生能源治理与推动清洁能源发展上的缺失。该组织现有成员国160个，协作国23个，主要通过清洁能源走廊、可再生能源统计、人人享有可持续能源等项目推进可再生能源治理和推广，在可再生能源治理领域扮演了"旗手"角色。中国于2013年加入国际可再生能源署，目前国家能源局与该组织保持有紧密的工作关系。统计显示，双方高层负责人每年通过互访、参与多边全体大会或理事会等双边和多边渠道会见的次数约有4次。此外，国家能源局还向该组织提供中国政府的可再生能源政策数据，而后者则通过发布各类专业性报告等方式向国家能源局提供全球可再生能源的行业信息。

虽然中国曾多次参加可再生能源署全体大会，但以主席国身份参加并主持会议实属首次，这不仅体现了该组织对中国在全球可再生能源治理中所发挥作用的重视，更深层次的原因则在于近年来中国在可再生能源开发上取得了长足进展。数据显示，2017年中国水电累计装机容量3.4亿千瓦、风电累计装机容量1.8亿千瓦，光伏发电累计装机容量1.3亿千瓦，三大可再生能源的累计装机容量均高居全球首位。不仅如此，中国还致力于实现水电、风电、光伏发电累计装机容量在2020年分别突破3.5亿千瓦、2亿千瓦和1.5亿千瓦的清洁能源发展目标。伴随着风电和光伏发电成本的大幅降低和"弃风""弃光"问题的逐步改善，中国的可再生能源装机规模和发电量还将大幅增长，由此为全球应对气候变化、实现清洁发展做出更多贡献。

（执笔人：宋亦明）

（七）达沃斯论坛聚焦全球化4.0

2019年1月22—25日，世界经济论坛2019年年会在瑞士小镇达沃斯召开。本届年会主题为"全球化4.0：打造第四次工业革命时代的全球架构"。在这四天中，来自各国政府、国际组织、商界、学术界、文化以及媒体等各界代表和专家约3000人围绕年会主题展开近400场讨论，就如何在多边世界中建立可持续和包容性社会的新模式进行交流。

本次年会是在全球经济承压下行，保护主义、单边主义、民粹主义不断抬头的背景下召开。论坛开幕前夕，联合国、国际货币基金组织和世界银行分别公布了最新经济展望报告，不同程度地下调了对2019年和2020年的全球经济增长的预期。论坛发布的《2019年全球风险报告》指出全球共同应对主要紧迫风险的能力已经降至危机水平，不断恶化的国际关系正妨碍各国应对与日俱增的严峻挑战。同时，由于地缘政治局势紧张等因素，经济前景日趋黯淡，将在2019年进一步挫伤国际合作前景。

论坛创始人兼执行主席克劳斯·施瓦布在开幕式上呼吁国际社会应系

统看待全球性挑战，以更加包容、更加可持续的方式推进全球化。施瓦布之前也表示，"全球化4.0"刚刚开始，面对这一巨变人们猝不及防，仍在用过时的观念应对全球化进程中的新问题。他强调，仅停留在对现有机制的小修小补无济于事，只有对其进行重新设计，才能规避当前面临的各种问题，抓住新机遇。

本次论坛聚焦全球化4.0，在会议日程上也是牢牢扣住这一主题。在四天的会议中，议题主要涉及"打造全球化4.0：探讨各界和各世代领袖如何携手打造更具包容性和可持续性的全球架构""多极化世界的和平与和解：当前哪些举措需要调整和改进，以产生更加稳固的成果？""第四次工业革命中的企业领导力：企业领袖如何满足利益相关方的利益，同时适应技术和政治环境？"等，充分体现了论坛通过研究和探讨世界经济领域存在的问题，促进国际经济合作与交流，通过公私合作改善世界状况的宗旨。

中国在本届冬季达沃斯论坛上表现亮眼。中国国家副主席王岐山出席会议并发言。他充分肯定了本次论坛的主题，强调经济全球化是历史必然，中国也将坚持全方位对外开放。他在发言中表示，这次年会以"全球化4.0：打造第四次工业革命时代的全球架构"为主题，正当其时。当前正在发生的第四次工业革命，速度如此之快、规模如此之大、系统如此之复杂、对人类社会改变如此之深刻，是一次影响更为深远的全球化进程，要以全人类命运与共的视野和远见，共同构建第四次工业革命时代的全球架构。

世界经济论坛是以研究和探讨世界经济领域存在的问题、促进国际经济合作与交流为宗旨的非官方国际性机构，总部设在瑞士日内瓦。其前身是1971年由现任论坛主席、日内瓦大学教授克劳斯·施瓦布创建的"欧洲管理论坛"。

（执笔人：黄泽群）

（八）中美经贸谈判：一场重塑两个大国的长期角力？

2019年1月30日至31日，国务院副总理、中美全面经济对话中方牵头人刘鹤率领中国贸易谈判代表团同由美国贸易代表莱特希泽率领的美国贸易谈判代表团在华盛顿举行新一轮中美经贸高级别磋商，这是中美落实布宜诺斯艾利斯"习特会"共识，同时也是自去年7月中美贸易战正式开打以来举行的首次中美经贸高级别磋商。此轮磋商双方充分讨论了贸易平衡、技术转让、知识产权保护、实施机制等议题，且明确了下一步磋商的时间表和路线图，为实质性结束贸易战打下基础。从中美两国国内政治经济环境变化来看，双方均有达成协议的迫切愿望，不过，中美贸易存在的结构性问题决定了双边经贸摩擦的复杂性和反复性，也在一定程度上决定了经贸磋商的长期性，双边经贸谈判或恐成为重塑中美大国的长期角力。

2018年中美经贸磋商一波三折

回顾过去一年来中美经贸摩擦不断升级的历程，两国为解决双边贸易问题展开多轮经贸磋商，然而在磋商过程中，特朗普政府展现出其贸易谈判的进攻、强势和反复策略，为双边贸易谈判平添波折。

在同中国贸易战正式开打之前，中美就已经进行了三轮经贸磋商。2018年5月，在中美贸易战阴云密布之际，刘鹤率领的中国经贸谈判代表团同美国财政部长姆努钦牵头的谈判代表团先后在北京和华盛顿举行了两轮磋商，根据《华尔街日报》、路透社等媒体报道，美方在第一轮磋商中提出包括中国削减2000亿美元贸易赤字、停止实施《中国制造2025》计划等八项极端要求，核心关切围绕中国政府对企业的补贴和相关的产业政策问题以及中国的市场开放和投资准入问题。在重重分歧之下，这次谈判中美并没有达成具体成果文件，但双方首先了解了对方的想法和立场，同时也同意建立工作机制，为进一步磋商提供制度性保障。

中美第二轮经贸磋商传递出积极信号，双方发布了联合声明，就削减对华贸易赤字、中国完善知识产权保护体系、改善双边投资关系等达成共识。不过，美国并未放弃其关心的中国产业政策、不公平竞争等问题，正如莱特希泽在联合声明发布后所称，"美国政府可能仍会诉诸关税以及投资限制和出口限制等其他工具，除非中国对经济进行真正的结构性改革……虽然让中国向更多美国出口产品开放市场非常重要，但更重要的是强制技术转让、网络窃取及美国创新保护等问题"。5月29日，白宫发表声明，宣布将采取多种措施包括实施投资限制、提升出口管制、对500亿美元中国进口商品加征关税等，以保护本国的技术和知识产权免受中国"歧视性"贸易行为影响，中美第二轮经贸磋商达成的联合声明岌岌可危。

6月2—3日，中美举行第三轮经贸谈判，国务院副总理刘鹤和美国商务部长罗斯分别率团进行磋商，双方并未发表联合声明，没有达成任何实质性成果，谈判可谓"不欢而散"。在第三轮中美经贸磋商结束后不久，美国即正式宣布将对中国产品加征关税，中美经贸关系再度遇冷，双边贸易磋商也停滞不前。

随着中美"关税战"全面打响，双方经贸磋商在中断将近两个月后再度重启，8月22—23日，中国商务部副部长兼国际贸易谈判副代表王受文率中方代表团赴华盛顿同美进行第四轮经贸磋商，美方代表团由美国财政部副部长马尔帕斯率领。降级后的中美经贸谈判并未达成任何成果，在一定程度上对美方失去信任的中国也取消了原定于9月27—28日在华盛顿举行的第五轮经贸磋商。在这种背景下，中美"贸易战"不断螺旋式升级。

表 4.3　　　　　　　　2018 年以来中美经贸磋商情况

序号	时间和地点	中方代表团	美方代表团	谈判结果
1	2018 年 5 月 3—4 日 北京	国务院副总理刘鹤牵头	财政部长姆努钦牵头；其他成员包括商务部长罗斯，贸易代表莱特希泽，美国驻华大使布兰斯塔德，国家经济委员会主任库德洛，白宫贸易顾问纳瓦罗，国家经济委员会副主任埃森斯塔特	中美就扩大美对华出口、双边服务贸易、双向投资、保护知识产权、解决关税和非关税措施等问题交换意见，就此问题保持沟通，并建立相应工作机制
2	2018 年 5 月 17—18 日 华盛顿	国务院副总理刘鹤牵头	财政部长姆努钦牵头；其他成员包括商务部长罗斯，贸易代表莱特希泽等	中美发表联合声明，就削减美对华贸易赤字、增加美农产品和能源出口达成共识，讨论扩大制造业产品和服务贸易议题，中方将推进《专利法》等知识产权保护相关法律法规修订工作，双方鼓励双边投资，并就经贸问题保持高层沟通
3	2018 年 6 月 2—3 日 北京	国务院副总理刘鹤牵头	商务部长罗斯率团	中美就落实两国在华盛顿的共识，在农业、能源等多个领域进行沟通
4	2018 年 8 月 22—23 日 华盛顿	商务部副部长兼国际贸易谈判副代表王受文率团	财政部副部长马尔帕斯率团	中美就经贸问题进行了建设性、坦诚的交流。双方将就下一步安排保持接触
5	2019 年 1 月 7—9 日 北京	商务部副部长兼国际贸易谈判副代表王受文率团	美国副贸易代表格里什率团，其他成员包括首席农业谈判代表托德，农业部贸易和海外农业事务副部长麦金尼，商务部国际贸易事务副部长麦卡普兰，能源部助理部长温伯格，财政副部长马尔帕斯等	双方讨论了贸易问题和结构性问题等

续表

序号	时间和地点	中方代表团	美方代表团	谈判结果
6	2019年1月30—31日 华盛顿	国务院副总理刘鹤牵头，其他成员包括中国人民银行行长易纲，国家发展和改革委员会副主任宁吉喆，中央财经委员会办公室副主任、财政部副部长廖岷，外交部部长郑泽光，工业和信息化部副部长罗文，农业农村部副部长韩俊，商务部副部长兼国际贸易谈判副代表王受文等	美国贸易谈判代表莱特希泽率团，其他成员包括财政部长姆努钦，商务部长罗斯，白宫首席经济顾问库德洛，白宫国家贸易委员会主任纳瓦罗等	中美讨论了贸易平衡、技术转让、知识产权保护、非关税壁垒、服务业、农业、实施机制以及中方关切问题。双方还明确了下一步磋商的时间表和路线图

资料来源：根据中国商务部、中国政府网、美国白宫等网站信息整理。

元首外交助推经贸磋商重启

在中美贸易摩擦不断升级和经贸磋商止步不前的情况下，两国元首经济外交发挥重大作用，为中美贸易战按下"暂停键"，并推动双边经贸磋商重启。2018年11月1日，习近平主席应约同特朗普总统通电话，强调两国经济团队要加强接触，就双方关切问题开展磋商，推动达成一个双方都能接受的方案。12月1日，两国元首在G20布宜诺斯艾利斯峰会举行期间进行会晤，双方达成停止加征新关税的共识，为双边贸易摩擦降温。

1月7日至9日，中美双方在北京举行经贸问题副部级磋商，这是习特阿根廷会晤达成"停战"共识后双方举行的首次面对面磋商。中方代表团由商务部副部长、国际贸易谈判副代表王受文率领，而美方代表团则由美国副贸易代表格里什率领，此外还包括首席农业谈判代表托德，农业部贸易和海外农业事务副部长麦金尼，商务部国际贸易事务副部长麦卡普兰，能源部助理部长温伯格，财政部副部长马尔帕斯等。

可以看出，农业和能源是美方在这次谈判中重点关心的领域，美方期望通过中方扩大对美国农产品、能源、制成品等商品和服务的进口，来缓解对华贸易逆差。此次磋商还涉及针对中国的一系列结构性改革问题，涵盖强制技术转让、知识产权保护、非关税壁垒、网络入侵和网络盗窃、服务业和农业等领域。此外，双方还讨论了为未来协议补充完善执行机制的必要性。值得注意的是，第五轮谈判原定于1月7日至8日开展，但最后延长至9日，共两天半时间，在谈判开始时中国国务院副总理刘鹤还意外现身会场以示重视，在谈判过程中特朗普也发推特表明"与中国的谈判进展非常顺利"。以上都向外界释放出积极信号，表明双方均对通过谈判达成协议抱有极大的意愿和决心。

在经过了两轮副部级的谈判之后，第六轮中美经贸谈判重新恢复为高级别经贸磋商，从而更为引人注目。中方代表团由刘鹤率领，成员包括中国人民银行行长易纲，国家发展和改革委员会副主任宁吉喆，中央财经委员会办公室副主任、财政部副部长廖岷，外交部副部长郑泽光，工业和信息化部副部长罗文，农业农村部副部长韩俊，商务部副部长兼国际贸易谈判副代表王受文等，此外还包括了来自发展改革委、财政部、农业农村部、商务部、工信部、海关总署、药监局、知识产权局等十多个部门的工作团队。

美方代表团由美国贸易代表莱特希泽率领，还包括财政部长姆努钦、商务部长罗斯、白宫经济委员会主任库德洛、总统贸易顾问纳瓦罗，此外来自白宫、美国贸易代表办公室、农业部、商务部、国务院和财政部的一些副部级官员也参加了谈判。美方代表团中既包括莱特希泽、纳瓦罗等著名的对华"鹰派"，他们更加关注国企补贴和知识产权等结构性议题，主张强硬施压，并对最终达成协议持相对谨慎态度，也包括姆努钦、库德洛等相对中立的人士，他们更加关注贸易不平衡问题，并倾向于与中国达成协议，参与谈判的副部级官员中还包括了美国财政部副部长马尔帕斯，作为特朗普的忠实支持者和竞选顾问,他曾指责中国未履行经济改革承诺,公开呼吁世界银行削减对中国的贷款,而今他还是世界银行新行长的热门人选。

中美均派出本国主要经济部门负责人或副手参与此次经贸谈判,显示出双方对"习特会"90天内达成协议这一共识的重视,双方也就贸易平衡、结构性问题以及执行机制等议题进行了充分的讨论。在磋商结束后,特朗普总统同刘鹤举行会晤,特朗普表示希望中国继续对美国公司开放市场并购买更多美国产品,刘鹤副总理则承诺中国将再购买500万吨美国大豆。特朗普还透露可能在2月底与习近平主席进行会面,届时双方可能将会最终达成一个涵盖所有重大问题的全面性协议,而姆努钦和莱特希泽将在中国农历春节后再次前往北京,提前就两国元首会晤事宜协商准备。此外,这次谈判并未涉及此前备受关注的华为事件,但特朗普表示它将会在后续谈判中被提出讨论。

从中美六轮经贸谈判可以看出,中方一直致力于通过磋商解决双边经贸争端,并不断通过深化改革、扩大开放举措,继续创造公平竞争的市场环境,有力度地扩大自美进口以推动贸易平衡发展,而美方则从最初相对更关注贸易平衡问题到撕毁协议重启谈判后更加关注结构性议题和执行问题。美国对新一轮中美经贸高级别经贸磋商依然采取多手策略,一方面特朗普总统及其经济团队高官纷纷表达对此次磋商的积极态度,另一方面华为事件进展为中美经贸谈判蒙上阴云,而磋商后美国白宫发表的声明再次重申如90天未能达成协议美国将继续加征关税。中美贸易存在结构性差异,通过短期谈判达成一劳永逸、全面解决双边经贸分歧的贸易协议不太现实,相反通过阶段性谈判逐个解决双方共同关心的问题更具有实际操作意义。可以预见,中美经贸谈判还有多场"硬仗"要打。

  特朗普内政压力加剧 或加快达成中美协议

自2018年初特朗普政府开启关税保护措施以来,中美经贸摩擦对双方国内经济均产生负面影响,双方国内都有强烈的意愿和需求推动中美经贸磋商达成协议,以增强双边经贸关系的确定性。对于中国来说,中美经贸磋商谈判议题同国内改革开放需求并不矛盾,中国愿意加大力度深化改革开放。对于美国来说,特朗普政府面临的国内经济和政治压力则更为突出,同中国达成贸易协议或将成为其重要外交成绩,将对其巩固其执政基础以及继续笼络选民有重要意义。

一方面,美国经济下行压力加深,尽管2018年美国在减税等政策刺激下,经济基本面表现良好,GDP增速、就业以及消费者信心指数等均处于历史高位,但是美国股市、债市及大宗商品市场出现剧烈波动,四季度以来,标普500指数较2018年高点大幅下挫;11月上旬以来各期限国债收益率快速下滑,5年期和3年期美债收益率出现倒挂;原油价格下跌至两年来低位。尤其是在贸易摩擦冲击下,美国股市大幅震荡加剧了特朗普的政策压力——特朗普将股市涨跌视为检验其政策效果的最佳指标之一。此外,减税政策也使得美国政府财政负担进一步加重,特朗普上任以来,美国政府债务已上涨2万亿美元,逼近22万亿美元。美国政府债务不断增加由此引发债务上限危机甚至导致政府关门,长期下去将为美国国内政治经济正常运转带来巨大损失。随着减税刺激效应减弱、海外经济体增长放缓等,美国经济也有放缓趋势,美联储、IMF等机构均下调了2019年美经济增速预期。在美国经济下行压力加大之际,特朗普也需要尽快同其贸易伙伴国加快谈判进程,增强市场信心并为美国经济增长提供动力。

另一方面,特朗普面临的执政压力也有所增加,需要在外交上有所突破,巩固其执政基础并为2020年大选做准备。2018年中期选举之后,民主党占据众议院多数席位,同特朗普展开有力"竞争","通俄门"调查进入新阶段使特朗普如鲠在喉,"修墙"计划受阻甚至导致联邦政府停摆创下新纪录,政府关门带来的经济损失远超建墙费用(美国国会预算局分析政府关门使美国经济损失110亿美元),特朗普总统的支持率也创下一年多以来的新低。伴随美国内政压力的增加，特朗普政府需要通过取得一定外交成绩巩固其执政地位，除朝核问题之外，同中国达成一份"满意的"贸易协议也可为其执政及2020年大选赢得筹码。

总之，对特朗普政府来说，中美贸易摩擦并未减少对华贸易赤字，相反带来经济放缓风险，甚至导致美国经济"晴雨表"股市多次大幅震荡，这是分外看重经济增长的特朗普所难以接受的，而"通俄门"、政府关门等事件也影响了其执政基础，特朗普面临的2020大选形势也不容乐观。因此，中美达成贸易协议存在客观需求。

尽管肇始于2018年5月的中美经贸谈判充满波折，而且今后也必将继续在坎坷中前行，但从积极方面来看，由"贸易战"而引发的中美经贸磋商可能会在中美之间构建一种新的经贸对话形式，它可能为新形势下中美两个大国重塑内政和外交关系提供重要"契机"。对于中国而言，在积极推动两国建设性贸易磋商、深化改革开放的同时，也需在对美谈判中保持战略定力和战略耐心，避免使贸易之争上升到战略层次、意识形态层次，确保两国经贸关系可持续性发展。

(执笔人：李巍、张玉环、赵莉)

(九) 美欧日三方会谈或将制度化

2019年1月9日，美国、欧盟、日本三方在华盛顿举行贸易部长级会议，并在会后发布了联合声明。自2017年以来，美欧日三方加强了经贸合作互动，在新兴贸易议题及规则制定方面寻求协调。此次会议正是三方互动的延续与深化，不仅强调了要加强先前会议声明中提及的多项领域合作（详见表4.4），还特别就数字贸易与电子商务议题达成了共识。

表 4.4　　　　　　　历次美欧日贸易部长会议主要内容

时间	地点	美欧日贸易部长	主要内容
2017.12.12	布宜诺斯艾利斯	美国贸易代表： 罗伯特·莱特希泽 (Robert Lighthizer)； 欧盟贸易委员： 西西莉亚·玛姆斯托姆 (Cecilia Malmström)； 日本经济产业大臣： 世耕弘成 (Hiroshige Seko)	讨论解决产能过剩、国有企业、强制技术转让、不公平竞争等问题；同意在WTO和其他论坛增强三方协作
2018.3.10	布鲁塞尔		确认解决非市场导向政策带来的产能过剩、不公平竞争、阻碍对创新技术的发展和使用等问题
2018.5.31	巴黎		确认解决第三国扭曲贸易的政策；同意推动有关未来WTO谈判的讨论；等等
2018.9.25	纽约		确认解决第三国非市场主导政策、产业补贴和国有企业、第三国强制技术转让政策；推动WTO改革；推动数字贸易和电子商务发展；等等
2019.1.9	华盛顿		特别讨论非市场导向的政策与实践、产业补贴、强制技术转让、WTO改革、数字贸易与数字经济增长等议题

资料来源：美国贸易代表办公室网站。

美欧日三方第一次聚首会谈并发表联合声明，是2017年12月12日在第11届WTO部长级会议后进行的。美国拉拢欧盟和日本，谴责"扭曲市场的补贴"和包括强制性技术转让在内的政府干预所导致的"关键部门的严重产能过剩"，一致同意"在WTO和其他论坛上加强三方合作，以消除第三国的不公正市场扭曲和保护主义做法"。虽然声明中没有直接点名中国，但国际社会普遍认为这份声明是美欧日三大经济体在贸易问题上对中国采取更强势对抗和施加压力的表现。自此以后，美欧日比较频繁地会面并讨论贸易问题，仅2018年就举行了三次会议，三方在贸易政策上积极寻求协调与合作。

历届贸易部长会议的主要内容显示，美欧日重点关注非市场政策与实践、产业补贴与国有企业、强制技术转让、不公平竞争等多项议题，而这些往往是美欧日等发达经济体诟病中国贸易实践的争议点，体现了美欧日对中国经济一定程度上的敌对和防范意味。此外，美欧日还特别聚焦WTO改革问题，认为WTO在争端解决机制、贸易政策透明度等方面存在诸多问题，迫切需要改革。三方事实上都是希望在重塑多边贸易体制框架的过程中维护并确立WTO发达成员国的利益，并要求发展中国家在当前和未来的WTO谈判中做出完全承诺。

此次美欧日贸易部长会议的一个突出成果在于，三方重申了要推动数字贸易和数字经济增长合作，通过提升数据安全以改善商业环境。具体而言，三方确认要尽快启动WTO框架下与贸易相关的电子商务谈判，以期尽可能多的WTO成员参与达成高标准协议。在2019年日本担任G20轮值主席国时，三方有意在G20部长级会议上就贸易与数字经济方面达成进一步合作。美欧日重点强调数字经济方面的合作主要有两方面考虑。一是在数字经济方兴未艾的当下，数字贸易领域亟待建章立制，率先在全球范围内构建数字经济新规则有利于掌握未来经济发展的规则话语权与贸易主导权，美欧日可借此维护并巩固自身在国际经贸格局中的地位。二是中国数字科技的迅速发展在一定程度上引起美欧日的恐慌，美欧日三方越早在数字经济规则方面达成共识，便越能在与中国的战略博弈中掌握更多的筹码。

从未来发展上看，美欧日三方会谈制度化程度可能会逐渐提升。这一判断主要是基于美欧日当前会谈所关注的议题的特点，以及三方战略合作的需要。一方面，美欧日贸易部长会议重点讨论的内容大多涉及国际经贸新规则的制定，而制定新规则往往需要各方多回合的磋商、谈判、妥协，才能最终达成比较一致的意见；况且，国际贸易实践日新月异，新的贸易问题可能会层出不穷；此外，美欧日高度关注的WTO改革问题难以一蹴而就，三方在这一问题的利益立场上也有些许不同，需要内部加以协调。若是美欧日形成制度化会谈与协作，那意味着三方交流的平台得以拓展，协商成本因此将有所下降，达成共识的难度也会有所降低。

另一方面，从战略合作的角度上来说，美欧日三方会谈若得以制度化，那意味着三方的大国影响力将实现叠加，形成超大型经济集团，重新洗牌全球经济格局。三大发达经济巨头的制度性联合无疑将会有力抗衡新兴经济体及发展中国家崛起的经济势力，对中国实现有效的制度制衡。

因此，从国家理性的视角出发，美欧日贸易部长会议在未来有可能实现制度化发展。如若成行，那将对中国造成较大的制度压力，给中国在国际经贸格局中的地位带来巨大的挑战。中国对此应保持高度关注、做足准备。

（执笔人：孙忆）

二 中美经贸磋商密集进行（二月报告）

2019年2月，中国经济外交主要围绕双边活动展开。中美经贸磋商继续进行，分别在北京和华盛顿举行第六轮和第七轮经贸高级别磋商，谈判取得实质性进展，但分歧犹存。中国同沙特阿拉伯经济外交取得进展，沙特王储访华并同中国举行中沙高级别联合委员会，双方就能源、财政等多个领域进行磋商并达成了多项合作协议。此外，中国继续大力推动澜湄合作，1—2月同缅甸、柬埔寨、老挝等澜湄合作成员国签署新一批项目协议，宣告开启新一年度对澜湄合作中小型项目的支持。

（一）中美经贸磋商取得新进展

2019年以来，中美经贸团队密集展开谈判，于1月召开中美经贸副部级和高级别磋商后，又于2月分别在北京和华盛顿举行第六轮和第七轮经贸高级别磋商。在最新两轮谈判中，中美双方均释放出积极信号，习近平主席、特朗普总统还分别接待了美、中贸易代表团，双方对达成一个互利共赢的协议存在共识，谈判也取得积极进展。目前，谈判细节和进度尚未得到详细披露，不过根据2月底美国贸易代表莱特希泽在美国国会众议院筹款委员会举行的美中贸易听证会上的证词，可以一窥中美贸易谈判主要内容及美方诉求。

2月14日至15日，国务院副总理、中美全面经济对话中方牵头人刘鹤与美国贸易代表莱特希泽、财政部长姆努钦在北京举行第六轮中美经贸高级别磋商。据新华网，双方认真落实两国元首阿根廷会晤共识，对技术转让、知识产权保护、非关税壁垒、服务业、农业、贸易平衡、实施机制等共同关注的议题以及中方关切问题进行了深入交流。双方就主要问题达成原则共识，并就双边经贸问题谅解备忘录进行了具体磋商。双方表示，将根据两国元首确定的磋商期限抓紧工作，努力达成一致。15日，习近平主席在北京会见了来华进行新一轮中美经贸高级别磋商的莱特希泽和姆努钦。

美国时间2月21日上午，刘鹤与莱特希泽、姆努钦，在美国白宫艾森豪威尔行政办公楼四楼东翼"印第安条约厅"（Indian Treaty Room）共同主持第七轮中美经贸高级别磋商开幕式。双方参加开幕式的主要人员包括：中国人民银行行长易纲，中国驻美大使崔天凯，中央财办副主任、财政部副部长廖岷，外交部副部长郑泽光，农业农村部副部长韩俊，商务部副部长兼国际贸易谈判副代表王受文，国家发展改革委秘书长丛亮；美国商务部长罗斯，白宫国家经济委员会主任库德洛，总统贸易和制造业政策助理、白宫国家贸易委员会主任纳瓦罗，美国驻华大使布兰斯塔德，副贸易代表格里什，商务部副部长卡普兰，贸易代表办公室首席农业谈判代表托德，农业部副部长麦金尼等。

2月22日，美国总统特朗普在白宫椭圆形办公室会见刘鹤，由于"仍有不少工作需要完成"，双方决定将原定2天的磋商再延后两天，最终于2月24日才结束。此轮磋商，双方围绕协议文本开展谈判，在技术转让、知识产权保护、非关税壁垒、服务业、农业以及汇率等方面的具体问题上取得实质性进展。在此基础上，双方将按照两国元首指示做好下一步工作。24日下午，美国总统特朗普在推特上宣布，将推迟原定于3月1日上调中国输美商品关税的计划，还表示计划不久后与习近平总书记在佛罗里达海湖庄园再次举行峰会以完成协议。

从官方表述来看，谈判正在进入关键阶段，双方从达成"原则共识"到取得"实质性进展"，从"就双边经贸问题谅解备忘录进行具体磋商"迈入"围绕协议文本开展谈判"，可见双方离最终达成协议越来越近。

不过，根据《纽约时报》透露，近几周中美双方已就协议的大体框架达成一致，包括中国采购更多美国产品和开放一些市场，但在诸如确保中国遵守协议的执行机制、取消关税的时机等重要细节上仍存在分歧。2月27日，美国贸易代表莱特希泽在美国国会众议院筹款委员会举行的美中贸易听证会上作证。在开场讲话中，莱特希泽表示，中美贸易逆差以及强迫技术转让、大额补贴本国企业、网络盗窃商业机密等不公平贸易行为，成为美国经济的主要威胁。不过，他也表示中美经贸谈判已取得进展，协议涉及关键的结构性问题，并且强调可执行性。在问答环节，莱特希泽主要透露了关于中美贸易协议的目标、强制执行机制、协议内容等信息。

第一，协议以推动中国的结构性改革为目标。莱特希泽认为中美贸易摩擦涉及关键的结构性问题，并非购买更多美国商品就能解决的。尽管中国提出将购买更多包括大豆在内的农产品，但是中美贸易协议并非是一个大豆协议，而将包括知识产权、技术转让、补贴等结构性改革议题。

第二，协议设置多层次强制性执行和监管机制。中美达成协议并正式生效实施后，如有违反协议的事件发生，企业可以匿名向政府投诉，中美将通过多层次强制性的执行机制来解决摩擦。具体来看，中美将每月召开一次工作层会议，每季度召开一次副部长级会议，每半年召开一次部长级会议。如果部长层面仍然无法解决问题的话，美方将采取单边行动来确保协议得到执行。

第三，协议涵盖知识产权、技术转让、货币问题、关税和非关税壁垒、农产品、服务业等诸多内容。关于知识产权和技术转让，莱特希泽表示此次谈判主要协商关于反对网络盗窃、反对物理窃取、反对通过投资行为获取技术等条款。美方的重点是结束非经济技术转让，如果达成协议，还将涉及中方的股权上限以及许可要求。货币问题被多次问及，莱特希泽表示，中美就货币问题进行了谈判，希望在该问题上达成具有可执行性的协议。此外，莱特希泽给出了货币问题的谈判框架，即要求中国承诺不进行竞争性贬值，并保持汇率政策的透明度。关于关税和非关税壁垒，莱特希泽表示，中方将取消关税作为谈判目标之一，非关税壁垒主要涉及技术性贸易壁垒，其中一项是关于生物技术的审批流程。关于农产品，莱特希泽表示希望协议能够包括大豆、玉米、酒精、棉花、猪肉以及酒类等高附加值特别农作物，以及牛肉、家禽、水产品等，还包括动植物卫生检疫措施（SPS measures）以及中方其他缺乏合理依据的市场准入限制。关于服务业，莱特希泽表示协议或将包括银行、信用评级、保险、电子支付和云计算等。

第四,协议无须国会审核即可生效。莱特希泽表示,此次美中贸易谈判依据《1974年贸易法》第301条款规定展开,达成的协定属于总统被授权执行的"行政协议"(executive agreement),并不是自由贸易协定,因此协议无须送国会审议通过。

此次听证会在一定程度上表明,美国共和党和民主党两党已经对中国带来的威胁和挑战形成共识,分歧在于应该采取何种策略应对中国。不少议员表示,报复性关税为各自选区的制造业、农业等造成了巨大的负面影响,莱特希泽对此持强硬态度,表示尽管加征关税政策带来一定损失,但别无选择,政府会尽力使负面影响最小化。威斯康星州众议员Ron Kind提出,美国应该采取多边行动而非单边行动解决中美经贸问题,退出原本可以孤立中国的TPP是一个错误。莱特希泽则表示将采取"双轨制"解决中美贸易问题,即双边和单边相结合的方式,并且认为多边渠道无法确保中国执行协议。

(执笔人:张玉环、赵莉)

(二)中沙高委会引领两国经济外交

2019年2月21—22日,由沙特阿拉伯王储穆罕穆德·本·萨勒曼率领的高级别代表团访华,开启了其此次亚洲之行的"压轴之旅"。在短短两天的时间里,萨勒曼与中国国家主席习近平、国务院副总理韩正等多次会晤,沙特代表团成员还与中国政府各部门负责人在中沙高级别联合委员会(后简称中沙高委会)的框架下就能源、财政等多个领域进行了磋商并达成了多项合作协议,以至于国内外媒体均积极评价此次"中沙共舞"。

2月22日,国家主席习近平会见了穆罕穆德,两国领导人讨论了加快签署"一带一路"倡议同沙特"2030愿景"对接的实施方案；共同推动中国—海合会自由贸易区建设；加强能源、基础设施、贸易投资等具体议题领域的合作。同日，国务院副总理韩正会见了穆罕穆德，共同签署了《中国政府和沙特政府高级别联合委员会第三次会议纪要》，并见证了两国在海运、产能、能源、金融等领域多个合作文件的签署。统计显示，当天两国政府、企业共同签署了35份合作协议，涉及金额高达280亿美元。

此次中沙高级别经济外交的一大亮点在于中沙高委会的合作机制更为成熟，合作成效凸显。除了国务院副总理韩正与穆罕穆德分别作为中方和沙方牵头人共同主持中沙高委会第三次会议外，两国政府多个部门的负责人还以中沙高委会下属的分委会为平台进行了密集的磋商。2月21日，国务委员兼外交部部长王毅在中沙高委会政治外交分委会机制下会见了沙特外交国务大臣朱贝尔。同日，财政部副部长邹加怡会见了沙特财政副大臣哈马德·巴兹，双方共同举行了中沙高委会财金分委会首次会议，着重探讨了加快本币结算和跨境发行债券等技术性议题。22日，中国文化和旅游部副部长张旭会见了沙特新闻部文化事务次大臣阿卜杜拉，双方共同举行了中沙高委会文化、科技和旅游分委会会议。同日，国家发展改革委与沙特投资总局基于中沙高委会重大投资合作项目和能源分委会的合作框架，共同举办了"中沙投资合作论坛"。而早在2018年12月19日，商务部副部长钱克明会见了沙特商业投资部次大臣哈拉比，双方提前举行了中沙高委会贸易和投资分委会第三次会议。当年7月9日，国务委员兼外交部部长王毅会见了沙特外交国务大臣朱贝尔，双方共同举行中沙高委会政治外交分委会第三次会议。显然，中沙高委会现已成为两国经济外交中的核心支柱，为双方协商沟通提供了重要的制度平台。

中沙高委会成立于2016年，至今举办了三轮会议，基本形成了"委员会引领走向、各分委会探讨具体议题"的成熟结构。2016年8月30日时任国务院副总理张高丽与来华出席二十国集团领导人峰会的穆罕穆德在北京共同主持召开中沙高委会首次会议,双方签署了《成立中沙高级别联合委员会的协定》和《高级别联合委员会首次会议纪要》,由此宣告了副总理级的中沙高委会正式成立。中沙高委会在成立之初就在其框架下设立了政治外交、安全合作、"一带一路"、重大投资合作项目和能源、贸易和投资、文化科技旅游6个分委会。上述分委会首次会议与中沙高委会首次会议同期召开。2017年8月21日至29日,时任国务院副总理张高丽在访问沙特等国期间与穆罕穆德共同主持召开了中沙高委会第二次会议。2019年2月22日,中沙高委会第三次会议召开。

当前,中沙高委会及下属分委会对口明晰,分委会所涵盖的议题日渐全面。除了"一带一路"、重大投资合作项目和能源这两个分委会由国家发展改革委具体负责外,政治外交、安全合作、贸易和投资、文化科技旅游分别由外交部、公安部、商务部和文化部(国务院机构重组后改为文化和旅游部)负责。2019年2月,两国首次在中沙高委会框架下设立财金分委会,该分委会由财政部对口负责。

(执笔人:宋亦明)

(三)澜湄合作专项基金举行第二批签约仪式

2019年1月至2月,中国与缅甸、柬埔寨、老挝等澜湄合作成员国签署新一批项目协议,宣告开启新一年度对澜湄合作中小型项目的支持。

1月23日,中国和缅甸在缅甸签署澜湄合作专项基金缅方项目协议,中方将对涉及农业、教育等领域的19个中小型项目向缅方提供支持;2月14日,澜湄合作专项基金柬埔寨新一批项目签约仪式在柬埔寨举行,共19个柬埔寨项目获得766万美元资金,涵盖教育、旅游、扶贫、环保等多个领域;2月15日,澜湄合作专项基金老挝新一批项目签约仪式在老挝举行，老方7个部委申报的21个项目获批。

澜湄合作专项基金成立于2016年3月。在澜湄合作首次领导人会议上，中方宣布设立澜湄合作专项基金，5年内提供3亿美元支持六国提出的中小型合作项目。2017年末至2018年初，澜湄合作专项基金正式为澜湄五国提供支持。

表4.5　　　　　　　　　　澜湄合作专项基金签约进展

国别	第一轮	第二轮
柬埔寨	2017年12月21日 16个项目，730万美元：农业、旅游、教育、文化交流等领域	2019年2月14日 19个项目，766万美元：涵盖教育、旅游、扶贫、环保等领域
缅甸	2018年1月5日 10个项目	2019年1月23日 19个项目：涉及农业、教育等领域
老挝	2018年1月2日 13个项目，350万美元：水利、工业、信息、人力资本等领域	2月15日 21个项目
泰国	2018年4月18日 4个项目：跨境经济特区联合发展、贸易和物流边境设施升级改造、澜湄商务论坛、次区域农村电子商务发展	
越南	暂无	

从澜湄合作专项基金的项目签署情况来看，柬埔寨、老挝、缅甸对中小型项目的推进较为积极，而泰国和越南则相对冷淡。原因一方面可能与各国对澜湄合作自身的态度相关；另一方面在于，泰国和越南在区域内经济相对发达，投资中小型项目的资金相对充足，对中方的合作诉求多集中于产业升级和科学技术合作上；而柬埔寨、老挝、缅甸经济相对落后，不

仅在基础设施建设、交通、能源等高资本投入的领域资金需求较高，在民生、教育、文化等领域同样需要相对小额的投资，因而参与澜湄合作专项基金的积极性较高。

从另一方面来看，澜湄合作专项基金第二批项目的签署还体现出澜湄合作机制目前具有较高的制度化水平，其合作内容具有延续性。除了两年一度的首脑对话机制和一年一度的外长对话机制的顶层制度外，下属的基金等子制度仍在不断地为澜湄成员国提供具体的资金和技术支持，使澜湄合作的理念与实践不断深入发展。

（执笔人：孙妍）

（四）逐鹿世行：特朗普提名马尔帕斯为世行行长候选人

2019年1月7日，世界银行（简称"世行"）突然宣布时任行长金墉将于2月1日离职，同时世行CEO克里斯塔利娜·格奥尔基耶娃（Kristalina Georgieva）将出任临时代理行长。根据世行公布的遴选流程，新行长的提名时间为2月7日至3月14日，提名期限结束后，世行执行董事们会从中选出最终入围的3位候选人，并对其进行面试，预计将于春季会议前确定新一任行长人选。金墉的辞职给予了美国总统特朗普提名世行行长候选人的机会。经过遴选，特朗普于2月6日在白宫宣布，提名美国财政部副部长大卫·马尔帕斯（David Malpass）为世行行长候选人。

马尔帕斯履历丰富，涉政界、金融界和商界。自2017年8月出任美国财政部副部长以来，马尔帕斯一直主管国际事务，是该部国际经济问题方面的首席顾问，代表美国出席G7、G20、WB、IMF、OECD的部分会议，参与了多轮中美贸易谈判。马尔帕斯曾在里根政府中担任负责发展中国家事务的财政部副助理部长，在老布什政府中担任负责拉丁美洲经济事务的副助理国务卿，在这两个职位上，他参与了1986年减税、拉美债务危机、美国政府的多边外交等事务。他还曾在参议院预算委员会担任税务和贸易高级分析师，在美国国会联合经济委员会中任职。另外，马尔帕斯曾在贝尔斯登（Bear Stearns）任首席经济学家长达15年，在包括美中关系全国委员会等非政府组织和诸多营利实体的董事会中任职。

马尔帕斯对多边组织的态度令外界十分担忧，他曾多次质疑多边主义，认为全球主义和多边主义发展得"过火"了，他还指责世行消除全球贫困的使命，并参与讨论过取消国际货币基金组织。此外，马尔帕斯试图通过世行等多边经济组织向中国等发展中国家施加压力。2018年，他推动完成了世行130亿美元的增资计划，使包括中国在内的发展程度较高的发展中国家贷款成本上升。同年12月，马尔帕斯在美国国会听证会上公开警告称，世行及以美国为首的国际经济秩序正面临着被中国势力俘获的风险。另外，马尔帕斯是特朗普在国内外政策上的拥趸，此前，他是特朗普总统竞选团队中的经济顾问，为其竞选活动筹集资金。马尔帕斯若当选世行行长，是否会令世行转向"美国优先"，是否会改变世行对气候变化等议题的态度，这同样令人感到不安。

总体来看，马尔帕斯赢面很大。首先，马尔帕斯要当选行长，必须经过世行执行委员会的同意。该委员会有25个成员，美国的投票权占比最高，将近16%。其次，美国与欧洲之间长期存有一个惯例，即由美国提名的候选人担任世行行长，而欧洲则把持着国际货币基金组织总裁一职。自世行建立以来，12任世行行长均是由美国提名的候选人担任（详见表6）。美国总统的提名尚未出现董事会不认可的局面。再者，针对外界的担忧，马尔帕斯多次发表正名言论，并在全球展开了拜票之旅。2月12日，马尔帕斯与中国财政部长刘昆在北京举行会谈；25日，马尔帕斯访问了意大利；28日—29日，美国财政部长姆努钦同马尔帕斯共同出访英法两国。此外，马尔帕斯还将访问日本。

目前，马尔帕斯仍是唯一的世行行长候选人，不出意外的话，他将当选下一任世行行长。

表 4.6　　世界银行历任行长基本情况

任次	姓名	在任时间	国籍	主要成果
1	尤金·迈耶	1946.6—1946.12	美国	为持续的业务政策奠定基础
2	约翰·J. 麦克罗伊	1947.3—1949.6	美国	启动世行业务，将世行愿景自"重建"提升为"发展"
3	尤金·R. 布莱克	1949.7—1962.12	美国	建立财务基础，引领世行进入金融外交时代
4	乔治·D. 伍兹	1963.1—1968.3	美国	加强世行作为发展机构的作用
5	罗伯特·S. 麦克纳马拉	1968.4—1981.6	美国	是发展中国家的发言人
6	奥尔登·W. 克劳森	1981.7—1986.6	美国	改善世行财务管理，与经济衰退和债务问题做斗争
7	巴伯·B. 科纳布尔	1986.7—1991.8	美国	强调消除贫困，推动世行"绿化"
8	刘易斯·T. 普雷斯顿	1991.9—1995.5	美国	使世行度过一个动荡时代
9	詹姆斯·D. 沃尔芬森	1995.6—2005.5	美国	推动改革，使世行更包容，关注减贫
10	保罗·沃尔福威茨	2005.6—2007.6	美国	将减贫议程聚焦于非洲，推动治理和反腐败战略
11	罗伯特·B. 佐利克	2007.7—2012.6	美国	世行的现代化与资本重组
12	金墉	2012.7—2019.2	美国	监督世行重组，推动增资

资料来源：世界银行公开信息。

（执笔人：张梦琨）

◇ 三 中欧经贸合作提质升级（三月报告）

2019年3月，中国经济外交在双边、区域和多边领域全面推进。国家主席习近平对欧洲三国意大利、摩纳哥、法国进行国事访问，推动中欧关系提质升级，尤其是中意签署关于推进"一带一路"建设的谅解备忘录，将为中意以及中欧共建"一带一路"提供机遇。博鳌亚洲论坛如期开幕，国务院总理李克强出席论坛年会开幕式并发表演讲，进一步阐释中国对外开放新主张。国务院副总理胡春华在阿根廷首都布宜诺斯艾利斯出席第二次联合国南南合作高级别会议并访问阿根廷，中国将坚定支持南南合作和落实2030可持续发展议程。此外，RCEP第7次部长级会间会在柬埔寨暹粒举行，各方将加速谈判解决成员国分歧，推动谈判在2019年结束。

（一）习近平访问欧洲三国，推动中欧关系提质升级

2019年3月21日至26日，中国国家主席习近平对意大利、摩纳哥、法国进行国事访问。欧洲是2018年习近平主席出访的最后一站，也是2019年出访的首站，这体现出在国际环境出现变局的情况下，中国希望进一步密切中欧合作、促进双方稳定发展的意愿。

3月21日至23日，习近平对意大利进行访问。22日，习近平同意大利总统马塔雷拉举行会谈，并与马塔雷拉一道会见出席中意企业家委员会、中意第三方市场合作论坛、中意文化合作机制会议的双方代表。此后，习近平与意大利总理孔特举行会谈，并会见了意大利参议长卡塞拉蒂、众议长菲科与西西里大区主席穆苏梅奇。

在此次访问期间，中意双方一致同意要继续在涉及彼此核心利益和重

大关切问题上相互理解和支持，密切文化交流和地方合作。中方表示愿进口更多意大利优质产品，鼓励更多有实力的中资企业赴意大利投资，并希望意方继续发挥积极作用，推动中欧伙伴关系深入发展。意方则表示愿与中国共建"一带一路"，相信这将有利于欧亚大陆互联互通和共同发展。3月23日，在习近平主席和意大利总理孔特共同见证下，中意双方代表正式签署《中意关于共同推进"一带一路"建设的谅解备忘录》，意大利成为七国集团中首个正式支持"一带一路"倡议的国家。此外，双方还签署和交换了19份政府间合作文件、10份商业协议，涉及领域从电子商务、卫生医疗、能源电力到电磁监测卫星02星项目、西西里产柑橘对华出口，涵盖内容较为丰富。

3月24日，习近平开始对摩纳哥公国进行国事访问，这是中国国家主席首次访问摩纳哥。当天，习近平同摩纳哥亲王阿尔贝二世举行会谈。中方欢迎摩方积极参与共建"一带一路"国际合作，摩纳哥表示愿拓展同中国在科技、创新、生态环保、野生动物保护、可再生能源等领域加强合作。

3月24日至26日，习近平对法国进行国事访问。25日，习近平与法国总统马克龙举行会谈。中方认为，两国应继续夯实政治互信，深化核能、航空、航天等传统领域合作，并加快科技创新、农业、金融、养老服务等新兴领域合作步伐。法方表示愿同中国加强在上述领域的合作，并提出对接法国"未来工业计划"和"中国制造2025"的构想。在习近平主席和马克龙总统的共同见证下，中法交换14份双边合作文件，内容涉及核能、航空航天等传统领域，与科技、金融、农业、生态、文化体育等新兴领域。马克龙总统再次重申对中国投资的欢迎态度。

中方希望法方推动欧盟在发展对华关系方面发挥更积极影响，希望双方加快推进中欧投资协定谈判，尽早启动中欧自由贸易区联合可行性研究。同时，双方一致认为两国加强在联合国、二十国集团等多边机制框架下的合作具有重要意义，两国需合作维护多边主义与自由主义，反对保护主义在全球范围内扩散。

3月26日，习近平出席中法全球治理论坛闭幕式并致辞，并同出席论坛闭幕式的法国总统马克龙、德国总理默克尔和欧盟委员会主席容克举行会晤。中方再次表示，在国际体系中保护主义抬头的情况下，中方愿同欧方加强合作，共同维护多边主义，完善完全治理，应对全球挑战，维护亚太地区的稳定与繁荣。

（执笔人：安怡宁）

（二）博鳌亚洲论坛2019年年会召开

2019年3月26—29日，博鳌亚洲论坛2019年年会在中国海南省博鳌镇召开。此次论坛年会的主题为"共同命运 共同行动 共同发展"，年会设置了"开放型世界经济""多边主义、区域合作与全球治理""创新驱动""高质量发展""热点前沿"五个板块，共举行50余场正式讨论。2000多位政界、工商界人士、专家学者等出席此次论坛年会。

3月28日上午，国务院总理李克强出席论坛年会开幕式并发表题为《携手应对挑战 实现共同发展》的主旨演讲，阐释了国际形势的复杂变化与中国政府的政策主张。李克强指出，世界经济虽继续保持增长，但受国际贸易投资低迷、保护主义加剧等因素影响，呈现动能减弱、增速放缓态势，同时新的不稳定性不确定性还在上升，很多方面变幻莫测、扑朔迷离，市场信心不稳。虽然世界经济局势不容乐观、困难和挑战不容低估，但世界各国也不应悲观失望，各方需要共同抓住机遇并迎接挑战、携手实现共同发展、积极推动全球治理体系改革。李克强认为，亚洲是维护世界和平稳定的一支重要力量和推动世界经济增长的一个重要引擎，亚洲国家要协力维护和平发展大环境、提升区域一体化水平、构建创新发展新格局。此外，李克强还着重阐释了中国深化改革、进一步扩大开放的立场及多项举措。他承诺中国政府将在放宽外资市场准入、扩大金融业对外开放、加强外商合法权益保护、保持港澳台投资政策的连续性稳定性这四个方面出台更多举措。

此次博鳌亚洲论坛的一大亮点在于利用多边平台宣介了中国深化改革、扩大开放的最新政策动向。十三届全国人大二次会议、全国政协十三届二次会议分别于2019年3月5日至15日、3月3日至13日在京召开。2019年全国"两会"密集通过了多项深化改革的决议、通过了促进对外开放的若干法律文件，其中《外商投资法》最为引人注目。在全国"两会"闭幕十天之后，此次博鳌亚洲论坛如期召开，因而被赋予了在重要的多边场合传递"两会"改革信号、宣介《外商投资法》的重要使命。李克强重点强调了"对外开放是中国的基本国策"，并指出刚刚通过的《外商投资法》确立了新时期中国外商投资法律制度的基本框架，对外商投资的准入、促进、保护、管理等做出统一规定，由此展示了中国打造法治化、国际化、便利化营商环境的重要举措。此外，对各类所有制企业一视同仁、进一步便利外商投资企业举办创业投资或设立投资性公司、推进债券市场对外开放、加强知识产权保护等扩大开放目标得到了进一步重申和阐释。不难发现，博鳌亚洲论坛2019年年会传递了中国最新的政策动向，发出了中国政府进一步扩大开放的声音。

（执笔人：宋亦明）

（三）胡春华出席第二次联合国南南合作高级别会议

2019年3月19—22日，国务院副总理胡春华在阿根廷首都布宜诺斯艾利斯出席第二次联合国南南合作高级别会议并访问阿根廷。胡春华在第二次联合国南南合作高级别会议发言中强调，中方坚定支持多边主义和以联合国为核心的多边机制。希望本次会议形成共识，为落实2030年可持续发展议程提供坚实基础。

世界上绝大部分发展中国家位于南半球和北半球的南部，从20世纪60年代开始，这些国家为摆脱发达国家的控制而积极开展经贸合作，被称为南南合作。20世纪60年代初形成的不结盟运动和77国集团是推动南南合作的两个最大的国际组织，它们通过一系列纲领性文件，确立了南南合作的领域、内容、方式与指导原则。20世纪70年代至80年代末，发展中国家团结自救、合作自强的努力取得重大进展。西非经济共同体、拉丁美洲经济体系、南部非洲发展协会、海湾合作委员会、南亚区域合作联盟等发展中国家谋求经济合作，增强集体自力更生能力的区域性经济组织相继建立。1982年，首届南南合作会议在印度新德里召开，1983年和1989年先后在北京和吉隆坡召开南南合作会议，这三次会议是南南合作的重要里程碑。南南合作的实质，是面对不平等的南北经济关系，实行联合自强，共同发展。

南南合作是发展中国家自力更生、谋求进步的重要渠道，也是确保发展中国家有效融入和参与世界经济的有效手段，主要内容包括推动发展中国家间的技术合作和经济合作，并致力于加强基础设施建设、能源与环境、中小企业发展、人才资源开发、健康教育等产业领域的交流合作。自从1978年通过《布宜诺斯艾利斯行动计划》以来，在联合国的支持、引导下，在各成员国的积极参与和推动下，南南合作蓬勃发展，并取得了很大的成果。

中国是南南合作的坚定支持者、积极参与者和重要贡献者。在此次会议上，胡春华指出，中方将继续承担与自身发展阶段和实际能力相适应的国际责任，与各国携手共建人类命运共同体。2014年，南南合作促进会成立，其宗旨是为中国与其他发展中国家的企业和机构牵线搭桥，提供信息咨询和帮助。成立以来，南南合作促进会积极发挥自身作用，推动我国与发展中国家之间政治、经济、文化、教育、科技等多领域合作，举办了一系列考察会、交流会等活动。

（执笔人：黄泽群）

（四）RCEP举行第七次部长级会间会

2019年3月2日，《区域全面经济伙伴关系协定》（RCEP）成员国，即东盟10国、中国、日本、韩国、澳大利亚、新西兰、印度等16方经贸部长或代表在柬埔寨暹粒举行第7次部长级会间会。中国商务部部长助理李成钢代表钟山部长出席会议，发展改革委、财政部、农业农村部和海关总署也派员参会。

此次会议上，各方重申了第2次RCEP领导人会议关于推动谈判在2019年结束的共识，表示将全力以赴达成这一目标。会议欢迎贸易谈判委员会在市场准入和案文谈判中取得的积极进展，同时也认识到，如要取得更多进展，各方需进一步努力。为此，会议讨论通过了2019年工作计划。部长会议还同意第八次部长级会间会将于8月在北京举行。

RCEP谈判于2012年11月正式启动，"力争于年底结束谈判"的谈判决心自2015年以来每年都要表示一番，但因各方分歧迟迟难以弥合而导致谈判进程一直延续。不过从今年的形势来看，这一决心有很大可能会实现。

从客观层面上看，如今RCEP谈判已经取得实质性进展，谈判任务已完成九成，在"经济技术合作""中小企业""关税程序和贸易便利化""政府采购"等七个章节以及部分"法律和制度上的事项"已达成一定的妥协和共识，距离谈判结束只差最后收尾阶段的"临门一脚"。各方在工作层面针对一些关键问题正在加紧整理论点，如在下调关税的市场准入等问题上各国仍存在一定的利益冲突，这些关键点都有待于今年11月份领导人会议解决。各方有望通过工作层面论点的汇总，为年内结束谈判铺平道路。

从主观层面上看，RCEP各参与方均显示出强烈的要达成协议的意愿。作为RCEP牵头方与主导者，东盟自然是希望RCEP能尽快达成协议。与只包含了部分东盟国家的《全面且先进的跨太平洋伙伴关系协定》（CPTPP）不同，RCEP囊括了所有东盟国家，在谈判过程中东盟国家能更好地作为整体采取行动，有利于东盟一体化程度和组织影响力的进一步提高。2019年东盟主席国是泰国，泰国表示今年要召开五次部长级会议、六到七次技术级谈判会议，充分利用频繁会议的契机加速解决各方仍然存在的一些分歧。

其他成员国也同样期望尽快结束谈判。例如，中国在2018年11月的第二次RCEP领导人会议上就已经做出明确的表态，呼吁各方再接再厉、保持积极势头，以在2019年达成谈判协议，这在当时获得了广泛呼应。目前中国重点推进RCEP和中日韩FTA两大区域贸易协定谈判，前者在谈判进程上远超后者，在某种意义上，RCEP的尽快达成也有助于中日韩FTA谈判取得突破；不仅如此，RCEP是中国参与的第一个超大型FTA，对中国提升自身在国际舞台中的制度竞争力也大有裨益。因此，RCEP尽快达成对中国而言有着非比寻常的意义。此外，达成RCEP后产生的庞大经济红利和制度影响力亦对日本、印度等国家有着巨大吸引力，因此这些国家也追求RCEP谈判尽快结束。各参与方的热切期望将给RCEP的最终达成注入强大的政治推动力。

RCEP达成协议后，其涵盖区域将覆盖全球人口的44%、全球贸易的40%、全球GDP的30%，会成为真正意义上的全球最大自贸区，对国际经济贸易格局的变迁产生深远的影响。结束谈判之路虽仍显道阻，但终点已不遥远，踢好"临门一脚"还需各方的共同继续努力。

（执笔人：孙忆）

◇◇ 四　中国举办第二届"一带一路"国际合作高峰论坛（四月报告）

2019年4月，中国经济外交在全球、区域和双边层面都取得一定进展。全球层面，第二届"一带一路"国际合作高峰论坛在北京召开，吸引了共150个国家和92个国际组织的6000多位外宾参会，取得丰硕成果。区域层面，中欧经济外交进展顺利，国务院总理李克强访问欧洲参加第二十一次中欧峰会和第八次中国—中东欧国家领导人会晤，并发表中欧《联合声明》，同时，希腊加入"16+1合作"，这为中国经济外交在欧洲的战略布局开辟了更广阔的空间。双边层面，中日经济外交活动进一步活跃，中日创新合作机制第一次会议、第13次中日经济伙伴关系磋商副部级会议、第五次中日经济高层对话等先后举行，中日经济关系进一步升温。在中美经贸磋商密集推进、双边经贸关系不确定性犹存的背景下，中国加大各领域经济外交活动，将对缓解外部环境压力、推动地区及全球经济治理发展产生积极作用。

（一）第二届"一带一路"国际合作高峰论坛在京举行

2019年4月25—27日，第二届"一带一路"国际合作高峰论坛在北京举行，共150个国家和92个国际组织的6000多位外宾与会，其中包含37国领导人及联合国秘书长、国际货币基金组织总裁。

第二届"一带一路"国际合作高峰论坛共持续3天。4月25日，由各部委/民间组织分别主办12场分论坛和1场企业家大会，就各细分领域展开交流。4月26日，论坛开幕式正式举行，国家主席习近平出席并致辞，国务院副总理韩正出席同日举行的高级别会议并致辞。4月27日，习近平主持领导人圆桌峰会，40个国家和国际组织的领导人出席会议，并通过《共建"一带一路" 开创美好未来——第二届"一带一路"国际合作高峰论坛圆桌峰会联合公报》。

在4月25日的分论坛和企业家大会上，各方就相关议题展开了深入的交流，达成的共识如下表。

表4.7 第二届"一带一路"国际合作高峰论坛各分论坛

分论坛	主办单位	参会代表	成果/共识
政策沟通分论坛	国家发展改革委	国家发展改革委副主任、推进"一带一路"建设工作领导小组办公室副主任宁吉喆在开幕致辞。来自约50个国家和20多个国际组织的300多位中外方嘉宾出席会议。	共形成60多项高含金量成果，包括：发布《共建"一带一路"倡议：进展、贡献与展望》7种外文版；与多个国家和国际组织签署共建"一带一路"、产能合作、第三方市场合作等领域文件；推动了一批务实合作项目。
设施联通分论坛	国家发展改革委交通运输部	交通运输部部长李小鹏致开闭幕辞，国家发展改革委副主任胡祖才主持会议。来自亚洲、非洲、欧洲、拉丁美洲、大洋洲等地区的50多位外方政要、部长级官员和国际组织负责人在内的近200位中外嘉宾出席。	与会各方就交通、能源、电信等领域签署了35项双多边谅解备忘录、合作意向书、投资协议、合作项目，包括：《中华人民共和国政府与白俄罗斯共和国政府国际道路运输协定》《中华人民共和国交通运输部和蒙古国交通运输发展部关于实施〈中华人民共和国政府和蒙古国政府汽车运输协定〉的议定书》。

续表

分论坛	主办单位	参会代表	成果/共识
贸易畅通分论坛	商务部	商务部副部长钱克明、海关总署署长倪岳峰、国家税务总局局长王军等中方官员出席并致辞；64个国家、11个国际组织以及工商界人士约600名中外嘉宾参与	与会嘉宾积极肯定"一带一路"合作在经贸领域取得的重要成果，并表示在单边主义、贸易保护主义抬头的背景下，期待进一步深化全方位经贸合作，推动"一带一路"贸易畅通向高质量发展
资金融通分论坛	财政部 人民银行	财政部部长刘昆出席会议并作主旨发言，财政部副部长邹加怡主持了会议；来自俄罗斯、尼日利亚、苏里南、瓦努阿图、英国、瑞士等国财政部，国际货币基金组织、亚洲基础设施投资银行、世界银行、新开发银行、国际农业发展基金、拉美开发银行等国际组织，以及金融机构和企业界的260位代表出席了会议	《"一带一路"债务可持续性分析框架》《"一带一路"国家关于加强会计准则合作的倡议》
民心相通分论坛	中联部	莫桑比克总统纽西、塞尔维亚总统武契奇、缅甸国务资政昂山素季等外国领导人和中共中央对外联络部部长宋涛分别致辞；61个国家130多名外宾出席分论坛	启动了"丝路一家亲"行动
"数字丝绸之路"分论坛	国家发展改革委 国家互联网信息办公室	国家发展改革委副秘书长任志武主持分论坛开幕式，国家发展改革委副主任林念修、国家互联网信息办公室主任杨小伟分别致辞；古巴、埃及、爱沙尼亚、法国、塞尔维亚等近30个国家的政府、智库、工商界代表，联合国、非盟等国际组织代表，以及中电科、阿里巴巴、思科、浪潮等企业代表220余人参加了论坛	中兴通讯、伊斯坦布尔大机场、浪潮威海海外服务有限公司、哈萨克斯坦国家铁路电信公司、北京四达时代软件技术股份有限公司、尼日利亚国家电视台等来自8个国家的15家企业就8个新签约合作项目举行了文本交换仪式

续表

分论坛	主办单位	参会代表	成果/共识
绿色之路分论坛	生态环境部 国家发展改革委	生态环境部部长李干杰、工业和信息化部部长苗圩、发展改革委秘书长丛亮出席分论坛并致辞；捷克副总理兼环境部部长布拉贝茨等20多位中外政府、智库、国际组织、企业嘉宾围绕分论坛主题进行了发言	由生态环境部和中外合作伙伴共同发起的"一带一路"绿色发展国际联盟正式成立，120多家中外合作伙伴加入联盟，其中包括25个沿线国家环境部门、国际组织、研究机构和企业等60多家外方合作伙伴
"廉洁丝绸之路"分论坛	中央纪委 国家监委	来自30个国家和国际组织的代表150余人参会	《廉洁丝绸之路北京倡议》
"创新之路"分论坛	科技部	科技部部长王志刚出席会议并作主旨发言 共有来自33个国家、地区和国际组织的近150名中外代表参会	《"创新之路"合作倡议》
"智库交流"分论坛	中共中央宣传部	中共中央政治局委员、中宣部部长黄坤明发表了主旨演讲；外国前政要、国际组织代表、"一带一路"国际智库合作委员会参与方、"一带一路"新闻合作联盟理事会成员和参加"一带一路"建设的企业、金融机构负责人及港澳地区代表等约300人参加了分论坛	分论坛分别举办了智库、媒体两个平行会议。与会嘉宾围绕"共商：'一带一路'与各国发展战略与规划对接"、"共建：公平、开放、透明的'一带一路'国际规则体系"、"共享：'一带一路'与全球经济包容普惠共享发展"、"共同努力：打造人类命运共同体"4个分议题展开交流

续表

分论坛	主办单位	参会代表	成果/共识
境外经贸合作区分论坛	商务部	中央统战部副部长,全国工商联党组书记、常务副主席徐乐江,农业农村部部长韩长赋,商务部副部长钱克明出席论坛并致辞; 柬埔寨西哈努克港园区代表陈坚刚、中国埃及泰达苏伊士经贸合作区代表张秉军、中匈宝思德经贸合作区代表寇光武、塔吉克斯坦—中国农业合作示范区代表张齐海等4人发表经验交流; 格鲁吉亚、沙特阿拉伯、阿根廷、埃塞俄比亚、印度尼西亚和越南6个国家的嘉宾发言; 11个国家和中国香港特别行政区代表围绕主题进行了对话	与会代表达成共识,表示今后可重点在政策对接、规划引导、融资创新、服务便利上加强合作,为境外经贸合作区健康有序发展创造新的更大空间
地方合作分论坛	中国人民对外友好协会 北京市人民政府	来自40多个国家和地区的约300名政产学界代表,围绕"深化地方合作、共享发展成果"主题展开深入探讨,分享地方交流的经验与成果,并展望前景与机遇	共签署了14项中外地方合作协议,涉及友城结好、人文交流、经贸合作等多个方面,传递出各方合力加强"一带一路"地方合作、携手推动构建人类命运共同体的积极信号
企业家大会	中国贸促会 全国工商联 国务院国资委 北京市政府	共有来自有关国际组织和各国政府部门、贸易投资促进机构、商协会、企业等近900名代表参会。其中,中方代表500多人,外方代表300多人; 与会企业中,包括世界500强企业90家、中国500强企业78家、央企100余家、民企200余家	/

本届"一带一路"国际合作高峰论坛成果丰硕。根据《第二届"一带一路"国际合作高峰论坛成果清单》,"中方打出的举措或发起的合作倡议、在高峰论坛期间或前夕签署的多双边合作文件、在高峰论坛框架下建立的多边合作平台、投资类项目及项目清单、融资类项目、中外地方政府和企业开展的合作项目,共6大类283项",涵盖范围之广、涉及领域之多,在单边主义和保护主义风潮盛行的背景下展现出中国积极展开对外开放与合作的良好姿态。

此次会议在多边合作的框架下,还促成了中国与多个国家的双边交流。4月25日至28日,习近平在北京分别会见来华出席第二届"一带一路"国际合作高峰论坛的缅甸国务资政昂山素季、日本首相特使和自民党干事长二阶俊博、菲律宾总统杜特尔特、越南政府总理阮春福、马来西亚总理马哈蒂尔、蒙古国总统巴特图勒嘎、印度尼西亚副总统卡拉、巴布亚新几内亚总理奥尼尔、文莱苏丹哈桑纳尔、泰国总理巴育、塞尔维亚总统武契奇、匈牙利总理欧尔班、塞浦路斯总统阿纳斯塔夏季斯、白俄罗斯总统卢卡申科、希腊总理齐普拉斯、意大利总理孔特、捷克总统泽曼、阿塞拜疆总统阿利耶夫、乌兹别克斯坦总统米尔济约耶夫、俄罗斯总统普京、塔吉克斯坦总统拉赫蒙、吉尔吉斯斯坦总统热恩别科夫、哈萨克斯坦首任总统纳扎尔巴耶夫、阿拉伯联合酋长国副总统兼总理和迪拜酋长穆罕默德、埃及总统塞西、巴基斯坦总理伊姆兰·汗、埃塞俄比亚总理阿比、莫桑比克总统纽西、肯尼亚总统肯雅塔、吉布提总统盖莱、智利总统皮涅拉、国际货币基金组织总裁拉加德和联合国秘书长古特雷斯,并与相关领导人共同见证了有关双边合作文件的签署。

(执笔人:孙妍)

（二）李克强欧洲行：中国经济外交的合纵连横

2019年4月9日，李克强与欧洲理事会主席图斯克、欧盟委员会主席容克在比利时首都布鲁塞尔共同主持了第二十一次中欧峰会，并发表《第二十一次中国—欧盟领导人会晤联合声明》。随后在4月12日，李克强在克罗地亚杜布罗夫尼克出席了以"搭建开放、创新、伙伴之桥"为主题的第八次中国—中东欧国家领导人会晤。希腊首次作为正式成员参加中国—中东欧国家领导人会晤，欧盟、奥地利、白俄罗斯、瑞士及欧洲复兴开发银行作为观察员派员与会。中美贸易战的阴霾尚未散去，李克强此次欧洲之行收获颇丰，中欧《联合声明》的发表的和希腊加入"16+1合作"为中国经济外交的战略布局开辟了更广阔的空间。

"互惠互利"的《联合声明》

在中欧峰会召开之前，欧盟对中国逐渐强硬的立场使社会各界并不看好此次《联合声明》的发布。近期欧盟委员会发布的《欧盟—中国：战略展望》中，欧盟将中国视为5G等关键经济领域的"竞争对手"，在政治上的"全面对手"。欧盟贸易专员也在公开场合对中国拒绝在公报草案中纳入开放市场的行为表示过不满。但是中欧需要在此次会晤中达成一定的共识，实现双方的利益诉求，争取分别在与美国的贸易博弈中拥有更多的谈判筹码。

2018年，欧盟与美国就贸易磋商达成共识之后，双方的关键谈判难以获得突破性进展。虽然美国同意暂不对欧盟汽车征收关税，但双方在农产品市场准入、气候协定等问题上仍存在巨大分歧。以波音和空客两大航空巨头为焦点的美国和欧盟航空业反补贴争端悬而未决，且有不断升级的趋势。在峰会召开前一天美国贸易代表办公室再次向欧盟施压，公布了美国针对欧盟补贴空客征收110亿美元的报复性关税清单。而且中美谈判已经进入关键阶段，欧盟也希望能够在美国之前获得中国在市场准入、不得强制转让技术等方面承诺。对于中国来说，欧盟、美国和日本就贸易问题频繁进行接触协商，一旦三方在经贸规则上形成"统一战线"，相互叠加的影响力重新洗牌全球经济格局，中国将被排除在超大型经济集团之外。尤其是今年召开的美日欧贸易部长会议中各方对"非市场导向政策"（产业补贴、第三国强制技术转让等）的强势对抗态度在国际社会上给中国施加了巨大的压力。

此次会晤中，中国和欧盟就双边关系、全球挑战和治理、外交与安全政策三个方面达成了共识，并且发布了《联合声明》。值得注意的是，中欧在开放市场准入、停止强制在华经营的外资企业转让技术、WTO改革问题等事项上实现了关键性突破。第一，中国承诺实质性改善市场准入、消除影响外国投资者的歧视性要求和做法、建立平衡的投资保护框架。中欧在农产品领域取得的共识意味着将会有更多的欧洲农产品进入中国市场，符合高额补贴农业部门的法国和其他欧盟农业生产国的经济诉求。第二，双方同意不得强制转让技术。这也反映了中国刚刚通过的《外商投资法》对外商投资企业的产权保护。截至2018年，欧盟对华投资占对外投资总存量的比重不到5%。中国对创造良好营商环境的承诺和有望在2020年达成的中欧投资协定能推动新一轮的欧洲投资流入中国市场。第三，中国同意讨论改革世界贸易组织的工业补贴规则。当前WTO的贸易谈判重心逐渐从传统关税议题向边境后国内管制措施转变，中国在国有企业、工业补贴问题上的态度也将影响着WTO改革的走向。中国在工业补贴规则做出的让步有利于在其他议题比如"特别与差别待遇"问题上获得欧盟的支持。

作为交换，欧盟支持中国加入世贸组织《政府采购协定》。如果中国成功加入世贸组织《政府采购协定》，中国将能获得其他国家和地区庞大的政府采购市场份额，中国的企业和产品将这些国家和地区享受国民待遇，平等地参与竞争。另外，双方在5G问题上达成共识，并承诺在未来开展5G通信技术合作。这与之前欧盟在《欧盟—中国：战略展望》中将中国视为5G等关键经济领域的"战略竞争对手"，并建议启动5G网络安全监管的态度发生了转向性的变化。从1G到4G的通信标准竞争中，中国从欧美通信规则的追随者逐步成为全球通信规则制定的参与者。当前可供5G选择的编码方案是以中国企业华为为首主推的Polar技术和美国高通为首主推的LDPC技术，中欧5G通信技术合作的承诺将为中国参与5G标准之争带来关键性支持。

希腊加入"16+1合作"

离开布鲁塞尔之后，李克强又前往了克罗地亚杜布罗夫尼克参加第八次中国—中东欧国家领导人会晤。会晤期间，与会各国制定和发表《中国—中东欧国家合作杜布罗夫尼克纲要》，在互联互通、贸易和投资、金融合作、农牧和能源合作等重点领域出台了多项举措，为中国与中东欧国家合作制定了下一阶路线图。会后，李克强与保加利亚总理鲍里索夫、克罗地亚总理普连科维奇共同为"16+1全球伙伴中心"揭牌，成立后的"16+1全球伙伴"将为"16+1合作"提供政策、法律咨询和智力支持。

此次会晤的最大亮点是希腊从"16+1合作"框架下的第三方合作伙伴成为正式成员，"16+1"发展为"17+1"合作机制。长期以来，中东欧国家按照欧盟规则与境外国家开展经济合作，"16+1合作"是这些国家向外寻求经济发展机遇的成果之一。逐渐走出债务危机阴影的希腊选择加入"16+1合作"，也是希望加强与中国和中东欧国家的经贸联系，发掘经济发展机遇。"中欧陆海快线"的南点就是雅典的比雷埃夫斯港，它也是中国国营航运公司中远的主要集装箱转运点。在未来的"17+1"合作框架下推动下，中国和希腊的商品流动将会更加便利，中欧之间互联互通的平台也会更加广阔。

虽然"16+1合作"是制度化水平比较低的合作形式，合作领域也主要是共识多、敏感度低、可操作性强的领域，但是欧盟内部及其重要的成员国还是对"16+1合作"存有一定疑虑。它们认为中国通过该机制给予中东欧国家的政策、资金优惠是对欧盟释放的"特洛伊木马"，有意"分裂欧洲"。在希腊表达出加入"16+1合作"意愿之时，欧盟就表示此行为将影响"欧洲团结"。由于欧盟政治疑虑的增加，欧盟可能敦促成员国出台相关措施继续约束中国在欧洲的投资和基建行为。2019年1月德国新对外贸易条例生效，涉及德国国防以及关键基础设施领域的企业在被中国资本收购时，将受到德国政府更为严格的审核。随着"16+1合作"机制成员国的异质化扩大、职能领域的拓展，"16+1合作"的深入发展将面临更多的法律风险和政治警惕。因此，中国除了要协调"16+1合作"机制成员的利益关系，更要消除其他欧盟国家对中国的疑虑和防范。

《欧盟—中国：战略展望》中"战略竞争对手"的定位是随着中国经济实力日益增加，欧盟对中欧关系的重新思考和认识，但这并不妨碍中欧在全球经贸问题上的态度和立场逐渐靠拢。此次《联合声明》中国和欧盟在关键事项上达成的共识将为中欧经济合作注入新的动力。"16+1合作"机制一直以来是中欧战略伙伴关系的重要组成部分和有益补充，刚刚加入"16+1合作"的希腊也将为中国和欧盟的经贸关系起到沟通和桥梁作用。

（执笔人：艾雪颖）

（三）中日经济外交进一步活跃

2019年4月，中日两国的经济外交活动热络，双方通过多个双边机制化平台展开了积极的交流与合作，中日经济外交关系进一步升温。

第一，为落实中日两国领导人达成的共识和2018年10月签署的《关于建立中日创新合作机制的备忘录》，中日双方于4月2日上午在北京召开了中日创新合作机制第一次会议。这是由中国国家发展改革委、商务部与日本外务省、经济产业省共同主办、在中日经济高层对话框架下的一个跨部门合作机制。会上，中日双方围绕创新、科技教育及知识产权等领域合作展开交流，重点就两国创新政策、产业技术、智慧城市、初创企业、高校和研究机构的合作以及知识产权保护、优化投资和贸易政策等深入交换了意见，重点讨论的问题聚焦在知识产权保护与技术创新领域合作上。中日双方在这两方面的具体合作上齐下功夫，探讨了双方合作的理想方式，以满足两国未来创新发展的战略需要。

第二，4月3日，中日继续在北京举行第13次中日经济伙伴关系磋商副部级会议，中国商务部副部长钱克明与日本外务省外务审议官山崎和之共同主持。双方就世界及两国宏观经济形势，中日经济高层对话，两国在贸易、投资、第三方市场、创新、金融、环保、养老、旅游等领域合作，《区域全面经济伙伴关系协定》（RCEP）、中日韩自贸区、世贸组织改革、二十国集团会议等区域及多边合作议题交换了意见。双方再次明确了两国合作的重要性，并为即将召开的中日经济高层对话进行工作层面的协调。

第三，4月14日，第五次中日经济高层对话在北京举行，中国国务委员兼外交部部长王毅与日本外相河野太郎共同主持。对话会上，中日两国外交和经济部门围绕宏观经济政策、双边经济合作与交流、对话项下重要合作、区域经济一体化和全球经济治理等议题全面深入交换意见，达成一系列共识。王毅指出，在新中国成立70周年、日本即将进入"令和时代"之际，中日两国关系站在了新的历史起点，面临向更高阶段发展的历史机遇。双方应继续以两国领导人重要共识为指引，把握中国实施高水平开放和高质量发展、日本寻求持续性经济增长的有利契机，共同努力构建符合新时代需要的中日经济关系。例如，在双边层面，中日两国要扎实推进投资和贸易合作，积极开拓第三方市场合作；中国欢迎日本积极参与第二届中国国际进口博览会和第二届"一带一路"国际合作高峰论坛，拓展相关合作；推进地方合作，探索创新合作新路径；巩固节能环保、科技创新、高端制造、金融财政、共享经济、养老医疗等六大领域合作成果，打造公平、公正、非歧视的营商环境。在区域层面，中日可大力推动RCEP和中日韩自贸区谈判尽快达成一致，引领东亚经济一体化进程。在全球层面，中日要围绕二十国集团大阪峰会、世贸组织改革等加强沟通协调，坚守多边主义和自由贸易，推动全球经济治理体系改革沿着正确方向发展。这些内容也是日本方面所认同的，河野太郎表示，经济合作一直是日中关系的基础和动力，中日在充满不确定性的国际形势下应进一步深化经济合作，共同维护以规则为基础的多边贸易体制，以日本举办二十国集团大阪峰会为契机，就完善全球经济治理加强沟通协调。在15日中国商务部部长钟山与日本经济产业大臣世耕弘成的会面中，双方的经贸部门也再次确认了这些合作共识。国务院总理李克强也在北京中南海紫光阁与来华出席经济高层对话的日本官员举行了会见。

从中日两国密集开展的经济外交活动来看，显然，合作已经成为双方最大的共识，如何开展实质性合作是两国关注的重点。这不仅是两国主观意愿的体现，也是当前全球经济不确定性增强的客观大背景下中日双方的必然选择。在具体议题方面，中日在共同推进双边贸易投资自由化便利化、创新合作机制等方面仍有很大的挖掘空间。尤其在知识产权保护方面，日本认为双方深化尖端技术合作要以充分保障知识产权为前提，而中国于2019年3月通过的《外商投资法》等正是中国强化知识产权保护措施的其中一个体现。

此外，中日两国在共同推进地区经济一体化方面也存在共同利益。当前中国自由贸易区（FTA）战略正在加速推进。2019年4月，中国不仅在双边FTA上有所进展，包括：与秘鲁进行自贸协定升级第一轮谈判，与巴基斯坦进行自贸协定第二阶段谈判第十一次会议并最终结束第二阶段谈判、签署修订自贸协定的议定书，与巴拿马进行自贸协定第五轮谈判；在区域FTA方面，中日韩自贸区第十五轮谈判在日本顺利进行。此次中日韩自贸区谈判是三方达成全面提速谈判共识后的首轮谈判，通过首席谈判代表会议、司局级磋商和13个具体议题的分组会议，三方已就货物贸易、服务贸易、投资、规则等相关议题谈判推进的方法、路径达成了积极共识，并明确了下一步工作安排。三方一致同意，在共同参与的RCEP已取得共识的基础上，要进一步提高贸易和投资自由化水平，纳入高标准规则，打造"RCEP+"的自贸协定。

中日韩自贸区谈判是中国参与的经济体量最大、占中国外贸比重最高的自贸区谈判之一，对中国未来经济及战略发展有着重要意义。中日韩自贸区若要顺利建成，离不开中日韩三国共同的努力与协商，其中中日关系又是三国关系中的重中之重。如今中国和日本借助多个双边经济外交平台在加强沟通协调方面达成一致意见，这对中日韩自贸区的加速推进是个利好消息，对RCEP谈判在年内取得积极进展也形成强大的助推力。

（执笔人：孙忆）

（四）中美举行第九轮和第十轮经贸高级别磋商

近几个月来，中美经贸团队展开了多轮高级别磋商。4月，第九轮和第十轮中美经贸高级别磋商分别在华盛顿和北京举行。按照既定安排，第十一轮中美经贸高级别磋商将于5月8日在华盛顿举行。

4月3日至5日，中共中央政治局委员、国务院副总理、中美全面经济对话中方牵头人刘鹤与美国贸易代表莱特希泽、财政部长姆努钦在华盛顿共同主持第九轮中美经贸高级别磋商。4日，美国总统特朗普在白宫会见刘鹤，除莱特希泽、姆努钦外，农业部长珀杜、商务部长罗斯、总统高级顾问库什纳等美方官员也参加了会见。此轮磋商的主题包括技术转让、知识产权保护、非关税措施、服务业、农业、贸易平衡、实施机制等协议文本。

第九轮磋商具体进展外界难以得知，不过双方均表示磋商取得了富有成果的进展。中方表示，双方决定就遗留的问题通过各种有效方式进一步磋商；美方表示，谈判进入了最后阶段，但仍有一些棘手问题亟待解决，包括何时取消针对中国商品加征的惩罚性关税、保护美国知识产权以及贸易协议条款的执行等。4月4日，特朗普总统在推特上表示，协议可能在此后大约4周内达成。4月23日，白宫国家经济委员会主任库德洛在全国记者俱乐部午餐会上发表讲话，延续他对中美谈判前景的"谨慎乐观"态度，称"我们离达成协议越来越近，我们仍在努力解决结构性问题和技术转让问题，知识产权问题的执行机制至关重要，降低农工业大宗商品贸易壁垒的问题也在讨论之中。"

4月30日至5月1日，国务院副总理刘鹤与莱特希泽、姆努钦在北京举行第十轮中美经贸高级别磋商。据白宫消息，第十轮磋商的主题仍然为知识产权、强制技术转让、非关税壁垒、农业、服务、采购和执行等。

关于第十轮磋商的具体进展，综合各方报道来看，虽然双方均表示谈判取得了许多积极进展，但仍存在棘手问题，主要是执行机制和取消关税时间表。据参考消息网5月2日报道，姆努钦表示中美当天在北京举行了"富有成效的"贸易谈判。另据路透社4月30日报道，北京和华盛顿都提到双方在知识产权和技术转让等问题上取得了进展，但美国官员私下称，协议的执行机制和取消关税的时间表是症结所在。美国农业部长桑尼·珀杜在华盛顿告诉路透社记者："执行能力是关键——如果无意遵守，协议是很容易签的。"报道称，中国官员也承认执行机制至关重要，但他们说，执行机制必须是双向的——不能只限制中国，一名中国官员表示："必须要规定有关执行的保证条款，这是谈判的重要组成部分，我们必须尽最大可能降低并防止违背承诺的可能性。"在华盛顿，熟悉会谈情况的人士说，美国是否以及何时取消对价值2500亿美元的中国商品加征关税很可能是最后要解决的问题之一。

虽然中美高级别磋商正在密集展开，但是中美经贸关系仍然阴晴不定。一方面美国继续通过特别301报告对华施压。4月25日，美国贸易代表办公室（USTR）发布了2019年知识产权特别301报告及"恶名市场名单"，特别301报告就全球贸易和知识产权发展情况进行总结和回顾，其中针对中国的调查内容达到9页，"恶名市场名单"连续第15年将中国列入"优先观察国"名单。另一方面，美方通过派出访华代表团也与中方保持着对话和沟通。4月26日，外交部副部长郑泽光会见访华的美国特拉华州民主党联邦参议员孔斯和新罕布什尔州民主党联邦参议员哈桑，双方就当前中美关系和两国各领域交往与合作等议题进行了交流。4月30日，国务委员兼外交部部长王毅在北京会见美国路易斯安那州民主党前联邦参议员兰德鲁、内华达州共和党前联邦参议员海勒、阿肯色州共和党前联邦参议员哈钦森、威斯康星州共和党前联邦参议员卡斯滕等前国会议员代表团，双方均表示希望中美经贸磋商取得成功，达成互利双赢的协议。

（执笔人：赵莉）

（五）多国中资铁路项目取得新进展：中国对东南亚"铁路外交"柳暗花明？

2019年4月12日，马来西亚总理办公室宣布，将以缩小规模与降低造价为前提复工东海岸铁路（简称"东铁"）项目，日前中方承建企业——中国交建已与马方就方案调整等事宜达成补充协议。在此之前，中方在东南亚投资（或建设）的多个铁路项目也是捷报频传：2月9日，中老铁路全线最长桥梁楠科内河特大桥开始架梁施工，标志着该铁路建设进入桥梁架梁阶段；3月31日，印度尼西亚雅万高铁项目启用了中国高铁技术走向海外的第一台盾构机，也如期实现了雅万高铁的可视化目标；4月4日，泰国国家铁路公司透露，由正大集团与中国铁建等企业构成的联合体有望中标泰国东部经济走廊（Eastern Economic Corridor 简称EEC）高铁项目。这些铁路项目向好迹象的集中出现，颇有扭转过去几年间中国对东南亚"铁路外交"的频繁受阻之势。但在关注中方铁路项目取得新进展的同时，其背后的含义以及进展的可持续性同样值得深思。

中国对东南亚"铁路外交"：总体特征与国别差异

由于东南亚地区对于中国而言具有重要的地缘政治与经济价值，大多数正处于发展中阶段的东南亚国家也对基础设施建设存在较大需求，该地区已成为中国在"一带一路"国际合作背景下开展"铁路外交"的重点区域。2013年以来，中国已在泰国、老挝、印度尼西亚与马来西亚等东南亚国家相继投建了多个铁路项目，其中较有影响力的工程包括中—老—泰铁路（也分为中老铁路与中泰铁路）、印度尼西亚的雅万高铁、马来西亚东铁与泰国EEC高铁等。

与中国对非洲的"铁路外交"带有明显的援助性质不同的是，中国面向东南亚国家展开的"铁路外交"更加凸显经济合作的含义，当然也包含了一定的地缘政治内涵，比如中老铁路与中泰铁路将打通中国西南内陆经由中南半岛入海的通道，成为联系中国与东南亚地区的陆上交通要道。但总体而言，中国对东南亚国家的"铁路外交"重在经济上的互利，本质上可以视为中方企业在双方政府的推动下向东道国销售中国的铁路产品与服务，是横跨政府层面与企业层面的一项经济合作活动，一般的合作形式是中方作为技术与部分资金的提供者，而东道国一方负责另一部分资金，项目建成后双方在一定的时限内共同负责铁路的运营与分享收益。目前中国在东南亚投建的几个铁路项目大都采取这种合作方式，但合作的具体细节（如出资比例、技术标准、开发权分配、贷款利率等）则存在一些区别。比如在中泰铁路项目下中国对泰方贷款的优惠利率为 2.5%，而在雅万高铁项目中对印度尼西亚的贷款利率则是 2%；又如中老铁路与雅万高铁的建设全程采用中国的技术标准与铁路设备，而中泰铁路与马来西亚东铁则部分沿用了东道国本国或西方国家的技术标准。

表 4.8　　　　　　　中方在东南亚国家投资建设的铁路项目

项目名称	中方企业	中方参与方式	项目进展
中泰铁路	中国铁建	中企承建	泰国—呵叻段（中泰铁路一期工程）在建中
中老铁路	中国铁建、中国电建	中企承建	全线在建中
印度尼西亚雅万高铁	中国铁建	与印度尼西亚企业联合承建	全线在建中
马来西亚东海岸铁路	中国交建	中企承建	被叫停 9 个月后，中马双方签署补充协议实现项目复工
泰国 EEC 高铁	中国铁建等	与泰国、日本等多家企业联合承建	结束投标，获得优先谈判权的企业联合体与泰国国家铁路公司展开细节谈判

资料来源：笔者自制。表中项目进展的时间截至 2019 年 4 月 14 日。

从国别差异来看，截至目前中国在老挝与印度尼西亚的铁路项目进展较为顺利，而在泰国与马来西亚两国的项目则是一波三折。中老铁路自 2015 年 11 月双方政府签署铁路合作协定、2016 年 12 月全线开工以来，尽管面临较为不利的自然条件，但工程基本按照计划稳步推进，预计 2021 年 12 月即可建成通车。印度尼西亚雅万高铁虽然在投标阶段出现过一些争议，但在 2015 年 10 月双方企业签署联合建设协议、2016 年 3 月正式开工后，也并未遭遇突出的人为障碍。这两个项目分别成为"以政府为担保"与"以企业为主导"的"铁路外交"的典型案例。

相比较之下，中泰铁路与马来西亚东铁项目从竞标时期起就显现出诸多波折与挑战。前者自2013年双方政府达成"高铁换大米"的合作备忘录以来，几经变故，最终以泰方承担全部建筑费用，中方仅为相关技术系统提供资金，同时将线路缩短为原计划的1/3为条件，在2017年12月实现项目开工。2016年10月，马来西亚政府宣布由中企承建东铁项目，并于2017年8月正式动工，但2018年大选之后，大马政府以财政赤字过大为由中止了该项目的建设。

泰、马项目一波三折：政治变迁与资金争议是主因

中泰铁路项目与马来西亚东铁项目在谈判甚至实施过程中都遭遇了被取消的危险，截至目前两个项目的发展都在一定程度上偏离了原有规划（如线路有所缩短、建设成本受到较大幅度的压缩等）。究其原因，泰国和马来西亚对于这两个项目的需求迫切性不如老挝与印度尼西亚对于中老铁路与雅万高铁的需求迫切性高（中老铁路将使老挝实现从"陆锁国"到"陆联国"的转变，而雅万高铁是印度尼西亚国内的第一条高铁），这在某种意义上给予了泰、马两国在铁路项目上"盘旋"的时间与底气。具体而言，中泰铁路与马来西亚东铁项目的障碍主要来自于东道国政府的利益判断与政策选择。

一方面，这两个项目都遭遇了由于东道国领导人与执政党易位而被搁置的经历。中泰铁路合作在英拉执政时期呈现了良好的势头，但在巴育上台后诸多挑战开始显现出来，主要表现为项目谈判一年有余仍处于胶着状态，经过多轮谈判后终在2015年底举行项目启动仪式，2016年3月却又因泰方政府提出异议而"搁浅"。代表底层民众与农民利益的英拉及其所在的为泰党当政是"高铁换大米"计划的重要保障，因此在英拉及其政党下台后，其反对者对于英拉"政治遗产"的清算似乎使中泰铁路障碍

丛生成为一种必然结果。无独有偶，2018年5月马来西亚政府"变天"，重掌政权的马哈蒂尔也立即对其政治对手、也是大马政府前任总理纳吉布进行政治清算，这被认为是东铁项目被迫中止的主要缘由。

另一方面，新政府上台后，泰方和马方对外都以资金问题作为项目中止或变更的理由。泰方不满中国分别对印度尼西亚和泰国提供2%和2.5%贷款优惠利率的差别待遇，但又不愿像印度尼西亚政府一样向承建企业让出沿线土地开放权；此外，泰方认为该项目对于中国而言具有战略性意义，因此中方应该承担更大比重的资金责任（即由60%提升至70%），这些关于资金供给的分歧成了中泰铁路合作谈判的胶着点。而马哈蒂尔政府也批评了纳吉布政府以大幅度增加马来西亚国债负担为代价来建设大型的基础设施项目，认为当前的大马政府无力承担东铁项目的资金压力，要求压缩铁路线长与降低造价。

归根结底，这两大因素的深层次根源在于中国对外基础设施合作规则发展尚不成熟甚至缺位。中国与东南亚国家的铁路建设合作虽然不可避免地带有政治与外交的属性，但作为一项经济活动，它的关键性保障应该来源于双方订立的具有强约束力的法律性协议，而东道国政权更替与资金问题的分歧可以轻易中断项目合作，说明协议所体现的规则存在漏洞或运行效果不佳。

"铁路外交"出现转机的背后：不确定性不减反增

中国对东南亚的"铁路外交"正在徐徐向好发展，但尚未达到"柳暗花明"的程度。当前及未来中国在东南亚投资建设的铁路项目依然面临诸多不确定性，尤其是最近看似取得重大进展的马来西亚东铁和泰国EEC高铁两个项目。即使对于目前建设进度较为理想的雅万高铁，中方也要考虑应对2019年印度尼西亚大选背后的诸多风险，避免其重蹈马来西亚东铁项目的"覆辙"。

就马来西亚东铁项目而言，如今已94岁高龄的马哈蒂尔无法长期执政，其继任者是谁、如何继任以及何时继任等问题决定着马来西亚的政局走向，以此为背景，目前马哈蒂尔政府对东铁项目突然的态度转变与支持反而可能成为该项目的一把"悬顶之剑"。简言之，当前东铁项目的转机能否保障该项目继续实施直至完工，主要还取决于近一两年内马哈蒂尔能否顺利选任继承其意志的新总理。

连接曼谷与泰国三座主要机场的EEC高铁是泰国东部经济走廊战略规划的重要组成部分，也是巴育政府所追求的一项主要政绩，受到当前泰方政府的高度重视。但另一方面，目前泰国也正处于大选与政府换届的关键时节，尽管从大选预测与民意基础看，巴育连任可能性较大，但在野党为泰党的"穷追不舍"与新未来党的"异军突起"，以及当前选举委员会面临的诸多质疑，都可能成为巴育连任与泰政府通过大选和平换届的意外因素。换言之，目前尚未订立协约的泰国EEC高铁项目也面临着政治变迁的不确定性风险。此外，与其他铁路项目相比，EEC高铁涉及的利益攸关方更为复杂，除了中泰两国政府与企业之外，日本政府与企业也参与其中，该项目可以视为中日在泰国开展第三方合作的一次重要尝试，具有关键的历史性意义。但正因如此，项目各方利益协调的难度也明显增大。泰国国家铁路公司直言，目前项目内部存在诸多尚未谈妥的细节；泰国正大集团也因此多次请求推迟与项目招标方的谈判与签约时间，说明EEC高铁项目本身存在较高的推行难度与巨大的不确定性。

综而述之，近期中国在东南亚投建的铁路项目向好发展的迹象尚不足以成为中国对东南亚"铁路外交"进入繁荣时期的转折点；相反，随着项目数量的增多与合作方式的多元化，中国对东南亚的"铁路外交"可能面临更多的挑战，推动中国"铁路外交"的发展依然任重而道远。从长远来看，中国一方面应适当改进"铁路外交"的方式，针对政治不确定性较为突出的东南亚国家，中国在以项目合作为依托的基础上，可以适当设立政府层面关于基础设施建设的双、多边对话与合作机制，增进中国与东道国之间的相互理解，也为双方在项目遇到障碍时提供及时有效的沟通平台；另一方面，尽快建立或改进中国对外基础设施投资的规则体系，同时提高项目违约的成本，以此规范中国与东道国政府与企业在铁路建设合作中的行为。此外，就短期而言，中方应高度关注中老铁路与雅万高铁项目的进展，及时规避可能出现的风险，确保这两个铁路项目顺利建成并投入使用。以这两个项目为成功范本，在此基础上再推进中国对东南亚"铁路外交"的政治与社会舆论障碍可能有所减少。

（执笔人：罗仪馥）

（六）清零伊朗石油出口：美国意欲"一剑封喉"？

2019年4月22日，美国政府宣布将不再展期允许部分国家和地区从伊朗进口石油的豁免许可，以此试图封堵伊朗出口石油并换取外汇的最后渠道。国务卿蓬佩奥当日在对媒体发布的声明中指出为了将伊朗石油出口压缩至历史低点，美国政府正在开展一项精准的施压运动，对此"美国不会再向现有的伊朗石油进口者发布任何额外的大幅减量豁免（Significant Reduction Exceptions）"。他还警告"任何与伊朗有来往的国家或实体都应该尽到职责、谨慎行事"。同日，白宫也发布了声明，除了抨击伊朗政府的各种"卑劣行径"外，还特别强调了特朗普总统不再展期豁免许可并通过此举将伊朗石油出口彻底归零的决心。美国政府此次升级对伊制裁是本月内宣布制裁伊朗伊斯兰革命卫队之后的又一次"重拳出击"，并且将逐渐升级的对伊制裁推向了近年来的最高潮。两年来不断升级的制裁早已使得伊朗政府收入锐减、企业经营困难、民众怨声载道，然而美国政府宣布不再展期豁免许可更是要对本已日渐虚弱的伊朗"一剑封喉"。

美国升级对伊制裁，"高压政策"全面回归

对《伊朗核协议》怨念久已的特朗普彻底逆转了奥巴马总统执政时

期的美国对伊政策，自2018年起逐步升级对伊制裁。2018年1月12日，特朗普宣布最后一次展期对伊朗金融与能源行业采取严厉制裁的豁免许可，并要求《伊朗核协议》各签署国在规定期限内重新改进该协议，否则美国将退出该协议。5月8日，特朗普宣布美国单方面退出《伊朗核协议》并宣布美国政府将分别于90天和180天之后开启两轮对伊制裁。8月6日，特朗普签署行政命令，启动了主要针对伊朗金融行业的第一轮制裁。此轮制裁除了禁止伊朗政府购买美元、开展黄金交易外，也将参与伊朗基金交易、贵金属贸易等的第三方列入制裁之列。11月4日，主要针对伊朗能源产业的第二轮制裁生效。此轮制裁将开伊朗开展能源业务、与伊朗国家石油公司开展商业合作等的第三方纳入制裁范围，由此美国政府完全扼住了伊朗经济的命门。在美国政府开展第二轮制裁的同时，也曾给伊朗政府留有一线生机，即批准了中国大陆、中国台湾、印度、希腊、意大利、日本、土耳其和韩国从伊朗进口石油的制裁豁免许可，允许上述8个国家和地区在6个月的时间内仍能够从伊朗进口石油。然而当前6个月的豁免即将期满，美国政府宣布不再展期。按照美国国务院负责伊朗事务的官员布莱恩·霍克解释，美国政府之所以曾批准豁免许可，一方面是因为伊朗石油的主要进口国需要时间重新配置石油进口，另一方面则是为了避免国际石油市场出现巨幅波动，当前不再展期豁免则是因为伊朗石油的进口国和国际石油市场都已经"做好了准备"。

实际上，此次美国对伊制裁并非新政策、新行动，而是对伊高压政策的复活和回归。里根政府早在1987年就宣布全面禁止从伊朗进口商品；克林顿政府自1995年起实施对伊朗能源产业投资的禁令并且全面禁止两国间一切贸易和投资合作；小布什政府于2004年在美国财政部设立了恐怖主义与金融情报办公室（Office of Terrorism and Financial Intelligence），以此为制裁外交的"排头兵"全面强化对伊制裁；奥巴马政府在2010年一方面推动通过了《全面制裁伊朗、问责和撤资法案》，全面制裁伊朗和与伊朗有关的第三方，另一方面则推动联合国通过1929号决议，动员各国一同全面制裁伊朗。此次美国对伊制裁并未出台新的政策，而是以行政命令的方式重新执行《全面制裁伊朗、问责和撤资法案》，分阶段恢复在《伊朗核协议》签署后停止执行的十余项制裁措施。需要指出的是，即便在《伊朗核协议》签署后，美国政府也未曾解除对伊朗的"初级制裁"（违法主体或行为与美国直接相关），而只是基本解除了"次级制裁"（违法主体或行为与美国不直接相关）。然而在特朗普政府的推动下，波及面更广的对伊"次级制裁"也完全恢复了。

当前，美国对伊制裁的授权和实施机制已非常成熟，换句话说，美国对伊朗的"封喉之剑"早已磨得锋利无比。在立法授权层面，美国国会已经通过了《伊朗制裁法案》《全面制裁伊朗、问责和撤资法案》《减少伊朗威胁和保障叙利亚人权法案》等多部法律，为美国对伊制裁提供了国内合法性。在行政授权层面，特朗普签署的13846号行政命令恢复了先前多项对伊制裁行政命令，在行政机构内部充分授权实施对伊制裁。在制裁实施层面，美国国务院、财政部、商务部、国防部、国土安全部、司法部等均曾参与对伊制裁。其中美国财政部作用最为突出，其下属的恐怖主义与金融情报办公室和海外资产控制办公室（The Office of Foreign Assets Control）负责制裁政策的设计、评估、实施、情报收集和解释，在对伊制裁中发挥着扛鼎之用。总的来看，美国对伊制裁已高度机制化，其授权网络细密、执行机构专业，由此使得伊朗在应对美国制裁时付出了极为高昂的成本。

制裁效果渐显，伊朗石油出口全面下挫

伴随着美国对伊制裁从口头威胁演变为落地实施，特别是近两年来对伊制裁的逐步升级，制裁的效果也在逐渐显现。2018年下半年，国际能源公司间掀起了一轮"逃离伊朗"的浪潮，意大利能源巨头埃尼公司表示将遵守美国制裁，在制裁生效前停止与伊朗公司的商务往来；法国能源巨头道达尔宣布退出南帕斯气田的开发，致使这一明星工程前途未卜；印度尼西亚国家石油公司暂停与伊朗公司签署商业合同；欧洲多家中小型石油公司也开始减少甚至终止与伊朗政府和企业的各类合作。有研究显示，《伊朗核协议》签署后伊朗政府与能源企业同外国能源公司共签署了54份合作意向协议，涉及石油开发规模高达280亿桶。然而，这些协议中绝大多数将会因为美国的制裁而夭折。

美国对伊制裁的效果在数据上体现得更为明显。《伊朗核协议》签署后，伊朗石油出口很快从每日100万桶攀升至200万桶。然而自2018年8月美国对伊制裁正式生效起，伊朗石油的产量和出口量均出现了明显的下降趋势。欧佩克的数据显示伊朗石油产量在2018年第二季度达到了每日382万桶的历史高点，而在第三季度就转而下降。9月伊朗石油产量尚能维持在每日345万桶，然而经过连续6个月的持续下跌，这一数字在2019年3月仅为每日270万桶。伊朗石油的出口现状同样惨淡，其石油出口规模在8月就已降至每日183万桶，相较于当年4月的高点已下降了约28%。有专业机构预测2019年伊朗石油出口将在2017年的基础上下降每日130至175万桶，这一数字已相当于伊朗石油出口最高值的50%至65%。

制裁"外溢"，中伊能源合作再遭波及

美国对伊朗的历次制裁都"殃及池鱼"，中国与伊朗的正常能源合作难逃波及。奥巴马政府自2012年起发起的为期3年的对伊制裁致使中国进口伊朗石油规模下降明显。有研究表明2011年中国进口伊朗石油规模约为每日50万桶，而2012至2015年这3年的伊朗石油规模约为每日40万桶。中国进口伊朗石油的规模下降了20%，但同期中国的石油进口总规模则暴涨了32%。不仅如此，中石油下属的昆仑银行和珠海振戎等企业还受到了美国财政部的严厉制裁，其境外业务的正常开展长期面临着诸多限制和干扰。

此次美国对伊制裁对中伊能源合作的负面效应也已经开始显现。彭博社的数据显示自2018年8月起，中国进口伊朗石油的规模已经下降了22%，未来还很有可能进一步下降。当前中石油、中石化的下属公司在伊朗开发有北阿扎德甘、亚达瓦兰等3个油田项目，因此面临着被制裁的风险。此外，中石油原计划与道达尔等公司共同开发伊朗南帕斯气田这一明星项目，然而商业合作伙伴道达尔的退出本已使得中石油进退两难，美国有可能随时施加的制裁更是让中石油开发该项目阻力重重。

总的来看，美国此次力求清零伊朗石油出口的制裁将会对后者造成重大打击，但此举对世界石油价格和石油供应的冲击总体可控。特别是，美国政府已经动员阿拉伯联合酋长国、沙特等产油国填补伊朗石油出口下降所带来的世界石油供给缺口。当前，真正需要警惕的并非美国清零伊朗石油出口所带来的负面影响，而是美国精准有力而又肆意妄为的"制裁利剑"。除了伊朗之外，近年来俄罗斯和委内瑞拉这两大重要的能源生产国也因美国的制裁而出现衰颓动荡之势。显然，如何有效应对美国经济制裁并借鉴其制裁机制的设计和运转才是当务之急。

（执笔人：宋亦明）

◇ 五　中美经贸磋商阴云再起（五月报告）

2019年5月，中国经济外交围绕贸易和财金等领域展开。在贸易领域，第十一轮中美经贸高级别磋商在华盛顿举行，美国再度对中国输美产品加征关税，双边谈判再次陷入僵局。美国对华贸易保护主义不断升级，对墨西哥等贸易伙伴国也施加移民关税威胁。与美相反，中国仍在积极推动亚太地区经贸合作，不仅在双边层面与同为金砖大国的巴西加强联系，还在区域层面参加了《亚太贸易协定》和亚太经合组织的相关会议，与各方深入讨论各项贸易议题。在财金领域，亚洲开发银行（ADB）年会系列会议在斐济楠迪召开，中国积极参与东盟与中日韩（10+3）财长和央行行长会议、中日韩财长和央行行长会议等，联合亚太国家提升区域财金合作，应对外部风险与挑战，共同维护东亚地区稳定和繁荣。

（一）第十一轮中美经贸高级别磋商未果

2019年5月9—10日，中共中央政治局委员、国务院副总理、中美全面经济对话中方牵头人刘鹤率团访问华盛顿，与美方举行第十一轮中美经贸高级别磋商。但是，此轮磋商未能取得实质性进展，甚至陷入暂停的僵局，随着双方采取新的关税措施，中美经贸关系再入低谷。

在磋商的关键节点，美方采取对华加征关税举措，中方随即采取反制举措，贸易谈判遭受挫折。9日，也即贸易谈判前一天，美国政府宣布，自2019年5月10日起，对从中国进口的2000亿美元清单商品加征的关税税率由10%提高到25%，新关税适用于北京时间10日12时01分之后离开中国的货物，虽然此举为即将到来的磋商释放出负面信号，但是中方团队在关税压力下仍然如期访美以推进谈判。10日，也即磋商期间，美方上调税率举措按期生效，当日，美国贸易代表莱特希泽还发表声明称特朗普总统指示拟将对从中国进口的剩下3000亿美元中国商品加征关税，这无疑为正在举行的贸易谈判蒙上一层阴影。对于美方此举，11日，中方表示加征关税无法解决问题，但是将不得不采取必要反制措施。13日，国务院关税税则委员会发布声明，自2019年6月1日0时起，对已实施加征关税的600亿美元清单美国商品中的部分，提高加征关税税率，分别实施25%、20%或10%加征关税，对之前加征5%关税的税目商品，仍继续加征5%关税。

根据刘鹤在采访中释放的信息，目前谈判已经进入具体文本阶段，双方在很多方面达成了重要共识，但仍存在分歧，分歧涵盖了中方的三个核心关切问题。一是取消全部加征关税，中方认为，如果要达成协议，加征的关税必须全部取消；二是贸易采购问题，虽然美方一再要求中方扩大自美进口和要求中方承诺具体数额，但中方认为贸易采购数字要符合实际，并指出双方在阿根廷已对贸易采购数字形成初步共识，不应随意改变；三是改善文本平衡性，中方认为它应该既包括美方诉求，也要包括中方主张，以体现协议的平衡性，而且文本表达方式要为中国国内民众所接受，不损害国家主权和尊严，目前仍有一些关键问题需要讨论。此次谈判未果的原因主要是双方以上三个方面分歧未能达成一致，中方表示这些都是原则问题，是不能让步的。虽然谈判未果，但是中方表示谈判"并未破裂"，只是"不可避免的小插曲"，双方团队商定会继续沟通，中方对谈判前景表示审慎乐观。

在贸易谈判之外，美方进一步采取措施，继续在通信技术领域就知识产权和强制技术转让等问题对中国施压，一方面意在打压中国科技企业发展，另一方面也试图以此为贸易谈判争取更多筹码。6日，美中经济与安全审查委员会（USCC）发布题为《中国企业如何推动从美国转移技术》的报告，指责中国企业正在使用包括投资、合资、网络间谍等方法从美国获得技术和知识产权，并得到中国政府支持，指出中国企业获得美国的关键技术可能会危及美国的技术创新和国家安全。10日，美国联邦通信委员会（FCC）以5票赞成、0票反对的投票结果反对中国移动于2011年向美国提供电信服务的申请，理由是"中国政府可以利用中国移动美国分公司进行或增加针对美国经济的间谍活动和情报收集"。15日，特朗普总统签署行政命令，要求美国进入紧急状态，在此紧急状态下，美国企业不得使用对国家安全构成风险的企业所生产的电信设备,特别提到由外国对手拥有、控制或受其管辖或指挥的公司生产的设备。虽然这项禁令没有提到具体的公司,但针对中国的设备供应商尤其是华为的意图十分明显。当日,美国商务部工业和安全局(BIS)即宣布将华为及其70家附属公司列入"实体清单",禁止华为在未经美国政府的批准下从美国公司购买零部件。

中美贸易争端具有长期性和复杂性,这决定了双边贸易谈判将一波三折。此次美方主动升级关税战的举措虽然加剧了中美经贸关系的紧张性,但是很大程度上可视作美方在谈判过程中惯用的施压策略,中国对此应该继续保持定力和长期应对准备。

(执笔人:赵莉)

(二)特朗普政府对外经贸政策新进展

特朗普政府上台以来,将调整美国对外经贸关系作为其经济外交的重要内容,同中国、欧盟、加拿大等主要贸易伙伴国挑起"关税战",并以此作为推动双边贸易谈判的施压手段;同欧盟和日本开启三方贸易部长会谈,旨在纠正不公平竞争等扭曲市场的经贸行为;施压WTO改革,推动重塑"美国优先"的国际贸易体系。2019年5月,美国特朗普政府加快调整其全球贸易关系步伐,在多边及双边经贸关系上取得新进展。

多边层面,美国同欧盟和日本举行第六次贸易部长会晤,在共同应对非市场政策和做法方面向前迈进。自2017年12月以来,美欧日已举行六次贸易部长会晤,会议聚焦于三方面问题,一是应对不公平竞争,具体包括解决第三国非市场主导政策、产业补贴、国有企业、强制技术转让等政策,这些问题也是中美经贸磋商涉及的内容,同时也是欧洲和日本对中国存在不满的问题。美欧日在这些问题上达成共识,对中国也形成规则制定压力,中国不得不引起重视。

二是推动数字贸易和电子商务发展,近年来,数字贸易在全球范围内得到迅速发展,而WTO框架下缺乏相应贸易规则,美国一直是数字贸易规则的积极倡导者,2019年1月在瑞士达沃斯举行的电子商务非正式部长级会议上,美国、澳大利亚、日本、新加坡、中国等共76个WTO成员签署《关于电子商务的联合声明》,确认有意在世贸组织现有协定和框架基础上,启动与贸易有关的电子商务议题谈判,成为数字贸易规则制定的重大进展。美欧日多次在三方贸易部长会晤上提及此事,试图在数字贸易规则制定上贯彻发达经济体意志,中国也应积极回应并提出规则制定方案,以更好地维护本国利益。

三是推动WTO改革。美欧日在WTO改革问题上存在诸多分歧,最为突出的即关系到WTO生死存亡的争端解决机制改革问题,美国对欧盟提出的方案嗤之以鼻。然而,在三方贸易部长会晤上,美欧日可以搁置对WTO改革的不同意见,凝聚改革共识,例如在2018年9月第四次三方会晤上提出将WTO监测和监督职能改革作为第一步,共同发起一项透明度和通知的改革建议,此后也多次在三方会晤上提出加快对WTO透明度和通知领域的改革。

因此,尽管由于汽车关税、航空补贴等问题美国同欧盟、日本的双边经贸关系也比较紧张,在WTO改革议题上也存在分歧,但是三方出于共同意识形态等因素仍然有相当大程度的共识。美欧日联手解决全球贸易、贸易规则和贸易机制中存在的问题,将对塑造国际贸易体系未来发展产生重大影响,对中国也形成了较大压力。

表 4.9　　　　　　　　历次美欧日贸易部长会议主要内容

时间	地点	美欧日贸易部长	主要内容
2017.12.12	布宜诺斯艾利斯	美国贸易代表罗伯特·莱特希泽；欧盟贸易委员西西莉亚·玛姆斯托姆；日本经济产业大臣世耕弘成	讨论解决产能过剩国有企业、强制技术转让、不公平竞争等问题；同意在WTO和其他论坛增强三方协作
2018.3.10	布鲁塞尔		确认解决非市场导向政策带来的产能过剩、不公平竞争、阻碍对创新技术的发展和使用等问题
2018.5.31	巴黎		确认解决第三国扭曲贸易的政策；同意推动有关未来WTO谈判的讨论；等等
2018.9.25	纽约		确认解决第三国非市场主导政策、产业补贴和国有企业、第三国强制技术转让政策；推动WTO改革；推动数字贸易和电子商务发展；等等
2019.1.9	华盛顿		重点讨论非市场化政策、产业补贴、强制技术转让、WTO改革和数字贸易等议题
2019.5.23	巴黎		加强在非市场政策和做法、市场导向条件、产业补贴、国有企业、WTO改革以及数字贸易和电子商务等议题的合作

资料来源：美国贸易代表办公室。

多边层面，美国除继续同欧盟和日本寻求政策共识外，还加快推进《美墨加协定》。自 2018 年 9 月，美国同墨西哥和加拿大完成《北美自由贸易协定》（NAFTA）重谈后，《美墨加协定》成为继美国完成美韩 FTA 重谈的第二个重要自贸协定。不过，目前《美墨加协定》尚未通过三国国会批准。5 月 17 日，特朗普政府宣布将取消对加、墨钢铁和铝分别加征的25%和10%的进口关税，加拿大和墨西哥则同意取消对约150亿美元的美国金属、消费品、食品等产品加征的报复性关税。特朗普政府对进口钢铝产品加征关税成为其推动双边贸易谈判的重要工具，美韩FTA和NAFTA的重谈均是在钢铝关税重压之下完成的。而今，美加墨三国互相取消报复性关税，对三国达成的新贸易协定在国会批准扫除了一大障碍。

不过，关税依然是特朗普政府贯彻其意志的得力武器，并因移民问题再度对墨西哥加征关税。5月30日，特朗普总统签署行政令，因墨西哥应对移民问题不力将于6月10日对墨西哥所有商品征收5%的进口关税，并威胁称，若墨西哥不及时帮助美国解决移民危机，美国将在10月份提高关税至25%。

此外，汽车关税也是美国推动同欧盟和日本贸易谈判的重要工具，2018年美国对进口汽车及零部件发起"232"国家安全调查，2019年2月美国商务部向特朗普总统提交有关进口汽车的"232调查"报告，特朗普总统在收到报告后有90天决定是否加征汽车进口关税。5月17日，特朗普政府宣布，针对是否对进口汽车和汽车部件加征广泛关税的问题，将做出最后决定的时间推迟180天。但特朗普政府也表示，如果与日本和欧盟的谈判在规定的期限内没有达成协议，特朗普总统将决定是否需要采取进一步行动，以及需要采取哪些进一步的行动。这对欧盟和日本来说也形成较大压力，而5月底特朗普总统访日期间同日本首相安倍晋三举行会晤时，美日两国也并未就美日贸易谈判中双方关心的实质性问题达成一致。

特朗普政府的威胁和讹诈策略贯穿其对外经贸政策各领域，无论是利用关税武器施压双边和多边贸易谈判，还是在WTO改革问题上显示美国意志，都是为了维护美国利益，以"先破后立"的方式构建"美国优先"的新国际贸易体系。

（执笔人：张玉环）

（三）中国积极参与亚太经贸合作

2019年5月，中国在推动经贸合作方面有积极举措，关注重点聚焦在亚太地区。中国不仅在双边层面与同为金砖大国的巴西加强联系，还在区域层面参加了《亚太贸易协定》和亚太经合组织的相关会议，与各方深入讨论各项贸易议题。

中国与巴西于5月15日在北京召开中国—巴西高层协调与合作委员会（简称"中巴高委会"）经贸分委会第七次会议，会议由商务部副部长兼国际贸易谈判副代表王受文同巴西外交部副部长萨尔加多、经济部部长助理雅娜共同主持。中巴高委会是中巴两国政府间现有的最高级别的对话与合作机制，主要任务是统筹协调两国间各领域务实合作，下设12个分委会，经贸分委会正是其中的一个。此次的经贸分委会第七次会议上，中巴两国就贸易、投资、基础设施、中国国际进口博览会、金砖国家经贸合作、世贸组织改革等议题交换了意见，也为5月23日召开的中巴高委会第五次会议做准备。近年来中巴不仅在经贸合作方面快速发展，在投资合作方面也取得长足的进展，中巴双方都有意维持并继续深化这一有利的合作局面。中方希望通过磋商对话妥善处理经贸合作中遇到的问题，支持企业参与巴西"投资伙伴计划"有关项目，并欢迎巴西参加第二届中国国际进口博览会和第五届中拉基础设施合作论坛；巴西则表示正积极改善投资环境、推进私有化进程，欢迎更多中国企业赴巴投资，参与巴基础设施建设，同时也希望扩大优势产品对华出口，希望在双边贸易救济合作机制框架下加强沟通对话。

中国还参加了与亚太经贸合作相关的两个地区性会议。5月9—10日，中国派代表团出席了在泰国曼谷举行的《亚太贸易协定》第55次常委会。《亚太贸易协定》是在联合国亚太经济社会委员会主持下，在发展中国家之间达成的一项优惠贸易协定，成员国包括中国、印度、韩国、斯里兰卡、孟加拉国和老挝，目前蒙古正在履行其加入《亚太贸易协定》的国内审批程序。此次会议各方就第五轮关税减让谈判模式及服务贸易、投资、贸易便利化和原产地规则等议题进行了深入讨论。

5月17—18日，中国参加了在智利瓦尔帕莱索举行的亚太经合组织（APEC）第二十五届贸易部长会议，商务部部长助理李成钢代表钟山部长出席会议。会议围绕"连接人民、共建未来"主题，就支持多边贸易体制、推动区域经济一体化、在数字时代加强包容与可持续增长等议题进行了讨论，为11月APEC领导人会议打下基础。此次会议各方共同发表了《贸易部长联合声明》，承诺构建自由开放的贸易投资环境，加快实现茂物目标，深化亚太区域经济一体化，促进区域包容性发展，并强调世贸组织对国际贸易的积极贡献，同意采取必要行动改进世界贸易组织运作。这份声明的重要性在于，这是2015年以来APEC贸易部长会议首次成功发表内容全面的联合声明，它在当前保护主义抬头、多边贸易体制面临严峻挑战的背景下向外界释放出了非常强烈而积极的信号，表明APEC成员对基于规则、非歧视、透明的、包容性的多边贸易体制的珍惜，也彰显了各方维护世界贸易组织规则有效性、权威性的态度。

在全球化背景下，贸易投资自由化便利化的整体趋势是不可阻挡的。中国通过积极的经济外交活动推动亚太乃至全球经济朝着更加开放包容、互利互惠方向发展，体现了一个大国的应有之义。

（执笔人：孙忆）

（四）东盟与中日韩（10+3）财长和央行会议在斐济召开

2019年5月2日，第22届东盟与中日韩（10+3）财长和央行行长会议在斐济楠迪举行。会议聚焦全球和区域宏观经济形势、10+3区域财金合作愿景以及机制改革等议题,并发表联合声明。中国人民银行副行长陈雨露率团出席,中国财政部部长刘昆与泰国财政部长阿比萨·丹迪瓦拉蓬作为联合主席出席主持了此次会议,财政部副部长邹加怡陪同出席。

本次会议在地区金融和财政合作领域取得重要进展。第一,会议通过了《10+3财金合作战略方向》愿景文件,推动10+3财金合作机制进一步规范化。会议同意将战略合作方向从维护经济金融稳定拓展为促进区域经济增长和一体化,不断探索新的合作领域,提高机制合作效率,完善区域经济治理架构。第二,会议批准了修订后的清迈倡议多边化(CMIM)协议和本币出资指南(《CMIM本币出资总体指引》),推动清迈倡议多边化进一步发展。会议赞赏东盟与中日韩宏观经济研究办公室在开展区域宏观经济监测、支持CMIM实施以及向成员提供技术援助等方面发挥的重要作用,重申继续支持其切实履行作为独立、可信和专业的国际组织的职责。第三,会议肯定了亚洲债券市场倡议(ABMI)在促进本币债券市场发展、缓解货币和期限错配、推动域内储蓄投资于本地区方面取得的积极进展,批准通过了ABMI新中期路线图,进一步深化对基础设施融资等领域的支持。

中国财政部部长刘昆在会上对10+3财金合作为维护区域经济金融稳定做出的重要贡献表示高度赞赏,并建议各方不断推进现有合作倡议:系统性探索CMIM未来发展方向,强化区域金融安全网救助能力;加强东盟与中日韩宏观经济研究办公室经济监测能力,加大对10+3财金合作机制的机构支持;积极落实ABMI新中期路线图,深化区域本币债券市场发展。在此基础上,携手探索未来合作新领域,将区域财金合作提升到更高水平,有效应对外部风险与挑战,共同维护东亚地区稳定和繁荣。

同日,中日韩财长和央行行长会议在楠迪举行,中国财政部部长刘昆、日本财长麻生太郎和央行行长黑田东彦、韩国经济副总理兼企划财政部长官洪楠基等出席此次会议。各方重点就中日韩宏观经济形势、区域财金合作等议题交换了意见，会后发表了中日韩财长和央行行长联合声明。联合声明指出，一是由于中美等的贸易摩擦和外需减少带来的风险，世界经济状况进一步复杂化，必须继续基于规则展开多边贸易，反对保护主义；二是支持向"清迈倡议"多边化协议（CMIM）参与方提供资金支持时，利用地区货币即通过日元、人民币与当地货币交易结合，减少对美元的依赖，以稳定区域经济。

（执笔人：张梦琨）

六 中英财金合作再上新阶（六月报告）

2019年6月，中国经济外交在双边、多边及全球领域取得进展，尤其是双边方面，中国和英国举行了第十次经济财金对话，达成69项政策成果，为中英互利共赢带来新机遇；中国和欧盟举行第21轮投资协定谈判，就协定文本和清单出价进行了深入讨论；国家主席习近平访问俄罗斯，中俄双边关系进一步升级，并在能源等领域取得了重要成果；中美元首在二十国集团（G20）大阪峰会举行期间举行会晤，双方同意重启经贸磋商。多边方面，习近平赴吉尔吉斯斯坦和塔吉克斯坦参加上合峰会和亚信峰会，推进上合及亚洲多边合作。全球方面，习近平参加G20大阪峰会，宣布中国对外开放五大举措，为世界经济稳定释放积极信号。

（一）中英举行第十次经济财金对话

2019年6月17日，中国国务院副总理胡春华与英国财政大臣菲利普·哈蒙德在伦敦共同主持召开第十次中英经济财金对话，双方围绕宏观经济形势与全球经济治理、贸易投资与大项目合作、金融改革与金融市场发展、战略性与新领域合作等四大议题进行交流，共达成69项政策成果，为中英互利共赢带来新机遇。

第一，中英在宏观经济与全球经济治理及贸易投资方面达成了多项共识。双方表示，在全球经济增长势头减弱之际，两国将推动国际多边合作发展，共同支持货币金融领域的多个国际组织发挥作用。同时，双方还表示将加强合作，支持国际多边贸易发展，建设透明、公平、非歧视的营商环境，并加强在服务贸易领域的合作。

第二，中英在金融领域的合作进一步深化。双方就金融监管合作、资本市场、银行业合作、资产管理、保险和养老金、金融科技、绿色金融等议题进行探讨，并达成重要成果。双方表示将共同支持人民币国际化，在人民币跨境使用等方面加强合作。双方称要确保沪伦通启动后平稳运行。由于中英两地在交易时间、专业技术、监管机制、投资者构成等方面存在较大差异，沪伦通的成功运行将更具挑战性，中国证监会和英国金融行为监管局将签署监管合作谅解备忘录，以加强沪伦通跨境证券监管执法合作。此外，金融科技和绿色金融作为中英两国的重点合作领域也被再次提及，双方表示欢迎《"一带一路"绿色投资原则》，这一重要倡议将助力基础设施和其他领域的绿色投资。

第三，除宏观经济形势、贸易投资和金融三大固定议题外，本次中英经济财金对话还增加了"战略与新领域合作"议题，并达成一系列政策成果。首先，两国表示将共同进行"一带一路"建设，并促进第三方市场合作。其次，双方探讨了在具体行业内的合作，两国同意在航天、农业、互联网、铁路建设、汽车和体育等领域加强合作。再次，中英两国对能源领域合作事宜进行探讨，双方表示重视民用核能领域的合作，力求深化现有合作，包括欣克利角C、塞斯维尔C和布拉德韦尔B项目有关合作，同意深化清洁能源伙伴关系，支持能源结构化转型，提高非化石能源消费比重。最后，两国就关注气候变化与保护环境达成多项共识。

作为中英四大高级别对话机制之一的中英经济财金对话机制成立于2008年，该对话就中英两国在经济和财金领域的战略性、长期性和全局性重大问题进行探讨，推动两国经济财金领域的合作，加强两国在国际重大财金问题上的沟通。目前，该对话已达成近600项政策成果，推动两国在贸易、投资、金融、能源、产业、基础设施等领域的合作。

当前，中国经济发展深受中美贸易摩擦掣肘，中国除进行内部改革、增强经济发展动力外，拓展外部发展机遇同样具有重要意义。同时，即将迎来新任首相的英国也笼罩于脱欧前景不确定的阴云中，深化与世界重要经济体的合作也同样是英国的诉求所在。基于此，中英两国在此次经济财金对话中达成众多具有实质性意义的政策成果，并将对两国未来经贸关系发展带来重要机遇。

表 4.10　　　　　　　　近五次中英经济财金对话简况

会议	时间	地点	对话官员
第六次中英经济财金对话	2014.9.12	英国伦敦	中国国务院副总理马凯和英国财政大臣奥斯本
第七次中英经济财金对话	2015.9.21	中国北京	中国国务院副总理马凯和英国财政大臣奥斯本
第八次中英经济财金对话	2016.11.10	英国伦敦	中国国务院副总理马凯和英国财政大臣菲利普·哈蒙德
第九次中英经济财金对话	2017.12.16	中国北京	中国国务院副总理马凯和英国财政大臣菲利普·哈蒙德
第十次中英经济财金对话	2019.6.17	英国伦敦	国务院副总理胡春华与英国财政大臣菲利普·哈蒙德

资料来源：根据中华人民共和国财政部相关文件整理。

表 4.11　　　　　　　前五次中英经济财金对话主要政策成果

年份	宏观经济政策	贸易投资领域	金融领域	其他领域
2013	国际经济政策协调；双方支持 G20 作为国际经济合作的主要论坛，支持加强多边贸易体制，反对保护主义；双方继续按照各自国情，通过 G20 加强宏观经济政策协调，促进两国经济强劲、可持续和平衡增长；双方强调尽其所能实现千年发展目标的有关承诺	贸易和投资关系；双方继续致力于进一步促进和便利双边贸易和投资；基础设施合作；共同应对气候变化、水资源管理等环境问题；知识产权、跨境电商监管、科研创新、能源领域合作	金融监管、发展与合作；中英双方承诺加强在金融监管改革方面的沟通，愿通过在金融稳定理事会等国际标准制定机构框架下的交流；欢迎落实 G20 关于集中清算标准化场外衍生品	
2014	宏观经济政策及贸易；肯定国际金融机构（国际货币基金组织和多边开发银行）在促进国际金融稳定和发展中国家长期投资中发挥的作用；反对保护主义；达成《中英气候变化声明》；加强中英贸易和投资关系，推动中欧投资协定谈判，英国同意促进本国高技术产品对华出口；产权保护问题	基础设施建设、投资和城镇化合作；加强双边投资；技术设施建设领域合作；可持续城镇化；社会资本合作；医疗卫生、能源领域合作；文化创意产业等新兴产业领域合作	金融监管改革与金融市场发展；加强金融监管；支持人民币国际化；加强保险领域合作	
2015	宏观经济形势和政策；双方合作框架：G20，IMF，多边开发银行，亚投行	贸易和投资；支持多边贸易体系；推进中欧投资协定谈判；水资源、气候变化、低碳经济、能源领域；新兴产业领域合作	金融监管、发展与合作；加强金融监管，打击非法金融活动，推进金融市场基础设施建设，认可英国在金融领域的优势地位，人民币国际化	

续表

年份	宏观经济政策	贸易投资领域	金融领域	其他领域
2016	中英面向21世纪全球全面战略伙伴关系；重申构建中英面向21世纪全球全面战略伙伴关系的承诺；重申将在G20框架下沟通协调；两国同意强化双边贸易，欢迎伦敦在人民币国家化进程中发挥重要作用；支持包括亚投行、金砖国家开发银行等多边开发银行和IMF为核心的全球金融安全网	贸易与投资；加强双边贸易投资合作，支持G20框架下达成的贸易投资协定，推动中欧投资协定谈判；解决产能过剩问题；在消费者权益保护领域展开合作	金融服务；双方认识到中英拥有不可比拟的金融伙伴关系，伦敦是全球领先的国际人民币离岸中心；建立中英金融服务峰会等	基础设施和能源；产业战略（科研创新）
2017	宏观经济形势与政策；支持G20，落实《二十国集团落实2030年可持续发展议程行动计划》；通过双边合作保持应对气候变化的全球政治推动力；支持世界银行集团、IMF、亚投行、巴黎俱乐部发挥作用	贸易和投资；反对贸易和投资保护主义，重申WTO的多边贸易体制；同意强化贸易和投资伙伴关系，加强与包括中国在内的主要合作伙伴的双边关系；中国服务业开放问题；出口食品安全问题；数字经济：中英互联网圆桌会	金融服务；加强金融合作；银行业；资本市场；资产管理；保险和养老金；人民币国际化；金融服务峰会；金融科技；绿色金融	基础设施和能源；产业战略专题："一带一路"和第三方市场合作

资料来源：根据中华人民共和国财政部相关文件整理。

（执笔人：安怡宁）

（二）习近平俄罗斯中亚行助力多边经济合作

2019年6月，国家主席习近平先后访问俄罗斯并出席第二十三届圣彼得堡国际经济论坛和中俄能源商务论坛，访问吉尔吉斯斯坦参加上海合作组织成员国元首理事会第十九次会议（后简称上合峰会），访问塔吉克斯坦参加亚洲相互协作与信任措施会议第五次峰会（后简称亚信峰会），通过上述双边和多边活动推动中国经济外交取得多项成果。

6月5日至7日，国家主席习近平访问俄罗斯并出席第二十三届圣彼得堡国际经济论坛和中俄能源商务论坛。习近平此访俄罗斯是6月中国经济外交的一大亮点，特别是两国在能源领域开展了一系列高水平合作，达成了多项重磅成果。习近平在与俄罗斯总统普京和总理梅德韦杰夫的会晤中指出要推进两国战略性大项目和新兴领域合作同步发展，加强经贸、投资、能源、科技、航空航天等领域合作。俄方也指出，除了要扩大与中国在经贸、农业、金融、科技、环保、通信、基础设施建设等领域的合作外，愿意向中方提供充足的油气能源、加对华出口大豆等农产品。此外，中俄两国共同签署《中华人民共和国和俄罗斯联邦关于发展新时代全面战略协作伙伴关系的联合声明》《中华人民共和国和俄罗斯联邦关于加强当代全球战略稳定的联合声明》，并见证了多项双边合作文件的签署。

需要特别指出的是，中俄两国此次在能源领域的合作成果颇为丰硕。第一，中核集团与俄罗斯国家原子能公司在莫斯科签署了《徐大堡3、4号机组总合同》，这是继双方签署《田湾核电站7、8号机组框架合同》《徐大堡核电站框架合同》之后两国企业在核能领域加强合作的又一重大进展。第二，中国石油与诺瓦泰克股份公司签署了《中国石油国际勘探开发有限公司与诺瓦泰克股份公司关于入股"北极LNG2有限责任公司"的购股协议》，根据协议中国石油国际勘探开发有限公司将收购北极LNG2项目10%的股份。第三，中石化、俄罗斯诺瓦泰克公司和俄气银行在莫斯科签署了在中国境内设立天然气贸易合资公司的关键条款协议。根据协议该贸易合资公司将从诺瓦泰克公司的合同组合中购买液化天然气资源，销售给中国市场的终端客户。第四，中石化与西布尔控股有限公司在莫斯科签署阿穆尔天然气化工项目框架协议，根据协议中国石化将在该项目中拥有40%股份。第五，中化集团与俄罗斯油气控股公司前述帕亚哈油气田项目合作协议，合作协议涉及项目金额50亿美元，等等。除了商业合作外，两国能源监管部门还签署了《中俄能源商务论坛章程》，确定将论坛作为中俄能源领域重要机制性活动。总的来看，中俄两国政府和企业在能源领域保持了高水平合作，达成了一系列重要成果。可以说能源合作是此次两国领导人会晤的一大亮点，未来还将成为两国经济合作的最坚实支柱。

6月14日，上合峰会在吉尔吉斯斯坦首都比什凯克举行，此次峰会是上合组织"扩员"后的第二次峰会，也是巩固和落实青岛峰会成果的一次承前启后的峰会。此次理事会分为仅由成员国参加的小范围会议以及由成员国、观察员国以及其他国际组织共同参加的大范围会议。习近平同印度总理莫迪、哈萨克斯坦总统托卡耶夫、吉尔吉斯斯坦总统热恩别科夫、巴基斯坦总理伊姆兰·汗、俄罗斯总统普京、塔吉克斯坦总统拉赫蒙、乌兹别克斯坦总统米尔济约耶夫出席会议。成员国元首先举行小范围会谈，随后邀请观察员国阿富汗总统加尼、白俄罗斯总统卢卡申科、伊朗总统鲁哈尼、蒙古国总统巴特图勒嘎以及有关国际和地区组织代表参加大范围会谈。此次上合峰会取得了多项重要成果，成员国领导人签署、批准、见证了《上海合作组织成员国元首理事会比什凯克宣言》以及关于信息通信技术、禁毒、地方合作等13个合作文件，涵盖政治、安全、经济、人文等多个领域。长期以来，上合组织在凝聚共识、促进战略互信、加强互联互通、构建欧亚命运共同体方面发挥着重要的作用，被视为"欧亚大陆腹地的安全稳定器"以及"欧亚经贸务实合作的加速器"。当前，上合组织在推动成员国经济合作上的职能进一步加强，现已成为中国与相关国家开展经济外交的重要多边舞台。

6月15日，亚信峰会塔吉克斯坦首都杜尚别举行，中国与其他与会国再次推动和深化安全互信，为经济合作奠定基础。亚信会议成立距今已有

27年，旨在增进各方沟通、深化互信、加强合作。当前，亚信会议有27个成员国，13个观察员国家和国际组织，已建立国家元首和政府首脑会议（峰会）、外长会议、高官委员会会议、特别工作组会议等议事和决策机制。中国于2014至2018年担任亚信会议主席国，当前由塔吉克斯坦担任主席国。此次亚信峰会召开期间，国家主席习近平发表讲话，强调要建设互敬互信、安全稳定、发展繁荣、开放包容、合作创新的亚洲。在中国与其他与会国的推动下，峰会通过并发表了《亚洲相互协作与信任措施会议第五次峰会宣言》，倡议着眼地区形势发展变化，继续践行共同、综合、合作、可持续的安全观，深入推进亚信各领域信任措施合作。虽然亚信会议以地区安全与加强国家间互信为核心议程，但近年其在推动经济合作上的作用逐渐显现。一方面，亚信峰会的历次宣言均强调以推动各国经济合作为重要目标；另一方面，亚信机制还设立了实业家委员会、商务论坛等实体机构或机制，为推动各国企业间合作提供了互利互信的多边制度平台。预计未来，亚信会议在推动亚洲地区经济合作的作用将进一步凸显。

（执笔人：宋亦明）

（三）中欧投资协定第21轮谈判在京举行

2019年6月10—14日，中欧投资协定第21轮谈判在北京举行。在本轮谈判中，中欧双方就协定文本和清单出价进行了深入讨论，取得了积极进展。

虽然中国已经与多个欧洲国家签署了双边投资协定，但是大多数是20世纪80—90年代签订，协定内容主要涉及投资保护，而2013年11月正式启动的中欧投资协定谈判，目标是在中国与欧盟成员国已签署的投资保护协定基础上，尽早达成一个更高水平、涵盖投资保护和市场准入的协定。中欧投资协定包括准入前国民待遇、负面清单管理、国有企业竞争中立、高端服务业开放等谈判内容，这也是中国首次在贸易投资协定框架内讨论市场准入问题。

早在2012年，中欧已经就推动双边投资协定谈判达成共识。谈判安排主要是一年四轮，每次谈判由中欧双方交替提出建议，至今中欧已经完成了第21轮谈判。2018年7月，在第20次中欧领导人会晤期间，中欧正式交换了清单出价，并且就投资自由化和投资保护方面的重要条款达成了一致。2019年4月，在第21次中欧领导人会晤期间，双方同意在2019年内取得结束谈判所必需的决定性进展，以便在2020年达成高水平的中欧投资协定。

不过，中欧投资协定谈判进展缓慢。一是由于中欧在市场准入等问题上存在巨大分歧。欧方的谈判诉求主要包括以下三个方面：降低在中国投资的壁垒；提升欧盟在华以及中国在欧投资所受到的保护；提升欧盟投资者在华待遇的法律确定性，这些诉求对中国的外资管理体制提出更高要求。2019年中国颁布《外商投资法》，明确了准入前国民待遇加负面清单等外资管理制度，有利于进一步改善中国的营商环境，将在很大程度上解决欧洲在华企业的关切。二是由于欧盟成员国利益诉求不一。发达成员国优先保护本国在华的投资利益，而中东欧成员国则更关注吸引来自中国的投资。按照欧盟条约规定，欧盟委员会每一次谈判中出价和还价都必须建立在内部协商一致的基础上，实际上拖长了谈判战线。

虽然中欧在一些议题领域存在分歧，但当前加快中欧投资协定谈判对双方均有重要意义。对中国来说，中欧投资协定谈判是当前中国开展的最为重要的经贸谈判之一，不仅有助于深化中欧全面战略伙伴关系、提升双边经贸合作水平、释放双向投资潜力，而且也会为中国深化改革、扩大开放、构建开放型经济提供动力。对欧盟来说，在欧洲经济复苏放缓、德法等主要国家经济下行压力加剧的背景下，中欧投资协定将为欧洲经济带来新的增长动力,为扩大对华出口创造机遇。

(执笔人:艾雪颖)

(四)中美元首大阪会晤:同意重启经贸磋商

2019年6月29日,习近平主席同特朗普总统在日本大阪G20峰会上举行会晤,双方同意重启两国经贸磋商。在5月初第十一轮中美经贸高级别磋商陷入僵局的背景下,双方采取新的关税措施,贸易摩擦险似升级,大阪会晤则为日益紧张的双边关系"降温",使双方重新回到寻求贸易协议的轨道上来。

大阪会晤是自2018年7月中美"贸易战"正式开打以来的第二次两国元首会晤。第一次会晤是在2018年12月1日G20阿根廷布宜诺斯艾利斯峰会期间进行,彼时双方达成贸易"休战"共识,特朗普同意2019年1月1日前将对2000亿美元中国产品关税维持在10%,双方同意不再加征新的关税,并拟进行90天的谈判,磋商技术转让、知识产权等"结构性"议题,预期达成全面"停战"协议。在两国元首共识的指导下,中美经贸团队开始展开密集谈判。自2019年1月至今,中美已经进行了七轮高级别经贸磋商。

表4.12   2019年1至6月中美经贸磋商情况

序号	名称	时间和地点	谈判内容及结果
1	第五轮中美经贸高级别磋商	1月30至31日 华盛顿	双方讨论了贸易平衡、技术转让、知识产权保护、非关税壁垒、服务业、农业、实施机制以及中方关切问题,并明确了下一步磋商的时间表和路线图。

续表

序号	名称	时间和地点	谈判内容及结果
2	第六轮中美经贸高级别磋商	2月14至15日 北京	双方就主要问题达成原则共识,并就双边经贸问题谅解备忘录进行了具体磋商。
3	第七轮中美经贸高级别磋商	2月21至24日 华盛顿	双方围绕协议文本开展谈判,在技术转让、知识产权保护、非关税壁垒、服务业、农业以及汇率等方面的具体问题上取得实质性进展。美国表示拟延后原定于3月1日对针对中国2000亿美元产品加征关税从10%提高至25%的时间。
4	第八轮中美经贸高级别磋商	3月28至29日 北京	双方讨论了协议有关文本,并取得新的进展。
5	第九轮中美经贸高级别磋商	4月3至5日 华盛顿	双方讨论了协议有关文本,并取得新的进展。
6	第十轮中美经贸高级别磋商	4月30日至5月1日 北京	双方在知识产权和技术转让等问题上取得了进展,美方官员表示协议的执行机制和取消关税的时间表这两方面问题是谈判症结所在。
7	第十一轮中美经贸高级别磋商	5月9至10日 华盛顿	谈判未能取得新的进展,双方在这取消全部加征关税、贸易采购数字和文本平衡性这三个中方核心关切问题上存在分歧。美国决定自2019年5月10日起,对从中国进口的2000亿美元清单商品加征的关税税率由10%提高到25%。中国决定自2019年6月1日起,对已实施加征关税的600亿美元部分美国商品提高加征关税税率,分别实施25%、20%或10%加征关税。

根据中方发布的消息，中美元首在此次大阪会晤中"就事关中美关系发展的根本性问题、当前中美经贸摩擦以及共同关心的国际和地区问题"深入交换了意见，"为下阶段两国关系发展定向把舵，同意推进以协调、合作、稳定为基调的中美关系"。在G20闭幕后的记者会上，特朗普也对此次会晤进行了正面评价，称其"成效超出预期"，两国（经贸关系）已经"重回正轨"。在会晤中，习近平主席还强调了希望美方公平对待中国企业和中国留学生，保证两国企业经贸投资正常合作和两国人民正常交流，特朗普总统则表示一直欢迎中国留学生，以及希望中方能从美国增加进口和为两国企业提供公正待遇。

会晤主要取得三点积极成果，第一，两国元首同意，中美双方在平等和相互尊重的基础上重启经贸磋商，两国经贸团队将就具体问题进行讨论；第二，美方表示，不再对此前所说的剩下3000多亿美元中国产品加征新的关税；第三，特朗普表示，有可能会解除对华为公司的一些限制，允许美国企业继续向华为出售部分零部件。

大阪会晤对稳住双边关系和管控贸易分歧具有重要意义。一方面，从会晤时机上讲，此次会晤缓和了两国自5月初谈判中断以来的紧张气氛，避免双方陷入新一轮的贸易对抗，同时也向世界释放出积极信号，即两国将继续致力于达成一个双方都能接受的贸易协议，将以对话协商而非冲突对抗的方式解决分歧；另一方面，从谈判进展上讲，它为接下来的贸易谈判奠定了新的基调，即"谈判应该是平等的，体现相互尊重，解决各自合理关切，在涉及中国主权和尊严的问题上，中国必须维护自己的核心利益"，这意味着接下来的谈判不能只关顾美方关切，中方核心关切也必须受到重视，尤其是取消全部加征关税、贸易采购数字和文本平衡性等中方关切问题。目前来看，双方均称谈判已经到达最后的文本阶段，只是在几个核心问题上仍存在分歧，双方正处于最后的博弈阶段，未来很大程度上将会达成最终协议，但鉴于此前美方行为的"反复无常"，未来谈判过程的顺利程度和耗时长短仍然难以预测。

（执笔人：赵莉）

（五）二十国集团系列会议在日本召开

2019年6月，二十国集团（G20）系列会议在日本召开，包括8日在福冈召开G20财长和央行行长会议、8—9日在筑波召开G20贸易和数字经济部长联席会议、27—29日在大阪召开G20峰会等。G20成立于1999年，初期运行机制为参与方财长和央行行长定期对话，2008年国际金融危机爆发后，G20开始举行领导人峰会，峰会前不定期举行协调人会议及财长和央行行长会，以及贸易、劳工就业、农业、能源、数字经济、卫生等专业部长会议。G20为金融危机后世界经济复苏提供了重要的全球经济治理平台，然而，近年来由于G20缺乏有效的执行机构，无法积极应对世界经济、贸易、投资等出现的新变化，使国际宏观经济政策协调面临较大挑战。G20系列会议在国际金融、世界经济运行等方面达成共识，但是仍然未就反对贸易保护主义达成一致。

G20财长和央行行长会议重点讨论了金融犯罪调查、资本自由化规则、金融技术革新、老龄化社会的保障制度和财政支持等问题，并发表联合公报。各方在数字税问题上达成共识，计划通过制定相关法规以遏制全球科技巨头的避税行为。但是税收框架调整并没有形成明确的协议文本，主要在于征收数字税上存在两个分歧：一是划分企业商品或服务出售地点的征税权；二是关于数字税的定义以及如何分配税收权。会议还对2019年下半年全球经济形势与风险做出预判。会后发布的联合公报指出，世界经济有望在2019年下半年至2020年企稳回升，不过在此过程中，全球经济增长仍面临下行风险，特别是贸易保护主义盛行和地缘政治风险加剧。

"企稳回升"的措辞难以掩盖 G20 成员对全球经济增长前景黯淡的预判。2019 年上半年已有 20 多个国家启动了降息,希望通过增加流动性供给对冲经济风险,而中美贸易摩擦将是下半年世界经济增长的最主要威胁,避免中美贸易摩擦进一步加剧成为各国共识。

G20 贸易和数字经济部长联席会议重点围绕全球贸易发展、优化营商环境、贸易投资与可持续和包容增长、世贸组织改革、贸易与数字经济等议题展开讨论,会议通过了《联合声明》以及《G20 人工智能原则》。与会各方提出要建设性地开展世贸组织必要改革,同时,各方表示将加强贸易与数字经济的联动,积极开展电子商务能力建设和务实合作,充分发挥数字时代贸易投资对经济增长、增加就业、发展和创新的积极作用。此外,本次会议首次讨论了人工智能问题,会议认为,人工智能开发应以人类为中心、以负责任的开发为目标原则。不过,由于美方反对,会议未能将"反对贸易保护主义"写入部长声明,只是在日本方面准备的会议主席声明里表达了对贸易摩擦的忧虑。

G20 领导人第十四次峰会就全球经济、贸易与投资、创新、环境与能源、就业、女性赋权、发展以及健康等议题展开讨论。中国国家主席习近平出席并发表了《携手共进,合力打造高质量世界经济》,宣布了中国对外开放五方面的重大举措,包括进一步开放市场、主动扩大进口、持续改善营商环境、全面实施平等待遇、大力推动经贸谈判。在贸易摩擦成为全球经济减速最大风险的背景下,会议发表宣言表示,G20 致力于实现自由、公平、非歧视性、透明、可预见、稳定的贸易和投资环境。但是,与 2018 年布宜诺斯艾利斯峰会一样,在美国阻挠下,各方仍未就反对贸易保护主义达成共识。

(执笔人:艾雪颖)

七 中美重启经贸谈判（七月报告）

2019年7月，中国和美国在上海重新启动经贸谈判，在中美贸易纷争难见解局之际，日本与韩国也爆发了半导体贸易战，日本以禁运半导体关键材料等对抗性行动回应政治问题，为东亚地区半导体产业链发展蒙上阴影，也为区域自由贸易体系建设增加障碍。除日韩争端愈演愈烈外，美欧也因航空补贴问题互相加征关税。贸易保护主义浪潮一波未平、一波又起，非洲大陆自由贸易区的成立成为当下一股"清流"，将为非洲大陆经贸发展注入新的动力。7月，国际组织首脑中再添一名中国官员，屈冬玉将出任联合国粮农组织总干事，这也是该组织首位中国籍总干事，中国有望在国际农业合作领域发挥更大影响力。

（一）中美在沪重启经贸磋商

2019年7月，距2018年特朗普政府对华输美产品加征关税正式生效已过去整整一年的时间，中美贸易战仍然难见解局。截至7月底，美国对500亿美元中国产品加征25%关税，对另外2000亿美元产品加征25%关税；中国对500亿美元美国产品加征25%关税，对另外600亿美元产品分别加征25%、20%、10%和5%关税。中美共进行了12轮经贸高级别磋商，两国元首分别在阿根廷和日本G20峰会上会面，对恢复并推动谈判起到关键作用。7月，中美经济外交围绕落实两国元首在大阪G20峰会上的共识向前迈进，但磋商前景依然不甚明朗，扰乱中美经贸关系发展的因素仍然层出不穷。

中美经贸团队保持通话、恢复磋商，但仍然没有达成实质性成果的迹象。自5月中美第十一轮中美经贸高级别磋商结束、双方再次互相加征关税后，中美谈判陷入暂停僵局，两国元首在6月底大阪G20峰会上达成重启谈判的共识，7月双方工作团队再次通话并为下一轮磋商做准备。7月9日和18日，国务院副总理、中美全面经济对话中方牵头人刘鹤应约与美国贸易代表莱特希泽、财政部长姆努钦通话，讨论落实两国元首大阪会晤共识及下一步磋商。7月30—31日，第十二轮中美经贸高级别磋商在上海举行。此次磋商释放出两个重要信息，一是选取上海而非以往的北京作为谈判新地点具有重要象征意义，上海是1972年尼克松访华并同中国签署《中美联合公报》的城市，而《中美联合公报》标志着中美关系向正常化方向发展，为两国建交奠定基础。在上海重启中美经贸磋商也释放出中方积极达成协定、延续上海《中美联合公报》精神的信号。二是谈判内容并未有实质性突破，依然在为之后的磋商做积累，其中，双方讨论中方采购美方农产品是较大亮点，然而相关细节仍有待探讨和落实。尽管此轮磋商是在中方营造的积极氛围中展开，但是结果依然表明了双方矛盾的深厚，达成实质性成果依然需要时间。

美国继续维持或加大对包括华为在内的企业的制裁力度。2019年5月，美国以切断供应链的方式将华为及其68家附属公司列入"实体清单"，这一"围剿"华为的举动引发行业震动。尽管几天后美国公布了一项为期90天的"临时通用许可"，允许华为及其附属公司从事"特定活动"，以保证美国现有相关网络的持续运营，为美国现有的相关移动服务提供支持，但是与华为商业往来密切的美国企业例如高通、英特尔等高科技公司及华为供应商依然受到巨大的负面影响。7月9日，美国商务部长罗斯发表谈话称，美国政府将在不会对国家安全构成威胁的情况下，向寻求对中国华为销售产品的公司发放许可证。22日，特朗普与高通、英特尔和Alphabet旗下谷歌等七家主要芯片制造商和科技公司的首席执行长们举行会议，特朗普同意对希望继续向华为销售产品的美国科技公司及时做出许可决定。美国加征关税、切断华为供应链等行为正在对全球供应链、产业链和价值链产生重大影响。

除以上双边事件外，中美在多边场合的博弈也继续进行。WTO 上诉机构对美国对华加征关税案件进行终裁，裁决美国违反了世贸规则，WTO 上诉机构对此案的最终裁决接受了美国的说法，即中国国企补贴了部分原材料的成本，但它也表示，在计算关税时，美方必须接受中方的定价——而非美方自己计算的定价。如果美方不接受中方定价的话，该裁决授权中国可以选择对美国施以报复措施。美国对此 WTO 上诉机构的裁决并不接受。此外，特朗普政府发表声明，要求 WTO 就"发展中国家"身份的规则在 90 天内进行改革，否则美国将不承认某些富裕经济体的"发展中国家"身份。"发展中国家"是美国推动 WTO 改革的主要抓手，美国虽然多次威胁"退出"WTO，但依然积极在自己关心的领域发声，此前也提出相关改革意见，要求四类国家包括 G20 国家、OECD 国家、世行认定的高收入国家以及货物贸易总额占全球 0.5% 以上的国家不再享有发展中国家的"特殊与差别优惠"待遇，中国也是其目标国家之一。

（执笔人：张玉环）

（二）屈冬玉当选首位联合国粮农组织中国籍总干事

2019 年 7 月 31 日，联合国粮食及农业组织（FAO，以下简称联合国粮农组织）在意大利首都罗马举行总干事交接仪式，粮农组织新任总干事屈冬玉将从 8 月 1 日起正式上任，接替若泽·格拉齐亚诺·达席尔瓦。

6 月 23 日，在第 41 届联合国粮食及农业组织（FAO，以下简称联合国粮农组织）大会上，各成员国以一国一票的方式进行无记名投票，中国候选人屈冬玉获得超过半数投票，打败法国籍候选人凯瑟琳·卡特琳以及格鲁吉亚籍候选人大卫·基尔瓦利泽，当选该组织第九任总干事。这也是中国首个联合国粮农组织总干事，屈冬玉的任期为 2019 年 8 月 1 日至 2023 年 7 月 31 日。

屈冬玉出生于 1963 年，前中国农业农村部副部长，长期从事农业农村工作，在政策规划、行政管理、改革创新、国际合作等方面拥有丰富实践经验。毕业于荷兰瓦赫宁根大学遗传育种专业，获得遗传育种博士学位；屈冬玉曾多年从事马铃薯遗传育种和生物技术研究工作，获"世界马铃薯产业杰出贡献奖"；在就职于中国农业科学院期间，屈冬玉主要从事科研创新工作，专注于提高农民收入，通过科学技术减少贫困，以及建立农产品质量评估体系。

联合国粮农组织的主要工作是减缓粮食生产对气候造成的影响以及确保粮食生产系统适应不可预测的气候条件，然而，当前主要有两种截然不同的农业发展模式，即大型工业化农业和本地自产自销的小型农业，正如英国查塔姆研究所学者蒂姆·伯顿所称，"全球粮食系统正站在十字路口"。此次联合国粮农组织大会则为未来全球粮食系统选择奠定了基调。欧盟支持的法国籍候选人凯瑟琳·卡特琳和美国中意的格鲁吉亚籍候选人大卫·基尔瓦利泽均建议大农业模式和通过生物技术创新提高作物产量。屈冬玉则主张小农发展战略，通过建立利益联结机制，紧密小农与市场的联系，提高成员国的小农生产力。

在此次投票中，众多拉美国家是屈冬玉当选的重要票仓，尤其是巴西，即将离任的粮农组织总干事达席尔瓦就来自巴西。达席尔瓦在任期间，将营养与可持续性定位为全球粮食发展愿景的核心思想，并且希望他的继任者能够继续秉承这一原则。大农业模式对土壤肥力和生物多样性的损害明显不符合达席尔瓦所追求的理念，从农业发展模式来看，屈冬玉与达席尔瓦的观点不谋而合。另外，中美贸易摩擦背景下中巴日益紧密的贸易合作关系也是屈冬玉获得巴西支持的重要原因。

联合国粮食与农业组织成立于1945年，总部设在意大利罗马，是联合国系统中专门的农业机构，初始成员国42个，现有成员国192个。根据其宪章，联合国粮农组织的宗旨是确保"人类免受饥饿困扰"，在全球粮农政策交流、标准制定、信息统计等方面具有重要影响力。自1996年以来，中国—粮农组织南南合作计划支持了28个国家的农业和农村发展，总投资额为8000万美元。中国已是粮农组织加强和拓展南南合作最重要的合作伙伴和最大贡献者。联合国粮农组织也是制定实施"一带一路"倡议农业部门政策的框架计划的首个国际组织，在屈冬玉就任联合国粮农组织总干事后，"一带一路"倡议的运转将有望更加高效。

（执笔人：艾雪颖）

（三）日韩爆发贸易战

2019年7月1日，日本经济产业省宣布，自7月4日起将限制日本企业向韩国出口半导体、智能手机、显示器的关键材料和零部件，其中最为重要的是氟聚酰亚胺、光刻胶和高纯度氟化氢三种材料；此外，日本还计划将韩国排除在外汇与对外贸易优惠管理对象国的名单（即"白名单"）之外。此举被视为日本针对韩国最高法院判处韩籍"二战"劳工对日索赔胜诉所展开的经济报复，也引发了韩国在经济与政治上的一系列对抗性表态与行动，日韩之间的贸易战一触即发。

历史纠纷引发的经济报复

日本在对朝鲜半岛进行殖民统治期间，曾先后强征近78万劳工到日本从事苦力工作，这一事件与慰安妇问题一起成为战后日韩关系的两大历史症结。1965年，为了实现双边关系正常化，日韩两国签订了《日韩请求权协定》并规定日本向韩国政府无偿提供3亿美元、有偿提供2亿美元的资金，以抵消所有的战时赔偿。日方以此为依据，此后一直坚称韩国民众不能再就劳工问题向日本索赔。但韩国最高法院认为，《日韩请求权协定》的规定与韩国受害劳工以个人名义要求日企赔偿的权利之间并不存在矛盾，并于2018年10月裁定新日铁住金向四名提起诉讼的韩籍劳工各支付1亿韩元的赔偿金；而且若日方企业未执行法院判决，韩方原告将有权申请扣押该企业在韩资产。据统计，包括新日铁住金在内，约有70家日本企业可能面临这类诉讼，无论起诉成败，这对于在韩日企都将形成较为广泛且沉重的打击。为此，日本政府于2019年上半年多次与韩国展开外交交涉但始终未果，这也成为日本发起对韩贸易战的直接导火索。

日本之所以选择半导体行业作为制裁韩国的重点领域，是因为自20世纪90年代初期以来，该行业已发展成为韩国的支柱性产业与经济命脉之一。2018年，韩国半导体出口额为1267亿美元，占出口总额比重已高达20.92%。而在全球半导体销售市场中，韩国企业占据了约80%的份额，是名副其实的全球半导体行业龙头。此外，尽管早在20世纪90年代日本就被迫让出了半导体第一生产与出口大国的地位，但从产业链分工来看，日本依然掌握了半导体核心材料研发与生产的绝对主导权——当前韩国半导体产业在氟聚酰亚胺、光刻胶和氟化氢三种核心材质上对日本的依赖度依次高达91.9%、43.9%及93.7%。对于日本而言，在日韩政治外交关系由于历史问题而僵持恶化的背景下，限制半导体核心材料对韩出口似乎可以成为"一招制胜"的有效策略。

韩国全方位被动"应战"

面对日本的牵制，韩国政府在多边、双边与国内不同层面做出了及时的回应，但作为被动"应战"的一方，韩国在初始阶段总体上采取的是寻求对话解决的温和策略。

首先，在日本实施贸易限制后，韩国随即向世界贸易组织（WTO）提起诉讼，试图借助多边贸易制度的力量规制日本的行为。7月8日，韩国正式提请 WTO 将日本对韩出口管制问题列入世贸组织货物贸易理事会会议的议题；9—11 日，韩国代表在货物贸易理事会会议上向各成员国阐述了日本对韩出口管制违反自由贸易原则等情况，并同日方代表展开辩论；在 24 日的 WTO 总理事会上，韩国又与各成员国就日本对韩限贸的问题展开讨论，声明日本的行为违反了 WTO 的规则。但由于 WTO 审判贸易纠纷案件的周期较长，再加上当前 WTO 争端解决机构本身正面临改革的关键阶段，韩国对日本提起的诉讼在短期内可能难见成效。

此外，韩国在双边层面也积极进行外交交涉，主要表现为请求美国从中调解，以及直接与日本就相关问题展开磋商。7 月 10 日，韩国外交部部长康京和与美国国务卿通电话；同日，韩国国家安保室副部长金铉宗、外交部双边经济外交局局长金希相访问美国，向美国说明了日本对韩出口管制的基本情况与韩方的相关立场。此后，韩国通商交涉本部长俞明希、韩国执政党共同民主党议员丁世均等也先后赴美同美方官员举行会谈，商讨应对之策，并呼吁美国给予协助。但从目前的会谈结果来看，美国所持态度总体较为消极，未必乐于充当日韩贸易战的调解员。

7 月 12 日，韩国产业通商资源部与日本经济产业省围绕日本对韩出口限制问题在东京展开首次工作小组磋商，但由于双方各执一词，不变立场，磋商未取得任何积极成果。此后，韩国政府一方面向日方发送意见书，明确表达韩方的不满；另一方面，韩国又于 31 日派出朝野多名议员再赴东京，试图为通过沟通解决争端作最后的努力，但结果依然未现转机，日本还是决定将韩国移出出口"白名单"，预计 8 月初将付诸实际行动。

除了通过外交手段"应战"外，韩国在国内层面也及时提出应对之策，包括加大对科技研究的扶持力度以及加强朝野合作等。7 月 4 日，即在日本启动对韩出口限制的同一天，韩国企划财政部就宣布将扶持相关企业开展半导体材料的研发工作，逐步实现自主生产，减少对日本的依赖，从根源上解决日本限制对韩出口的问题。与此同时，为全力克服日本对韩经济报复所引发的危机，韩国政府与朝野五党举行了会晤并临时成立民官政合作协调机制，作为政府与民间沟通与讨论对策的紧急合作平台。

韩国半导体产业受挫明显

面对日本的经济报复，虽然韩国政府及时提出了对策，但由于日韩贸易战的症结——"二战"劳工赔偿问题未能得到根本解决，截至目前韩国的外交交涉行为都难见成效，提高相关材料的自主研发与生产能力也是"远水救不了近火"。在此背景下，韩国半导体产业在短期内不得不面临衰退危机。据韩国产业通商资源部的统计，2019年7月韩国出口额为461.4亿美元，同比减少11%，主要归因于半导体出口骤减28.1%。从国别分布来看，由于中国是韩国半导体第一大出口目的地（2018年约占韩国半导体出口总量的60%），7月份韩国对中国出口的下降幅度也最大，高达16.3%。

韩国半导体出口受挫的影响是广泛而深远的，其中最为突出的是对全球半导体产业链的冲击。7月初以来，以三星和SK海力士为代表的韩国半导体生产商开始面向韩国本土、中国大陆与中国台湾以及欧洲国家寻求半导体核心材料的替代供应商。目前韩国相关企业已与滨化集团等中国企业接洽并对相关材料进行测试，如果测试成功，滨化集团有望成为替代日本企业的氟化氢供应商之一。此外，由于韩国是当前世界上最大的半导体生产国，日本限制半导体材料的对韩出口也将累及日本本土企业。一方面，日韩贸易战将使中韩等国家的供应商得到"崭露头角"的机会，同时倒逼韩国半导体生产商的转型升级，从而不可避免地动摇日本在半导体核心材料研发与供应上的绝对主导地位；另一方面，日本政府的对韩出口管制还可能迫使日企将半导体材料的生产线转移至中国甚至韩国等需求大国，以此规避日本国内的出口阻力，目前以生产高纯度氟化氢等原料为主要业务的森田化学等日本企业已表达了在中国投资建厂的意愿与计划。长此以往，各国在全球半导体产业链中的角色与地位可能有所调整，主要表现为日韩两国在产业链的上游环节（即核心材料的研发与供应）中的竞争关系将日益凸显，而中国在产业链中游环节（即半导体的生产）中的地位也将逐渐提升。与20世纪80年代日美贸易战相似，当前的日韩贸易战也许会成为全球半导体产业格局"改朝换代"的又一个重要转折点。

综上所述，虽然经济利益不是日韩半导体贸易战的关键动因，但贸易战最直接且深刻的影响却主要集中在经济领域上。首先，日韩经贸关系趋冷已成定势，当前韩国内部抵制日货与拒绝赴日旅行的热潮又进一步增强了双方在社会经济层面的对抗意识。而日韩经济上的对抗关系还可能阻滞东亚与亚太地区的经济一体化进程，包括中日韩自贸协定与区域全面经济伙伴关系协定（RCEP）在内的区域合作机制在中短期内达成的难度进一步增加。长期来看，日韩贸易战还将导致全球半导体产业链的解构重组，各国在其中的竞合关系与利益关联可能发生较大幅度的调整。

（执笔人：罗仪馥）

（四）美欧航空补贴争端阴影挥之不去

2019年7月，美欧航空补贴争端愈演愈烈，大西洋经贸关系面临更大不确定性。美国贸易代表办公室发布"补充清单"，拟对另外40亿美元欧盟输美产品加征关税，涉及奶制品、橄榄和威士忌酒等产品，理由是要惩罚欧盟航空补贴。美国声称，欧盟对空客公司的补贴使美国损失了112亿美元。加上4月美国特朗普政府发布"初步清单"，美国将对总价值约250亿美元的欧盟输美产品加征关税。作为应对，欧盟表示也要向美国加征关税，因为美国一直通过各种手段向波音公司提供补贴。美欧之间围绕航空补贴展开的贸易争端由来已久，成为大西洋联盟之间挥之不去的阴影。

1978年，美国东方航空公司与空客公司（当时称"空中客车工业集团"）签署了23架A300B的确定订单，但东方航空公司因运营不力而没有足够的资金购买空客飞机。为了打入美国商业飞机市场，空客公司借助各国银行的友好帮助和法德政府主管出口金融机构的大力支持，为其潜在的第一位美国客户——东方航空公司，筹集了购买空客飞机的极其优惠的资金。法德政府为欧洲公司提供出口信贷保障的行为引起了美国的不满。1979年，美国敦促GATT成员国在东京回合框架内签署了《民用航空器贸易协议》（Agreement on Trade in Civil Aircraft，简称"TCA协议"），该协议1980年生效。

20世纪80年代后期，随着空客公司在世界商业飞机市场上的份额逐渐提升，美国的战略性产业民航制造业受到了欧洲的挑战，美国对欧洲为空客提供财政补贴等支持及空客公司的不透明越来越不满，对飞机研发进行补贴的问题成为美欧之间争议不休的话题。[①] 美欧飞机补贴争端甚至一度有滑向贸易战的趋势。1990年4月，美国就德国政府向德国空客工业集团（空客工业集团的德国成员）提供出口补贴正式向GATT提出了书面控告，迫使德国政府取消了向德国空客工业集团提供的出口补贴。1990年9月，美国商务部委托咨询机构进行的贸易争端调查报告出版。美国本计划到GATT起诉欧共体违反了1980年TCA协议，但双方都不愿使补贴争端升级为贸易战，从而展开了双边谈判，并于1992年达成限制直接和间接飞机补贴的双边协议。

到20世纪初，空客的市场份额占据了商用飞机市场的半壁江山，同

---

① 1970—2001年，空客工业集团采用了法国的GIE集团组织形式。这种GIE组织形式类似一种非营利的行业集团，各国公司以成员身份加入集团，公司事务由各成员公司代表共同商议决定。根据法国法律，GIE集团不纳税，不公开公司财务状况。空中客车工业集团成员公司彼此也并不了解对方的盈利与亏损情况。空客工业集团的不透明是美国的主要攻击点之一。

时空客 A380 项目也在向前推进，美国认为欧洲四国在 A380 项目中给空客公司提供了过度补贴，于 2004 年 10 月单方面终止了 1992 年的双边协议并在 WTO 框架下发起争端解决程序（DS316）。美国起诉欧共体及主要国家，指控其多项补贴违法；欧共体随后起诉美国（DS353），指出对方的补贴给欧共体的航空工业造成了严重损害。2011 年 5 月，WTO 就美诉欧非法补贴空客案做出终裁，裁决报告认定欧共体为空客提供了金额高达 180 亿美元的违规补贴，要求欧共体在 6 个月内撤销补贴，或者采取适当的措施消除补贴的负面影响。2012 年 3 月，WTO 就欧诉美补贴波音案发布终裁，认定在与空客的竞争中，波音得到了来自美国政府的数 10 亿美元的非法补贴。美欧表示会按照 WTO 的裁决改变违规行为，但 2018 年 5 月和 2019 年 3 月，WTO 上诉机构先后裁定欧盟和美国仍未停止违规补贴的行为。

回看美欧围绕航空制造业展开的补贴争端，早期主要是采用双边谈判的形式并达成了协议，而后期主要是依托 WTO 多边机制维护各自的利益。美国特朗普政府偏好单边或双边主义，使美欧之间的补贴争端又重新回到了双边直接对阵的轨道上来，同时，美欧之间航空补贴争端的激化也成为双边贸易摩擦缓和的重要障碍。

（执笔人：张梦琨）

（五）非洲大陆自由贸易区正式成立

2019 年 7 月 7 日，非洲联盟非洲大陆自由贸易区特别峰会在尼日尔召开，与会各国领导人共同宣布非洲大陆自贸区正式成立并将于 2020 年 7 月起正式运行。此外，各国还决定将自贸区的总部设于西非国家加纳。而早在 2019 年 5 月 30 日，非洲大陆自贸区协议就已经生效。截至目前，除厄立特里亚外，其余54个非盟成员国均已签署该协议，其中27个成员按本国相关法律程序批准协议后向非盟委员会递交了协议批准书。

非洲大陆自贸区有望扩大非洲各国之间的贸易往来，加速非洲经济一体化。统计显示，非洲整体贸易额从2006年的5560亿美元增长到2016年的7330亿美元。但非洲内部的贸易仅增加了570亿美元。就绝对数量而言，2016年非洲国家与欧盟的交易额几乎是非洲国家相互之间贸易额的两倍。有研究表明，长期以来非洲内部经济的流通只占非洲贸易的17%，而亚洲内部的贸易额是50%，而西欧则高达到了70%。可以说，内部经贸往来的不畅长期制约着非洲经济的发展，而非洲大陆自贸区的建立则有望从根本上解决这一问题。

然而，非洲大陆自贸区的建立并非一蹴而就，而是非洲各国在非盟的框架下历经多年磋商的成果。早在2012年，非盟第18届国家元首和政府首脑会议就以"促进非洲区内贸易""加快一体化建设"为目标形成了决议。直到2015年，非盟各成员国的元首和政府首脑正式发起非洲大陆自贸区谈判。2017年，谈判进入快车道，各国开始编制自贸区建设框架协议。2018年，在非洲国家首脑基加利特别峰会上，44个非洲国家签署了非洲大陆自由贸易区框架协议，标志着非洲大陆自贸区建设正式启动，同时也标志着非洲一体化又向前迈进了一大步。此后，非洲大陆自贸区谈判进展顺利，最终在一年内完成了自贸区协议的批准和生效程序。

非洲大陆自贸区将在多个领域产生积极影响。首先，非洲大陆自贸区的建成将带来一个横跨非洲大陆的统一货物和服务市场，为非洲大陆关税同盟的建设奠定基础。其次，非洲大陆自贸区能够通过协调非洲大陆现有的贸易自由化、便利化制度和工具，扩大非洲内部贸易，从根本上扭转非洲地区内部贸易规模低于非洲与其他地区的贸易规模的现状。再次，非洲大陆自贸区的建成有助于理顺重叠复杂的区域组织成员关系，加速推进非洲区域和大陆一体化进程。最后，非洲大陆自贸区能够通过发掘规模化生产、更宽松的市场准入条件和更好的资源配置机会，提高行业和企业层面的竞争力。不可否认的是，非洲基础设施建设的严重滞后、商品生产的同质化、非洲国家能力相对较弱等都会在一定程度上限制非洲大陆自贸区的运行成效，但非洲大陆自贸区的成功与否仍主要取决于非洲国家的推动与非盟的相关政治进程。

（执笔人：宋亦明）

八 RCEP谈判加速进行（八月报告）

2019年8月，《区域全面经济伙伴关系协定》（RCEP）谈判进入关键的冲刺阶段，RCEP成员国在7—8月接连举行了第26、27轮谈判和一次部长级会议，为争取实现年内结束谈判的目标提供助力。在中美贸易战开打一年之后，双边经贸摩擦于8月再度升级，美国对华加征关税范围将全面覆盖中国对美出口商品，美国甚至将中国列为"汇率操纵国"，有将关税战升级为金融战的趋势，中美经贸磋商面临重大挑战。全球范围内，日韩贸易争端仍然在升级发酵，G7峰会由于美欧在贸易、气候变化等议题上分歧严重首次未能发布联合公报。

（一）RCEP谈判进入关键冲刺阶段

《区域全面经济伙伴关系协定》（RCEP）谈判已进入关键的冲刺阶段，2019年7—8月，RCEP成员国接连举行了第26、27轮谈判和一次部长级会议，为争取实现年内结束谈判的目标提供助力。

6月25日至7月3日，RCEP第26轮谈判在澳大利亚墨尔本举行，7

月 22—31 日第 27 轮谈判在中国郑州举行。在两轮谈判中，RCEP 成员国在召开贸易谈判委员会全体会议的同时，并行举行了货物贸易、服务贸易、投资、原产地规则、贸易救济、知识产权、电子商务、法律与机制等相关工作组会议；第 26 轮谈判中还举行了金融、电信等工作组会议。两轮谈判都在各领域取得了比较积极的进展，第 27 轮谈判更是为 RCEP 部长级会议作了充分的准备和铺垫。

8 月 2—3 日，RCEP 部长级会议如期在北京举行。该会议是 RCEP 关键阶段举行的一次重要部长级会议，也是首次在中国举办的 RCEP 部长级会议。国务院副总理胡春华出席了开幕式并作主旨演讲，商务部部长钟山与来自东盟十国、日本、韩国、澳大利亚、新西兰和印度等国的贸易部长和东盟秘书长共同出席了会议。中方参会的部门，除商务部外，还包括财政部、发展改革委、工业和信息化部、农业农村部、海关总署等。从内容上看，本次部长级会议推动谈判取得了重要进展。在市场准入方面，超过三分之二的双边市场准入谈判已经结束，剩余谈判内容也在积极推进。在规则谈判方面，新完成金融服务、电信服务、专业服务 3 项内容，各方已就 80% 以上的协定文本达成一致，余下规则谈判也接近尾声。

由于 2018 年 RCEP 领导人会议确定的 2019 年年内结束谈判的目标即将到达限期，与会的各国部长再次表示要保持积极谈判势头，务实缩小和解决剩余分歧并最终实现结束谈判的目标。如果谈判顺利完成的话，RCEP 成员国之间将实现货物与服务贸易自由化，在投资、科技、知识产权、竞争政策、争端解决等议题上也将最终形成共识性规定。

然而，尽管 RCEP 各成员国均意识到谈判已进入"临门一脚"的关键冲刺阶段，但仍有一些难题尚未解决。例如，在规则内容方面，RCEP 尚未为区域内贸易的环境保护及劳工政策订立标准；大型制药企业专利期限是否延长也尚未有定论等等。而在成员国立场方面，各国在一些利益攸关的议题上仍有分歧，如日本提出的一系列高标准的知识产权执法条款仍在谈判中，而印度对这些高标准知识产权规定有很大担忧，因为一旦这些高标准被采用，作为低价仿制药品主要供应国的印度可能无法在全球范围内投放或进出口低成本的药物；在农业生产方面，印度农民也可能会失去储存或出售从已获得知识产权保护的植物品种中获取的种子或产品的权利。这些问题都有可能加大 RCEP 达成最终谈判的不确定性。

对 RCEP 成员国及 RCEP 协议本身而言，此时已经到了必须要拿出一个结果的时候了。一方面，"全面且先进的跨太平洋伙伴关系协定"（CPTPP）已经生效，这对一些未签署 CPTPP 的 RCEP 成员国造成了一定的制度压力；另一方面，由于"争取在年底完成 RCEP 谈判"的话语自 2015 年以来每年都会提及，但始终没有实现，如若 2019 年仍未实现该目标，RCEP 各方的谈判决心与协调能力可能也会受到质疑。RCEP 各成员国能否最终克服分歧、实现妥协并达成共识，还有待继续观察。

（执笔人：孙忆）

（二）中美贸易战加码升级

2019 年 8 月，第十二轮中美经贸高级别磋商刚刚落下帷幕，特朗普政府再度升级中美贸易战，加征关税范围将全面覆盖中国对美出口商品，美国财政部甚至将中国列为"汇率操纵国"，有将关税战升级为金融战的趋势。此外，中美投资关系也呈紧张态势，美国对中国高科技企业的制裁力度也不断升级。

中美加征关税实现全覆盖。8 月 1 日，美国总统特朗普在推特上称，美国将从 9 月 1 日起对其余 3000 亿美元中国输美商品加征 10% 的关税。14 日，美国贸易代表办公室发表声明，公布了对约 3000 亿美元中国输美产品加征 10% 关税的最终清单，其中一份征税清单于 9 月 1 日生效、另一份征税清单于12月15日生效。23日，中国国务院关税税则委员会发布公告，决定对原产于美国的5078个税目、约750亿美元商品，加征10%、5%不等关税，分两批自2019年9月1日和12月15日起实施。这批商品涉及原油、汽车和大豆、猪肉和玉米等农产品。同时，国务院关税税则委员会还发公告称对原产于美国的汽车及零部件恢复加征关税。同日，特朗普总统在推特上宣布，提高对中国商品的关税，原定自9月1日起对价值3000亿美元的中国进口商品加征的10%关税，现在将上调至15%，目前被征收25%关税的中国商品，其税率将从10月1日起上调至30%。至此，中美加征范围已覆盖至双方出口的全部产品，两国关税水平已到达一个新高度，双方也就加征关税一事于8月13日再度通话。

中美金融和投资关系趋紧。8月5日，离岸与在岸人民币对美元汇率双双跌破7关口，同日，美国财政部时隔15年再度将中国认定为汇率操纵国，财长姆努钦在声明中称，中国过去几天采取"实质措施"使人民币贬值，目的是在国际贸易中获得不公平优势，美国将与国际货币基金组织进行接触，以消除中方最新举动带来的不公平竞争优势。此外，特朗普还在推特上命令美国企业寻找替代中国的方案，将工厂撤出中国搬回美国，为中美双边投资关系带来巨大不确定性。过去一年来，中美关税战愈演愈烈，对双边贸易带来重大负面影响，2019年上半年，东盟取代美国成为中国第二大贸易伙伴，而美国滑落至第三位。不过，美国对中国投资并未出现显著滑落，根据荣鼎集团数据，2019年上半年美国公司投资中国金额为68亿美元，比过去两年同期的平均金额高了1.5%，这也显示出中国市场对美国企业仍有较大吸引力，特朗普推动中美经济关系"脱钩"的言行是否会在长期展示出实质性影响仍有待时间检验。

表 4.13　　　　美国对中国产品加征关税金额和时间表

金额	关税生效时间		
340 亿美元	2018 年 7 月 6 日	2019 年 10 月 1 日	
	25%	30%	
160 亿美元	2018 年 8 月 23 日	2019 年 10 月 1 日	
	25%	30%	
2000 亿美元	2018 年 9 月 24 日	2019 年 5 月 10 日	2019 年 10 月 1 日
	10%	25%	30%
3000 亿美元	2019 年 9 月 1 日/12 月 15 日		
	15%		

资料来源：美国贸易代表办公室。

表 4.14　　　　中国对美国产品加征关税金额和时间表

金额	关税生效时间	
340 亿美元	2018 年 7 月 6 日	
	25%	
160 亿美元	2018 年 8 月 23 日	
	25%	
600 亿美元	2018 年 9 月 24 日	2019 年 6 月 1 日
	10% 和 5%	25%、20%、10% 和 5%
750 亿美元	2019 年 9 月 1 日/12 月 15 日	
	10% 和 5%	

资料来源：中国国务院关税税则委员会办公室。

美国对华为等企业的制裁继续发酵。8 月 7 日，特朗普政府发布一项暂行规定，禁止美国联邦机构购买华为等五家中国企业的通信和视频监控设备以及服务。这项规定是主管联邦政府合同事务的总务管理局根据《2019 财年国防授权法案》的相关条款做出的，规定将于 8 月 13 日生效，涉及中国企业除华为外，还包括中兴、海能达通信、海康威视和大华科技。8月9日，特朗普政府推迟批准美国公司与中国华为技术有限公司恢复业务往来的许可，此前，特朗普总统曾承诺科技公司将"及时"做出许可决定。这将对英特尔、高通和美光科技等同华为往来密切的美国芯片企业带来负面影响。8月19日，美国商务部决定将一项允许华为及其附属公司在美继续提供产品和服务的"临时通用许可"再次延长90天，以避免禁令对美国消费者造成不利影响。然而，与此同时，美国商务部又将另外46家华为附属公司列入"实体清单"，并于当日生效。除华为事件难见解局外，美国还对中国其他高科技企业加大制裁力度，旨在遏制"中国制造2025"。8月13日，美国商务部工业与安全局发布公告，将中广核集团及其关联公司共4家实体加入"实体清单"。

（执笔人：张玉环）

（三）日韩贸易战持续发酵

2019年8月2日，日本政府通过新版《出口贸易管理令》，将韩国移出简化出口手续的"白名单"，新令于本月28日正式生效。作为回应，韩国也于8月12日发布《战略货品进出口告示修订案》，宣布将日本移出"白名单"。至此，从7月初持续至今的日韩贸易战开始由"一攻一守"转入"针锋相对"的阶段。

日本政府颁布的《出口贸易管理令》将出口对象国划分为"白名单"国家和非"白名单"国家，日本企业向"白名单"国家出口可以享受敏感物项和技术一揽子申报的优惠待遇。旧版《出口贸易管理令》上的"白名单"国家包括美国、英国、澳大利亚、新西兰和韩国等27个国家；新令则将韩国移至名单之外，正式生效后，日企对韩出口须事先向日本政府申报的商品种类由3种增加至857种，审核期限为90天，获得政府许可之后方可出口。新令的颁布意味着日韩贸易战已经不局限于半导体产业，随时可能蔓延至其他行业领域，主要取决于日本政府的意愿（即是否批准某类商品的出口许可）。

尽管在 8 月上旬，日本自发动贸易战以来首次批准了日企提出的向韩国出口极深紫外光致抗蚀剂的个别许可，但这并未扭转日韩经贸关系恶化的总体趋势，甚至出现了两国的分裂与对抗从经济领域扩展至军事合作领域的迹象。韩国对日姿态也开始由温和转向强硬。

首先，韩国政府在各种国际会议场合上对日本提起控诉，试图以此争取国际舆论的支持。8 月 2 日，在泰国曼谷举行的东盟—中日韩外长会上，韩国外长康京和批评日本限制对韩出口的行为是对地区内公平与自由贸易原则的破坏。此后在中日韩外长会议、大图们倡议（GTI）政府间协商委员会部长级会议与《武器贸易条约》第五次缔约国会议等多个国际会议场合中，韩国代表均适时控诉日本的限贸行为并对日施压。

其次，韩国也宣布将日本移出韩国对外出口的"白名单"以作反击。8 月 12 日，韩国政府公布《战略货品进出口告示修订案》，宣布将韩国的战略性货品进出口优待甲类国家分为甲 1 和甲 2 两类，日本归为甲 2，其余甲类国家归为甲 1 类。甲 2 类的出口管制程度与乙类国家相同，仅对个别申报时的部分材料和战略物项的中介贸易申报予以豁免。该修订案经过征询意见阶段之后，预计将于 9 月份正式生效。

再次，韩国还"解绑"了与日本的军事合作关系，试图以此迫使美国介入日韩贸易战，并对日本形成威慑作用。8 月 22 日，韩国政府公开宣布不再续签《韩日军事情报保护协定》（GSOMIA）。该协定首次签署于 2016 年，内容涉及日韩双方共享包括朝鲜核导弹在内的军事情报的具体原则与方式，与此前已经正式签署的日美、韩美之间的《军事情报保护协定》共同构成美日韩同盟的制度基础之一。若《韩日军事情报保护协定》作废，日本只能通过美国获取关于朝鲜核导弹等军事情报，美日韩同盟也将在一定程度上受到冲击，而对于日本与美国而言，这关乎国家安全或关键性政治与军事战略的事件。

最后，韩国开始采取实质性举措弥补自身在日韩贸易战中暴露出来的"硬伤"。一方面，韩国政府正式公布了旨在应对日本限贸的"原材料·零部件·装备领域研发扶持计划"。根据该计划，韩国政府在2020—2022年间将在半导体产业的多种关键材料的研发与生产上投入5万亿韩元（约合295亿元人民币），同时为此提供诸多制度上的支持，包括建立"国家研究室（N-LAB）"作为紧急开展研究的机构，成立"国家设施（N-Facility）"作为核心材料和零部件商用化的指定试验研究设施，以及在每种商品品类下成立"国家研究协商机制（N-TEAM）"以实时跟进国内外研究动向等。

另一方面，日本的经济报复还迫使韩国重新审视对日本经济过度依赖的问题，并以此为契机，还开始更加积极地拓展日本以外的经济合作伙伴。8月22日，韩国与以色列正式达成双边自贸协定，这是以色列首次与东亚国家签署协定。该协定生效后，将有助于韩国降低自以色列进口某些原材料的成本，同时为韩国商品开辟新的海外市场。此外，韩国正加大力度推进"新南方政策"，深化与东南亚南亚国家的经贸合作。韩国总统文在寅将于9月上旬出访泰国、缅甸和老挝三国，重点围绕双边投资与产能合作等议题与具体规划展开交流与协商；韩国政府还将于11月在釜山举办韩国—东盟特别峰会和第一届韩国—湄公河流域国家峰会，并重点探讨维护自由贸易秩序和实现共同繁荣的方案。

（执笔人：罗仪馥）

（四）欧洲提名 IMF 新任总裁候选人

2019年8月3日，欧盟投票通过了提名保加利亚籍现任世界银行首席执行官克里斯塔利娜·格奥尔基耶娃（Kristalina Georgieva）为国际货币基金组织（下称"IMF"）下任总裁的决定。此前7月2日，时任总裁克里斯提娜·拉加德（Cristine）被提名为新一任欧洲中央银行行长。拉加德的任命如获欧洲议会批准，她将于10月31日接替德拉吉坦担任欧洲央行行长。7月16日，拉加德正式向IMF提交辞呈，将于9月12日正式卸任。IMF接受了其辞呈，任命第一副总裁大卫·利普顿（David Lipton）为代理总裁，并迅速启动下一任总裁的遴选过程。根据IMF的总裁遴选流程，执行董事会（下称"执董会"）或理事提交候选人，执董会确定三名候选人入围并公布入围者名单，之后再进行最终遴选。此次候选人提名截止日期为9月6日，遴选过程预计将于10月4日之前完成。按照惯例，世界银行行长由美国人担任，国际货币基金组织总裁则由欧洲人担任。毫无疑问，欧洲的候选人提名是此次IMF总裁职位遴选的关键事件。

充满分歧的选择过程

IMF遴选流程开启后，欧洲出现了多个候选人竞争者，包括曾任欧元集团（Eurogroup）主席的前荷兰财长杰伦·戴塞尔布卢姆（Jeroen Dijsselbloem）、英格兰银行行长马克·约瑟夫·卡尼（Mark Joseph Carney）、葡萄牙籍的欧元集团主席马里奥·森特诺（Mário Centeno）、西班牙经济大臣纳迪娅·卡尔维诺（Nadia Calvino）、现任芬兰央行行长奥利·雷恩（Olli Rehn）、世界银行首席执行官克里斯塔利娜·格奥尔基耶娃等等。

每个竞争者都拥有其支持者与反对者。戴塞尔布卢姆拥有德国和北欧国家的支持，但南欧国家因其在欧债危机中严格推行紧缩政策及"女人和酒"的不当言论而强烈反对提名他为IMF总裁候选人。来自南欧的候选人森特诺和卡尔维诺获得了各自政府的政治支持，但无法获得德国和欧洲北部国家的信任。马克卡尼虽然持有英国和爱尔兰护照，但在加拿大出生，反对者声称其"不够欧洲"。格奥尔基耶娃获得了法国的鼎力相助，但缺乏法国以外的大国的支持。芬兰支持其央行行长雷恩。因此，欧盟虽然在法国财政部长勒梅尔（Bruno Le Maire）的主持下，就候选人提名问题进行了数周的谈判，但始终无法达成共识。

为尽快选出统一的候选人，欧盟成员国的财长通过电子邮件投票选缩小竞争者范围，并进行候选人提名投票。最终竞争在戴塞尔布卢姆和格奥尔基耶娃之间展开。荷兰和德国领导的一些国家支持戴塞尔布卢姆，法国和南欧、东欧的一些国家支持格奥尔基耶娃。格奥尔基耶娃获得了56%的支持率，戴塞尔布卢姆获得了44%的支持率。根据规则，投赞成票的国家合计人口不应低于欧盟总人口的65%，而支持格奥尔基耶娃的欧盟成员国人口仅占欧盟总人口的57%。为此，欧盟各成员国又在电话上争执，最终以戴塞尔布卢姆主动宣布认输的结果告终。

虽然欧盟公开宣示的目标是推举一名共同候选人，但欧洲业已存在的分歧使得这个目标并不容易实现。另外，在确定共同候选人的过程中，英国新组建的政府无暇顾及，未提名候选人且放弃全部欧盟投票过程，但英国表示可能随后提名自己的候选人。

格奥尔基耶娃是否会当选

格奥尔基耶娃当选新任IMF总裁的可能性极大。

首先，在候选人提名期结束之前，IMF开始消除总裁年龄限制，此举被认为是在为格奥尔基耶娃的当选铺路。自1951年以来，IMF《附则》禁止任命年龄达到或超过65岁的候选人担任总裁，并禁止总裁在70岁生日后继续任职。8月21日，IMF执行董事会发表声明，建议IMF理事会投票取消目前使用于总裁职位的年龄限制。取消年龄限制将使总裁的任命条件与执行董事会成员（总裁担任执董会主席）和世界银行行长保持一致，即均不受年龄限制。1953年出生的格奥尔基耶娃即将66岁，若不修改此项规定，格奥尔基耶娃在10月遴选结束时将不可能成为IMF的下一任总裁。据称IMF采取这一举措主要是受到了力推格奥尔基耶娃成为提名候选人的法国政府的压力。

其次，美欧日在IMF投票权中份额比重大，可为格奥尔基耶娃保驾护航。从2019年春季世界银行行长提名及遴选结果来看，欧洲遵循了其与美国之间的"君子协定"，美国提名大卫·马尔帕斯为世界银行行长候选人顺利获批，没有受到来自欧洲的任何阻力，马尔帕斯成为世行新任掌门人，那么在此次IMF新任总裁的问题上，美国应当会礼尚往来，给予欧洲支持。在IMF189个成员国目前的投票权排名中，美国在IMF中拥有最大投票权，为16.52%，是唯一握有否决权的国家。日本拥有的投票权排第二位，为6.15%，中国其次，为6.09%。28个欧盟成员国共掌握了IMF29.59%的投票权，详见表4.15。美欧日三方投票权份额相加已超半数，格奥尔基耶娃获执董会通过胜算很大。

考虑到潜在的候选人竞争，及美国的特朗普政府可能不遵循美欧之间"君子协定"，格奥尔基耶娃无法当选新任IMF总裁的可能仍存在。不过，这种可能微乎其微，因为目前格奥尔基耶娃仍是唯一候选人，美国也未对欧洲提名的候选人表示任何不满或反对意见。

表4.15　　欧盟成员国在IMF的投票权份额（包括英国）

序号	国家	投票权份额
1	德国	5.32%
2	法国	4.03%
3	英国	4.03%
4	意大利	3.02%
5	西班牙	1.92%
6	荷兰	1.77%
7	比利时	1.30%
8	瑞典	0.91%
9	波兰	0.84%
10	奥地利	0.81%
11	丹麦	0.71%

续表

序号	国家	投票权份额
12	爱尔兰	0.71%
13	芬兰	0.51%
14	希腊	0.51%
15	捷克	0.46%
16	葡萄牙	0.44%
17	匈牙利	0.41%
18	罗马尼亚	0.39%
19	卢森堡	0.29%
20	斯洛伐克	0.23%
21	保加利亚	0.21%
22	克罗地亚	0.17%
23	斯洛文尼亚	0.15%
24	立陶宛	0.12%
25	拉脱维亚	0.10%
26	塞浦路斯	0.09%
27	爱沙尼亚	0.08%
28	马耳他	0.06%
	合计	29.59%

资料来源：IMF 官方网站。

格奥尔基耶娃是科班出身的经济学家，曾在欧盟委员会和世界银行出任一系列有影响力的高级公关服务职位，拥有丰富的领导和管理经验，一直在推动健全的经济政策、可持续发展、性别平等和减贫等方面走在前列，可熟练使用保加利亚语、英语和俄语，并能使用法语开展工作。如若当选，格奥尔基耶娃将是第一位来自东欧的 IMF 总裁，也是继拉加德之后第二位女性总裁。虽然 IMF 在拉加德任期内提升了透明度，落实了 2010 年的增资计划，但 IMF 自身的改革进程，全球贸易紧张和经济下行趋势，阿根廷、巴西和土耳其等国的金融动荡都是 IMF 目前所面临的挑战，同时将是对新一任总裁的巨大考验。①

（执笔人：张梦琨）

（五）七国集团成员隔阂继续加深

2019年8月24日，第45届七国集团（G7）峰会在法国南部滨海小城比亚里茨开幕。除了法国、美国、德国、英国、意大利、加拿大和日本七国领导人与会，印度、澳大利亚、埃及、南非、智利、布基纳法索等国领导人受邀参加相关讨论。本届峰会是继2018年美国总统特朗普否认G7联合公报之后，G7峰会背离44年以来的传统首次未签署联合公报，只发表了一份聊胜于无的《领导人声明》。

本届峰会的主题是"反对不平等"，但是参会成员聚焦在贸易战、英国脱欧、数字税和俄罗斯重返G7等问题上。当前，中美贸易战不断增加各国对全球经济形势的担忧，G7其他成员均表示，希望美国能够尽早结束与中国的贸易战，缓解紧张局势。而特朗普在此行前夕宣布将提高对约5500亿美元中国输美商品加征关税的税率，并声称"要求美国企业离开中国"。受贸易战影响，美国农产品对华出口急剧缩减，特朗普为保住农业州的"票仓"，正在积极寻找新的购买伙伴。峰会期间，特朗普宣布美日在"原则上"达成贸易协议，双方同意削减农产品关税。连续获得欧盟、日本购买美国大豆、玉米的承诺，特朗普可能以此为谈判筹码，继续拖长谈判战线。

此届峰会特朗普提出邀请俄罗斯重返七国集团，但除法国总统马克龙作为东道方对这一建议展示出积极姿态之外，其他国家领导人均表示克里

---

① 9月6日候选人提名结束，格奥尔基耶娃成唯一候选人。

米亚问题得不到解决，就无法接纳俄罗斯的"回归"。七国集团成立于1975年，俄罗斯本不是初创成员。在苏联解体之后，西方国家马上抛出"橄榄枝"，邀请正在进行私有化改革的俄罗斯加入"发达国家俱乐部"。1997年，俄罗斯以正式成员国身份参加八国集团（G8）峰会。2014年因乌克兰危机，俄罗斯与西方关系迅速恶化，当年就取消了本应在索契举办的G8峰会，G8退回到G7。另外，在普京访问法国期间，对于马克龙邀请俄罗斯重回G7的建议并不热情，表示"G8已经不存在了"。

马克龙将峰会地点设在法国葡萄酒重要产区比亚里茨，与目前的法美数字税争端不无关系。法国一直是征收数字税最为积极的国家。与其他行业23.5%的平均税率相比，跨国互联网巨头通过将盈利转移至低税管辖地区，在欧盟内缴纳的平均税率不超过10%。Facebook和谷歌等跨国互联网公司主要在爱尔兰、卢森堡等低税率国家销售产品，法国则希望堵住全球科技巨头为减少企业税所利用的漏洞。2019年7月，法国参议院最终投票通过了向在法经营的互联网巨头征收"数字税"的相关法律草案。根据该草案，全球数字业务营业收入不低于7.5亿欧元和在法营业收入超过2500万欧元的企业将被征收3%的"数字税"。Facebook、谷歌和亚马逊等互联网公司享受着数字化扩张的红利，而美国作为众多科技巨头的母国，担心跨境企业税改革会使本国的互联网行业受到冲击。在法国率先开征"数字税"之后，美国马上开启在超级301法案下对法国的调查，并实施了报复性措施，包括对法国葡萄酒加征关税。借此峰会，马克龙宣布就数字税问题与美国达成协议。虽然特朗普在发布会上用"接近"一词形容法美的谈判结果，但也是此次峰会为数不多的亮点。

希望有所作为的马克龙主持此次G7峰会，试图协调各国立场，争取达成共识，但也难掩G7内部明显逐渐加深的隔阂。美国无意放松对伊朗的制裁，法德拒绝在脱欧问题上对英国做出实质性让步，特朗普借故未参加七国集团气候会议,令此次峰会蒙上多层阴影。2020年G7峰会的轮值主席为美国,正值美国大选关键时刻的特朗普是否能借此机会挽救G7的式微之势?

(执笔人:艾雪颖)

九 中德经贸关系加速发展(九月报告)

2019年9月,德国总理默克尔第12次来华访问成为本月中国经济外交的最大亮点,在全球经济和国际贸易低迷之际,中德双边贸易和投资也受到拖累,默克尔访华则为扫除双边经贸关系不确定性、加强经贸合作起到推动作用。国务院总理李克强访问俄罗斯并与俄总理梅德韦杰夫共同主持了中俄总理第二十四次定期会晤,对推动中俄经贸、投资与金融、能源等领域的合作具有积极意义。此外,中美经贸关系出现向好信号,双方高层增加互动、特朗普宣布推迟加征关税计划,都为10月举行的新一轮经贸磋商营造良好氛围,不过中美"科技战"负面因素愈发突出。除双边经济外交以外,中国还继续推动亚太区域经济外交,商务部副部长兼国际贸易谈判副代表王受文率团赴泰国曼谷出席东亚合作系列经贸部长会议,同其他与会国对推进RCEP谈判、加强中国—东盟经贸关系、推动东亚及世界经济一体化等问题进行深入讨论。

(一)德国总理默克尔来华访问

2019年9月6日,国务院总理李克强与第12次来华访问的德国总理默克尔举行会谈。之后,李克强与默克尔共同出席了中德经济顾问委员会座谈会和中德对话论坛2019年会议。双方除了在中德双边关系与合作、国际地区问题等议题上深入交换了看法，还重点讨论了5G通信技术、自动驾驶技术、数字经济、相互扩大开放、营造公平竞争的市场环境等问题。此次访华，中德共签署了11项合作声明。默克尔作为任内访华次数最多的西方领导人，此次访华不仅是为了推进中德全方位战略伙伴关系，更是要在全球经济低迷、国际政治变动的情况下，进一步深化中德经贸合作，紧密两国关系。

中德经贸合作意愿继续加强

自欧盟委员会发布的《欧中战略展望》把中国列为"经济竞争对手"，关于欧盟对华政策转向强硬的论断甚嚣至上。法国总统马克龙在欧洲峰会上发表"欧洲对中国的天真时代已经过去"的言论，之后又邀请默克尔和欧盟委员会主席容克在巴黎爱丽舍宫共同与中国国家主席习近平会谈，不乏表露欧洲统一对华立场的意图。而此次默克尔不仅拒绝了法国在德企业加入访华代表团的提议，还率领了由大众、宝马、戴姆勒、西门子等大型德企高管组成的企业家代表团访问北京。除了对传统经济合作领域的关注，中德双方均表示未来应在自动驾驶、智能制造和人工智能这些具有广阔前景的新兴领域展开深入合作。

与中法关系不同，经贸合作在中德双边关系中起到关键的压舱石作用。德国对华出口几乎占欧盟对华出口的一半。在德国经济增长乏力、全球经济疲软的情况下，德国更加依赖与其贸易互补性比较强的中国市场。德国的产业内贸易特征比较明显，主要出口商品类型和进口商品类型基本保持一致。德国对华出口的机电产品、运输设备和化工产品也是德国出口的前三类商品，占德国对华贸易出口结构的80%左右。而德国从中国进口的商品则主要是机电、纺织品和家居玩具以及杂项制品等劳动密集型产品。客观来讲，互补性的贸易结构决定了以出口为导向的德国需要紧密的中德合作提振本国经济。根据欧盟统计局的数据，2019年1—7月，德国货物进出口额为16153.2亿美元，比上年同期（下同）下降4.8%。其中，出口8830.1亿美元，下降5.5%；进口7323.1亿美元，下降4.1%。中德贸易也有所下滑。1—7月，中德双边货物进出口额1134.1亿美元，下降2.3%。其中，德国对中国出口632.2亿美元，下降2.4%，占德国出口总额的7.2%，提高0.3个百分点；德国自中国进口501.9亿美元，下降2.1%，占德国进口总额的6.9%，提高0.2个百分点。1—7月，德国与中国的贸易顺差为130.3亿美元，下降3.7%。截至7月，中国是德国第三出口目的地和第二大进口来源国。

德国政府允许华为5G进入本国市场

华为5G问题也是中德双方的重要关注点。根据德媒披露的德国联邦网络管理局最新电信网络安全标准草案，德国5G建设并未排除华为。而在此之前，相关人员已起草了阻止华为进入德国市场的安全条款。根据德国《商报》报道，默克尔曾出手干预，允许华为参与德国的5G网络建设。

德国对华为放宽限制一方面在于华为在数字基础设施市场具有竞争优势，一旦阻止华为提供5G技术，德国的整体5G部署将被延迟。2018年欧盟数字经济和社会指数在欧盟仅排第14位，这与"法德引擎"的欧盟运转模式中"德国贡献经济"的实力地位不符。利用5G网络建设的"新赛道"，推进数字化改革是德国的迫切要求。更重要的在于华为愿意与德国签署"无间谍、无后门"协议，以消除德国对5G建设中使用华为设备的安全担忧。通信制造商一旦签署此类协议，在未来，制造商的产品被发现用于间谍或者破坏活动，德国将能惩罚制造商并向其索赔。这种数据安全保证将华为5G的政治问题转化为法律问题，避免了双方政府之间的直接交锋，也是德国为本国电信网络上了一道"法律安全阀"。而且草案规定，德国电信、沃达丰等网络运营商必须确定其在网络架构中的关键领域，以提高安全级别。这意味着华为在5G建设中将被排除在德国关键领域之外。

随着中美贸易摩擦的发酵,美国以国家安全为由"封杀"华为,并向盟友施压禁用华为。德国同样受到了美国的多次施压。美国驻德国大使格雷内尔致函德国经济部长称,如果德方允许华为或其他中国设备供应商参与其5G网络建设,美方将无法将美德情报和信息共享维持在当前水平。北约组织盟军最高统帅暨美国欧洲司令部司令斯卡帕罗蒂警告,若德国与华为在5G基础建设展开合作,北约部队将停止与所属德国部队通讯。考虑到华为5G能为德国数字经济发展和产业升级提供重要驱动力,将达成"安全承诺"协议的华为5G引入德国数字市场建设的非敏感领域是最合时宜的选择。

影响中德经贸关系的不确定因素尚存

不可否认的是,德国对中国仍然存在疑虑。中德在一些领域仍有分歧,例如,中国企业对德投资限制、德国企业在中国的市场准入和公平待遇等问题都是影响中德经贸关系的不确定因素。

近几年来,中国在德国的投资一直呈上升趋势。2011至2015年,中国对德国的年度投资额稳定在10亿—20亿欧元。2016年,中国对德直接投资出现井喷式增长,投资额达110亿欧元,占中国对欧洲投资的31%。当年,德国首次成为中国直接投资的最大接受国。根据德国贝塔斯基金会报告,中资在德国的收购项目主要集中在巴登—符腾堡、北莱茵—威斯特、巴伐利亚这三个德国"隐形冠军"的聚集之地。"隐形冠军"是指专注某一领域并在全球占据着最高的市场占有率,鲜为人知的中小型企业。在全球3500个"隐形管军"中,德国占将近一半,主要集中在医疗、环境、化工和电子设备等领域。对于中资企业来说,收购德"隐形冠军"并购成本低,技术回报高。而且中国在高端技术的绿地投资不断增加,其中不乏行业巨头。比如美的公司收购德国"国宝级"企业库卡(KUKA),库卡则是全球领先的智能机器人和自动化生产设备企业;吉利收购戴姆勒股份也是考虑到后者在电动化、智能化和无人驾驶等各领域是行业引领者。

中国企业不断增加对德投资热情引来德国政府的警惕。2017年，德国联邦经济事务和能源部发布了《对外贸易条例》修正案，加大政府对外资的干预力度，包括将审查范围从国家安全领域扩大到关键基础设施领域，如能源、医疗、交通运输等领域，将审查时间从二个月延长到四个月。2018年，德国政府接连中断了两项大型中德收购交易。2019年1月生效的《对外贸易条例》规定，对涉及德国国防以及关键基础设施领域的企业在被非欧盟资本收购时，将受到德国政府更为严格的审核，这意味着中国资本对德国企业的投资会受到更多来自德国政府的干预。据统计，德国外资审查案例大幅增加，2019年截至8月底共审查71起案例（2018年全年为78起），其中针对中国投资商的审查为13起，仅次于美国（26起）位列第二。在2018年中国对德投资高达100亿元的情况下，2019年上半年中国公司对在德公司的投资仅为5.05亿美元。

默克尔在与李克强的会谈中表示，德国对中国投资持开放态度，欢迎所有中国企业赴德投资，但德国会对某些战略行业和关键基础设施领域的投资进行审查。德国作为欧盟行动的风向标，中国企业再赴欧投资时，需要以更加谨慎的态度，及时调整收购策略，尽量避免进入敏感行业。

值得注意的是，默克尔已经辞去了德国执政党主席的职务，并表示不会再竞选下一任德国总理大选，这意味着"默克尔时代"正在进入尾声。在默克尔政治生涯中，最重要的外交遗产之一就是如何维持德国在华盛顿和北京之间的平衡关系。自特朗普上台之后，美国单边主义倾向日益明显，美德在欧洲防务开支、关税争端、伊朗核协议等问题上龃龉不断，使得两国的盟友和亲密伙伴关系不断疏远。虽然中德高层频繁互访，积极推进经贸合作，并不断加强两国在气候变化、伊朗核协议等议题上的共识，但是双方在WTO改革、对"公平竞争环境"的理解和中欧次区域合作是否影响欧盟团结等问题上存在一些分歧，再加上"西方价值观同盟"的阻碍，中德未来关系的发展仍然具有不确定性。另外，马上要在2020年担任欧盟理事会主席的默克尔，将在很大程度上影响欧盟在与中美之间关系的选择，备受瞩目的中欧投资谈判协定也将在默克尔轮值主席期间完成。

（执笔人：艾雪颖）

（二）中俄总理举行定期会晤

2019年9月16—18日，国务院总理李克强访问俄罗斯并与俄总理梅德韦杰夫共同主持了中俄总理第二十四次定期会晤。此次会晤也是继6月习近平主席访问俄罗斯之后中俄两国在本年度举行的又一项高级别经济外交活动。中俄总理在定期会晤框架内的小范围、大范围会谈后，共同签署并发表了《中俄总理第二十四次定期会晤联合公报》，旨在进一步扩大双方在经贸、投资与金融、能源等领域的合作。

公报指出：首先，中俄要为两国经贸合作创造更有利的条件，提高贸易规模。具体要落实好《促进双边贸易高质量发展的备忘录》、推动双方贸易规模突破2000亿美元大关、发挥好贸易投资障碍磋商机制作用以消除双边贸易合作中的障碍并提高贸易便利化水平。其次，进一步扩大投资与金融合作水平，特别是充分利用中俄投资合作委员会的平台，完善沟通协调机制，推动双方投资项目落地。再次，继续推动中俄在能源领域内的传统合作，深化在油气、电力、煤炭、核电、可再生能源等领域的上中下游全方位一体化合作。此次公报还特别提起了两国核能合作，落实好先前达成的核领域一揽子合作项目。最后，公报还提及了其他多个领域的经济合作。

习近平主席于6月访俄期间双方在能源领域达成了诸多合作成果，此次李克强总理访俄期间双方的成果类型更为多元，非能源领域合作的广度和深入进一步显现。公报详细梳理了中俄经济合作所取得成就并逐一列出了未来需要进一步开拓的领域，其中跨境电商、数字经济、国际交通运输走廊、宽体客机、双边贸易便利化、北极开发等多个领域的经济合作全面铺开，中俄经济合作已经从单一的能源贸易转变为覆盖多个层次的全方面经济合作。

9月，在中俄总理定期会晤机制下，中俄高级别政府官员还分别依托中俄能源合作委员会、中俄总理定期会晤委员会、中俄总理定期会晤委员会农业合作分委会等机制开展经济外交，取得了多项成果。9月6日，国务院副总理韩正在北京会见俄罗斯副总理科扎克并共同主持中俄能源合作委员会第十六次会议。中俄双方签署了《中俄能源合作委员会第十六次会议纪要》。9月11日，农业农村部副部长张桃林与俄罗斯联邦农业部副部长列文在北京共同主持召开中俄总理定期会晤委员会农业合作分委会第六次会议。9月16日，国务院副总理胡春华在俄罗斯与俄副总理阿基莫夫共同主持召开中俄总理定期会晤委员会第二十三次会议，双方力求推动实现2000亿美元贸易发展目标，把农业特别是大豆合作打造成新的增长点。

当前，中俄总理定期会晤机制下有能源合作委员会、投资合作委员会、人文合作委员会、总理定期会晤委员会四个副总理级的合作机制以及诸如运输合作分委会、农业合作分委会、金融合作分委会、经贸合作分委会、工业合作分委会、航空合作分委会、核问题分委会、科技合作分委会和通信与信息技术合作分委会等部级合作机制。上述不同层级的合作委员会对于推动中俄两国经济外交和经济合作取得进展起到了重要的作用。

（执笔人：宋亦明）

（三）中美经济外交释放正面信号

2019年9月，在经历了上个月中美加征关税新升级后，中美经贸关系出现向好迹象，双方通过一系列经济外交活动，互相释放正面信号，为10月举行的第十三轮中美高级别经贸磋商创造较好氛围。不过，美国国内依然以国家安全为由对中国高技术产品及相关投资持有较大敌意，中美"科技战"烈度并未降低。

3日，国务院副总理刘鹤在北京会见美国国会参议院"美中工作小组"共同主席、参议员戴恩斯及参议员珀杜一行。双方表示不愿经贸冲突。两天后，刘鹤应约与美国贸易代表莱特希泽、财政部长姆努钦通话。双方同意10月初在华盛顿举行第十三轮中美经贸高级别磋商且一致认为，应共同努力，采取实际行动，为磋商创造良好条件。这被视为双方正在释放正面信号，新一轮中美经贸高级别磋商有望将两国经贸关系往正确方向引领。

之后，双方高层还进行了一系列积极的互动。10日，国务院总理李克强在北京会见中美企业家对话会的美方代表时表示，中美应求同存异并欢迎美国扩大对华经贸投资合作。美方代表表示反对削弱同中国经济关系的做法，绝不愿看到美中经贸脱钩。同日，国务院副总理刘鹤在北京会见美国花旗集团首席执行官高沛德。12日，刘鹤在北京会见美中贸易全国委员会董事会主席格林伯格。双方均表示希望美中经贸磋商取得积极进展，尽快达成一致。24日，国务委员兼外交部部长王毅在纽约出席美中关系全国委员会、美中贸易全国委员会、美国全国商会和美国对外关系委员会联合举办的晚餐会并发表主旨演讲。王毅表示，中美经贸摩擦应当通过对话协商来解决。经贸合作是中美关系的"压舱石"，人文交流是"推进器"。27日，王毅在纽约会见美国前国务卿基辛格。王毅表示，希望美方也能秉持"和而不同"，同中方相向而行，在相互尊重的基础上管控分歧，在互惠互利的基础上深化合作，共同推动中美关系健康稳定向前发展。基辛格表示，美中无法脱钩，无法彼此回避。双方要加强沟通协调，通过建设性对话解决分歧，避免冲突。

除中美高层互动频繁外，美国还决定推迟对中国产品再次加征关税的计划。11日，美国总统特朗普在社交媒体推特上发文称，他已同意推迟原定于10月1日对价值2500亿美元的中国输美商品加征的关税税率从25%上调至30%的计划。特朗普称，这一推迟的决定是应中方的要求做出的。得到暂时豁免的美国商品主要是海产品和抗癌药，不包括备受关注的大豆和猪肉等农产品。不过，此次美国推迟加征关税的举动也是自今年6月G20大阪峰会以来又一个推动中美经贸摩擦降温的重要事件。另外，据彭博社报道，特朗普总统的一些贸易顾问近日曾讨论向中方提供一份临时贸易协议，美国将延迟甚至取消部分对华关税，以换取中国购买美国农产品及在知识产权方面做出承诺。此前，美国一直希望同中国达成一个包含结构性改革的全面贸易协议，但双方在执行机制等领域分歧突出导致谈判迟迟未能取得成果。9月中美经济外交依然在为双边贸易谈判服务，贸易协议能否尽快达成仍将拭目以待。

从美国国内来看，美方对中国高科技产品的限制仍在加强。9月，美国白宫行政管理和预算局发表政策声明称，为确保美国的国家安全和经济安全，支持国会立法禁止采购外国国企或国家控制的企业生产的城市轨道车辆和公交车。该政策声明显然主要是针对中国国企以及接受中国政府补贴的民企，目的是抵消中国在美国城市轨道交通车辆市场上日益增加的影响力，中国中车股份有限公司（中车）成为主要目标。中车拓展美国市场十年有余，美国政府及国会以国家安全为由限制地方城市采购中车车辆，不仅对中车美国业务带来负面影响，也会增加中美经贸关系的消极因素，突显出美国遏制和打压中国高技术制造业、维护其霸权地位的意图和决心。除中车外，中国的无人机也成为美国国会打击的目标，18日，美国两党参议员共同向参议院提交《2019年美国安全无人机法》议案，要求禁止美国联邦机构从中国或被视为国家安全威胁的其他国家购买无人机。中美经贸磋商仍在紧张进行，无论协议能否达成，美国对中国高科技的打压恐难放松，科技领域或将成为未来中美经贸摩擦的主战场。

（执笔人：黄泽群）

（四）中国商务外交持续开展

2019年9月，商务部继续稳步开展对外经济外交活动，不仅在区域层面推动了区域经贸合作新进展，也在双边等层面加强了与其他国家之间的经济交流与往来联系。

9月7日至10日，商务部副部长兼国际贸易谈判副代表王受文受商务部部长钟山委托，率团赴泰国曼谷出席东亚合作系列经贸部长会议，其中包括《区域全面经济伙伴关系协定》（RCEP）谈判第7次部长级会议、第18次中国—东盟（10+1）经贸部长会议、第22次东盟—中日韩（10+3）经贸部长会议、第7次东亚峰会（EAS，10+8）经贸部长工作午餐会等东亚合作相关经贸部长会议。与会各方就深化"一带一路"国际合作、推进RCEP谈判、加强中国—东盟经贸关系、推动东亚及世界经济一体化、维护多边贸易体制等地区和国际重要经贸问题交换了意见。

在RCEP部长级会议上，各方重申在年内结束谈判的决心，呼吁各方给予谈判人员最大授权，努力解决遗留问题，推动完成谈判。截至2019年9月底，RCEP已经完成了28次谈判并召开了7次部长级会议，总体上看RCEP的谈判已经取得了重要阶段性进展，只差临门一脚。中国也力图在其中发挥更大的作用，以期借助RCEP这个区域开放平台缓解中美贸易摩擦带来的压力并更好地融入亚太经济一体化之中。

在"10+1"会议上，中国与东盟十国的经贸部长或代表重申了双方加强贸易和经济联系的承诺，一致同意继续深化"一带一路"合作，加强"一带一路"倡议与《东盟互联互通总体规划（2025）》等东盟发展规划对接，推动澜湄跨境经济合作和中国—东盟增长区合作等次区域合作取得更多实效。各国经贸部长欢迎中国—东盟自由贸易区升级及取得的相关进展，东盟方还表示将积极参与第二届中国国际进口博览会和第16届中国—东盟博览会。

在"10+3"会议上，与会各方强调了要维护多边主义，重申加强区域经济一体化，承诺全力推动今年内完成区域全面经济伙伴关系协定（RCEP）的谈判工作，也声明将致力于维护一个开放、包容、透明、非歧视性和以规则为基础的多边贸易体系。与会部长与东亚商务理事会进行交流，鼓励工商界在推进东亚经济发展方面继续发挥积极作用。

在"10+8"工作午餐会上，各方则表示要进一步强化贸易投资联系，增强财政韧性；加强政策协调，应对数字革命挑战，实现包容性增长。"10+8"国家高度重视国际贸易在增加生产、促进创新、就业和发展方面的作用，支持WTO遵循透明、非歧视、以规则为基础等原则。

可以看出，在密集紧凑的东亚合作系列会议中，中国与其他与会国家利用多个国际制度平台沟通立场并强化利益协调，力图尽快达成有利于亚太区域经济一体化的共识。

除了加强与东亚国家的制度联系外，中国也与中亚国家进一步深化了经贸合作。9月26日，商务部副部长、国际贸易谈判副代表俞建华率团出席了在乌兹别克斯坦首都塔什干举行的上海合作组织成员国经贸部长第十八次会议。各方深入讨论了区域经济合作的现状和前景，强调了在贸易投资、交通物流、旅游、农业、工业、能源、信息通信技术、区域发展、科技、生态环保等领域加强协作的迫切性和重要性。此次会议的最大亮点在于审议通过了新版《上海合作组织成员国多边经贸合作纲要》草案，拟作为2020—2035年推动区域经济合作在新时代取得新发展的重要纲领性指导文件。各方对这一新版纲表示要高度重视，决心携手积极落实，采取切实行动，推动各领域务实合作早日取得新成效。会议还通过了《上海合作组织成员国在数字化时代发展偏远和农村地区的合作构想》草案和《上海合作组织经济智库联盟章程》草案，为区域经济合作开辟了新的领域。上述文件将作为上海合作组织成员国第十八次总理会议的主要经贸成果，提交总理会议批准。

在会议上，中方提出了加强经贸合作战略规划、推动贸易和投资自由化便利化、提升互联互通水平、加强全球经济治理合作等建议，得到了各方的积极响应。这体现出中国在促进区域经济协调合作方面发挥出的一定引领作用，也体现出中国在推动上合组织这一国际制度进行升级方面做出的贡献。

除此之外，中国还于9月5日与阿拉伯国家举办了第四届中国—阿拉伯国家博览会，于9月6日与蒙古举行了第三届中国—蒙古国博览会。博览会作为中国与这些国家深化经贸往来的重要平台，彰显了中国与他国传承友谊、互利共赢的理念与宗旨，也是中国当前开展经济外交、展现大国风貌的一个突出渠道。

（执笔人：孙忆）

◇◇ 十 中国拓展与南亚经贸合作（十月报告）

2019年10月，中国积极推进双边经济外交活动。国家主席习近平会见巴基斯坦总理，并出访印度、尼泊尔两国，扩宽中国与南亚国家经贸投资等领域合作。第十三轮中美经贸高级别磋商在华盛顿举行，"第一阶段"贸易协议接近达成。国务院副总理胡春华访问萨摩亚和菲律宾，推动落实中国与太平洋岛国之间，以及中国与菲律宾之间经贸合作的成果。中国的双边自贸协定也有新进展，中国—新加坡和中国—东盟自贸协定升级议定书于本月生效，中国还与毛里求斯签订了自贸协定。区域层面，《中国与欧亚经济联盟经贸合作协定》正式生效，对于推动"一带一路"与欧亚经济联盟对接合作具有积极意义。此外，中国人民银行和财政部代表出席APEC、G20和金砖国家系列央行和财长会议，积极参与全球金融治理。

（一）中国开展与南亚三国经济外交

2019年10月，中国加强与南亚国家的双边经济外交。巴基斯坦总理来华访问，国家主席习近平出访印度、尼泊尔两国，扩宽中国与南亚国家经贸投资等领域合作。习近平此访适逢《区域全面经济伙伴关系协定》（RCEP）谈判的冲刺阶段，访问成果将惠及中印经贸关系、推动"一带一路"在南亚深入发展。

9日，习近平在北京会见巴基斯坦总理伊姆兰·汗。双方表示，愿促进能源、交通基础设施、产业园区和民生项目，力求将"中巴经济走廊"打造成"一带一路"的示范工程。国务院总理李克强同巴基斯坦总理伊姆兰·汗举行会谈，并见证了基础设施建设等多项双边合作协议签署。根据我国海关统计，中国目前是巴基斯坦最大贸易伙伴国、第一大进口来源国、第三大出口目的国和最大的投资来源国。同时，巴基斯坦也是中国在南亚地区最大投资目的地。此次会见有助于巩固中巴贸易投资合作，推动"中巴经济走廊"建设。

11日，习近平赴印度金奈出席中印领导人第二次非正式会晤，此次出访是洞朗危机后中印领导人第二次非正式会晤。会议决定设立高级别经贸对话机制，加强经济发展战略对接，探讨建立制造业伙伴关系，推动双边贸易平衡可持续增长。双方同意拓展"中印+"合作，推进地区互联互通建设，同各方一道尽早完成RCEP谈判。当前，中国已成为印度第一大贸易伙伴，是印度最大的进口来源和第四大出口贸易对象，印度则是中国在南亚最大的贸易伙伴，双方贸易结构互补性强。中印力求建立"制造业伙伴关系"，旨在推进中国对印制造业配套设施投资，提升印度对华IT和医药领域贸易与投资，将有助于深化双边经贸合作。

12—13日，习近平在加德满都分别会见尼泊尔总统班达里和总理奥利。这是习主席首次访问尼泊尔。双方将共建"一带一路"同尼泊尔打造"陆联国"国策对接，积极考虑升级改造跨境公路，启动跨境铁路可行性研究，逐步增开边境口岸，增加两国直航，加强通信合作，加快构建跨喜马拉雅立体互联互通网络；促进贸易和投资，推进中尼跨境经济合作区建设，推动产能和投资合作，重点加强贸易投资、灾后重建、能源、旅游四大领域合作。会后双方发表了《中华人民共和国和尼泊尔联合声明》。此访将有助于加强中国同南亚区域互联互通与产能和投资合作。其中，跨喜马拉雅立体互联互通网络进一步推进，双方启动吉隆至加德满都跨境铁路项目可行性研究，提出吉马塘卡至拉古瓦加特段公路建设，增加直航，将打造中尼之间立体大通道。

中国在南亚面对着印—巴对立矛盾、印—尼密切合作的局面，通过推动双边经济外交，将有助于提升中巴经贸合作水平，并强化巴基斯坦对中国开展南亚经济合作的重要地位，同时深化中国与印度的经济合作关系，加强与尼泊尔的区域互联互通与产能和投资合作，使"一带一路"建设惠及整个南亚地区。

（执笔人：林震宇）

（二）中美达成"第一阶段"贸易协议渐行渐近

2019年10月，中美经贸关系出现向好信号，第十三轮中美经贸高级别磋商在华盛顿举行，双方初步达成"第一阶段"贸易协议。不过，中美全面战略竞争态势并未显著降温，双边磋商仍然存在反复和不确定性，贸易战外还裹挟着投资安全保护、地缘政治竞争、舆论战等，美国对华政策愈发突出打压和遏制特点，战略竞争色彩浓厚。虽然特朗普政府、国会和两党对中国仍然抱有一致的敌意，但日益紧密的中美经贸关系使其无法忽视美国商界、农民等利益群体继续维持同中国进行贸易往来的强烈诉求，尤其是在2020年美国大选的压力之下，达成中美贸易协议的迫切性日益提高，中美"脱钩"的现实条件愈发薄弱。

自2018年年初以来，中美经贸磋商一波三折，双方始终未能就关切的经贸问题达成实质性成果。不过，在习近平主席和特朗普总统两次G20峰会会晤的努力下，中美得以恢复谈判进程。2019年10月，中美双边贸易磋商持续推进并取得显著成果，双方还持续通过通话等形式完善协议文本。

10月10—11日，第十三轮中美经贸高级别磋商在华盛顿举行，双方初步达成"第一阶段"贸易协议，内容涉及关税、农业、知识产权保护、技术转让、汇率、金融服务、扩大贸易合作、争端解决等领域，具体来看：第一，关税方面，美国决定暂停原定于10月15日对中国2500亿美元产品提高关税至30%，维持25%的关税，12月15日对3000亿美元中的部分产品加征15%关税仍需谈判。第二，农业方面，中方将购买价值约400—500亿美元的农产品，中美在卫生和植物检验检疫等农业结构性问题上取得进展，便利美国农畜产品输入中国。第三，知识产权保护方面，中美关于技术转让的一些内容和知识产权保护的大部分内容都得以解决，其余问题可在中美"第二阶段"贸易磋商中解决。第四，货币和金融服务业方面，中美在外汇市场透明度等方面达成协定，中国将加大对银行等金融服务机构的对外开放力度。第五，争端解决机制方面，中美将达成一个争端解决机制，具体内容尚未公布；等等。

可以看出,"第一阶段"贸易协议包含了中方关切的关税议题,但并未完全取消已加征的关税,还包含了美方关切的农产品、知识产权等结构性议题。对于此前中国关切的"执行机制","第一阶段"贸易协议以"争端解决机制"代替,但具体内容尚不清楚。此外,华为等被加入"实体清单"的企业和政府机构并不在"第一阶段"贸易谈判中。

"第一阶段"贸易协议原本预计在11月16日智利APEC峰会期间正式签署,但是10月30日智利总统皮涅拉宣布,由于连日骚乱决定取消将于该国举行的APEC领导人非正式会议和气候大会。中美需要更改签署协议的时间和地点,具体信息仍有待双方沟通。不过,第十三轮中美经贸高级别磋商结束后,中美双方一直在抓紧时间推进文本工作。10月25日,国务院副总理、中美全面经济对话中方牵头人刘鹤应约与美国贸易代表莱特希泽、财政部长姆努钦通话,双方同意妥善解决各自核心关切,确认部分文本的技术性磋商基本完成,确认就美方进口中国自产熟制禽肉、鲶鱼产品监管体系等以及中方解除美国禽肉对华出口禁令、应用肉类产品公共卫生信息系统等达成共识。

中美经贸磋商持续推进并达成"第一阶段"贸易协议,意味着中美经贸关系再次出现缓和契机,但贸易摩擦并未因此而终,关税未完全取消,双边经贸关系中存在的一些结构性问题仍有待在"第二阶段"甚至"第三阶段"贸易谈判中逐步解决。更为重要的是,中美在金融、投资、地缘政治等领域仍然呈现全方位竞争态势,美国进一步利用经济制裁工具对中国内政加以干涉,同时也未放松对中国高科技企业的打压和遏制,仍然以"国家安全"为由限制中国对美投资。

10月7日,美国商务部产业安全局宣布将28个中国公安机构和公司列入出口管制"实体清单",宣称这些企业涉及打压新疆穆斯林。其中包括中国新疆维吾尔自治区公安厅、新疆生产建设兵团公安局等19个公安机构,海康威视、大华科技、科大讯飞、旷视科技、商汤科技、美亚柏科、溢鑫科技和依图科技等9家商业公司。美国企业需经过政府的许可，才能够同被列入"实体清单"的企业进行商业往来。2019年5月，美国以国家安全为由，将华为及相关的100多个个人和组织列入出口管制"实体清单"，此次以人权为由再度制裁我国高科技企业，为中美关系增加更多不确定因素。

除直接的经济制裁外，美国对中国高科技企业赴美投资警惕性也愈发高涨。美国会共和党参议员马尔科·卢比奥要求美国外国投资委员会（CFIUS）调查TikTok（抖音国际版）的母公司、中国企业字节跳动2017年收购Musical.ly的交易，声称"越来越多的证据"显示TikTok的美国平台在进行内容审查。TikTok在美国广受欢迎，中国企业的身份再次引发美国议员的担忧。自特朗普政府上任并挑起中美贸易战后，尤其在去年美国通过CFIUS改革的新法案、加强对外国高科技企业赴美投资的限制后，中国对美投资已大幅缩水，美国内出于国家安全的担忧打击中国高科技企业对美投资的势头仍在上升，无益于中美双边关系的改善。

此外，美国还以"国家安全"为由在金融、高科技产品贸易等方面限制中美双边往来。10月28日，马尔科·鲁比奥计划提出法案，阻止美国政府退休基金投资于中国股市。2017年，美国联邦退休储蓄投资委员会（FRTIB）决定，其管理的国际基金将在2020年年中之前反映明晟全球股票指数，而该指数纳入了包括中国在内的新兴国家。这一决定遭到了特朗普政府一些官员和国会两党议员的批评，认为此举将削弱美国的经济和国家安全。10月30日，美国内政部宣布，将对该部拥有的全部800多架无人机实施停飞，原因是这些无人机的中国制造商引发的国家安全风险担忧不断加剧。

总的来看，虽然中美经贸磋商有望尽快签署"第一阶段"贸易协议，但贸易摩擦不会骤然终止，双边经贸磋商和博弈仍将延续，而中美战略竞争态势也会继续蔓延。不过，中美经济"脱钩"不符合双方利益，正如

10月24日美国副总统彭斯在伍德罗·威尔逊中心发表的关于中国问题演讲中所提到的，美国不是要与中国脱钩。彭斯对中国的知识产权保护、人权、南海等问题的指责依旧老调重弹，但对双边经贸关系的期待事实上符合中美根本利益，经贸、科技"脱钩"不仅损害中美双方利益，更会对处于全球价值链上的其他经济体乃至世界经济带来重大损失，这一破坏性影响已然在今年的世界经济增长及贸易增长上凸显出来，对中美来说，理性磋商、管控分歧才是重中之重。

（执笔人：张玉环）

（三）胡春华访问萨摩亚、菲律宾落实经贸合作成果

2019年10月19—24日，中国国务院副总理胡春华先后访问了萨摩亚和菲律宾，推动落实中国与太平洋岛国之间，以及中国与菲律宾之间经贸合作的成果。胡春华此次访问及其达成的实质性成果助推了"一带一路"国际合作在东南亚与南太平洋地区的进一步发展。

19日，胡春华在在萨摩亚首都阿皮亚与萨摩亚总理图伊拉埃帕举行会谈，双方达成了参与共建"一带一路"，推动中国与萨摩亚务实合作的共识。21日，第三届中国—太平洋岛国经济发展合作论坛在阿皮亚举行，胡春华出席该论坛开幕式，在会上宣布了中国进一步支持太平洋岛国经济社会发展的八项举措，并与建交岛国领导人共同签署《中国—太平洋岛国经济发展合作行动纲领》。

中国—太平洋岛国经济发展合作论坛成立于2006年，由中国政府倡议成立，旨在促进中国和南太平洋地区经贸交流与合作、实现共同发展。这是当前中国与太平洋岛国之间在经贸领域最高级别的对话机制，由各国（副）总理牵头，政府官员、国际和地区组织代表、企业家、商协会代表

与学者共同参与，探讨经济发展合作的重要议题。该机制也是中国与相关国家密切经济联系、达成实质合作成果的关键平台。在参加第三届论坛期间，胡春华分别会见了十个建交岛国领导人、代表团团长和岛国有关地区组织负责人，就贸易投资、基础设施、农林渔业、旅游、应对气候变化等领域合作议题交换了意见，并见证签署了相关合作文件。自论坛正式启动以来，中国与太平洋岛国的经贸联系日益深化，2018年中国与已建交太平洋岛国之间的贸易额达43.2亿美元，中国对相关国家的直接投资额也达45.3亿美元，累计签订工程承包合同额150.1亿美元。

24日，胡春华又赴马尼拉对菲律宾展开正式访问，会见了菲律宾总统杜特尔特，并与由菲财政部长率领的内阁经济团队举行了会谈。双方同意将拓展贸易投资合作，加快重点合作项目进度，并加强区域和多边层面的合作。胡春华的此次访菲之行，是2018年11月习近平主席访问菲律宾并将两国关系提升为全面战略合作关系以来，中菲关系在经贸合作上取得的一次实质性进展。从会谈结果来看，未来两国在农产品贸易与基础设施建设领域的投资合作将有机会取得新的突破。事实上，近年来中菲经贸往来已呈现良好的增长趋势，这是进一步开拓两国经贸合作的有利前提。2018年，中菲双边贸易额达到556.7亿美元，其中中国还首度超越日本成为菲律宾香蕉最大进口国；此外，中国对菲律宾的获准投资额近10亿美元，与2017年相比增长率高达2072%。

（执笔人：罗仪馥）

（四）《中国与欧亚经济联盟经贸合作协定》正式生效

2019年10月26日，国务院总理李克强和欧亚经济联盟各成员国总理共同发表了《关于2018年5月17日签署的〈中华人民共和国与欧亚经济联盟经贸合作协定〉生效的联合声明》。该声明指出，中国与欧亚经济联盟成员国均认为《中华人民共和国与欧亚经济联盟经贸合作协定》（后简称《协定》）的生效是建设共同经济发展空间、实现"一带一路"倡议与欧亚经济联盟对接，以及"一带一路"倡议与大欧亚伙伴关系倡议协调发展的重要举措。同时，中国与欧亚经济联盟成员国均认为《协定》有助于双方在经贸领域开展互利合作和建设性对话，有必要尽早顺利启动旨在促进双边贸易与合作的《协定》条款的实施工作，并保证包括《协定》联合委员会在内的合作机制应有的作用。上述联合声明的发布标志着《协定》正式进入实施阶段。

2018年5月17日，中国商务部国际贸易谈判代表兼副部长傅自应在参加哈萨克斯坦阿斯塔纳经济论坛期间，与欧亚经济委员会执委会主席萨尔基相及欧亚经济联盟各成员国代表共同签署了《中华人民共和国与欧亚经济联盟经贸合作协定》。《协定》共分为十三个章节，除了规定目标、地理适用性、最惠国待遇、透明度、贸易救济等程序性内容外，还特别涉及了卫生议题、海关合作与贸易便利化、知识产权保护、部门合作及政府采购等议题。《协定》的签署标志着中国与欧亚经济联盟首次达成经贸方面重要制度性安排，对于推动"一带一路"与欧亚经济联盟对接合作具有积极意义。

《协定》的特点主要体现为三个方面：一是强化政策和规则的对接，为双方提升经贸合作水平奠定了坚实的制度基础；二是双方在海关、质检、技术标准等领域达成了共识，将有力提升本地区贸易便利化水平，提高贸易的透明度和可预期性；三是协定包含了知识产权、政府采购、电子商务等新议题，开辟了双方更广阔的经贸合作领域和空间。得益于欧亚经济联盟与其他独联体国家和欧盟国家具有紧密的地缘经济联系，由此《协定》正式实施后，中国企业对欧亚经济联盟、独联体国家、欧盟国家的出口潜力将进一步得以发挥。

欧亚经济联盟与中国互为重要的经济合作伙伴，双方经济外交互动频繁，成果丰硕。欧亚经济联盟成立于2015年1月，目前成员国有俄罗斯、哈萨克斯坦、白俄罗斯、吉尔吉斯斯坦和亚美尼亚，而上述五国均是"一带一路"建设重要合作伙伴。当年5月，中国就与俄罗斯签署《关于丝绸之路经济带建设和欧亚经济联盟建设对接合作的联合声明》，宣布启动中国与欧亚经济联盟经贸合作方面的协定谈判。2018年5月17日签署的《协定》正是三年来谈判的重要成果。

（执笔人：宋亦明）

（五）中国自贸外交取得新进展

2019年10月，中国在对外加快实施自由贸易区战略方面取得新的突破。一方面，既有自贸协定升级版生效，主要涉及中国与周边特别是东南亚国家之间的自贸联系；另一方面，新的自贸协定伙伴国持续拓展，主要涉及中国与非洲国家之间的联系。

第一，中国与新加坡自贸协定升级议定书于10月16日生效。中新两国于2008年10月就签署了自贸协定，2009年1月1日起实施；2015年11月，双方共同宣布两国之间建立与时俱进的全方位合作伙伴关系，并就启动中新自贸协定升级谈判达成共识，而后经过八轮谈判，于2018年11月12日签署了自贸协定升级议定书。升级版的中新自贸协定对原协议的原产地规则、海关程序与贸易便利化、贸易救济、服务贸易、投资、经济合作等6个领域进行了升级，并新增了电子商务、竞争政策和环境等3个领域。双方商定，《升级议定书》涉及的原产地规则调整将于2020年1月1日起实施。此次中新自贸协定的升级，可以说是落实两国领导人重要共识，丰富和充实两国与时俱进的全方位合作伙伴关系的重要举措。并且，中新两国在广泛领域达成的高水平自贸协定树立了规模差异巨大的国家间开展互利合作的典范，为未来中国继续与其他发达国家谈判高水平、高标准自贸协定积累相关经验。

此外，中国—东盟自贸区升级《议定书》也于10月22日对所有协定成员全面生效。中国与东盟双方于2002年签署了《全面经济合作框架协议》以启动自贸区建设，后陆续签署货物、服务、投资等协议，至2010年全面建成。这是中国对外商谈的第一个、也是最大的双边自贸区。2015年11月22日，中国与东盟双方在马来西亚首都吉隆坡正式签署自贸协定升级《议定书》，这是中国完成的第一个自贸区升级协定，是对原有中国—东盟自贸区系列协定的丰富、完善、补充和提升，体现了双方深化和拓展经贸合作的共同愿望。升级《议定书》于2016年7月1日率先对中国和越南生效，此后陆续在东盟其他成员中完成国内核准程序，最终全面生效。中国—东盟自贸区的发展符合双方稳定快速发展经贸关系的迫切需求。从2002年至2018年，中国与东盟双边贸易额已增长近11倍，双向投资也增长近5倍，中国已然成为东盟最大的贸易伙伴，而东盟也成为中国第二大贸易伙伴。自贸区建设既为中国与东盟提供了进一步密切互利共赢的平台，又通过相应的制度锁定效应巩固了这种互惠合作的关系，因此是中国和东盟的共同利益所在。升级《议定书》的全面生效，将进一步释放自贸区实施的红利，为双方经济发展提供新的助力，也为实现《中国—东盟战略伙伴关系2030年愿景》奠定基础。

第二，中国自贸伙伴网络向非洲拓展。10月17日，中国与毛里求斯签订了自贸协定，这是中国对外商签的第17个自贸协定，也是中国与非洲国家的第一个自贸协定，它不仅将为深化两国经贸关系提供更加有力的制度保障，也为中非全面战略合作伙伴关系赋予了全新的内涵，为中非经贸合作开创新局面。中国—毛里求斯自贸协定谈判于2017年12月正式启动，双方经过四轮密集谈判，于2018年9月2日正式结束了谈判。中国

—毛里求斯自贸协定涵盖了货物贸易、服务贸易、投资、经济合作等内容,实现了"全面、高水平和互惠"的谈判目标。例如,在货物贸易领域,中方和毛里求斯最终实现零关税的产品税目比例分别达到96.3%和94.2%,占自对方进口总额的比例均为92.8%。毛里求斯剩余税目的关税也将进行大幅削减,绝大多数产品的关税最高将不再超过15%,甚至更低;双方在原产地规则、贸易救济、技术性贸易壁垒和卫生与植物卫生问题等方面也达成了一致。又如,在服务贸易领域,双方承诺开放的分部门均超过100个,其中,毛里求斯将对中国开放通讯、教育、金融、旅游、文化、交通、中医等重要服务领域的130多个分部门,这种服务领域开放水平在迄今为止毛里求斯对外签署的自贸协定中是最高的。还有,在投资领域,协定较1996年中国—毛里求斯双边投资保护协定在保护范围、保护水平、争端解决机制等方面有较大升级;这是中国首次与非洲国家升级原投资保护协定,有利于为中国企业赴毛投资提供更有利的法律保障并进一步拓展在非洲的投资合作。中毛双方还同意进一步深化两国在农业、金融、医疗、旅游等领域的经济技术合作。协定签署后,双方将各自履行关于协定正式生效的国内程序,以便协定尽早实施,让协定成果尽早惠及两国企业和人民。

总的来看,中国10月的自贸外交表现亮眼。对提升协议质量的追求和对拓展伙伴网络的需要显然已成为了新时期中国继续对外实施自由贸易区战略的两大方向,助力中国密切与其他国家的制度性合作关系、提高中国在国际经济舞台上的合作效率与合作地位。

(执笔人:孙忆)

(六)央行行长及财长会议聚焦全球金融治理

2019年10月,全球和区域金融国际组织召开一系列央行和财长会议，聚焦全球金融治理重点议题，取得众多成果。中国人民银行和财政部代表出席系列会议，积极参与全球金融治理。

10月14—15日，第26届亚太经合组织（APEC）财长会在智利圣地亚哥举行。APEC各经济体承诺将各自和共同使用财政、货币和结构性政策工具，推动实现强劲、可持续、创新、包容和平衡增长。同时，各成员将继续实施全面灵活的财政政策，优先考虑提升包容性和高质量投资，确保公共债务规模占国内生产总值的比重维持在可持续水平。除此，各方同意继续促进金融一体化，制定有利于改善市场环境的监管框架，并妥善应对新技术带来的风险；增加金融产品和服务的可及性，进一步推进普惠金融；促进高质量、可融资的基础设施项目投资，提升区域一体化水平；继续落实《宿务行动计划》，加强灾害风险融资与保险合作等。会议发表了联合声明，并于会前举行了APEC财长闭门会，就全球经济风险、数字经济及财政整固等议题交换了意见。

10月17—18日，二十国集团（G20）财长和央行行长会议在美国华盛顿举行。各方同意将加强对话，使用货币政策、财政政策和结构改革等各类政策工具，推动经济强劲、可持续、平衡和包容性增长。各方普遍支持落实大阪峰会达成的《G20高质量基础设施投资原则》，按照《G20关于推动基础设施成为独立资产类别的路线图》的方向，讨论通过完善资本市场监管吸引私人部门资金投资基础设施建设，并探讨利用技术优势促进基础设施投资。会议一致同意发布G20关于稳定币的声明，肯定金融创新的潜在效益，同时指出稳定币具有一系列政策和监管风险，会议要求金融稳定理事会、基金组织、金融行动特别工作组等国际机构继续研究稳定币的相关风险和影响。另外，会议还探讨了低收入国家债务问题及金融市场分割问题。

10月17日，金砖国家财长和央行行长会议在美国华盛顿举行，各方就新开发银行扩员、跨境支付清算系统、2020年金砖财金合作议程等问题交换意见。此外，会议还简要听取了 2020 年金砖合作轮值主席国俄罗斯对 2020 年工作计划的介绍。金砖国家财长和央行行长会晤机制逐渐成熟，首届金砖国家财长和央行行长会议于 2017 年举行，由中方担任主席国。

中国人民银行和财政部参与央行行长和财长会议的政府代表充分利用会议平台，积极展开多边及双边经济外交。财政部副部长余蔚平率团出席 APEC 财长会并发言。财政部副部长邹加怡、人民银行副行长陈雨露出席金砖国家财长和央行行长会议。中国人民银行行长易纲，及陈雨露、邹加怡出席了出席 G20 会议。另外，在金砖国家央行和财长会议期间，陈雨露还应约会见了法国财政部副部长奥蒂尔·雷诺—巴索、日本财政部副部长武内良树、卡塔尔央行行长阿卜杜拉·阿勒萨尼以及沙特金融管理局副总裁图尔基·穆泰里，就双边金融合作、亚洲区域金融合作、G20 下的协调及其他双方共同关心的话题交换了意见。

（执笔人：张梦琨）

◇◇ 十一 中国 FTA 战略稳步推进（十一月报告）

2019 年 11 月，中国区域和全球经济外交表现亮眼。在区域层面，中国积极参与东亚系列会议，对推动中国—东盟、东盟—中日韩以及东亚合作发挥重要作用，尤其是 RCEP 谈判取得重大突破，为亚太区域经济合作再添基础，不过月底日本宣称不会签署不包含印度的 RCEP 的表态，使 RCEP 未来谈判仍面临不确定性。在全球层面，中国参与金砖国家领导人会晤、上海合作组织政府首脑会晤，在金砖、上合框架下继续推动经贸合作，还举办了第四次"1+6"圆桌对话会，同 IMF、WTO 等国际经济组织就中国优化营商环境和推进更高水平开放等议题进行交流,此外,由彭博与中国国际经济交流中心共同主办的"创新经济论坛"在北京举行,该论坛在应对全球性挑战方面进行讨论和交流,与此同时,也为中美对话开辟新渠道。

(一) RCEP 谈判进程风云暗涌

2019 年 11 月,中国自贸区战略继续向前推进,其中,双边自贸区建设依旧稳步推进,以 RCEP 为代表的区域自贸协定谈判面临暗流。

11 月 2—4 日,第 35 届东盟峰会及东亚合作领导人系列会议在泰国曼谷举行,期间,国务院总理李克强出席了第 22 次中国—东盟(10 + 1)领导人会议、第 22 次东盟与中日韩(10 + 3)领导人会议和第 14 届东亚峰会(EAS)。在系列会议中,中国与其他参会各方继续就实现更高水平经济一体化、支持地区互联互通建设、加强贸易投资金融往来、拓展创新领域合作等议题展开交流与磋商,取得重要成果:"10 + 1"领导人会议宣布制定《落实中国—东盟面向和平与繁荣的战略伙伴关系联合宣言的行动计划(2021—2025)》,并发表了关于"一带一路"倡议同《东盟互联互通总体规划 2025》对接合作的联合声明等 3 份成果文件;"10 + 3"领导人会议通过了《东盟与中日韩领导人关于互联互通再联通倡议的声明》,以推进高质量基础设施建设;东亚峰会则通过了《关于可持续伙伴关系的声明》。

此外,李克强总理还出席了第三次区域全面经济伙伴关系协定(RCEP)领导人会议,东盟十国以及韩国、日本、澳大利亚、新西兰、印度等国家领导人与会。在历时 7 年的 RCEP 谈判中,各参与国力图寻找符合各方利益需求的自贸区方案,但这种努力常常会受到各方利益分歧的限制。此次 RCEP 领导人会议期间,印度总理莫迪宣布,因 RCEP 目前的谈判内容不利于印度各行业及国家利益，因此印度不会加入这一协定。随后，此次会议发表的联合声明称，除印度外的 15 个 RCEP 成员国已经结束全部 20 个章节的文本谈判以及实质上所有的市场准入问题的谈判。根据声明，下一步将启动法律文本审核工作，以便在 2020 年签署协定。显然，RCEP 整体结束谈判，标志着世界上人口数量最多、成员结构最多元、发展潜力最大的东亚自贸区建设取得重大突破，有利于地区国家在面临经济下行压力背景下，加快区域经济一体化进程，也有利于在保护主义抬头的背景下，提振各国携手抵御风险挑战的预期。不过，由于谈判为充分照顾各方利益关切并体现参与方发展诉求的最大公约数，RCEP 协议在规则标准上可能仍会存在相当的妥协。可以想见，日后 RCEP 如何继续实现规则升级，仍将会是各参与方拉锯的焦点。

RCEP 第三次领导人会议结束后，风波仍未停止。11 月 29 日，日本经济产业省副大臣牧原秀树在接受彭博社记者采访时表示，"日本不会考虑在没有印度的情况下签署《区域全面经济伙伴关系协定》（RCEP）"。从日本的动机上看，一方面，日本在印投资额巨大，且印度是南亚地区经济体量最大的国家，印度的"退群"可能使得 RCEP 在商业利益上对日本的吸引力有所下降；另一方面，印度是日本积极推动日美澳印"价值观同盟"中的重要一环，印度也是日本开展"2+2"（外长+防长）会谈的第七个国家且已升级为部长级会谈，日本有意进一步拉拢印度以制衡中国借助 RCEP 而扩大的亚太影响力。日本的这种表态很明显为 RCEP 的发展前景再次蒙上阴影。

相较于 RCEP 的风云不定，中日韩自贸区谈判相对进展平稳。11 月 28—29 日，中日韩三方代表在韩国首尔举行了中日韩自贸区第十六轮谈判首席谈判代表会议。商务部副部长兼国际贸易谈判副代表王受文与日本外务省国际贸易和经济特命全权大使香川刚广、韩国产业通商资源部部长助理吕翰九分率各方代表团出席。三方围绕货物贸易、服务贸易、投资和规则等重要基础性议题深入交换了意见，也取得了积极进展。三方先期也举行了司局级磋商，以及货物贸易、服务贸易、投资、竞争、电子商务、知识产权、政府采购和原产地规则等11个工作组会议。从中日韩三方的立场上看，三方都认为要加快谈判进程，积极打造一份全面、高质量、互惠且具有自身价值的自贸协定，进一步挖掘三国经贸合作潜力，为世界经济增添新动能。三方在共同参与的RCEP基础上，也就进一步提升贸易投资自由化便利化水平、打造"RCEP+"的自贸协定深入交换了意见，并就下一步工作安排达成积极共识。

除了区域层面的自贸区建设进展外，中国在双边层面也取得积极成果。第一，中国和新西兰于11月4日宣布正式结束两国之间的自由贸易协定升级谈判。中新双方是于2016年11月启动自贸协定升级谈判的，其目的是要准确反映两国双边经贸关系快速、动态、与时俱进的发展需要，并以此进一步促进区域经济一体化进程。中新自贸区升级后，双方的出口商都将从更加便利的贸易规则中获益，因为双方对原有的海关程序与合作、原产地规则及技术性贸易壁垒等章节进行了进一步升级，新增了电子商务、环境与贸易、竞争政策和政府采购等章节，还在服务贸易和货物贸易市场准入、自然人移动和投资等方面做出新的承诺。第二，中国—以色列自贸协定第七轮谈判于11月18—21日在以色列举行。双方就货物贸易、原产地规则、海关程序与贸易便利化、卫生与植物卫生措施、贸易救济、环境、知识产权、竞争政策、政府采购、法律与机制条款等议题展开磋商，取得积极进展。

（执笔人：孙忆）

（二）中国领导人参加金砖国家与上海合作组织峰会

2019年11月，中国国家主席习近平与国务院总理李克强分别参加了金砖国家领导人会晤与上海合作组织政府首脑会晤。中国领导人与与会各国领导人以金砖国家机制及上海合作组织机制为平台，达成了多项成果。

金砖国家领导人第十一次会晤于11月13日到14日在巴西首都巴西利亚举行。巴西总统博索纳罗主持会晤，中国国家主席习近平、俄罗斯总统普京、印度总理莫迪、南非总统拉马福萨出席。五国领导人围绕"经济增长打造创新未来"主题，就金砖国家合作及共同关心的重大国际问题交换了意见。习近平发表题为《携手努力共谱合作新篇章》的讲话，强调了金砖国家要在营造和平稳定的安全环境、建立新工业革命伙伴关系、拓展人文交流广度和深度上进行更为深入的合作。会晤结束后各国领导人共同发表了《金砖国家领导人第十一次会晤巴西利亚宣言》。该宣言指出强调金砖国家致力于加强和改革多边体系、加强经济财金合作、以和平手段解决冲突、彼此之间加强其他多项务实合作。

在金砖国家机制下，多场经济外交活动先后举行。11月11日，第九次金砖国家经贸部长会议在巴西首都巴西利亚举行。商务部副部长兼国际贸易谈判副代表王受文代表钟山部长出席会议。会议期间，金砖五国贸易和投资促进机构代表还共同签署了合作谅解备忘录。五国经贸部长特别强调了要避免采取单边主义和保护主义措施、世贸组织改革应充分考虑包括发展中成员和最不发达成员在内的全体成员利益。此外，金砖国家工商论坛、金砖国家领导人同金砖国家工商理事会和新开发银行对话会分别于13日、14日举行。

历经十余年的发展，金砖国家会晤机制日趋完善。2017年，在金砖国家领导人厦门会晤上中国提出"金砖+"合作理念；2018年，在金砖国家领导人约翰内斯堡会晤上中国又提出了建设金砖国家新工业革命伙伴关系。而此次金砖国家领导人会晤期间，中国再次力推新工业革命伙伴关系建设。可以说，中国为金砖合作机制的发展持续注入强劲动力。此外，金砖机制下的元首会晤、首脑会晤以及更为技术性的部长级会晤先后建立健全，为保障金砖合作切实有效推进奠定了坚实的基础。

上海合作组织成员国政府首脑（总理）理事会第十八次会议于11月2日在塔什干举行。国务院总理李克强、乌兹别克斯坦总理阿里波夫、俄罗斯总理梅德韦杰夫、哈萨克斯坦总理马明、吉尔吉斯斯坦总理阿布尔加济耶夫、塔吉克斯坦总理拉苏尔佐达和巴基斯坦、印度政府代表以及观察员国代表与会。李克强总理会议期间发表讲话，指出上海合作组织需要在进一步加强合作，做到下述五点：一是筑牢安全屏障，夯实发展根基；二是扩大开放融通，拓展发展空间；三是完善联通格局，畅通高质量发展路径；四是培育创新亮点，增强发展新动能；五是坚持以人为本，共享发展成果。会后，李克强同与会成员国领导人签署并发表联合公报，批准了上合组织经贸、铁路、数字经济等领域多项合作文件和决议。

此次上海合作组织成员国政府首脑是上合组织"扩员"后的第二次政府首脑会晤，也是2019年6月14日上海合作组织成员国元首理事会第十九次会议后该机制内又一次高级别会议。当前，上海合作组织框架下的国家元首会晤机制、政府首脑会晤机制、部长级合作机制现已基本成熟。会晤的联合公报及合作附属文件也表明了上海合作组织各成员国的合作范围宽泛、合作形式多样、合作成果切实。可以说，上海合作组织不仅早已成为中国与相关国家开展经济外交的重要多边舞台，而且正在扮演着"欧亚经贸务实合作的加速器"的重要角色。

（执笔人：宋亦明）

（三）第四次"1+6"圆桌对话会成功举行

2019年11月21日，国务院总理李克强在北京与世界银行行长马尔帕斯、国际货币基金组织总裁格奥尔基耶娃、世界贸易组织副总干事沃尔夫、国际劳工组织总干事莱德、经济合作与发展组织秘书长古里亚和金融稳定理事会主席夸尔斯举行第四次"1+6"圆桌对话会，主题为"促进世界经济开放、稳定、高质量增长"，各方就优化营商环境和推进更高水平开放等议题进行交流。

在此次圆桌对话会上，李克强向六大国际组织指出了中国 2019 年的经济情况并释放了有关 2020 年中国宏观经济政策的重要信息。中方表示，2019 年，中国不断地深化改革，扩大开放，激发市场活力，顶住经济下行压力，能够实现年初确定的经济社会发展主要目标任务。2020 年，中国将保持宏观经济政策的连续性和稳定性，继续实施积极的财政政策和稳健的货币政策，给市场以稳定预期；绝不搞量化宽松，将用好经济逆周期调节工具，落实好今年实施更大规模减税降费，保持流动性合理充裕，加大力度降低实际贷款利率水平；注重打造营商环境，重视就业在经济发展中的基础作用；释放内需潜力，进一步全面开放制造业，扩大开放服务业。

六大国际经济金融机构负责人对中国在各方面取得的成果表示赞赏，并期望加强与中方的合作。一方面，各方高度赞赏新中国成立 70 年来取得举世瞩目的发展成就，赞赏中国持续优化的营商环境（世界第 31 位），赞赏中国进一步深化改革、扩大开放，更多发挥市场在资源配置中的决定性作用，由高速增长向高质量增长迈进。另一方面，各方重视同中方的关系与合作，愿加强在金融、技术、就业、减贫、发展等领域的交流合作，取得更多惠及民众的新成果。

"1+6"圆桌对话会，是中国国务院总理李克强和六大国际经济金融机构主要负责人在北京举行的一年一次的会晤。六大国际经济金融机构分别是国际货币基金组织、世界银行、世界贸易组织、经济合作与发展组织、金融稳定理事会和国际劳工组织。首次"1+6"圆桌对话会于 2016 年 7 月 22 日举办，此前已成功举办三次，各机构主要负责人出席，详见

表4.16。"1+6"圆桌对话会是迄今全球规格最大的国家领导人与国际经济组织主要负责人进行的集体对话,已成为中国和六大国际经济金融机构的常态化沟通机制。

表4.16　2016年、2017年、2018年"1+6"圆桌对话会基本内容

届别	时间	主题	重要共识领域
第一次	2016年7月22日	促进中国和全球经济强劲、可持续、平衡增长	经济增长、结构性改革、创新、贸易投资、金融监管改革、发展、就业、国际经济治理等
第二次	2017年9月12日	构建开放、活力、包容的世界经济	宏观经济形势及政策、经济全球化、发展、创新、结构性改革、贸易投资、就业、金融监管改革、全球经济治理改革等
第三次	2018年11月6日	促进中国与世界经济在开放合作中寻求共赢	全球经济形势、多边主义、全球经济治理改革、发展、中国的开放、数字化、"一带一路"等

（执笔人：张梦琨）

（四）第二届"创新经济论坛"在京举行

2019年11月21—22日,由彭博与中国国际经济交流中心共同主办的"创新经济论坛"在北京举行。"创新经济论坛"由彭博创始人、前纽约市长迈克尔·布隆伯格于2018年发起,并在新加坡举办第一届会议,论坛旨在应对全球经济重心从西方向新兴经济体转移过程中遇到的复杂挑

战，通过聚集全球商业和科技领袖为全球性挑战提供解决方案。本届"创新经济论坛"以"新经济，新未来"为主题，共有60多个国家500多名政商界代表出席，论坛探讨议题非常广泛，涉及世界经济、贸易、科技、气候变化、5G、数字经济、老龄化等，中美关系也是重要内容之一。在中美全面竞争愈演愈烈之际，由美国企业主导的经济论坛在中国召开，并探讨国际政治经济格局转变带来的挑战及应对方案，无疑具有重要的象征意义。

对中美关系来说，"创新经济论坛"意味着双边对话渠道的再拓展。"创新经济论坛"由中美机构共同主办，顾问委员会主席包括前国务卿、国家安全顾问亨利·基辛格以及前财政部长小亨利·保尔森，国际企业合作伙伴包括埃克森美孚、万事达卡、联邦快递等美企。中国国家副主席王岐山出席本届论坛开幕式并致辞，其他与会中方代表包括中国央行前行长周小川、阿里巴巴创始人马云等。论坛聚集了中美两国联系密切的政要和企业，他们曾对中美经贸关系的深入发展发挥过积极作用。在特朗普政府逐步转变对华政策的背景下，中美战略竞争态势愈发凸显，双边经贸往来受到阻碍，曾经的战略经济对话机制等被经贸磋商取代。作为世界前两大经济体，中美对话合作机制欠缺，不仅无法合力解决全球性问题，双边经贸关系紧张反而成为世界经济不稳定的来源。基辛格表示，"创新经济论坛"在北京举行反映出双方均有对话的需求和兴趣，在一定程度上为中美增进交流、推进合作提供重要平台。在美国对华科技遏制不断升级的背景下，中国利用"创新经济论坛"传递出"创新合作"的重要理念，表明同美国进行科技合作而非竞争的意图，以借助新科技革命造福两国及世界人民。

"创新经济论坛"除开辟中美对话新渠道之外，还助力于解决全球问题，中国也积极贡献应对全球性挑战的理念和方案。"创新经济论坛"创办的目的即应对全球性挑战，尤其在当前国际政治经济格局发生转变的背景下，国际经济秩序加速变革，全球性问题接踵而至，为全球治理提出了新难题。面对世界经济增长平庸、逆全球化浪潮不断蔓延、新科技革命迅猛发展等新挑战和新机遇，中国将创新合作和聚焦发展作为应对全球经济挑战的重要理念，在本届"创新经济论坛"上，国家主席习近平在会见出席2019年"创新经济论坛"外方代表时指出，"没有一个国家可以成为独立的创新中心，或独享创新成果，创新成果应惠及全球，而不应成为埋在山洞里的宝藏"。此外，国家副主席王岐山在开幕式上也表示，"要聚焦发展这个根本，坚持创新驱动、协同联动、公平包容，打造开放共赢的合作模式和平衡普惠的发展模式，让世界各国人民共享经济全球化发展成果"。

"创新经济论坛"为中美政商界交流搭建新平台，两国政府之间的贸易磋商也在紧张进行，11月，两国贸易磋商牵头人即国务院副总理、中美全面经济对话中方牵头人刘鹤以及美国贸易代表莱特希泽、财政部长姆努钦先后于1日、16日、26日举行三次通话，双方围绕第一阶段贸易协议中的核心关切、下一步磋商安排等问题进行讨论。中美贸易磋商紧密推进，但是协议签署时间尚未敲定，双边经贸尤其是科技领域的紧张局势仍然在持续发酵。11月22日，美国联邦通信委员会（FCC）投票决定禁止美国电信运营商使用联邦基金购买华为和中兴两家中国公司的设备或服务，此外，美国商务部将制定法规以保护美国信息和通信技术供应链安全，仍有针对华为等中国高科技企业之意。美国共和党参议员、参议院情报委员会成员鲁比奥致信美国防部长埃斯珀，敦促五角大楼移除中国制造的监视摄像头，海康威视、浙江大华等制造监视摄像头的中国企业在美引发国家安全担忧已经被禁止作为政府采购对象。

（执笔人：张玉环）

◇◇ 十二　中美经贸谈判达成协议（十二月报告）

2019年12月，中国经济外交活动集中在中美贸易协议、中俄天然气管道通气以及中日韩系列会议上。具体来看，双边层面，中美历经多轮艰难谈判终于宣布达成"第一阶段"贸易协议，双方在知识产权、技术转让、食品和农产品、金融服务、汇率和透明度、扩大贸易等多方面取得共识。另外，中俄领导人共同见证中俄东线天然气管道通气，该管道在历经5年的设计与建设后终于投产，将对保障中国能源安全、帮助俄罗斯摆脱因西方制裁所导致的经济低迷态势、提升中俄双边伙伴关系具有重要意义。区域层面，中日韩系列会议先后在北京和成都召开，尤其是第八次中日韩领导人会议取得显著成果，三方围绕东亚区域经济合作达成诸多共识，为2015年以来总体上有所僵化的中日韩合作与东亚合作注入了新的活力。

（一）中美达成"第一阶段"贸易协议

2019年12月13日，中美双方同时宣布，经过两国经贸团队的共同努力，双方已就第一阶段经贸协议文本达成一致。协议文本包括序言、知识产权、技术转让、食品和农产品、金融服务、汇率和透明度、扩大贸易、双边评估和争端解决、最终条款等九个章节。同时，双方达成一致，美方将履行分阶段取消对华产品加征关税的相关承诺，实现加征关税由升到降的转变。自2018年上半年中美经贸关系不断降温以来，双方历经两次元首会晤、十三轮经贸高级别磋商和多轮副部级磋商，终于在2019年底取得阶段性成果，对缓和并改善两国经贸关系有重要意义。

中美加征关税由升转降、增加食品和农产品贸易，将对恢复双边贸易、提振两国乃至世界经济增添信心。2018年以来，中美贸易战呈螺旋式升级，截至2019年10月10日即中美第十三轮经贸高级别磋商前夕，美国对2500亿美元中国产品加征25%关税，并计划在10月15日提升至30%，对1200亿美元中国产品加征15%关税，还计划于12月15日对剩余1800亿美元中国产品加征15%关税。中美"第一阶段"贸易协议达成后，美国将继续维持2500亿美元中国产品25%关税，对1200亿美元中国产品关税税率下调至7.5%，并对剩余1800亿美元产品加征关税维持在0%。与此同时，中国国务院关税税则委员会决定，对原计划于12月15日12时01分起加征关税的原产于美国的部分进口商品，暂不征收10%、5%关税，对原产于美国的汽车及零部件继续暂停加征关税。

除关税由升转降外，中美还就食品和农产品贸易达成协议，据美国贸易代表莱特希泽表示，中国同意将采购美国农产品规模增加到500亿美元，并承诺在未来两年每年增购160亿美元农产品，中方还将增购美国制成品、能源和服务。中美关税升级进程暂时停止，首次下调以往加征关税，并扩大食品和农产品及能源产品贸易，将对缓和双边经贸摩擦有重要意义，尤其在世界经济下滑压力加大、保护主义拖累国际贸易发展的背景下，中美恢复和提升贸易往来将对世界经济贸易增长起到带动作用。

除恢复贸易增长外，中美"第一阶段"贸易协议还就知识产权、技术转让、金融服务、汇率和透明度、争端解决等议题初步达成一致。根据美方声明，知识产权领域涉及商业秘密、与制药有关的知识产权、地理标志、商标以及盗版和仿冒品等议题；技术转让解决了不公平技术转让实践等相关问题；金融服务讨论了中国对国外金融服务提供商的贸易和投资壁垒，包括外资股权限制和歧视性监管要求等；宏观经济政策和汇率章节包括货币问题的政策和透明度承诺。此外，双方还建立起争端解决机制，设置定期的不同层级的双边磋商渠道，并设立与协议有关的争端解决程序。

目前，中美"第一阶段"贸易协议尚未签署，双方领导人仍密切沟通推动协议尽快签署。12月20日，国家主席习近平应约同美国总统特朗普通电话，双方均表示第一阶段经贸协议对中美乃至整个世界都是一件好事，希望双方尽快签署协议并予以落实。不过，中美"第一阶段"贸易协议并非全面协议，华为等议题并未纳入谈判之中，未来仍有可能启动"第二阶段"甚至"第三阶段"贸易谈判。中美经贸摩擦暂时缓和，但双边经贸谈判长期化态势或将延续下去。

（执笔人：张玉环）

（二）中日韩系列会议为东亚经济合作注入"强心剂"

2019年12月下旬，第12次中日韩经贸部长会议、第八次中日韩领导人会议与第7届中日韩工商峰会先后在中国北京和成都两地成功召开。在这一系列会议上，中日韩三方围绕东亚区域经济合作达成了诸多共识和实质性成果，为2015年以来总体上有所僵化的中日韩合作与东亚合作注入了新的活力。

12月22日，中国商务部部长钟山、韩国产业通商资源部长官成允模与日本经济产业大臣梶山弘志在北京共同主持召开第12次中日韩经贸部长会议，三方就区域经济一体化、地方合作、"中日韩+"、电子商务、互联互通、能源等领域的合作交换了意见。会议发表了《第12次中日韩经贸部长会议联合新闻声明》，强调"将积极推动2020年如期签署《区域全面经济伙伴关系协定》（简称RCEP），并在此基础上共同加快推进中日韩自贸协定谈判"。这是继2019年11月初RCEP 15国结束谈判以来，中日韩三国政府首次公开发表共同推进RCEP的一致声明，也是日方在表明"若印度不参加，日本也不签署RCEP"的消极立场之后，再次出现对

RCEP态度的积极转变。

在经贸部长会议的基础上，中国国务院总理李克强、韩国总统文在寅与日本首相安倍晋三于24日共同出席在四川成都举办的第8次中日韩领导人会议，及其配套经贸活动——第7届中日韩工商峰会，这两场会议又进一步明确并落实了中日韩三边合作，以及三国共同引领东亚经贸合作的意愿与成果。

在第八次中日韩领导人会议上，三方确定了"深化合作""坚持开放"和"共同引领"三个共同基调，这基本可以视为未来中日韩推进东亚地区合作的理念基础。会议还发表了《中日韩合作未来十年展望》，强调"中日韩合作是东亚和平稳定与地区合作的稳固平台和促进世界发展繁荣的重要力量"，并针对中日韩三国如何深化三边合作与共同引领东亚经贸合作的问题提出具体的行动规划，比如在金融领域"强化清迈倡议多边化，提升东盟与中日韩宏观经济研究办公室的能力"，在基础设施领域"促进包括交通、物流在内的地区互联互通"，具体方式包括"鼓励地方政府和企业通过现有机制开展更多三方合作"以及"推进'中日韩+X'合作，拓展与其他国家合作"等。其中，"中日韩+X"是三国共同引领东亚区域合作的一种有效的方式创新，这种方式以具体项目为导向，带动具体国家的切实与积极参与，极大增强了东亚多边合作的灵活性、针对性与高效性。从最新公布的"中日韩+X"合作早期收获项目清单来看，目前中日韩已与蒙古国、东盟成员国等多个国家开展了"中日韩+X"形式的合作，并且广泛覆盖了环境保护、海洋治理等多个现实的议题领域，成效显著。

24日，第7届中日韩工商峰会由中国国际贸易促进委员会、日本经济团体联合会与大韩商工会议所在成都联合举办，李克强、文在寅与安倍晋三共同出席并致辞，三国工商界与政府代表约800人参会。三方主办单位在会上签署联合声明，也一致支持中日韩区域自由经贸一体化，并深化在新能源、污染防治、医疗保健等领域的合作，尤其强调科技创新与经济合作的相结合。

事实上，在中日韩领导人会议与工商峰会举办前夕，中国国家主席习近平还先后在北京会见了文在寅和安倍晋三，已在宏观层面确定了中韩和中日这两组双边关系"协调利益冲突"以及"在地区事务中加强沟通协作"的基本论调。而从日方与韩方的相关表态来看，两国也有通过中日韩三边对话渠道缓和日韩在2019年逐渐僵化的对抗关系的需求与意愿。这是中日韩系列会议倍受关注，并最终取得重要成果的背景与前提。

总而言之，上述系列会议的成功举办对于中日韩三边合作以及东亚经贸合作的发展而言，可能具有关键的转折性意义。一方面，上述会议在一定程度上缓和了日本与韩国自2019年下半年以来由于历史恩怨和经贸冲突而迅速"降温"的双边关系。虽然无法从根本上解决日韩关系中的"症结"，但这些会议机制为两国对话提供了有效的交流平台，也缓解了其他国家对于日韩不和可能冲击东亚多边合作的顾虑，增强相关国家更加深入地参与由中日韩引领的东亚经贸合作的信心。另一方面，中日韩三国在会议上关于共同推进东亚合作的积极表态与具体行动，比如推动RCEP如期签署、加快中日韩自贸协定谈判进程以及对"中日韩+X"合作模式的广泛实践等，其实正是从不同角度对东亚区域经济合作的落实，如果取得成功，这些实践可以成为未来东亚合作的重要经验，中日韩系列会议也有望发展成为东亚合作的核心推动力。

（执笔人：罗仪馥）

（三）天然气贸易带来亚欧地缘政治新变局

伴随着世界主要能源消费国清洁能源转型进程的加快，天然气在全球能源格局中的地位逐渐凸显。这一兼具经济性、战略性、环境友好性的能源日益受到主要能源消费国政府与企业的关注。2019年12月，中俄东线天然气管道投产与美国干预俄欧北溪2号天然气管道修建不仅在天然气商业贸易上具有重大影响，还会对亚欧大陆的地缘政治带来新的变局。

2014年，在俄罗斯因乌克兰问题遭受西方制裁、中国天然气进口量日趋扩大的背景下，中俄天然气合作一拍即合。当年5月，中俄政府签署了《中俄东线天然气合作项目备忘录》，填补中俄在天然气领域高层次合作的空白。在亚信峰会召开期间，俄罗斯天然气公司与中石油签署了为期30年，金额高达4000亿美元的《中俄东线天然气购销协议》，计划从2019年末起每年向中国提供380亿立方米天然气。

在历经5年的设计与建设后，中俄领导人于12月2日共同见证了两国东线天然气管道投产通气。在通气仪式上，中国国家主席习近平指出东线天然气管道是中俄能源合作的标志性项目，也是双方深度融通、合作共赢的典范。俄罗斯总统普京则表示俄中东线天然气管道投产通气具有重大历史意义，将使两国战略协作达到新的高度。正如两国领导人所指出的那样，中俄东线天然气管道建成通气对保障中国能源安全、帮助俄罗斯摆脱因西方制裁所导致的经济低迷态势、提升中俄双边伙伴关系具有重要意义。

首先，中俄东线天然气管道预计每年向中国提供380亿立方米天然气、未来30年总计向中国供应1万亿立方米天然气，这将明显改变中国天然气进口过于依赖中亚天然气和液化天然气的局面，推动中国天然气进口多元化。其次，这将帮助俄罗斯改善因西方制裁而带来的卢布贬值、外汇奇缺、经济停滞的困局，每年为俄罗斯创造约150亿美元的外汇收入。最后，中俄东线天然气管道的投产有助于提高中俄两国的经济合作水平与战略紧密程度。中俄东线天然气管道通气后不仅将有助于实现中俄在2024年将双边贸易额提升至2000亿美元的目标，更为重要的是彰显了两国在战略上的紧密关系。

中俄天然气合作如火如荼,但欧盟与俄罗斯的天然气贸易则因为美国的介入而徒增变数。美国2020财年国防授权法案于12月11日在国会众议院通过,17日在参议院通过,20日美国总统特朗普签署该法案,该法案随即生效。该法案力求对任何参与和帮助俄罗斯国有天然气公司进行管道建设的欧洲公司和个人实施制裁,这将对俄欧正在建设的北溪二号天然气管道带来巨大冲击。根据这一法案,美国政府将在自12月20日起的60天时间里列出正在参与此项目的公司和个人,并且吊销个人赴美签证、冻结其及相关公司在美国的全部资产。

北溪二号天然气管道项目旨在铺设一条自俄罗斯经波罗的海海底到德国的天然气管道,管道总长约1200千米,其海上部分的建设成本估计为95亿美元。该管道建成后,俄罗斯可绕过乌克兰,直接将天然气运至德国,然后再经由德国管道将天然气运至欧洲各国。根据项目方案,俄罗斯每年将经北溪二号输气管道向德国供应550亿立方米天然气。北溪二号计划与北溪一号平行并且将俄罗斯向欧洲输送天然气的规模翻番,达到每年1100亿立方米。天然气巨头俄罗斯国有天然气公司承担起建设北溪二号的任务,而包括荷兰皇家壳牌公司在内的5家欧洲公司承担了该项目一半的融资成本。

美国制裁俄罗斯国有天然气公司及北溪二号天然气管道的单边主义行径不仅遭到了俄罗斯的强烈抵制,也引发了欧盟和欧洲国家的普遍不满。俄罗斯外长拉夫罗夫表示:"俄罗斯将回应美国的制裁,同时会避免自身受到损失。我们肯定会进行报复"。这项制裁令也遭到欧盟的反对,欧盟发言人批评它"对从事合法业务的欧盟企业实施制裁"。德国总理默克尔政府谴责了这项制裁令,敦促美国不要干预欧洲的能源政策,副总理朔尔茨也批评称这是"严重干涉德国和欧洲的内政"。

美国制裁俄罗斯国有天然气公司并极力阻止北溪二号天然气管道建设的背后是其觊觎欧洲天然气消费市场、遏制俄罗斯在欧洲势力范围的双重考量。一方面，美国政府试图帮助本国天然气企业争夺欧洲市场。伴随着页岩气革命持续发酵，美国天然气产量将以2.83%的年均增速高速增长，年产量将从当前的8615亿立方米增至2034年的约12000亿立方米，液化天然气的出口量也将从当前的307亿立方米增至2034年的1412亿立方米。持续增长的国内天然气产能亟需体量庞大的天然气消费市场来消纳，欧洲天然气市场是不二之选。为了避免北溪二号天然气管道建成后俄罗斯与欧洲天然气供需关系的锁定，美国政府力求阻止该工程推进，进而为美国液化天然气向欧洲国家出口创造有利条件。另一方面，在美国与俄罗斯双边关系因乌克兰危机、美国对俄制裁而全面转冷之后，美俄战略竞争与军事威慑升级的趋势愈发显现。美国力阻北溪二号天然气管道的建设试图避免俄罗斯与欧洲国家形成稳固的利益关系，进而可以更好地在欧洲排挤与遏制俄罗斯的影响力。

（执笔人：宋亦明）

（四）WTO上诉机构正式停摆

2019年12月10日，世界贸易组织（WTO）争端解决机制上诉机构又有两位法官任期届满，届时仅剩一位法官，无法满足审理案件所需法官数量要求（3位），WTO总干事罗伯特·阿泽维多当日宣布，上诉机构将于11日起正式停摆。上诉机构停止运营对WTO争端解决机制以及多边贸易体系都将带来负面冲击，虽然欧盟等成员国自2018年就开始提出WTO改革方案，但在美国反对下，WTO改革前景不明，多边贸易体系的发展仍然充满不确定性。

争端解决机制是WTO的核心支柱，被誉为多边贸易体系"皇冠上的明珠"，对维护以WTO为核心的多边贸易体系发挥了积极作用。1994年，乌拉圭回合谈判达成了《关于争端解决规则与程序的谅解》（简称《谅解》），并以此为法律基础建立了 WTO 争端解决机制。《谅解》规定成立争端解决机构（Dispute Settlement Body, DSB），争端解决机构被授权管理争端解决事宜，由 WTO 总理事会组成，有权成立专家组和上诉机构，并决定是否采用其报告，还有权监督裁决的执行情况等。贸易争端解决包括四个步骤，即磋商，专家组裁定，上诉机构判决和执行裁决，其中，上诉机构设有 7 名法官，任期为 4 年，可连任 1 次，每一个案件都需要 3 名法官共同审议。

美国是 WTO 争端解决机制的最大受益国之一，自 WTO 成立以来，美国频繁使用争端解决机制起诉贸易伙伴国，其起诉案件占全球比重超过 20%，其中 91% 都获得胜诉。然而，美国一直对争端解决机制存在不满，认为 WTO 争端解决机制存在系统性问题，导致争端解决机制缺乏制衡和监督，侵犯主权国家利益，美国也曾试图推动争端解决机制改革。奥巴马政府曾出人意料地以上诉机构韩国籍法官张胜和参与裁决的涉美案件存在越权行为为由，没有依照惯例同意张胜和连任。特朗普政府以来，美国贸易官员多次阐明美对 WTO 的不满立场，具体来看，美国对争端解决机制上诉机构的质疑主要包括：第一，美国认为上诉机构自行决定法官任期到期后继续审理案件的行为违背了《上诉审议工作程序》第 15 条规定，这一决定应由争端解决机构来做出。第二，美国批评上诉机构无法在 90 天内按《谅解》的要求提交报告。第三，美国认为上诉机构不应对争端以外的问题发表咨询性意见。第四，美国认为上诉机构报告作为先例缺乏 WTO 法律依据，意味着上诉机构法官放弃对案件做出客观裁决，而只是遵循先前的上诉机构报告。总体来看，美国认为 WTO 争端解决机制侵犯了成员的主权政策选择，损害了美国国家利益。

出于以上担忧，自 2017 年以来，特朗普政府一直通过行使否决权阻挠上诉机构启动法官甄选程序，导致上诉机构法官数量无法满足审理案件的最低标准,成为WTO停摆的直接原因。本届上诉机构法官中,韩国籍法官金铉宗于2017年8月1日辞任,回韩国担任政府高级职务;墨西哥籍法官拉米雷斯·埃尔南德斯的第二个任期于2017年6月30日结束,比利时籍法官范登博斯的第二个任期于2017年12月11日到期,毛里求斯籍法官斯旺森的第一个任期于2018年9月30日到期,其第二个任期未能获得美国批准,美国籍法官格雷厄姆和印度籍法官巴蒂亚于2019年12月10日任期届满,上诉机构中的法官已由定员7人下降为1人,仅余中国籍法官赵宏。

除美国以外的WTO成员对维护争端解决机制正常运行存在共识,欧盟等成员积极提出WTO改革方案回应美国的诉求,然而,美国对已有方案非常不满,美国驻WTO大使丹尼斯·谢伊(Dennis Shea)在WTO总理事会上表示,欧盟、中国和印度提出的改革方案并没有解决美国对于上诉机构"越权"的关切,相反增加上诉机构成员、上诉机构成员由兼职变为全职等举措会使其权力进一步扩大,使用资源进一步增加。针对其他成员提出的修订《谅解》相关条款以满足美国的诉求,美国则表示当前的法律条文非常完善,不需要做进一步调整。美国从未针对WTO争端解决机制上诉机构提出任何改革建议,相反其自相矛盾的说法令上诉机构改革了无希望。

当前,美国不配合争端解决机制改革已使WTO陷入困境,其他成员仍积极争取美国留在WTO框架内,但也充分考虑"没有美国"的WTO争端解决机制如何运行,欧盟和加拿大已经有所行动。2019年7月,欧加向WTO理事会提交文件,表示如果WTO争端解决上诉机构僵局持续存在,欧加将根据《谅解》第25条启动临时"上诉仲裁"安排解决贸易争端。此外,一些智库和学者也提出应对上诉机构停摆的方案,例如,欧洲智库提出以成员投票方式开启上诉机构成员甄选程序,不过这一方法需克服法律障碍,并需要付出诸多外交努力;还有学者提出其他成员重新建立一个不包括美国的争端解决机构，但这一方法需协调其他160多个成员的意见，在短期内难以实现。各方解决此问题的核心都是试图基于WTO既有法规寻求建立一个"没有美国"的争端解决机制，但长期来看还是需要推动争端解决机制规则完善。事实上，美国和其他成员的争议焦点依然是争端解决机制上诉机构的司法性和独立性问题，各国方案并未从根本上改变美国关注的上诉机构越权问题，目前仍看不到这一延续多年又难以调和的矛盾的解决方案。

（执笔人：张玉环）

第五部分

中国经济外交重要事件

一 中国双边经济外交

(一) 亚太

[1月8日　新加坡　"一带一路"]　中新（重庆）战略性互联互通示范项目"陆海新通道"主题对话会系列活动在重庆举行，外交部部长助理张军到会发言。"陆海新通道"建设将实现与中欧、中亚等国际通道的有机衔接，形成"一带一路"经中国西部地区的完整环线。

[1月10日　日本　综合]　国家发展改革委副主任宁吉喆在北京会见日本地方创生大臣、内阁府女性活跃特命担当大臣片山皋月一行。双方就发展地方经济、构建智慧城市等议题进行交流。

[1月14日　柬埔寨　综合]　国家发展改革委副主任胡祖才在北京会见了柬埔寨政府计划部常务国务秘书林维拉一行。双方就新时期深化两国政府职能部门交流合作、做好国民经济和社会发展规划编制工作交换意见。

[1月18—21日　老挝　中老经济走廊]　国家发展改革委副主任宁吉喆在老挝拜会了老挝总理通伦、副总理宋迪，会见了工业贸易部部长开玛妮和公共工程与运输部副部长山迪苏。与老挝计划投资部部长苏潘等中老经济走廊工作组成员举行会谈。

[1月21—23日　柬埔寨　综合]　国家主席习近平在北京会见柬埔寨首相洪森。习近平强调，中柬要加快"一带一路"同柬对接，推进交通、产能、能源、贸易、民生等五大版块合作。柬方愿同中方共建"一带一路"，加强在民生、农业、贸易、投资、旅游、基础设施等领域合作。22日，国务院总理李克强在北京会见洪森。中方愿支持中企参与柬埔寨

产能、交通、电力等基础设施建设和运营。双方要建设好西哈努克港经济特区等项目。柬方愿深化相关领域合作。会后，双方签署多项双边合作文件并发表了联合公报。23日，中缅双方代表在内比都签署澜湄合作专项基金缅方项目协议，中方将对涉及农业、教育等领域的19个中小型项目向缅方提供支持。

[2月14日　柬埔寨　综合]　澜湄合作专项基金柬埔寨新一批项目签约仪式在柬埔寨举行，中国驻柬大使王文天和柬埔寨副首相布拉索昆出席签字。签约的19个项目共计766万美元，涵盖教育、旅游、扶贫、环保等多个领域。

[2月15日　老挝　综合]　澜湄合作专项基金老挝新一批项目签约仪式在万象举行，中国驻老大使姜再冬和老挝外交部副部长通潘代出席签字。老方有21个新项目获批。

[2月16日　泰国　"一带一路"]　国务委员兼外交部部长王毅赴清迈与泰国外长敦举行战略磋商。中方支持东盟共同体建设，愿推动"一带一路"与东盟互联互通总体规划对接。双方应加快推进中泰铁路项目，开拓三方合作样板。泰方期待同中国在地区互联互通、澜湄合作等方面加强合作。

[2月21—22日　缅甸　中缅经济走廊]　国家发展改革委副主任宁吉喆和缅甸计划与财政部部长吴梭温在昆明主持中缅经济走廊联合委员会第二次会议。22日，双方举办了第二届中缅经济走廊论坛。

[2月25日　马来西亚　农业]　农业农村部副部长屈冬玉与马来西亚农业与农基产业部秘书长莫哈默·萨拉赫丁·哈桑在北京召开中—马农业合作联合工作组第一次会议。双方讨论确定了合作框架，旨在推动农业投资，农产品贸易，农业科技，农产品加工、畜牧兽医、捕捞及水产养殖、农药管理认证、多边及区域粮农治理等领域合作。

[2月26日　韩国　环境]　生态环境部部长李干杰在北京会见了韩

国环境部部长赵明来,双方就加强大气污染防治、推进中韩环境合作中心建设等方面合作进行了交流。

[3月1日　老挝、泰国　基础设施]　国家发展改革委副主任宁吉喆与老挝公共工程与运输部部长本占、泰国交通部部长阿空在北京召开中老泰铁路合作三方会议,三方就中老铁路和中泰铁路连接线有关合作事宜进行了磋商。同日,宁吉喆和阿空在北京召开中泰铁路合作联合委员会第27次会议,双方就项目一期线上工程合同、融资合作、项目二期、铁路连接线建设进行磋商,达成多项共识。

[3月7日　韩国　投资]　国家发展改革委副主任宁吉喆在北京会见韩国三星大中华区总裁黄得圭,就三星在华业务、中国外商投资环境等议题进行交流。

[3月13—16日　缅甸　综合]　国家国际发展合作署副署长邓波清在缅甸会见缅投资与对外经济关系部部长当吞。双方就助推"一带一路"、中缅经济走廊建设和缅"可持续发展计划(2018—2030)"对接等议题达成一致意见。邓波清还与有关部门举行联合工作会谈,并签署了有关合作项目立项换文。

[3月17—18日　泰国　综合]　国家国际发展合作署副署长邓波清在泰国会见了诗琳通公主项目办公室高级顾问格雷实和猜帕塔纳基金会秘书长素枚。双方就在泰开展民生合作交换意见,愿推动教育、扶贫等领域合作。18日,中国驻泰国大使吕健和泰国外交部次长布萨雅代表双方签署《"澜湄合作国家协调员能力建设"合作谅解备忘录》。

[3月19—20日　菲律宾　综合]　商务部部长钟山在北京会见菲律宾内阁经济管理团队。双方就推动重点项目实施交换意见。同日,国家国际发展合作署署长王晓涛与菲副财长马克在北京举行会谈。20日,国务委员兼外交部部长王毅在北京同菲律宾外长洛钦举行会谈。中方愿探讨商签相关文件,深化智慧城市、人文等领域合作,力争年内完成区域全面经

济伙伴关系协定谈判。同日，国家能源局局长章建华在北京会见菲能源部部长库西，双方就拓展能源领域全面合作交换了意见。

[3月20日　泰国　科技]　工业和信息化部副部长陈肇雄与泰国数字经济部部长披切在昆明共同主持中泰数字经济合作部级对话机制第一次会议。双方围绕数字经济、智慧城市、融合应用、软件和IT服务、基础设施互联互通和5G、工业互联网、网络安全、人工智能等议题深入交流，通过了会议纪要。

[3月21—23日　印度尼西亚　经济走廊]　国家发展改革委副主任宁吉喆在印度尼西亚与印度尼西亚海洋统筹部部长卢胡特共同主持召开中印度尼西亚"区域综合经济走廊"建设合作联委会首次会议。双方就共建"一带一路"、产能合作、走廊合作规划、重点港口和产业园区重大项目等事宜交换了意见，力争于第二届"一带一路"论坛期间签署走廊合作规划，并就瓜拉丹戎港及附属产业园合作达成了共识。

[3月24日　新加坡　综合]　国家发展改革委副主任宁吉喆在北京会见新加坡淡马锡副首席执行官狄澜，就中国宏观经济形势、外商投资环境等议题进行交流。

[3月26日　瓦努阿图　农业]　农业农村部部长韩长赋在瓦努阿图会见瓦总理萨尔维，就加强中瓦农业合作交换意见。

[3月27日　韩国　综合]　国务院总理李克强在博鳌亚洲论坛会见韩国总理李洛渊。中方愿加快中日韩自贸区谈判进程。韩方愿共建"一带一路"，同中方深化合作。同日，国家能源局局长章建华在北京会见韩国产业通商资源部部长成允模。双方探讨了政府间能源合作机制、电网互联、清洁燃煤发电、可再生能源、LNG、氢能等议题。同日，第二次中韩发展战略对接和"一带一路"合作1.5轨研讨会在首尔举行。中国商务部及韩国外交部的代表与会，会议讨论了第三方市场金融、工程建设等合作议题。

[3月27日　老挝　"一带一路"]　国务院总理李克强在博鳌亚洲论坛会见老挝总理通伦。中方愿将"一带一路"倡议同老方发展战略加强对接，抓紧完成中老经济走廊合作文件，确保中老铁路建设高质量如期完工。

[4月1日　新西兰　综合]　国家主席习近平在北京会见新西兰总理阿德恩。习近平强调，中方愿支持企业赴新投资，新方也应提供公平、公正、非歧视的营商环境。双方要推进双边自贸协定升级谈判，中国欢迎新方积极参与"一带一路"，一道应对气候变化。新方表示，很早就支持"一带一路"，参加亚投行，愿就应对气候变化等重大国际问题密切同中方的协调配合。同日，国务院总理李克强在北京同阿德恩举行会谈。李克强指出，双方要深化农牧业、财政、金融、税务、基础设施建设等领域合作。新方愿加强在应对气候变化、改革多边贸易体制问题上的合作。会后，双方签署有关税务、农业、财政金融、科研等领域合作协议，并发表了中新领导人关于气候变化问题的声明。

[4月2—3日　日本　综合]　国家发展改革委副主任林念修、商务部副部长钱克明，日本外务省审议官山崎和之、经济产业省审议官寺泽达在北京出席中日创新合作机制第一次会议。该机制是在中日经济高层对话框架下设立的跨部门合作机制。双方探讨了创新、科技教育及知识产权等领域的合作。3日，钱克明与山崎和之在北京主持第13次中日经济伙伴关系磋商副部级会议并讨论了宏观经济、高层对话、《区域全面经济伙伴关系协定》、中日韩自贸区、世贸组织改革等议题。

[4月3—5日　柬埔寨　科技]　科技部副部长张建国在柬埔寨会见柬埔寨工业与手工业部国务秘书、柬埔寨国家科学与技术委员会主席邓西尼，讨论建立中柬政府间科技合作机制，并访问柬埔寨相关高校和科研机构。

[4月9日　文莱　"一带一路"]　外交部副部长孔铉佑在北京同文

莱外交部常秘诺瑞珊举行中文第 16 次外交磋商。中方表示，双方要以"一带一路"为重点，增强政治、经济、人文等领域合作。文莱愿深化"一带一路"同文莱"2035 宏愿"对接。双方还就中国—东盟关系、世贸组织改革等问题交换了意见。

[4月11日　新加坡　"一带一路"]　中央外事工作委员会办公室主任杨洁篪在北京会见新加坡副总理张志贤。双方均愿意深化共建"一带一路"。同日，中央纪委书记赵乐际在北京会见了张志贤。

[4月11日　印度尼西亚　综合]　国家发展改革委副主任宁吉喆在北京会见了印度尼西亚海洋统筹部副部长利德万。双方就《区域综合经济走廊合作规划》、港口及产业园区、科教及人力资源职业技术培训、印度尼西亚工业化合作等事项深入交换意见。同日，国家国际发展合作署副署长邓波清在北京与利德万举行会谈，就加强两国发展合作进行工作交流。

[4月14—18日　日本　综合]　国务委员兼外交部部长王毅在北京与日本外相河野太郎主持第五次中日经济高层对话。双方围绕经济政策、经济合作、重要合作、区域经济一体化和全球经济治理等议题交换意见。15日，王毅在北京会见河野太郎。中方愿同日方推动第三方市场、科技创新、地方交流等领域合作。日方愿推动区域经济合作。同日，商务部部长钟山在北京会见日本经济产业大臣世耕弘成。中方愿推进第三方市场合作，推动世贸组织改革，尽早结束 RCEP 谈判，欢迎日方积极参与中国国际进口博览会。日方愿达成更多共识。17日，王毅在北京会见日本国际贸易促进协会会长、前众议长河野洋平。双方愿积极参与第三方市场与"一带一路"领域的合作。18日，国务院副总理胡春华在北京会见了河野洋平。双方就拓展经贸务实合作领域，加强地方间和贸促机构间沟通交流等问题交换了意见。

[4月16日　马来西亚　"一带一路"]　外交部副部长孔铉佑在北京同马来西亚外交部秘书长沙鲁尔举行中马第四轮战略磋商。中方希望双

方抓住"一带一路"合作重要机遇期。同日,国务委员兼外交部部长王毅还在北京会见了沙鲁尔。

[4月23日　老挝　科技]　工业和信息化部部长苗圩在北京会见了老挝邮电部部长坦沙迈·贡玛西一行,双方就信息通信技术发展、数字化转型,及未来合作等议题进行交流。

[4月24日　新西兰　综合]　国家发展改革委副主任宁吉喆在北京会见了新西兰贸易与出口增长部长戴维·帕克。双方就共建"一带一路"合作、中新经贸投资合作、改善营商环境、加强宏观经济政策交流等议题进行了探讨。

[4月24日　库克群岛　发展合作]　国家国际发展合作署副署长周柳军在北京会见库克群岛副总理布朗,双方就两国发展合作领域有关事宜交换了意见。

[4月24—29日　缅甸、日本、菲律宾、越南、马来西亚、蒙古、印度尼西亚、巴布亚新几内亚、泰国、柬埔寨、新加坡、韩国、老挝　综合]　国家主席习近平在北京分别会见出席第二届"一带一路"国际合作高峰论坛的缅甸国务资政昂山素季、日本首相特使二阶俊博、菲律宾总统杜特尔特、越南政府总理阮春福、马来西亚总理马哈蒂尔、蒙古国总统巴特图勒嘎、印度尼西亚副总统卡拉、巴布亚新几内亚总理奥尼尔、文莱苏丹哈桑纳尔、泰国总理巴育、新加坡总理李显龙。中外领导人表示愿加强"一带一路"合作。会后,领导人见证了中菲双边合作文件、推进"一带一路"倡议和蒙古"发展之路"倡议对接合作规划等文件的签署。

期间,国务院总理李克强在北京分别会见奥尼尔、昂山素季、杜特尔特、马哈蒂尔、本扬、阮春福、巴育、柬埔寨首相洪森、李显龙。会见奥尼尔时,中方愿推动"一带一路"并签署了双边合作文件。会见昂山素季时,中国愿加强对接、推进走廊建设,扩大农畜产品进口。会见杜特尔特时,中方愿深化经贸、投资、基础设施等领域合作。会见马哈蒂尔时,双方愿加强数字经济、电子商务、农业、科技等领域的合作，签署了马来西亚东海岸铁路沿线开发等领域合作文件。会见本扬时，双方表示要加强合作。会见阮春福时，双方愿加强合作并签署多项合作文件。会见巴育时，双方愿推动"一带一路"和"澜湄合作"。会见洪森时，双方愿共建"一带一路"并签署中柬命运共同体行动计划及多项合作文件。会见李显龙时，双方愿推进"陆海新通道"、金融、第三方市场、科技创新、智慧城市、数字经济、合作联委会等领域合作，双方还签署了合作文件。

此外，国家副主席王岐山会见了卡拉。中央书记处书记王沪宁会见了柬埔寨首相洪森。国务院副总理韩正会见了巴育。国务院副总理胡春华会见了韩国经济副总理洪楠基。国务委员兼外交部部长王毅会见了泰国外长敦、印度尼西亚外长蕾特诺、文莱外交部第二部长艾瑞万、巴布亚新几内亚外长帕托。

[4月25日　老挝、泰国　基础设施]　国家发展改革委副主任胡祖才与老挝公共工程与运输部部长本占、泰国交通部部长阿空签署三国政府间关于万象—廊开铁路连接线的合作备忘录。

[4月26日　菲律宾　农业]　农业农村部副部长余欣荣在马尼拉会见了菲律宾农业部副部长罗尔丹·戈尔戈尼奥。中方愿推动菲律宾农业战略与"一带一路"对接，做好中菲农业技术示范中心三期、达沃高产水稻示范和网箱养鱼等项目。

[4月26日　澳大利亚　基础设施]　国家发展改革委副主任宁吉喆在北京会见澳大利亚维多利亚州州长安德鲁斯。双方就共建"一带一路"合作、落实国家发展改革委与维州政府合作等议题进行了交流。

[4月27日　太平洋岛国　"一带一路"]　外交部副部长郑泽光在北京会见库克群岛副总理兼财政和经济发展部部长布朗，斐济渔业部部长科罗伊拉维萨乌、农业部部长雷迪，太平洋岛国发展论坛秘书长马特尔等人。

第五部分　中国经济外交重要事件 | **265**

[4月28日　日本　农业]　农业农村部副部长屈冬玉在北京会见了来访的日本农林水产副大臣高鸟修一，就深化中日农业合作交换意见。

[4月28日　马来西亚　科技]　工信部部长苗圩在北京会见马来西亚国际贸易和工业部部长达尔·雷金，双方就工业、人工智能等议题进行交流。

[4月28—29日　新加坡　综合]　国家发展改革委副主任宁吉喆在北京会见新加坡贸工部部长陈振声。双方探讨了第三方市场、互联互通、高新技术、智慧城市、区域发展战略对接等合作领域。29日，双方签署了《中国国家发改委与新加坡贸易及工业部关于加强中新第三方市场合作实施框架的谅解备忘录》。双方将在基础设施、产业园、数字经济、石化、航运物流等领域开展第三方市场合作。

[5月5日　日本　综合]　国家发展改革委副主任宁吉喆在北京会见日立公司社长东原敏昭先生，双方就深化人员交流与培训、拓展创新、数字经济、服务业、第三方市场合作等议题进行了交流。会见结束后，双方签署《中华人民共和国国家发展和改革委员会与日本株式会社日立制作所及日立（中国）有限公司关于进一步深化在经济可持续发展领域合作的谅解备忘录》。

[5月7日　韩国　农业]　农业农村部部长韩长赋在韩国世宗市会见韩国农林畜产食品部部长李介昊，就深化乡村振兴与发展合作、签署两国政府间动物检验检疫合作协定等交换意见。

[5月13日　新加坡　货币]　中国人民银行与新加坡金融管理局续签了双边本币互换协议，旨在促进双边贸易和投资以发展两国经济，为市场提供短期流动性以稳定金融市场。协议规模为3000亿元人民币/610亿新加坡元，协议有效期三年，经双方同意可以展期。

[5月14日　缅甸、新加坡　"一带一路"]　国家主席习近平在北京分别会见来华出席亚洲文明大会的柬埔寨国王西哈莫尼和新加坡总统哈

莉玛。西哈莫尼表示，坚定支持共建"一带一路"。在会见新加坡总统哈莉玛时，习近平指出，双方要把高质量共建"一带一路"打造成中新合作的新名片，用好用足"陆海新通道"和第三方市场合作。要坚定支持经济全球化和多边主义。

[5月15日　斯里兰卡　"一带一路"]　国务院总理李克强在北京会见斯里兰卡总统西里塞纳。双方表示要推进"一带一路"合作。

[5月15日　新加坡　综合]　国务院总理李克强在北京会见新加坡总统哈莉玛。李克强表示，中方愿同新方扎实推进"陆海新通道"、第三方市场、智慧城市、技能培训等领域合作。

[5月17日　日本　综合]　中央外事工作委员会办公室主任杨洁篪在长野县同日本国家安全保障局长谷内正太郎主持中日第六次高级别政治对话。中方欢迎日方以更加积极的姿态参与"一带一路"下的第三方市场合作，共同维护多边主义和自由贸易。日方愿深化双方在各领域的对话交流和务实合作，加强在国际地区事务中的沟通协调。同日，日本首相安倍晋三在东京会见杨洁篪。

[5月22日　老挝　发展合作]　国家国际发展合作署副署长邓波清在北京会见了来访的老挝—中国合作委员会办公厅主任赛萨纳，双方就发展合作具体项目等问题深入交换意见。

[5月23日　新加坡　综合]　国务院总理李克强在北京会见新加坡副总理兼财政部长王瑞杰。李克强表示，中方愿同新方推进"陆海新通道"和第三方市场合作，深化贸易投资、金融、智慧城市以及中国地方省市同新加坡的合作，推动两国关系与合作再上新台阶。国务院副总理韩正22日在北京会见新加坡副总理兼财政部长王瑞杰。韩正表示，双方要高质量共建"一带一路"，建设好"陆海新通道"，深化第三方市场合作，开展粤港澳大湾区建设合作。

[5月23日　新加坡　"一带一路"]　中央外事工作委员会办公室

主任杨洁篪在北京会见新加坡副总理兼财政部长王瑞杰。杨洁篪表示，中新要充分发挥两国合作机制作用，抓住共建"一带一路"机遇，推动共同发展。愿与新方携手维护多边主义，共同构建开放型世界经济。王瑞杰表示，新方愿与中方深化各领域合作，共建"一带一路"。

[5月23日　日本　发展合作]　国家国际发展合作署副署长张茂于在北京会见来华出席中日国际发展合作政策司局级磋商的日本外务省国际协力局局长梨田和也。双方就中日国际发展领域的交流与合作交换了意见。

[5月24日　澳大利亚　能源]　国家能源局副局长刘宝华在北京会见澳大利亚驻华大使安思捷一行，双方就中澳能源合作、煤炭清洁化利用、可再生能源发展等议题交换了意见。

[5月24日　韩国　"一带一路"]　国家发展改革委副主任罗文在北京会见韩国北方经济合作委员会委员长权九勋，就中韩国际合作示范区、中韩在东北地区开展合作、"一带一路"倡议与韩"新北方新南方"政策对接等议题进行交流。

[5月27—28日　瓦努阿图　综合]　国家主席习近平在北京会见瓦努阿图总理萨尔维。习近平指出，中方愿同瓦方深化农业技术合作。瓦方愿在共建"一带一路"、落实联合国2030年可持续发展议程、应对气候变化等领域加强合作。28日，国务院总理李克强在北京同瓦努阿图总理萨尔维举行会谈。李克强指出，中方愿深化在基础设施建设、经贸、渔业、旅游等领域的互利合作。瓦方愿推进贸易、投资、基础设施、电信等领域合作。会谈后，双方签署了多项合作文件并发表中瓦联合新闻公报。

[5月28日　马来西亚　农业]　农业农村部副部长于康震在北京会见马来西亚原产业部部长郭素沁一行。双方重点探讨了马来西亚可持续棕榈油认证和中国绿色食品标志许可合作，并就加强棕榈油等农产品贸易及投资进行了交流。

[5月31日　柬埔寨　综合]　国务院总理李克强在北京会见柬埔寨副首相兼外交大臣布拉索昆。李克强表示，中方愿同柬方深化在中国—东盟、澜沧江—湄公河合作等框架下的协调配合，推进"南海行为准则"磋商。中方支持柬方办好2020年亚欧首脑会议。

[6月5日　韩国　能源]　国家能源局副局长李凡荣在北京会见韩国驻华大使张夏成一行，双方就政府间能源合作机制、电网互联、清洁燃煤发电、可再生能源、LNG及氢能等领域合作深入交换了意见。

[6月10日　日本　科技]　工信部部长苗圩和日本经济产业大臣世耕弘成在东京共同主持召开了第一次中日产业部长对话。双方就电子信息产业链协同、超高清视频、智能网联汽车、智能制造、安全生产等议题进行了交流。

[6月11日　斐济　综合]　国务委员兼外交部部长王毅在北京会见斐济外长塞鲁伊拉图。王毅表示，愿同斐方推进"一带一路"合作；扩大旅游等人文交流；加强在多边机制就应对气候变化等议题的沟通协调，共同维护自由贸易和多边主义。塞鲁伊拉图表示，斐方愿同中方深化全方位合作。

[6月11日　马来西亚　科技]　工业和信息化部部长苗圩在吉隆坡会见了马来西亚通讯和多媒体部部长哥宾星，双方就中马5G、人工智能等领域合作深入交换意见。苗圩表示支持两部建立5G联合工作组，推动双方政府部门、研究机构及企业间开展紧密合作，深化中马双方在5G领域合作和共同发展。

[6月17—19日　韩国　产业园]　商务部部长助理李成钢率团访问韩国，分别与韩国外交部次官李泰镐、产业通商资源部次官补金龙来共同主持召开中韩经贸联委会第23次会议和中韩产业园合作协调机制第三次会议。双方商定，将进一步加强规划、继续深化各领域务实合作，促进经济全球化和贸易投资自由化便利化，反对贸易保护主义，推动双边互利合

作不断提质升级。双方将进一步完善工作机制，加强政策协调，优化投资环境，加快项目对接，共同举办经贸促进、联合招商以及宣传推介活动，将中韩产业园打造成两国开放合作新高地。

[6月25日　马来西亚　科技]　科技部部长王志刚在北京会见了马来西亚能源科技环境与气候变化部部长杨美盈一行。双方围绕科技创新政策，以及两国未来科技合作等共同关心的话题深入交换了意见。

[6月28日　日本　贸易]　国家主席习近平出席二十国集团领导人第十四次峰会期间，商务部部长钟山会见日本经济产业大臣世耕弘成，双方就中日经贸关系、世贸组织改革等议题交换意见。

[7月2日　马来西亚　金融]　中国人民银行副行长陈雨露在北京会见了马来西亚财政部部长林冠英，双方就中马金融合作等议题进行了交流。

[7月2日　马来西亚　"一带一路"]　财政部部长刘昆在北京会见了马来西亚财政部部长林冠英一行。双方就中马在"一带一路"框架下合作、区域经济合作等议题交换了意见。

[7月5日　新加坡　科技]　工业和信息化部部长苗圩在北京会见新加坡通讯和新闻部部长易华仁，双方就在5G、人工智能、智慧城市、数字经济等领域合作进行交流。

[7月8日　印度尼西亚　能源]　国家能源局局长章建华在北京会见印度尼西亚能源和矿产资源部部长乔南。双方就中—印尼能源论坛、油气、新能源、生物质、煤炭和核电等议题深入交换了意见。同日，第六届中—印尼能源论坛在北京举行。国家能源局副局长李凡荣出席论坛开幕式并致辞。中—印尼能源论坛机制建立于2002年，旨在促进两国政府间能源政策交流、推动企业间能源项目合作。

[7月9日　马来西亚　"一带一路"]　国务委员王勇在北京会见马来西亚副总理兼妇女、家庭及社会发展部长旺·阿兹莎一行。双方就深化

"一带一路"合作、加强防灾减灾救灾等领域合作交换了意见。

[7月9日 马来西亚 "一带一路"] 国家副主席王岐山在北京会见马来西亚副总理旺·阿兹莎。王岐山表示，双方应深化共建"一带一路"等领域互利合作，加强人文交流和社会治理经验互学互鉴。旺·阿兹莎表示，马方愿与中方深化各领域交流合作，挖掘"一带一路"在马及东盟国家内合作潜力。

[7月9日 印度尼西亚 能源、基础设施] 国家发展改革委主任何立峰在北京会见了印度尼西亚能源和矿产资源部长乔南一行，双方就中印度尼西亚能源合作、"雅万高铁"项目建设、棕榈油等领域务实合作广泛交换意见。

[7月12日 越南 "一带一路"] 国家主席习近平在北京会见越南国会主席阮氏金银。习近平指出，中越要以共建"一带一路"同"两廊一圈"对接合作为主线，推动两国务实合作提质升级。阮氏金银说，越方愿与中方深化互利合作，有效管控分歧，推动越中全面战略合作伙伴关系取得更大发展。

[7月17日 老挝 农业] 农业农村部副部长韩俊在北京会见来访的老挝国家经济研究院院长、前总理波松，就加强中老农业合作交换意见。双方就共建命运共同体，在东盟与中日韩、东盟与中国、澜湄合作框架下，在农作物新品种培育、农业合作社交流、智慧农业、现代农业产业园区、扩大农产品进口等领域合作进行探讨。

[7月18日 老挝 科技] 工业和信息化部副部长陈肇雄在北京会见老挝国家经济研究院院长、老挝前总理波松·布帕万，双方就推进信息通信、数字经济领域合作交换了意见。陈肇雄表示，中方愿与老方进一步深化合作，持续加强网络基础设施建设，共同推进网络信息技术应用普及，联合开展紧缺人才培养，共享数字经济发展红利。

[7月22日 柬埔寨 综合] 国家发展改革委副主任胡祖才在北京

会见柬埔寨计划部常务国务秘书林维拉，双方就中长期规划编制、实施和评估，以及相关人员交流培训等领域的合作交换意见。

[7月23—24日　新西兰　发展合作]　国家国际发展合作署副署长周柳军率团访问新西兰，同新外交贸易部副秘书长金斯举行工作会谈。

[7月25—29日　萨摩亚　发展合作]　国家国际发展合作署副署长周柳军率团访问萨摩亚，应约拜会萨总理图伊拉埃帕，同萨外交贸易部首席执行官斯密举行工作会谈，并签署《援萨瓦伊乌苏港口建设和阿绍港巷道疏浚项目可行性研究换文》和《援萨国立大学海洋学院教学科研设备项目立项换文》等两份合作文件。

[7月26日　柬埔寨　发展合作]　国家国际发展合作署副署长邓波清在北京会见柬埔寨财经部国务秘书翁赛维索，双方就落实两国元首共识、推动中柬发展合作深入交换意见。会后，双方签署3个项目合作文件。

[7月30日　瓦努阿图　发展合作]　国家国际发展合作署副署长周柳军率团访问瓦努阿图，应约拜会瓦努阿图总理萨尔维，就两国发展合作领域有关议题交换意见。在瓦期间，代表团实地考察援瓦国际会议中心、总理府、太平洋小型运动会体育场馆、马拉坡学校、南太大学等重点项目。

[7月30日　菲律宾　综合]　国务委员兼外交部部长王毅在泰国曼谷会见菲律宾外长洛钦。王毅表示，中方愿同菲方推动"一带一路"倡议同"大建特建"规划深度对接，加速推进包括基础设施建设、电信、油气开发等领域的互利合作。中方愿同包括菲方在内的东盟国家密切配合，开好东亚合作系列外长会。洛钦表示，菲方愿同中方密切高层交往，加强对话沟通，推进互利合作，开展海上油气开发合作。东盟聚焦本地区发展繁荣，致力于维护东盟的中心地位，不应参与任何带有地缘遏制色彩的所谓战略。

[7月31日 新加坡 综合] 国务委员兼外交部部长王毅在泰国曼谷会见新加坡外长维文。中方愿共建"一带一路",打造"陆海新通道"和三方合作,加强创新、智慧城市合作。新方愿积极打造新中自贸区升级版,推进相关合作。

[8月1日 文莱 "一带一路"] 国务委员兼外交部部长王毅在泰国曼谷会见文莱第二外长艾瑞万。中方愿以"一带一路"为契机,推进"广西—文莱经济走廊"建设。文方愿同加强合作。

[8月1日 泰国 "一带一路"] 泰国总理巴育在曼谷会见国务委员兼外交部部长王毅。泰方愿共建"一带一路",推进泰中铁路建设。中方愿打造创新、人工智能等新的合作增长点,携手开拓第三方市场。中方愿扩大进口更多泰优质农产品。7月31日,王毅在曼谷同泰国外长敦举行会谈并共同会见记者。

[8月1日 日本 综合] 国务委员兼外交部部长王毅在曼谷会见日本外相河野太郎。双方愿推进各领域务实合作,积极开展第三方市场合作和创新合作,共建"一带一路"。

[8月2日 老挝 发展合作] 国家国际发展合作署署长王晓涛在北京会见老挝工贸部部长兼老中合作委员会主席开玛妮,双方就中老发展合作深入交换意见。

[8月2日 新加坡 "一带一路"] 中国—新加坡(重庆)战略性互联互通示范项目联合工作委员会第一次会议在京举行。商务部部长钟山与新加坡贸工部部长陈振声共同主持会议。中方将按照"政府引导、企业主体、市场运作"原则,充分发挥重庆和新加坡"双枢纽"优势推进合作。新方积极推进陆海新通道建设,并加快推动区域经济一体化进程。

[8月2日 马来西亚 "一带一路"] 国务委员兼外交部部长王毅在泰国曼谷会见马来西亚外长赛夫丁。王毅表示,"一带一路"倡议秉持共商共建共享。中马要做大做强"两国双园",加强产业和创新合作。我

们乐见两国合作的东海岸铁路项目日前复工。赛夫丁表示,马方愿积极参与共建"一带一路"合作,这是一个开放、包容的倡议,将使我们这个世界变得更加平衡。

[8月2日　澳大利亚　综合]　国务委员兼外交部部长王毅在泰国曼谷应约会见澳大利亚外长佩恩。王毅表示,希望澳方坚持开放包容理念,为中国企业提供公平、透明、非歧视的营商环境。佩恩表示,在5G问题上,澳方将独立自主做出决定,不会对任何特定国家或特定企业采取歧视性做法。

[8月2日　东帝汶　"一带一路"]　国务委员兼外交部部长王毅在泰国曼谷会见东帝汶外长巴博。中方愿同东帝汶早日制定"一带一路"合作规划,扩大石油化工、经贸、农渔业等领域合作。愿加强双方在联合国、中国—葡语国家论坛等机制下的协调合作。东帝汶愿积极参与"一带一路"合作,加强互联互通。

[8月8—10日　日本　综合]　8月8—9日,外交部副部长乐玉成在东京分别会见日本外相河野太郎、国家安全保障局长谷内正太郎、自民党干事长二阶俊博和前首相福田康夫。10日,乐玉成和日本外务事务次官秋叶刚男在长野县共同主持新一轮中日战略对话。双方讨论了中日关系等问题。本轮中日战略对话系时隔7年重启。

[8月12日　老挝　金融]　中国人民银行行长易纲在北京会见老挝人民民主共和国银行行长宋赛·西帕赛,双方就中老双边金融合作等议题进行了交流。会见期间,宋赛·西帕赛行长代表老挝政府首次向人民银行颁发了友谊勋章,以表达对人民银行推动中老两国金融合作的感谢。

[8月29日　菲律宾　综合]　国家主席习近平在北京会见菲律宾总统杜特尔特。习近平强调,要持续推进"一带一路"倡议同菲方"大建特建"规划对接,实施好基础设施建设、工业园区、电信、能源等领域重大合作项目。中方愿进口更多菲律宾优质水果和农产品,将派专家赴菲传

授农渔业技术。菲方希望中方继续助力菲经济发展和基础设施建设。会见后，两国元首共同见证了双边合作文件交换仪式。双方还宣布成立油气合作政府间联合指导委员会和企业间工作组，推动共同开发取得实质性进展。

[8月30日　菲律宾　综合]　国务院总理李克强在北京会见菲律宾总统杜特尔特。李克强表示，愿将"一带一路"倡议同菲方"大建特建"规划更好对接。

[9月10日　日本　贸易]　商务部部长钟山会见日中经济协会会长宗冈正二、日本商工会议所会头三村明夫、日本经济团体联合会审议员会议长古贺信行率领的2019年度日本经济界代表团并座谈，双方就中国进一步扩大开放举措、中日经贸合作及第三方市场合作、维护多边贸易体制等交换意见。

[9月11日　日本　贸易]　国务院总理李克强在北京会见日本经济界代表团。中方欢迎日本经济界更加积极扩大对华投资，推动两国经贸合作取得更多成果。日方愿加强双方在科技创新、气候变化、应对老龄化、健康护理以及第三方市场等领域合作，期待年内结束谈判缔结"区域全面经济伙伴关系协定"。

[9月11日　日本　科技]　工业和信息化部党组成员、总工程师张峰出席了工信部与日中经济协会联合访华团交流活动。双方就智能制造、智能网联汽车、电子信息产业链、网络安全、节能环保和中小企业创新发展等议题进行了深入交流。张峰希望双方业界加强交流合作，共同推动两国产业合作。

[9月12日　马来西亚　"一带一路"]　国务委员兼外交部部长王毅在北京同马来西亚外长赛夫丁举行会谈。双方愿在共建"一带一路"框架下，将中马"两国双园"项目打造成"陆海新通道"重要节点，加快区域全面经济伙伴关系协定谈判，支持马方担任明年亚太经合组织东道

主。同日，中央外事工作委员会办公室主任杨洁篪在北京会见马来西亚外长赛夫丁。

[9月21日　柬埔寨　投资]　国家发展改革委副主任宁吉喆和柬埔寨发展理事会秘书长宋金达在南宁共同主持中国—柬埔寨产能与投资合作部长级会议。双方就加强政策规划的交流对接，提高产能与投资合作质量和持续提升政府服务水平等事项进行了深入探讨，达成多项共识。同日，宁吉喆和马来西亚国际贸易与工业部部长雷金共同出席在南宁出席中国—马来西亚产能与投资合作论坛。随后，宁吉喆会见了雷金。双方就进一步深化中马产能与投资合作、加强在新能源、新材料、信息技术等新兴产业合作以及共同开展第三方市场合作等交换了意见。

[9月27日　柬埔寨　"一带一路"]　全国政协主席汪洋在北京会见柬埔寨国王西哈莫尼和太后莫尼列。汪洋表示，中方重视发展两国关系，愿以落实中柬构建命运共同体行动计划为主线，同柬方进一步密切高层交往，推进"一带一路"建设，深化各领域务实合作。

[9月29日　菲律宾　科技]　科技部副部长黄卫和菲律宾科技部副部长罗薇娜·格瓦拉在北京共同主持中国—菲律宾科技合作联委会第15次会议。中方与菲方分别介绍了上次会议以来科技政策与合作情况，并就当前合作项目进行了探讨交流，讨论了重点领域的未来合作展望。双方将进一步优化在联合项目征集、科技人员交流、共建联合实验室等方面的合作。

[10月9日　日本　综合]　财政部部长刘昆在北京会见日本首相和财务大臣特别顾问、日方提名亚洲开发银行行长候选人浅川雅嗣。

[10月9日　所罗门群岛　综合]　国务院总理李克强在北京同来华进行正式访问并出席2019年中国北京世界园艺博览会闭幕式的所罗门群岛总理索加瓦雷举行会谈。李克强表示，两国在渔业、林业、矿业等领域合作前景广阔，拓展金融、农业、教育等领域互利合作，欢迎所方有竞争

力的优质产品扩大对华出口，鼓励更多有实力、信誉好的中资企业按市场化原则积极参与所基础设施建设。索加瓦雷表示愿积极参与共建"一带一路"，推动两国贸易、投资、农渔业、基础设施、教育、人文等各领域合作，推进南南合作。会谈后，两国总理共同见证了外交、经济技术、教育等多项双边合作协议的签署。

同日，国家主席习近平在北京会见了索加瓦雷。习近平指出，两国要以签署"一带一路"谅解备忘录为契机，加强发展战略对接，扩大合作，助力提升所方民生水平和自主可持续发展能力。索加瓦雷表示，"一带一路"倡议给所方带来巨大机遇。所方愿与中方积极开展贸易、投资、农渔业、旅游业等各领域合作。

同日，国家国际发展合作署副署长周柳军在北京会见来华访问的所罗门群岛外长马内莱。双方就进一步加强中所发展领域合作，加快落实重点合作项目等事宜进行了深入的交流。国家发展改革委主任何立峰与所罗门群岛外交和外贸部长马内莱在北京签署《中华人民共和国政府与所罗门群岛政府关于共同推进丝绸之路经济带和21世纪海上丝绸之路建设的谅解备忘录》。

[10月9日 柬埔寨 综合] 国务院总理李克强在北京会见来华出席2019年中国北京世界园艺博览会闭幕式的柬埔寨副首相贺南洪。李克强表示，中方愿同柬方推进双边自贸协定谈判，推动早日达成区域全面经济伙伴关系协定。贺南洪表示，柬方愿同中方尽早商签自贸协定，深化务实合作。

[10月14日 越南 农业] 农业农村部部长韩长赋在河内会见了越南总理阮春福。同日，韩长赋在河内会见了越南农业与农村发展部部长阮春强，双方就进一步加强中越农渔业合作深入交换意见。

[10月15日 新加坡 自贸协定] 国务院副总理韩正与新加坡副总理王瑞杰在中国—新加坡双边合作机制会议上共同宣布，《中国与新加

坡关于升级〈自由贸易协定〉的议定书》（以下简称《升级议定书》）于10月16日生效。《升级议定书》对原产地规则、海关与贸易便利化、贸易救济、服务贸易、投资、经济合作等6个领域进行了升级，并新增了电子商务、竞争政策和环境等3个领域。双方商定，《升级议定书》涉及的原产地规则调整将于2020年1月1日起实施。

［10月16日　印度尼西亚　发展合作］　国家国际发展合作署副署长邓波清访问印度尼西亚，与印度尼西亚公共工程和住房部秘书长阿妮塔举行工作会谈，签署援印度尼西亚佩洛西卡水坝工程可行性研究项目立项换文，并考察雅万高铁项目。

［10月17日　文莱　农业］　农业农村部部长韩长赋在文莱首都斯里巴加湾市会见了文莱初级资源与旅游部部长阿里。双方就进一步加强中文农业和渔业合作深入交换意见。

［10月17日　新加坡　综合］　国务院副总理刘鹤在京应约会见来华访问的新加坡副总理王瑞杰。刘鹤表示，双方要继续深化共建"一带一路"、金融、科技、人文等领域合作，共同维护多边体制和自由贸易规则，不断增进两国人民和世界人民的福祉。王瑞杰表示，新方愿以此为契机推动双边关系迈上新台阶，促进区域经济一体化。

［10月18—20日　东帝汶　综合］　国家国际发展合作署副署长邓波清访问东帝汶，会见东帝汶外交与合作部部长巴博、传媒国务秘书阿卡拉，同东帝汶财政部工作会谈，与在东帝汶中资企业座谈。

［10月19日　日本　金融］　中国人民银行行长易纲会见了日本财长麻生太郎。双方就两国经济金融形势、G20合作、中日金融合作等议题交换了意见。

［10月21日　泰国　农业］　农业农村部部长韩长赋在曼谷会见了泰国副总理朱林，双方对中泰农业合作交换了意见。

［10月22日　新西兰　农业］　农业农村部副部长张桃林与新西兰

初级产业部常务副部长雷·史密斯在奥克兰共同主持召开中国—新西兰农业联委会第六次会议，系统总结2016年第五次会议以来中新农业合作成果，研究探讨未来两国农业合作重点。会后，张桃林与史密斯签署《中国—新西兰农业联委会第六次会议纪要》。

[10月22日　澳大利亚　基础设施]　国家发展改革委和澳大利亚维多利亚州政府在北京召开共建"一带一路"基础设施圆桌论坛。国家发展改革委副秘书长苏伟、澳大利亚维多利亚州长安德鲁斯出席论坛并致辞。

[10月23日　澳大利亚　"一带一路"]　国家发展改革委副主任宁吉喆在北京会见澳大利亚维多利亚州州长安德鲁斯，双方签署《中华人民共和国国家发展和改革委员会与澳大利亚维多利亚州政府关于共同推进"一带一路"建设框架协议》，并见证签署《中国商用飞机有限责任公司与蒙纳士大学共建中国商飞—蒙纳士技术中心合作协议》。

[10月23日　新西兰　环境]　生态环境部副部长庄国泰在新西兰惠灵顿与新西兰环境兼贸易部长大卫·帕克举行双边会谈，并出席中新环境合作协调员会第六次会议。中新双方就进一步加强双边生态环境领域合作等议题交换了意见。

[10月24日　韩国　环境]　生态环境部部长李干杰在北京会见了韩国驻华大使张夏成，双方就加强大气污染防治、推进中韩环境合作中心建设等议题进行了交流。

[10月24日　菲律宾　综合]　国务院副总理胡春华在菲律宾首都马尼拉会见了菲律宾总统杜特尔特。双方愿推进"一带一路"，加强发展战略对接；拓展贸易投资合作；加快重点合作项目进度；加强区域和多边层面的合作。中方鼓励企业扩大对菲投资，希望菲方改善营商环境。在菲期间，胡春华还与菲律宾财政部长多明格斯率领的内阁经济团队举行会谈。同日，国家国际发展合作署副署长邓波清与菲律宾公共工程与公路部

长维拉在马尼拉签署了援菲律宾马拉维体育综合体和中心市场项目立项换文。

[11月1日　日本　综合]　国家发展改革委与日本内阁府第22届高级事务级会晤在北京举行。会晤由国家发展改革委副主任宁吉喆和日本内阁府审议官田和宏共同主持。双方重点就中日宏观经济形势及政策、中美贸易摩擦进行交换了意见，并就双方共同关注的"供给侧结构性改革、金融风险防控、人口老龄化"等内容进行了深入交流。

[11月1日　澳大利亚　能源]　国家能源局副局长李凡荣在北京会见澳大利亚驻华大使傅关汉一行，双方就中澳能源合作、中国能源发展与转型等议题深入交换了意见。

[11月3日　越南　综合]　国务院总理李克强在曼谷会见出席东亚合作领导人系列会议的越南总理阮春福。双方表示要妥善处理海上问题，加强各领域合作。

[11月3日　老挝　综合]　国务院总理李克强在曼谷会见老挝总理通伦。李克强表示要加强宏观经济政策交流，分享发展经验，建设好中老铁路等大项目。中方全力支持老方办好澜沧江—湄公河合作第三次领导人会议，促进地区发展与合作提质升级。

[11月3日　柬埔寨　综合]　国务院总理李克强3日在曼谷会见柬埔寨首相洪森。李克强表示，中方愿同柬方拓展各领域，包括基础设施领域合作。洪森表示，柬方愿同中方尽快商签自贸协定，欢迎中国企业扩大对柬投资。

[11月3日　澳大利亚　综合]　国务院总理李克强在曼谷出席东亚合作领导人系列会议期间，同澳大利亚总理莫里森举行第七轮中澳总理年度会晤。李克强表示，我们愿同澳方继续开展贸易、能源、金融、教育、应对气候变化等方面交流与合作。

[11月4日　日本　综合]　国务院总理李克强在曼谷会见日本首相

安倍晋三。中方将举行第八次中日韩领导人会议，双方期待以此为契机促进三方合作。

[11月4日　新西兰　综合]　国务院总理李克强在曼谷会见新西兰总理阿德恩。李克强表示，双方要进一步加强旅游、文化、教育等人文领域交流。阿德恩表示，新方愿同中方加强在岛国地区三方合作。会见后，双方发布联合新闻稿，宣布完成中新自贸协定升级谈判。

[11月4日　新西兰　自贸协定]　中国和新西兰宣布正式结束两国之间的自由贸易协定升级谈判。该升级谈判于2016年11月启动。中新自贸协定升级谈判对原有的海关程序与合作、原产地规则及技术性贸易壁垒等章节进行了进一步升级，新增了电子商务、环境与贸易、竞争政策和政府采购等章节。双方还在服务贸易和货物贸易市场准入、自然人移动和投资等方面做出新的承诺。

[11月4日　韩国　环境]　中韩两国环境部长首次年度工作会晤在韩国首尔举行。生态环境部部长李干杰和韩国环境部部长赵明来分别率团出席会议。双方还就生物多样性保护、海洋环境保护等议题进行了交流。会前，两国环境部长共同签署了中韩环境合作项目《"晴天计划"实施方案》。

[11月5日　泰国　综合]　国务院总理李克强在曼谷总理府同泰国总理巴育举行会谈。李克强指出，中方愿同泰方就经济特区、产业园区发展、推进减贫事业等交流经验。巴育表示，泰方希开展电子商务、第三方市场、高速铁路、5G技术、数字经济等领域合作。会谈后，两国总理共同见证中泰科技创新、新闻等领域双边合作文件的签署。双方发表了政府间联合新闻声明。同日，李克强在曼谷新国会大厦会见泰国国会主席兼下议院议长川·立派。

[11月5日　澳大利亚　农业]　农业农村部副部长韩俊在北京会见澳大利亚参议院农村与地区事务及交通立法委员会主席苏珊·麦克唐纳德

参议员、农村与地区事务及交通参考委员会主席格兰·斯特尔参议员,交流中澳农业政策,探讨未来两国农业合作领域。

[11月13日　澳大利亚　发展合作]　国家国际发展合作署副署长张茂于在北京会见澳大利亚外交贸易部副秘书长沃尔什,就加强双方合作交换意见。

[11月21日　日本　农业]　农业农村部副部长于康震与日本农林水产省事务次官末松广行在北京召开中日农业副部级对话第九次会议。双方就入渔合作和农产品进出口等议题进行了交流,同意落实《中日渔业协定》、推进入渔合作,加强农产品质量安全、农业科技与智能装备、植物保护、农药、非洲猪瘟等跨境动物疫病防控、植物新品种保护、全球重要农业文化遗产等方面合作。

[11月25日　日本　综合]　国务委员兼外交部部长王毅在东京同日本外相茂木敏充会谈。中方愿同日韩共同努力,开好2019年三方领导人会议。中日也应就重大国际地区问题加强沟通协调。日方愿同中方以开放态度促进经济技术合作,为两国企业营造公正公平营商环境,愿就加强中日韩合作与中方开展建设性合作。

[11月26日　马来西亚　科技]　工业和信息化部副部长辛国斌在北京会见马来西亚贸工部秘书长洛曼·哈京·阿里,双方就中马汽车领域合作交换了意见。

[11月27日　越南　综合]　国务委员兼外交部部长王毅在北京会见越南副外长黎怀忠。黎怀忠表示,越方愿同中方努力落实两国领导人共识,共同办好建交70周年庆祝活动,保持高层互访势头,管控好分歧,推进"一带一路"倡议与"两廊一圈"规划对接,推动两国关系向前发展。

[11月27—30日　蒙古　发展合作]　国家国际发展合作署副署长邓波清率团访问蒙古,会见蒙古副总理恩赫图布辛,就中蒙发展合作、社

会民生合作深入交换意见。

[11月29日　澳大利亚　科技]　科技部副部长黄卫在北京会见澳大利亚驻华大使傅关汉。双方愿继续推动政府、地方、高校院所、园区和企业间合作。

[12月2日　蒙古　科技]　科技部部长王志刚在北京会见蒙古国教育文化科学体育部长巴特尔毕力格。双方对推进两国科技创新合作等议题交换了意见。

[12月5日　韩国　自贸协定]　韩国总统文在寅在首尔会见国务委员兼外交部部长王毅。双方愿寻找"一带一路"倡议契合点，探讨开展第三方合作。韩方支持如期推进"区域全面经济伙伴关系协定"进程，愿意加快韩中日自贸区建设。4日，王毅在首尔还分别同韩国外长康京和以及韩国执政党共同民主党党首、前总理李海瓒举行会谈。

[12月6日　日本　综合]　中央外事工作委员会办公室主任杨洁篪同日本国家安全保障局长北村滋在北京共同主持中日第七次高级别政治对话。双方一致认为，双方将共同努力，确保明年两国间重大政治外交议程顺利进行。

[12月7日　缅甸　"一带一路"]　缅甸总统温敏在内比都会见国务委员兼外交部部长王毅。温敏表示，希望双方加快共建"一带一路"，全面推进经济走廊建设，扩大经贸、教育、卫生等领域合作。同日，王毅在内比都分别同缅甸国务资政兼外长昂山素季、国务资政府部长觉丁瑞、投资与对外经济关系部长、国家安全顾问当吞、建设部长汉佐、国际合作部长觉丁等进行友好交流。

[12月8日　日本　环境]　第十三届中日节能环保综合论坛在日本东京举行，商务部部长助理李成钢出席论坛并作主旨发言。李成钢表示，中日双方应落实两国领导人共识，充分谋划新形势下中日节能环保合作，推动经贸合作提质升级，服务两国发展大局。

第五部分　中国经济外交重要事件

【12月9日　日本　贸易】　中国商务部与日本经济产业省第19次副部级定期磋商在日本东京举行，商务部部长助理李成钢与日本经济产业省经济产业审议官田中繁广共同主持会议。双方就共同办好第二届中日第三方市场合作论坛、加强服务贸易、电子商务、地方经贸合作等深入沟通，达成广泛共识。

【12月12日　日本　农业】　农业农村部副部长韩俊在北京会见了来访的日本众议院议员、前农林水产大臣吉川贵盛和日本内阁官房参事、前农林水产大臣西川公也一行。双方就各自关切议题交换意见。

【12月13日　密克罗尼西亚联邦　气候】　国务院总理李克强在北京会见来华进行国事访问的密克罗尼西亚联邦总统帕努埃洛。李克强指出，愿加强双方发展战略衔接，特别是海洋渔业开发与加工合作。中方始终主张积极履行《巴黎协定》，愿同密方加强气候变化南南合作和经验交流。帕努埃洛表示，密方高度赞赏中方为应对气候变化做出的贡献，愿同中方加强在联合国框架下的合作。

【12月13日　密克罗尼西亚　综合】　国家主席习近平在北京同密克罗尼西亚联邦总统帕努埃洛会谈。习近平强调，双方要优势互补，积极拓展共建"一带一路"框架内贸易投资、农渔业、基础设施建设、旅游等领域合作。帕努埃洛表示，密方希望进一步扩大两国经贸、基础设施建设、农业、教育等领域合作，积极参与共建"一带一路"。会谈后，两国元首共同见证了多项双边合作文件的签署。

【12月17日　文莱　农业】　农业农村部副部长余欣荣在京会见来访的文莱达鲁萨兰国初级资源与旅游部部长阿里。双方就建立中文农渔业工作组及推进中文农渔业合作等事宜交换意见。

【12月17日　菲律宾　发展合作】　国家国际发展合作署副署长邓波清在北京会见菲律宾财政部副部长霍文率领的菲律宾政府代表团一行。双方就进一步推动"一带一路"倡议和菲律宾"大建特建"计划对接，

落实两国政府间重大合作项目进行了深入交流，并就加强中菲在民生、人力资源开发等领域合作交换了意见。

［12月23日　韩国　综合］　国家主席习近平在北京会见韩国总统文在寅。习近平强调，双方可以推动共建"一带一路"倡议同韩方发展战略规划对接进一步早见实效、早结硕果，加快双边自由贸易协定第二阶段谈判，深化创新研发合作。文在寅表示，韩方希进一步扩大两国经贸、文化、体育、环保等领域合作，推进"一带一路"倡议同韩"新南方新北方政策"对接，加快推进联合开拓第三方市场合作。

［12月23日　韩国　综合］　国务院总理李克强在四川成都会见出席第八次中日韩领导人会议的韩国总统文在寅。李克强表示，中方愿同韩方加强发展战略对接，积极探讨开展第三方市场、科技创新、服务业合作，深化在应对气候变化、环境保护等领域合作。文在寅表示，韩方愿同中方推动第三方市场合作尽快取得务实成果，加强体育、文化、旅游合作。

［12月23日　日本　综合］　国家主席习近平在北京会见日本首相安倍晋三。习近平强调，双方要拓展务实合作，推进高质量共建"一带一路"和中日第三方市场合作，努力实现更高水平的互利共赢。安倍晋三表示，日方高度重视并期待习近平主席2020年春天对日本进行国事访问，日方希望双方继续扩大经贸、投资、创新、旅游、文化、体育等领域务实合作。日方愿同中方积极推进第三方市场合作，就地区问题加强沟通协调。

［12月25日　日本　综合］　国务院总理李克强在都江堰同日本首相安倍晋三举行会谈。李克强指出，中日在证券、寿险、医疗等现代服务业领域深化合作，加强投资、创新、第三方市场等领域合作。中日愿共同推动明年如期签署《区域全面经济伙伴关系协定》（RCEP），加快推进中日韩自贸区协定谈判。安倍晋三表示，日方愿同中方加强在应对老龄化、

金融、旅游、环保、减灾、医疗等领域合作,加快 RCEP 和中日韩自贸区协定谈判。会谈后,李克强与安倍晋三共同参观了都江堰水利工程。

[12月26—27日 日本、韩国 科技] 科技部部长王志刚在韩国首尔与韩国科技信息通信部长官崔起荣、日本文部科学大臣萩生田光一出席第四次中日韩科技部长会。会议就恢复执行中日韩联合研究计划开展磋商,并倡议 2020 年为"中日韩科技创新合作年"。王志刚还在首尔会见了萩生田光一。双方愿推动科技创新合作。27 日,王志刚与崔起荣在首尔主持中韩科技合作联委会第 14 次会议。双方探讨了新兴产业、人才交流、联合研究等合作议题。会后双方签署了中韩科技合作联委会第 14 次会议纪要。

[12月30日 新加坡 科技] 科技部部长王志刚在新加坡会见新加坡代总理王瑞杰。双方愿就老龄化、可持续发展等议题开展合作并签署了关于推动科技创新合作的执行协议。

(二)北美

[1月7—9日 美国 贸易] 中美双方在北京举行经贸问题副部级磋商。双方就贸易问题和结构性问题进行了交流。国务院副总理刘鹤现身会场且谈判时间延长至三天,表明了中方的高度重视。此次美方由其贸易代表办公室副主任杰弗里·格里什领衔,其他成员还包括:美财政部副部长马尔帕斯、美贸易代表署首席农业谈判代表杜德、美农业部副部长麦金尼、美商务部副部长卡普兰,以及美能源部助理部长史蒂文·温伯格。

[1月9日 美国 能源、科技] 国务院总理李克强在北京会见美国特斯拉公司首席执行官马斯克。李克强就新能源汽车产业发展、科技与创新合作等议题同马斯克深入交流。同日,国家发展改革委副主任林念修、工业和信息化部副部长辛国斌也会见了马斯克,就特斯拉上海超级工

厂、进一步深化中美新能源汽车领域合作等议题进行了交流。

[1月22日　美国　能源]　国家能源局副局长李凡荣在北京会见康菲石油公司董事长兼首席执行官蓝睿谙，双方围绕康菲公司与我国企业合作等议题进行了深入交流。

[1月22日　美国贸易]　外交部副部长郑泽光会见美国全国商会常务副会长兼国际事务总裁薄迈伦，双方就中美经贸关系等问题交换了意见。

[1月28日　美国　金融]　中国人民银行对美国标普全球公司在北京设立的全资子公司予以备案。同日，中国接受该公司进入银行间债券市场开展债券评级业务的注册。标普已获准进入中国信用评级市场。

[1月30—31日　美国　贸易]　中美开启新一轮高级别经贸磋商，旨在弥合重大分歧并缓和关税战。美国总统特朗普在华盛顿会见中国代表团团长刘鹤。中方希望双方在3月1日的贸易战停火截止期限前达成协议。此次中方成员还包括：央行行长易纲，国家发展改革委副主任宁吉喆，中央财办副主任、财政部副部长廖岷，外交部副部长郑泽光，工信部副部长罗文，农业农村部副部长韩俊，商务部副部长兼国际贸易谈判副代表王受文；美方成员包括：贸易谈判代表莱特希泽，财政部长姆努钦，商务部长罗斯，白宫首席经济顾问库德洛，白宫国家贸易委员会主任纳瓦罗。

[2月5日　美国　科技]　国家发展改革委副主任林念修在北京会见了美国波音公司国际事务总裁马爱仑，就推进中美航空工业合作等议题进行了交流。

[2月12日　美国　金融]　财政部部长刘昆在北京会见美国财政部副部长、美方提名世界银行行长候选人马尔帕斯，双方就有关议题交换了意见。

[2月14—15日　美国　贸易]　国务院副总理、中美全面经济对话

中方牵头人刘鹤与美国贸易代表莱特希泽、财政部长姆努钦在北京举行第六轮中美经贸高级别磋商。双方对技术转让、知识产权保护、非关税壁垒、服务业、农业、贸易平衡、实施机制等议题进行了深入交流。双方就主要问题达成原则共识，并就双边经贸问题谅解备忘录进行了具体磋商。15日，国家主席习近平在北京会见美国贸易代表莱特希泽和财政部长姆努钦。习近平指出，中方愿意采取合作的方式解决经贸分歧和摩擦问题，推动达成协议。莱特希泽和姆努钦表示，美方愿争取达成相关协议。

［2月19日　美国　综合］　国务委员兼外交部部长王毅在北京会见由美国全国商会常务副会长薄迈伦率领的美前政要代表团。美方成员包括美前总统国家安全事务助理哈德利、前贸易代表巴尔舍夫斯基、前副国务卿奈兹、前财政部副部长金米特、前商务部副部长安德鲁斯等。

［2月21—24日　美国　贸易］　习近平主席特使、国务院副总理、中美全面经济对话中方牵头人刘鹤与美国贸易代表莱特希泽、财长姆努钦在华盛顿举行第七轮中美经贸高级别磋商。双方在技术转让、知识产权保护、非关税壁垒、服务业、农业以及汇率等方面取得实质性进展。美国总统特朗普发推特称将推迟原定3月1日对华提征的关税。22日，特朗普在华盛顿会见刘鹤。

［2月22日　美国　科技］　工业和信息化部副部长陈肇雄会见美国工业互联网联盟指导委员会主席德克·斯拉玛，就工业互联网合作发展等议题交换意见。

［3月7日　加拿大　贸易］　中国海关总署称将暂停受理加拿大企业3月1日后启运的油菜籽报关，因为这些油菜籽中含有多种检疫性有害生物。同时，海关将加强对进口加拿大油菜籽的检疫，并根据风险评估结果适时调整预警措施。

［3月12日　美国　贸易］　国务院副总理、中美全面经济对话中方牵头人刘鹤应约与美国贸易代表莱特希泽、财政部长姆努钦通话，双方就

文本关键问题进行具体磋商，并确定了下一步工作安排。

［3月14日　美国　贸易］　国务院副总理、中美全面经济对话中方牵头人刘鹤应约与美国贸易代表莱特希泽、财政部长姆努钦进行第三次通话。双方在文本上进一步取得实质性进展。

［3月24日　美国　金融］　财政部部长刘昆在北京会见了美国桥水投资公司总裁戴里奥一行。双方就全球宏观经济形势和全球债务问题等交换了意见。同日，刘昆在北京会见诺贝尔经济学奖得主斯蒂格利茨。双方就中美经贸关系、中国税制改革等问题交换了意见。

［3月25日　美国　投资］　国家发展改革委副主任宁吉喆在北京会见了美中贸易全国委员会会长克雷格·艾伦，双方交流了中美经贸、中国吸引外资等议题。

［3月28日　美国　贸易］　国务院副总理、中美全面经济对话中方牵头人刘鹤与美国贸易代表莱特希泽、财政部长姆努钦在北京共同主持第八轮中美经贸高级别磋商，双方讨论了协议有关文本，并取得新的进展。

［4月3—5日　美国　贸易］　国务院副总理、中美全面经济对话中方牵头人刘鹤与美国贸易代表莱特希泽、财政部长姆努钦在华盛顿共同主持第九轮中美经贸高级别磋商。4日，美国总统特朗普在华盛顿会见刘鹤。莱特希泽、姆努钦、珀杜、商务部长罗斯、总统高级顾问库什纳等美方官员参加了会见。

［4月3—4日　美国　能源］　国家发展改革委主任何立峰在北京会见了美国埃克森美孚董事长兼首席执行官伍德伦，双方交流了惠州石化综合体项目的进展。4日，国务院副总理韩正在北京会见了伍德伦。

［4月3日　美国　金融］　中国人民银行副行长潘功胜应邀会见了美国富时罗素全球首席执行官萨马德一行，双方就中国债券市场开放及评估纳入富时罗素债券指数等有关问题交换了意见。

［4月8日　美国　金融］　中国人民银行行长易纲在旧金山会见了

旧金山联储行长戴利，双方就中美经济金融形势、货币政策等议题交换了意见。

【4月10日　美国　贸易】　外交部副部长郑泽光会见美国前副国务卿艾伦·拉森。双方就中美关系及经贸合作、人文交流等问题交换了意见。

【4月11日　美国　贸易】　国务院副总理韩正在北京会见美国前财长保尔森。保尔森愿意推动贸易投资、环境保护、清洁能源、绿色金融等领域的合作。

【4月24日　美国　能源】　国家发展改革委副主任林念修在北京会见了美国 Enterprise 公司代理首席执行官塞克斯特，双方交流了石化产业合作等议题。

【4月26日　美国　综合】　外交部副部长郑泽光会见访华的美国特拉华州民主党联邦参议员孔斯和新罕布什尔州民主党联邦参议员哈桑。双方就当前中美关系和两国各领域交往与合作等议题进行了交流。

【4月29日　美国　科技】　工信部副部长王志军在北京会见美国英特尔公司首席执行官司睿博，就集成电路产业发展及英特尔在华合作等议题交换意见。

【4月29日　美国　能源】　国家能源局局长章建华在北京会见美国切尼尔能源公司总裁兼首席执行官杰克·福斯科一行，双方就中国天然气市场发展现状与未来展望、加强切尼尔与中国企业 LNG 合作等议题深入交换了意见。

【4月30日　美国　综合】　国务委员兼外交部部长王毅在北京会见美国前国会议员代表团。王毅强调，双方举行了多轮高级别磋商，取得许多积极进展。美方表示，希望磋商成功并达成双赢协议。

【4月30日—5月1日　美国　贸易】　国务院副总理、中美全面经济对话中方牵头人刘鹤与美国贸易代表莱特希泽、财政部长姆努钦在北京

举行第十轮中美经贸高级别磋商。双方按照既定安排,将于下周在华盛顿举行第十一轮中美经贸高级别磋商。

[5月10日　美国　金融]　银保监会主席郭树清在北京会见了美国智库彼得森国际经济研究所所长亚当·珀森先生一行,双方主要讨论了货币信贷、金融科技和金融业对外开放等问题,还就公司治理、党的领导、国企竞争、风险防控、监管趋势等热点问题进行了交流。

[5月15日　美国　综合]　外交部副部长郑泽光会见美国亚拉巴马州州务卿梅瑞尔,双方就中国与亚拉巴马州交流与合作交换了意见。

[5月17日　美国　贸易]　国务委员兼外交部部长王毅在北京会见美国前总统国家安全事务助理哈德利,双方就中美关系及共同关心的问题交换了意见。王毅阐述了中方在中美经贸摩擦问题上的原则立场。

[5月18日　美国　综合]　国务委员兼外交部部长王毅应约同美国国务卿蓬佩奥通电话。双方就中美经贸磋商、台湾问题、伊朗问题交换立场。

[5月24日　美国　能源]　国家能源局副局长刘宝华在北京会见西屋电气公司总裁兼首席执行官何睿泽一行,听取了AP1000在中美两国的建设情况,以及第三方市场进展情况,并就中国与西屋电气公司未来在核电领域合作等议题深入交换了意见。

[5月28日　美国　综合]　外交部副部长郑泽光在北京会见来华访问的美国联邦众议员米勒。双方就当前中美关系以及经贸、地方合作等问题交换了意见。

[6月18日　美国　贸易]　国家主席习近平应约同美国总统特朗普通电话。特朗普表示,我期待着同习近平主席在二十国集团领导人大阪峰会期间再次会晤。美方重视美中经贸合作,希望双方工作团队能展开沟通,尽早找到解决当前分歧的办法。习近平强调,在经贸问题上,双方应通过平等对话解决问题,关键是要照顾彼此的合理关切。我们也希望美方

公平对待中国企业。我同意两国经贸团队就如何解决分歧保持沟通。

［6月24日　美国　贸易］　国务院副总理、中美全面经济对话中方牵头人刘鹤应约与美国贸易代表莱特希泽、财政部长姆努钦通话。双方按照两国元首通话的指示，就经贸问题交换意见。双方同意继续保持沟通。

［6月25日　美国　科技］　科技部部长王志刚在北京会见了美国科学促进会首席执行官拉什·何特一行，双方就当前中美科技关系、加强中美两国科技界交流合作等议题交换意见。

［6月29日　美国　贸易］　国家主席习近平同美国总统特朗普在G20大阪峰会期间举行会晤。两国元首就事关中美关系发展的根本性问题、当前中美经贸摩擦以及共同关心的国际和地区问题深入交换意见，为下阶段两国关系发展定向把舵，同意推进以协调、合作、稳定为基调的中美关系。两国元首同意，在平等和相互尊重基础上重启经贸磋商，美方不再对中国产品加征新的关税。

［7月9日　美国　贸易］　国务院副总理、中美全面经济对话中方牵头人刘鹤应约与美国贸易代表莱特希泽、财政部长姆努钦通话，就落实两国元首大阪会晤共识交换意见。商务部部长钟山参加通话。18日晚，刘鹤与姆努钦再次就落实两国元首大阪会晤共识及下一步磋商交换意见。钟山等也参加通话。

［7月24日　美国　科技］　工业和信息化部副部长王志军在北京会见美国全国商会代表团，就中美经贸关系、市场开放与合作等议题进行了交流。

［7月25日　美国　综合］　国家发展改革委副秘书长苏伟在北京会见了美国全国商会大中华区副总裁、中国中心主任王杰，双方就中美经贸关系交换了意见。

［7月30—31日　美国　经贸］　国务院副总理、中美全面经济对话中方牵头人刘鹤与美国贸易代表莱特希泽、财政部长姆努钦在上海举行第

十二轮中美经贸高级别磋商。双方讨论了中方根据国内需要增加自美农产品采购以及美方将为采购创造良好条件。商务部部长钟山，中国人民银行行长易纲，国家发展改革委副主任宁吉喆，中央财办副主任、财政部副部长廖岷，外交部副部长郑泽光，工业和信息化部副部长王志军，中央农办副主任、农业农村部副部长韩俊，商务部副部长兼国际贸易谈判副代表王受文参加磋商。双方将于9月在美举行下一轮经贸高级别磋商。

[8月1日　美国　综合] 国务委员兼外交部部长王毅在泰国曼谷会见美国国务卿蓬佩奥。王毅就经贸、朝鲜半岛、南海、涉疆、涉港等问题表明中方立场，要求美方尊重中方核心利益和重大关切，谨言慎行。双方同意继续就共同关心的问题保持接触。

[8月6日　美国　货币] 中国人民银行针对美国财政部6日将中国列为"汇率操纵国"之举发布声明，声称中方对此深表遗憾且坚决反对。声明认为这一标签不符合美财政部自己制订的所谓"汇率操纵国"的量化标准，是任性的单边主义和保护主义行为，严重破坏国际规则，将对全球经济金融产生重大影响，声明还强调人民币汇率是由市场供求决定的，中国将继续坚持以市场供求为基础、参考一篮子货币进行调节、有管理的浮动汇率制度，保持人民币汇率在合理均衡水平上的基本稳定。

[8月13日　美国　贸易] 国务院副总理、中美全面经济对话中方牵头人刘鹤应约与美国贸易代表莱特希泽、财政部长姆努钦通话。中方就美方拟于9月1日对中国输美商品加征关税问题进行了严正交涉。双方约定在未来两周内再次通话。商务部部长钟山、中国人民银行行长易纲、国家发展改革委副主任宁吉喆等参加通话。

[8月13日　美国　综合] 经中美双方商定，中央外事工作委员会办公室主任杨洁篪同美国国务卿蓬佩奥在纽约就中美关系交换了意见。

[8月14日　美国　贸易] 美国贸易代表办公室官网挂出声明，公布了对约3000亿美元中国输美产品加征10%关税的最终清单，其中一份

征税清单于 9 月 1 日生效、另一份征税清单于 12 月 15 日生效。

8 月 23 日，中国国务院关税税则委员会发布公告，决定对原产于美国的 5078 个税目、约 750 亿美元商品，加征 10%、5% 不等关税，分两批自 2019 年 9 月 1 日 12 时 01 分、12 月 15 日 12 时 01 分起实施。同时，国务院关税税则委员会还发公告称对原产于美国的汽车及零部件恢复加征关税。作为反击，美国总统特朗普 23 日在推特上宣布，提高对中国商品的关税。"原定自 9 月 1 日起对价值 3000 亿美元的中国进口商品加征的 10% 关税，现在将上调至 15%。与此同时，特朗普总统表示，目前被征收 25% 关税的中国商品，其税率将从 10 月 1 日起上调至 30%。"此外，特朗普还在推特下令美国企业离开中国。

[8 月 14 日　美国　贸易]　国务院副总理、中美全面经济对话中方牵头人刘鹤应约与美国贸易代表莱特希泽、财政部长姆努钦通话。中方就美方拟于 9 月 1 日对中国输美商品加征关税问题进行了严正交涉。双方约定在未来两周内再次通话。商务部部长钟山、中国人民银行行长易纲、国家发展改革委副主任宁吉喆等参加通话。

[8 月 21 日　美国　综合]　外交部副部长郑泽光会见来华访问的美国内华达州民主党联邦众议员蒂特斯、亚利桑那州民主党联邦众议员柯克帕特里克和加利福尼亚州民主党联邦众议员洛温塔尔一行。双方就共同关心的问题交换了意见。郑泽光阐明了中方对当前中美关系以及中国台湾、涉中国香港、经贸等问题原则立场。

[8 月 21 日　美国　综合]　国家发展改革委副主任宁吉喆在北京会见了中国美国商会主席夏尊恩和商会成员企业代表，双方就中美经贸关系、中国进一步扩大开放及双方关切的问题进行了深入交流。

[8 月 23 日　美国　综合]　国家发展改革委副主任宁吉喆在北京会见了美国霍尼韦尔公司高级副总裁兼总法律顾问安·麦丹，双方就中美经贸关系、中国进一步扩大开放、霍尼韦尔在华合作等进行了深入交流。

[8月30日　美国　科技]　工业和信息化部副部长辛国斌在北京会见美国特斯拉汽车公司首席执行官埃隆·马斯克，就中美经贸关系、新能源汽车发展及特斯拉上海超级工厂建设等议题交换意见。

[9月3日　美国　贸易]　国务院副总理刘鹤在北京会见美国国会参议院"美中工作小组"共同主席、参议员戴恩斯及参议员珀杜一行。双方表示不愿经贸冲突。

[9月5日　美国　贸易]　国务院副总理、中美全面经济对话中方牵头人刘鹤应约与美国贸易代表莱特希泽、财政部长姆努钦通话。双方同意10月初在华盛顿举行第十三轮中美经贸高级别磋商，此前双方将保持密切沟通。工作层将于9月中旬开展认真磋商，为高级别磋商取得实质性进展做好充分准备。双方一致认为，应共同努力，采取实际行动，为磋商创造良好条件。商务部部长钟山、中国人民银行行长易纲、国家发展改革委副主任宁吉喆等参加通话。

[9月10日　美国　贸易]　国务院总理李克强在北京会见中美企业家对话会的美方代表。中方表示中美应求同存异并欢迎扩大对华经贸投资合作。美方反对削弱同中国经济关系的做法，绝不愿看到美中经贸脱钩。希望两国经贸磋商取得积极进展、尽早达成协议。

[9月10日　美国　贸易]　国务院副总理刘鹤在北京会见美国花旗集团首席执行官高沛德。中方希望美国工商界在经贸关系中发挥积极作用。花旗由衷希望美中经贸磋商取得积极进展，尽快达成一致。

[9月12日　美国　贸易]　国务院副总理刘鹤在北京会见美中贸易全国委员会董事会主席格林伯格。中方表示双方工作层将于下周见面，围绕贸易平衡、市场准入、投资者保护等共同关心的问题进行认真交流。格林伯格表示，美国工商界不愿看到加征关税，希望美中两国通过磋商解决分歧，恢复正常经贸往来，美中贸易全国委员会愿发挥积极作用。

[9月19—20日　美国　贸易]　中央财办副主任、财政部副部长廖

岷应邀率团赴美举行中美经贸问题副部级磋商，中美双方经贸团队在华盛顿会面并就共同关心的经贸问题开展了建设性的讨论。双方还认真讨论了牵头人10月份在华盛顿举行第十三轮中美经贸高级别磋商的具体安排。双方同意将继续就相关问题保持沟通。

【9月24日　美国　经济】　国务委员兼外交部部长王毅在纽约出席美中关系委员会、美中贸易委员会、美国商会和美国对外关系委员会联合举办的晚餐会并发表主旨演讲。王毅表示，经贸摩擦应对话协商解决。经贸合作是中美关系的"压舱石"，人文交流是"推进器"。我们要鼓励工商、科技、教育、旅游、文化、青年、地方等领域交流。如果与"脱钩"，那就意味着与机遇脱钩，与未来脱钩。

【9月27日　美国　综合】　国务委员兼外交部部长王毅在纽约会见美国前国务卿基辛格。王毅表示，希望美方也能秉持"和而不同"，同中方相向而行，在相互尊重的基础上管控分歧，在互惠互利的基础上深化合作，共同推动中美关系健康稳定向前发展。基辛格表示，美中无法脱钩，无法彼此回避。双方要加强沟通协调，通过建设性对话解决分歧，避免冲突。

【10月9日　美国　贸易】　国务院副总理、中美全面经济对话中方牵头人刘鹤在美国华盛顿会见美中贸委会会长艾伦、美国全国商会常务副会长兼国际事务总裁薄迈伦。刘鹤表示，中美经贸关系十分重要，具有很强的外溢性和全球影响。贸易战不利于中国，不利于美国，也不利于整个世界，企业和消费者的利益都会受到极大损失。艾伦和薄迈伦表示，贸易战只有输家，没有赢家，美国工商界不希望看到加征关税。

【10月10—11日　美国　贸易】　国务院副总理、中美全面经济对话中方牵头人刘鹤与美国贸易代表莱特希泽、财政部长姆努钦在华盛顿举行新一轮中美经贸高级别磋商。双方在农业、知识产权保护、汇率、金融服务、扩大贸易合作、技术转让、争端解决等领域取得实质性进展。商务

部部长钟山，中国人民银行行长易纲，国家发展改革委副主任宁吉喆，中央财办副主任、财政部副部长廖岷，外交部副部长郑泽光，工业和信息化部副部长王志军，中央农办副主任、农业农村部副部长韩俊，商务部副部长兼国际贸易谈判副代表王受文参加磋商。

[10月11日　美国　贸易]　美国总统特朗普会见正在华盛顿进行新一轮中美经贸高级别磋商的国务院副总理、中美全面经济对话中方牵头人刘鹤。刘鹤表示，双方在农业、知识产权保护、汇率、金融服务、扩大贸易合作、技术转让、争端解决等领域取得实质性进展，讨论了后续磋商安排。特朗普表示，很高兴看到，美中经贸磋商取得了实质性的第一阶段成果，这对两国和世界都是重大利好。

[10月12日　美国　能源]　国家能源局副局长刘宝华在北京会见西屋电气公司总裁兼首席执行官弗莱格曼一行，双方就AP1000核电项目合作情况、中美未来核电发展与合作前景等议题深入交换了意见。

[10月17日　美国　贸易]　国务院总理李克强在北京会见美中贸易全国委员会董事会主席格林伯格率领的访华代表团并同他们座谈交流。李克强表示希望包括美中贸委会在内的美工商界人士继续为促进两国关系发展、增进民间相互了解和理解发挥积极作用。美方代表表示，美国工商界希望保持对华接触，不希望中美"脱钩"，也不希望看到贸易战和加征关税。

[10月17日　美国　金融]　中国人民银行行长易纲在华盛顿会见了美联储主席杰罗姆·鲍威尔，双方交换了对中美经济金融形势、货币政策等议题的看法。

[10月22日　美国　环境]　生态环境部部长李干杰在北京会见了保尔森基金会主席亨利·保尔森，双方就进一步加强生态环境领域合作等议题交换了意见。

[10月23日　美国　贸易]　国务院总理李克强在北京会见美国前

财政部长保尔森。李克强表示,希望保尔森基金会继续为发展中美关系、增进民间相互了解发挥积极作用。保尔森表示,当前美中关系处于关键时刻。保尔森基金会将继续为美中关系发展贡献智慧和力量。

[10月25日　美国　贸易]　国务院副总理、中美全面经济对话中方牵头人刘鹤应约与美国贸易代表莱特希泽、财政部长姆努钦通话。双方同意妥善解决各自核心关切,确认部分文本的技术性磋商基本完成。双方确认就美方进口中国自产熟制禽肉、鲶鱼产品监管体系等效以及中方解除美国禽肉对华出口禁令、应用肉类产品公共卫生信息系统等达成共识。双方牵头人将于近期再次通话,在此期间工作层将持续抓紧磋商。商务部部长钟山、中国人民银行行长易纲、国家发展改革委副主任宁吉喆等参加通话。

[10月30日　美国　科技]　国家发展改革委副主任林念修在北京会见美国波音公司新任国际事务总裁迈克尔·阿瑟爵士,双方就深化工业合作、舟山完工交付中心项目等议题进行了交流。

[11月1日　美国　贸易]　国务院副总理、中美全面经济对话中方牵头人刘鹤应约与美国贸易代表莱特希泽、财政部长姆努钦通话。双方就妥善解决各自核心关切进行了认真、建设性的讨论,并取得原则共识。双方讨论了下一步磋商安排。商务部部长钟山、中国人民银行行长易纲、国家发展改革委副主任宁吉喆等参加通话。

[11月4日　美国　综合]　国务院总理李克强在曼谷会见前来出席第14届东亚峰会的美国代表团团长、总统国家安全事务助理奥布莱恩。李克强表示,双方应当按照两国元首达成的共识,推动以协调、合作、稳定为基调的中美关系,尊重彼此核心利益和重大关切,在平等和相互尊重的基础上管控分歧,在互利共赢的基础上拓展合作。奥布莱恩表示,美中之间虽然存在分歧,但双方应以建设性的方式妥善处理,推动两国关系向前发展。

[11月16日　美国　贸易]　国务院副总理、中美全面经济对话中方牵头人刘鹤应约与美国贸易代表莱特希泽、财政部长姆努钦通话。双方围绕第一阶段协议的各自核心关切进行了建设性的讨论，并将继续保持密切交流。

[11月20日　美国　人工智能]　国家发展改革委副主任林念修在北京会见了美国布鲁金斯学会主席、高盛前总裁约翰·桑顿，就推进中美在创新领域，特别是人工智能领域务实合作进行交流。

[11月20日　美国　金融]　中国人民银行行长易纲在北京会见了金融稳定理事会主席、美联储副主席夸尔斯，双方就全球金融监管改革、中美经济金融形势交换了意见。

[11月21日　美国　综合]　中央外事工作委员会办公室主任杨洁篪在北京会见来华出席第十一届中美政党对话的美国共和、民主两党代表团。杨洁篪表示，当前中美关系正处于关键阶段。希望双方用好政党对话平台，促进彼此沟通与了解，共同推动以协调、合作、稳定为基调的中美关系。

[11月22—23日　美国　综合]　国家主席习近平在北京会见美国前国务卿基辛格。此外，国家副主席王岐山和国务委员兼外交部部长王毅分别会见基辛格。

[11月26日　美国　贸易]　国务院副总理、中美全面经济对话中方牵头人刘鹤与美国贸易代表莱特希泽、财政部长姆努钦通话。双方就解决彼此核心关切问题进行了讨论，就解决好相关问题取得共识，同意就第一阶段协议磋商的剩余事项保持沟通。商务部部长钟山、中国人民银行行长易纲、国家发展改革委副主任宁吉喆等参加通话。

[12月3日　美国　能源]　国务院副总理韩正在北京会见美国埃克森美孚公司董事长兼首席执行官伍德伦。韩正表示，中国将继续推进市场化、法治化、国际化营商环境建设，促进外商投资便利化，欢迎埃克森美

孚公司持续扩大在华投资，早日开工建设惠州石化综合体项目。伍德伦表示，愿同中方加强沟通协调，加快推进惠州石化综合体等在华项目建设。

[12月12日　美国　经贸]　中国美国商会2019年度答谢晚宴暨100周年庆典在北京举行。国务院副总理胡春华出席并致辞。胡春华表示，经贸关系是中美关系的"压舱石"和"推进器"，企业是中美经贸合作的主体，希望在华美资企业继续投身于中国改革开放和现代化进程，为促进中美合作做出新的更大贡献。美国驻华大使布兰斯塔德等中外方嘉宾约550人出席了庆典。

[12月20日　美国　综合]　国家主席习近平应约同美国总统特朗普通电话。特朗普表示，美中达成第一阶段经贸协议，对于美国、中国和整个世界都是一件好事，美中两国市场和世界对此都做出了十分积极的反应。美方愿同中方保持密切沟通，争取尽快签署并予以落实。习近平指出，中美两国在平等和相互尊重基础上达成了第一阶段经贸协议。在当前国际环境极为复杂的背景下，中美达成这样的协议有利于中国，有利于美国，有利于整个世界和平和繁荣。

（三）欧洲

[1月8日　芬兰　农业]　农业农村部副部长屈冬玉在北京会见了来华访问的芬兰农林部常务秘书雅娜·胡苏—卡利奥，就深化中芬农业合作进行了交流。

[1月13—16日　瑞士　发展合作]　国家国际发展合作署署长王晓涛访问瑞士并会见了瑞士发展署署长赛格，双方表示将学习彼此在国际发展合作领域好的经验与做法，并签署了有关备忘录。

[1月14日　英国　能源]　国家能源局局长章建华在北京会见英国驻华大使吴百纳，双方就中英能源政策、双边能源合作项目进展、繁荣基

金框架下合作等议题进行了深入交流。

[1月14—15日 芬兰 综合] 国家主席习近平在北京同芬兰总统尼尼斯托举行会谈。习近平指出，中方赞赏芬方支持"一带一路"，愿同芬方深化共建"一带一路"，利用中欧班列等条件，促进双向贸易，开展三方合作，探讨在北极航道的合作，共建"冰上丝绸之路"。芬兰愿同中方深化贸易、创新、环境、旅游、北极事务等领域合作，使"一带一路"更好地同欧盟对接。双方将发表《关于推进芬中面向未来的新型合作伙伴关系的联合工作计划（2019—2023）》。会后，双方还签署了合作文件。15日，国务院总理李克强在北京会见尼尼斯托。中方愿深化货物、服务和技术合作，加强在应对气候变化、绿色发展、清洁能源等领域合作。芬方愿加强两国企业、气候变化、技术创新、清洁能源等领域合作，共同维护多边贸易体系。同日，科技部副部长张建国在北京会见了芬兰外交部外贸与发展部长安奈—玛丽·维利莱宁一行。

[1月17日—22日 德国、荷兰 农业] 农业农村部副部长屈冬玉访问了德国和荷兰。在德国期间，屈冬玉出席了柏林国际绿色周系列活动，主要包括全球食品和农业论坛、柏林农业部长峰会、二十国集团农业部长招待会、联合国粮农组织高级别研讨会和中德中心农业数字化应对气候变化高级别研讨会，并专门举办了中国数字农业推介会。在荷兰期间，屈冬玉与荷兰农业、自然及食品质量部常务副部长胡特举行双边会谈。

[1月17—18日 德国 综合] 国务院副总理韩正在北京会见德国副总理兼财政部长肖尔茨。双方愿落实合作，促进繁荣。同日，财政部部长刘昆在北京会见肖尔茨。双方就高级别财金对话、金融合作、财政政策等交换了意见。18日，国务院副总理刘鹤在北京与肖尔茨共同主持第二次中德高级别财金对话。双方探讨了宏观经济、经济治理、中德战略性合作、金融合作与监管等议题，共达成34项成果。会后，双方签署《中德央行合作谅解备忘录》《中德银行业监管合作意向信》和《中德证券期货

监管合作谅解备忘录》，并发表《第二次中德高级别财金对话联合声明》。同日，中国人民银行行长易纲在北京会见了德国央行行长延斯·魏德曼、副行长巴尔茨、德国联邦金融监管局主席胡德飞等人，并就全球经济金融形势、央行合作、英国退欧等议题交换了意见。

[1月21—22日　瑞士　综合]　国家副主席王岐山访问瑞士，并在苏黎世会见瑞士联邦主席毛雷尔。中方愿推进自贸协定升级联合研究，支持中资金融机构赴瑞发展，欢迎瑞士金融企业扩大在华业务，探讨在智能制造、数字化、新能源等领域合作，希望双方积极商谈"一带一路"政府间合作文件。瑞方愿加强在贸易、金融、技术、医疗制药、数字经济等领域的合作。

[1月23—24日　法国　综合]　国务委员兼外交部部长王毅在巴黎会见法国总统马克龙。法方愿深化经贸、投资、核能、航空、文化、教育、青年交流等领域合作。中方愿同法方加强核能、创新、气候变化、"一带一路"等领域合作。24日，王毅在巴黎同法国总统外事顾问埃蒂安举行第十八次中法战略对话牵头人磋商。王毅表示，中法要扩大双向贸易和投资，扩大商品进口，保持公平、开放的投资环境。希望法方继续走在中外金融合作的前列，不断推进核能、航天、航空等重点领域项目合作。欢迎法方参与"一带一路"，推进第三方市场合作。法方同意深化重点领域合作，愿更积极地参与进博会，并主张欧盟更加充分地参与"一带一路"。同日，王毅还会见了法国外长勒德里昂。

[1月25日　意大利　"一带一路"]　国务委员兼外交部部长王毅在罗马同意大利外交部部长莫阿韦罗共同出席中意政府委员会第九次联席会议。意方愿同中方拓展新形势下两国经贸、创新、文化等领域的交流合作。同日，意大利总理孔特在罗马会见王毅。王毅表示，中国欢迎意大利积极参与"一带一路"，愿鼓励企业来意投资兴业。

[1月30日　立陶宛　农业]　农业农村部副部长屈冬玉在北京会见

了来访的立陶宛农业部副部长维纳特斯·格里丘纳斯，双方就深化中立农业合作进行了深入交流。

[2月15—16日　卢森堡、德国　"一带一路"]　中央外事工作委员会办公室主任杨洁篪在慕尼黑出席第55届慕尼黑安全会议期间分别会见卢森堡外交大臣阿瑟伯恩和德国总理默克尔。在会见阿瑟伯恩时，中方愿共建"一带一路"，深化金融、航空货运和高新技术领域合作。在会见默克尔时，中方欢迎德方参与"一带一路"，愿提供公平透明的投资环境，希望德方也能继续提供相应环境。

[2月28日　罗马尼亚　金融]　中国人民银行行长易纲在北京会见了罗马尼亚央行行长伊瑟雷斯库，双方就全球经济金融形势、加强中罗金融合作等议题进行了讨论。

[3月1日　法国　综合]　国务院副总理胡春华在北京会见法国总统外事顾问埃蒂安。双方愿拓展农业、科技创新、"一带一路"等领域合作。同日，国家发展改革委主任何立峰在北京会见了埃蒂安，双方就中法共建"一带一路"、第三方市场合作、航空和核能领域的合作深入交换了意见。

[3月1日　意大利　科技]　科技部国际合作司司长叶冬柏和意大利外交与国际合作部创新和研究司司长法比利齐奥·尼科莱蒂在罗马共同主持中意科技合作联委会第16次会议。双方就科技创新、2019—2021年联合研究项目共同征集、创新合作周、环境可持续发展培训、卫生科技、初创企业创新等领域合作交换了意见，并签署《中意科技合作联委会第16次会议纪要》。

[3月21—23日　意大利　综合]　国家主席习近平在罗马分别同意大利总统马塔雷拉、总理孔特举行会谈。中方愿加强"一带一路"同意"北方港口建设"和"投资意大利计划"对接，愿扩大进口，鼓励企业赴意投资。意方支持"一带一路"，愿同中方拓展经贸、投资、能源、农

业、文化、旅游、航空等合作，并致力于推进欧中关系深入发展。22日，国家发展改革委副秘书长任志武在罗马出席首届中意第三方市场合作论坛。双方就开展第三方市场合作、携手共建"一带一路"进行了深入探讨。23日，商务部部长钟山与意大利经济发展部部长迪马约在罗马签署了《中华人民共和国商务部和意大利共和国经济发展部关于电子商务合作的谅解备忘录》。双方将推进地方、公私对话、研究、培训、电商、旅游等领域合作。同日，中意发表关于加强全面战略伙伴关系的联合公报，确认意大利作为主宾国参加进博会。

[3月24日　摩纳哥　"一带一路"]　国家主席习近平在摩纳哥同摩纳哥亲王阿尔贝二世举行会谈。中方欢迎摩方积极参与"一带一路"。摩纳哥愿同中国在科技、创新、生态环保、野生动物保护、可再生能源等领域合作。

[3月24—27日　法国　"一带一路"、经贸]　国家主席习近平在尼斯和巴黎分别会见法国总统马克龙、总理菲利普。习近平主席指出，中法双方要加强双边投资、核能、航空航天、科技创新、数字经济、人工智能、高端制造、农业等领域合作。中方欢迎法方参与共建"一带一路"，愿扩大第三方市场合作，在世贸组织改革等问题上加强沟通。法方重视"一带一路"，愿同中方深化相关领域合作。25日，商务部部长钟山在法国与法国经财部长勒梅尔共同会见中法企业家委员会第二次会议代表。中国欢迎法企分享中国改革红利，要求中企在法国合法合规经营，同时希望法国为中企创造良好环境。法方指出应加强中小企业联系，促进气候变化、智能城市、消费升级、银色经济等领域合作。

[3月25日　英国、法国　能源]　国家能源局局长章建华在北京会见壳牌集团首席执行官范伯登，双方就壳牌与中国企业在国内及第三国油气合作等议题深入交换了意见。章建华还会见了道达尔集团董事长兼CEO潘彦磊，双方就道达尔与中国企业合作、全球能源格局及中国天然气未来

走向等议题深入交换了意见。

[3月27日　卢森堡　"一带一路"]　国家发展改革委副主任宁吉喆与卢森堡驻华大使俞博生在北京签署了《中华人民共和国政府与卢森堡大公国政府关于共同推进丝绸之路经济带和21世纪海上丝绸之路建设的谅解备忘录》。

[4月2日　法国　能源]　国家能源局副局长刘宝华在北京会见法马通首席执行官丰塔纳。双方讨论了核能发展、小型堆市场、中企与法马通合作等议题。

[4月4日　英国　能源]　国家能源局局长章建华在北京会见英国石油（BP）集团首席执行官戴德立，双方就BP扩大在华业务、与中企在"一带一路"沿线合作，以及中国能源政策等议题交换意见。

[4月8—11日　德国　能源]　国家能源局副局长林山青在德国出席"2019年柏林能源转型对话"。林山青会见了德联邦经济事务和能源部国务秘书费希特。

[4月9日　比利时　综合]　国务院总理李克强在布鲁塞尔会见比利时首相米歇尔。中方愿扩大从比利时进口适合中国市场需求、高附加值的产品。比方愿同中方深化贸易、农业、船舶等领域务实合作。

[4月10日　克罗地亚　综合]　国务院总理李克强在萨格勒布同克罗地亚总理普连科维奇举行会谈。中方支持中企参与克港口、铁路等建设。克方愿深化政治、经济、文化、旅游、港口基础设施等领域合作。会后，双方签署了经贸投资、旅游、质检、体育等多项双边合作文件并发表两国政府联合声明。同日，李克强在萨格勒布会见克罗地亚总统基塔罗维奇和议长扬德罗科维奇。

[4月11—12日　保加利亚、塞尔维亚、斯洛文尼亚、捷克、阿尔巴尼亚、斯洛伐克、波兰、爱沙尼亚、立陶宛、北马其顿、黑山、波黑、罗马尼亚　综合]　国务院总理李克强在杜布罗夫尼克会见出席中国—中东

欧国家（"16＋1"）领导人会晤的保加利亚总理鲍里索夫、塞尔维亚总理布尔纳比奇、斯洛文尼亚总理沙雷茨、捷克总理巴比什、阿尔巴尼亚总理拉马、斯洛伐克总理佩列格里尼、波兰总理莫拉维茨基、爱沙尼亚总理拉塔斯、立陶宛总理斯克韦尔内利斯、北马其顿总理扎埃夫、黑山总理马尔科维奇、波黑部长会议主席兹维兹迪奇、罗马尼亚总理登奇勒。会见鲍里索夫时，中方愿加强基础设施建设、农业技术等领域的合作。会见布尔纳比奇时，中方愿推进在经贸、基础设施建设等领域的合作，塞方愿加强在基础设施、矿产资源开发、能源、汽车、金融以及文化旅游等领域的合作。会见沙雷茨时，双方愿扩大贸易、投资、科技、制药等领域合作。会见巴比什时，中方愿推进工业、核能等领域合作，捷克愿推进交通基础设施建设、能源等领域合作。会见拉马时，中方欢迎阿蜂蜜、橄榄油、葡萄酒等特色农产品扩大对华出口，阿方支持同中方的合作，愿扩大出口。会见佩列格里尼时，中方愿将"一带一路"同斯方战略对接，深化在数字经济、交通物流等领域合作。会见莫拉维茨基时，中方愿深化在经贸、农业、民航以及基础设施建设等领域的合作，扩大进口波方产品，欢迎波企业来华。会见拉塔斯时，中方愿加强电子商务、教育、创新、数字经济合作，扩大进口爱农畜产品和海产品。爱方愿推进农业、人工智能、5G等领域合作。会见斯克韦尔内利斯时，中方愿扩大进口立陶宛的优势产品。立方愿拓展金融、基础设施、人文领域的交流合作，扩大对华出口农畜产品。会见扎埃夫时，北马其顿愿深化贸易、投资、能源、农业、基础设施等领域合作。会见马尔科维奇时，中方愿加强在经贸、投资、清洁能源以及交通基础设施等领域合作。黑方愿加强在交通基础设施、产业、绿色能源等领域合作。会见兹维兹迪奇时，中方愿加强在交通基础设施建设方面的合作，欢迎更多农产品进入中国。波黑愿扩大农产品出口，加强科技园区、基础设施建设、加工制造领域的合作。会见登奇勒时，中方愿加强核能、重大项目、金融、农业、中医药等领域的合作。罗方愿推进经贸、投资、基础设施建设、农业、中医药等领域的合作。

[4月12—14日　芬兰　能源]　国家能源局副局长林山青在芬兰同芬兰能源环境住房部部长蒂利凯宁共同主持召开第二次中芬能源工作组会议。

[4月24—25日　斯洛伐克、西班牙、法国　"一带一路"]　国务委员兼外交部部长王毅在北京会见来华出席第二届"一带一路"国际合作高峰论坛的斯洛伐克外长莱恰克、西班牙外交大臣博雷利、法国外长勒德里昂。王毅表示，应以共建"一带一路"为抓手，扩大贸易投资规模。外方表示，愿在"一带一路"合作框架下加强同中方在政治、经贸、投资、文化、科技、教育等各领域合作。

[4月24日　瑞士　金融]　中国人民银行行长易纲在北京会见瑞士联邦主席兼财长毛雷尔，双方就全球经济形势、金融合作、绿色金融等议题交换了意见。

同日，财政部部长刘昆会见了毛雷尔，双方讨论了经济形势和财金合作议题。

[4月25—28日　塞尔维亚、匈牙利、塞浦路斯、白俄罗斯、希腊、意大利、捷克　"一带一路"]　国家主席习近平在北京分别会见来华出席第二届"一带一路"国际合作高峰论坛的塞尔维亚总统武契奇、匈牙利总理欧尔班、塞浦路斯总统阿纳斯塔夏季斯、白俄罗斯总统卢卡申科、希腊总理齐普拉斯、意大利总理孔特、捷克总统泽曼。中外双方均坚定支持并积极参加"一带一路"。会后，领导人共同见证了中国—塞尔维亚、中国—塞浦路斯、中国—白俄罗斯、中国—捷克共建"一带一路"等双边合作文件的签署。此外，国家副主席王岐山会见了卢卡申科。中央书记处书记王沪宁会见了武契奇和泽曼。

[4月25日　匈牙利　综合]　国务院总理李克强在北京会见匈牙利总理欧尔班。双方表示要加强战略对接。

[4月25—26日　英国　综合]　国务院副总理胡春华在北京会见了英国首相特别代表、财政大臣哈蒙德。中方愿加强贸易投资、大项目、科技、农业、金融等合作。26日，国务院总理李克强在北京会见了哈蒙德。英方愿扩大在金融、服务贸易等领域的合作。

[4月26—27日　捷克　综合]　中国人民银行副行长朱鹤新在捷克出席了"一带一路"中捷金融合作午餐会并发表主旨演讲，捷克总统米洛什·泽曼出席。同日，国家发展改革委副秘书长苏伟在北京出席"2019中捷一带一路合作论坛"并致辞。泽曼等人出席论坛。会上，中捷签署多份企业合作协议。27日，农业农村部副部长屈冬玉在北京会见了捷克农业部部长米罗斯拉夫·托曼，就加强中捷农业合作深入交换了意见。

[4月26日　希腊　综合]　国家发展改革委副主任张勇与希腊外长在北京签署《关于重点领域2020—2022年合作框架计划》。新的三年合作计划将两国重点合作领域从交通、能源、信息通信领域进一步拓展至制造业和研发、金融领域。

[4月26日　德国　科技]　工信部部长苗圩在北京会见德国经济能源部部长彼得·阿尔特迈尔。双方讨论了产业政策、5G、网络安全、知识产权等议题。

[4月28日　奥地利　综合]　国务院总理李克强在北京会见奥地利总理库尔茨。中方认为两国在先进制造、农业、旅游等领域的合作潜力巨大。奥方愿深化经贸、农业、旅游、冬奥会等领域合作。会后，两国签署多项双边合作文件。同日，国家发展改革委主任何立峰与奥地利驻华大使石迪福共同签署《中华人民共和国国家发展和改革委员会与奥地利共和国数字化和经济事务部关于开展第三方市场合作的谅解备忘录》。

[4月28日　意大利　综合]　国务院总理李克强在北京会见意大利总理孔特。中方愿深化基础设施、第三方市场、中小企业、科技创新、金

融、航空等领域合作。意方愿深化在经贸、能源、金融、保险、农业食品、知识产权保护等领域的合作。会见后，两国总理共同见证双边合作文件的签署。

[4月29日　葡萄牙　综合] 国务院总理李克强在北京会见葡萄牙总统德索萨。双方表示要加强合作。同日，国家能源局局长章建华在北京会见葡萄牙环境和能源转型部长若昂·佩德罗·马托斯·费尔南德斯，双方就两国能源政策、建立部门间能源合作机制、加强中葡可再生能源合作等议题深入交换了意见。

[4月29日　瑞士　综合] 国家发展改革委主任何立峰与瑞士联邦财政部和瑞士联邦经济、教育及科研部国务秘书在北京共同签署中瑞《关于开展第三方市场合作的谅解备忘录》。同日，工信部副部长王志军在北京会见瑞士联邦经济教研部国务秘书、经济总局局长茵艾辛—弗莱施一行。双方讨论了制造业合作、自贸区升级谈判等议题。

[5月7日　法国　发展合作] 中国人民银行副行长陈雨露应邀出席了在法国巴黎举办的第七届巴黎论坛，会议主要讨论了为低收入国家提供可持续发展融资问题，陈雨露副行长在下午的第二场全会上作了引导发言。

[5月8日　德国　综合] 外交部副部长王超在北京同德国外交部国务秘书米夏埃利斯举行中德副外长级政治磋商。双方就双边关系、下阶段高层交往及共同关心的国际和地区问题等交换了意见。

[5月9日　英国　发展合作] 国家国际发展合作署署长王晓涛在北京会见英国国际发展部常务秘书里克罗夫特，就探讨双方合作交换意见。

[5月9日　英国　综合] 中央外事工作委员会办公室主任杨洁篪在北京会见英国内阁秘书兼首相国家安全顾问塞德威尔。杨洁篪表示，中方愿同英方推动中英关系"黄金时代"稳步前进。塞德威尔表示，英方

支持"一带一路"倡议，愿同中方深化合作，推动英中"黄金时代"不断发展。

[5月9日　英国　能源]　国家能源局局长章建华在北京会见英国商业、能源和产业战略部常务大臣亚历克斯·奇泽姆，双方就两国在核电、油气和新能源领域的合作情况、第六届中英能源对话安排等议题深入交换了意见。

[5月13日　奥地利　综合]　外交部副部长王超在北京同奥地利外交部秘书长佩特里克举行中奥副外长级政治磋商。双方就双边关系、各领域合作及共同关心的国际和地区问题等交换了意见。

[5月14日　希腊、亚美尼亚　综合]　国家主席习近平在北京分别同希腊总统帕夫洛普洛斯和亚美尼亚总理帕希尼扬举行会谈。希腊总统帕夫洛普洛斯表示，希腊愿抓住共建"一带一路"的历史机遇。在会见亚美尼亚总理帕希尼扬时，习近平指出，中方愿同亚方推动两国贸易投资、矿产开发、金属冶炼、可再生能源、基础设施建设等领域务实合作取得更多实际成果。帕希尼扬表示，愿积极参加共建"一带一路"。

[5月14日　爱尔兰　农业]　农业农村部部长韩长赋在北京会见了爱尔兰农业、食品和海事部部长迈克尔·柯里德，就进一步加强中爱农业合作交换了意见。

[5月15日　希腊　"一带一路"]　国务院总理李克强在北京会见希腊总统帕夫洛普洛斯。双方表示要推动"一带一路"合作。

[5月17日　阿尔巴尼亚、爱沙尼亚、立陶宛　农业]　农业农村部部长韩长赋在杭州分别会见来华出席第四届中国—中东欧国家（"17+1"）农业部长会议的阿尔巴尼亚农业和农村发展部部长布雷达·楚奇、爱沙尼亚农村事务部部长马特·贾维克和立陶宛农业部部长吉埃德留斯·苏尔普利斯。

[5月17日　斯洛文尼亚　科技]　科技部部长王志刚在北京会见了

斯洛文尼亚副总理兼教育、科学与体育部部长耶尔奈伊·皮卡洛一行。双方围绕落实两国总理达成的共识，就两国科技创新发展情况、共同支持联合研发合作等议题进行了深入交流。

[5月28—30日　荷兰　综合]　应荷兰首相吕特邀请，国家副主席王岐山访问荷兰，分别会见威廉—亚历山大国王和吕特首相。王岐山表示，中方欢迎荷方积极参与共建"一带一路"合作。荷方表示，"一带一路"倡议与欧方的欧亚互联互通战略高度契合。荷方愿与中方在技术创新、绿色金融、气候变化、清洁能源等领域加强合作，共同开拓第三方市场。

[5月30日—6月2日　德国　综合]　国家副主席王岐山在柏林分别会见施泰因迈尔总统、默克尔总理和马斯外长。王岐山表示，双方应加强合作，推动全球治理体系朝着更加公正合理的方向发展。中方坚定支持欧洲一体化。德方愿同中方维护多边主义国际秩序，促进国际贸易自由化。访德期间，王岐山还先后会见了汉堡市长辰切尔和巴伐利亚州州长索德尔，参观汉堡港。

[6月3日　法国　综合]　国务委员兼外交部部长王毅应约同法国总统外事顾问博纳通电话。王毅强调，中法应推动二十国集团大阪峰会发出一致和积极声音：一要维护多边主义、反对单边主义和保护主义；二要发扬伙伴精神，加强宏观政策对话协调；三要突出发展视角，促进世界经济平衡和包容发展，落实2030年可持续发展议程。博纳表示，双方要在二十国集团、气候变化等问题上加强协调。

[6月11日　意大利　科技]　科技部部长王志刚在北京会见了来访的意大利环境、领土与海洋部部长塞尔焦·科斯塔一行。双方就未来两国在环境科技领域开展多层次合作进行了深入探讨。

[6月13日　德国　农业]　农业农村部部长韩长赋在北京会见了德国联邦食品及农业部部长尤利娅·戈洛克内尔，就进一步加强中德农业务

实合作交换了意见。会后，两国农业部长共同签署了《关于气候与农业合作意向的联合宣言》和《关于中德农业领域博士研究生和博士后交流意向的联合宣言》。

[6月16—20日　英国　能源]　国家能源局局长章建华在英国参加第十次中英经济财经对话，并与英国商业、能源和产业战略部大臣格雷格·克拉克共同主持召开第六次中英能源对话，就未来能源、市场改革、贸易与投资等议题深入交换了意见。双方签署了《中英清洁能源合作伙伴关系实施工作计划2019—2020》，确认在清洁能源技术、清洁能源转型路径、系统改革及国际治理和合作等方面加强合作。访英期间，国家能源局和英国商业、能源和产业战略部共同举办中英民用核能合作工作组第五次会议和中英海上风电产业指导委员会会议，来自中英双方政府部门、企业等100余名代表参会。

[6月17日　英国　"一带一路"]　国务院副总理胡春华与英国财政大臣哈蒙德在伦敦召开第十次中英经济财金对话。胡春华表示，双方要加强共建"一带一路"合作。英国愿加强贸易、投资、金融、能源等领域合作。双方功达成69项互利共赢成果。对话后，双方共同会见了记者。胡春华还会见了英国首相特雷莎·梅，并与哈蒙德在伦敦证券交易所共同出席了沪伦通启动仪式。

[6月17日　英国　农业]　第十次中英经济财金对话在英国伦敦举行。本次对话旨在加强双方战略经济合作，促进双边贸易和投资，深化金融合作关系，共同努力实现联合国可持续发展目标，积极推动平等和多元化，构建普惠、繁荣的社会。农业农村部副部长余欣荣在会上作了题为"以中英经济财金对话为契机推动中英农业农村合作迈上新台阶"的发言。

[6月18日　克罗地亚　农业]　在克罗地亚访问的农业农村部部长韩长赋应约前往克罗地亚总理府，会见了克罗地亚总理普连科维奇，就深

化中克双边农业合作交换了意见

【6月19日 荷兰 综合】 国务委员兼外交部部长王毅在北京同荷兰外交大臣布洛克举行会谈。王毅指出，中方愿同荷方推动高质量共建"一带一路"，加强在二十国集团等多边机制的沟通协调。布洛克表示，荷方愿同中方共同应对气候变化等全球性挑战，维护开放的自由贸易体系。荷方愿为包括中国在内的各国企业提供公平的竞争环境。

【6月19日 德国 科技】 工业和信息化部部长苗圩在北京会见德国经济和能源部部长彼得·阿尔特迈尔，就5G、自动网联驾驶合作等议题进行了深入交流。

【6月19—20日 挪威 发展合作】 国家国际发展合作署副署长张茂于率团访问挪威，分别会见了挪威国际发展事务大臣尤尔斯腾、挪威发展合作署署长洛莫伊，并同挪威外交部、发展合作署进行了广泛深入的交流。

【6月20日 德国 贸易】 国务院副总理刘鹤在京会见来华访问的德国联邦经济和能源部长阿尔特迈尔。刘鹤表示，希望双方加强双边和多边领域合作，让两国企业和人民真正受益，推动完善全球经济治理，共同维护世界繁荣与稳定。德方高度重视发展双边经贸关系，德国企业对华合作意愿强烈。德方愿与中方增进相互理解，深化多领域合作，传递促进多边主义的重要信号。

【6月20日 德国 综合】 国务院副总理刘鹤在京会见来华访问的德国联邦经济和能源部长阿尔特迈尔。双方表示要加强合作。

【6月24—27日 挪威 贸易】 中国—挪威自由贸易协定第十五轮谈判在挪威奥斯陆举行。双方就货物贸易、服务贸易、投资、技术性贸易壁垒、卫生与植物卫生措施、贸易救济、政府采购、环境、竞争政策、电子商务、法律议题、争端解决等相关议题展开磋商。谈判取得积极进展。

【7月1日 保加利亚 "一带一路"】 国务院总理李克强在大连会

见保加利亚总统拉德夫。李克强表示，中方愿同保方推进贸易、投资、农业、科技等领域合作。拉德夫表示，中国是保加利亚重要合作伙伴。保方愿同中方扩大贸易、投资、科技、人文等合作，希望尽早与中方开通直航。

[7月3日　保加利亚　"一带一路"]　国家主席习近平在北京同保加利亚总统拉德夫举行会谈。两国元首一致决定，将中保关系提升为战略伙伴关系。习近平强调，中方愿同保方促进基础设施互联互通，扩大贸易和投资规模。拉德夫表示，保方愿深度参与"一带一路"，充分发挥自身区位优势，成为连接欧洲和亚洲的门户和枢纽。保方愿同中方加强贸易、运输、航空、物流、金融、创新等领域交流合作，欢迎中国企业加大对保加利亚投资。保加利亚支持多边主义，支持世界贸易组织。

[7月9日　波兰　"一带一路"]　波兰总统杜达在华沙会见国务委员兼外交部部长王毅。波方愿积极参与共建"一带一路"和中国—中东欧国家合作，希望更多波兰产品进入中国市场，欢迎中国企业更多来波投资。中方愿推动两国务实合作迈上新水平。访问期间，王毅还会见了波兰总理莫拉维茨基、同波兰外长查普托维奇会谈并共同出席中波政府间合作委员会第二次全体会议开幕式。

[7月10日　意大利　金融]　财政部部长刘昆与意大利财长特里亚在意大利米兰共同主持首次中意财长对话，并出席中意金融论坛。财政部副部长邹加怡陪同出席并发言。双方就世界宏观经济形势与全球经济治理、中意战略合作、金融合作与金融监管、财金政策交流与合作等议题交换了意见，并发表了联合声明。

[7月10日　斯洛伐克　"一带一路"]　斯洛伐克总统恰普托娃在布拉迪斯拉发会见国务委员兼外交部部长王毅。恰普托娃表示，斯方愿同中方深化各领域务实合作，欢迎中方扩大对斯投资。斯方愿同中方携手应对气候变化等全球性挑战。王毅表示，我们欢迎斯方积极参与共建"一带

一路"和中国—中东欧国家合作。同日,王毅还同斯洛伐克外长莱恰克举行会谈。

[7月12日 匈牙利 "一带一路"] 匈牙利总理欧尔班在布达佩斯会见国务委员兼外交部部长王毅。欧尔班表示,匈中积极推进共建"一带一路",匈塞铁路建设稳步取得进展。王毅表示,中匈要发挥共建"一带一路"先行优势,扩大各领域合作。同日,王毅在布达佩斯同匈牙利外交与对外经济部部长西雅尔多举行会谈并共同会见记者。

[7月19日 法国 "一带一路"] 国务委员兼外交部部长王毅在北京同法国总统外事顾问博纳举行中法战略对话牵头人磋商。王毅表示,中法应继续推进共建"一带一路"等领域合作,拓展在非洲等地区第三方市场合作。法方将积极参加第二届进博会,加强两国在民用核能、人文、航天等领域合作。法方愿为中国企业赴法合作提供公平、非歧视性环境。

[8月5日 波兰 农业] 农业农村部副部长张桃林在北京会见了新西兰初级产业部部长奥康纳。张桃林应询介绍了我国乡村振兴战略特别是人才振兴方面的情况。

[8月26日 中东欧国家 综合] 外交部副部长、中国—中东欧国家合作秘书处秘书长秦刚会见中东欧国家高级别官员代表团,双方就中国—中东欧国家合作、中欧关系以及共建"一带一路"合作等交换意见。

[8月27日 波兰 农业] 中国农业农村部副部长韩俊与波兰农业和农村发展部副部长兼副国务秘书罗曼诺夫斯基在华沙共同主持召开中波农业合作工作组第八次会议,并签署了会议纪要。

[8月29日 瑞士 农业] 农业农村部副部长韩俊与瑞士联邦农业局副局长艾德里安·托马斯·埃比在伯尔尼举行双边会谈,就进一步加强中瑞农业农村务实合作交换了意见。

[8月29日 德国 能源] 国家能源局副局长李凡荣在北京会见西

门子股份公司管理委员会成员、能源业务首席执行官戴俪思,双方就中国能源转型趋势、西门子与我国企业合作等议题深入交换了意见。

[9月3日　法国　发展合作]　国家国际发展合作署署长王晓涛率团访问法国和经济合作与发展组织总部,分别会见了法国欧洲与外交部国务秘书勒穆瓦纳、法国开发署署长何睿欧、经合组织副秘书长施拉霍夫,就加强国际发展合作进行了深入交流。

[9月6日　德国　贸易]　国家主席习近平在北京会见德国总理默克尔。习近平强调,要把中德合作的蛋糕做得更大。双方应保持开放前瞻意识,在自动驾驶、新能源汽车、智能制造、人工智能、数字化和5G等新兴领域加强合作,共同培育和开拓未来市场。默克尔表示,德国愿继续加大对华投资,拓展合作领域,促进人文交流。德方愿同中方加强在国际事务中的沟通协调,为欧中关系发展发挥建设性作用。同日,国务院总理李克强在北京同默克尔举行会谈。中方希望德方市场开放,放宽民用技术出口限制,扩大中德航权安排,加强青年交流和职业教育合作,深化在自动驾驶、技术创新、人工智能等领域的合作,加快推进中欧投资协定、地理标识谈判,在投资审查、市场准入方面给予中国公平、公正待遇。德方期待在担任欧盟轮值主席国任期内完成欧中投资协定谈判,愿加强在自动驾驶、数字化、职业教育、人文交流等领域的合作,欢迎中国赴德投资。双方见证了多项双边合作文件的签署,并共同出席中德经济顾问委员会座谈会。

[9月9—12日　挪威　贸易]　中国—挪威自由贸易协定第16轮谈判在武汉举行。双方就货物贸易、服务贸易与投资、原产地规则、贸易救济、环境、法律议题、争端解决、竞争政策、政府采购、电子商务、机构条款等相关议题展开磋商,谈判取得积极进展。

[9月10日　德国　科技]　工业和信息化部部长苗圩在北京会见德国经济和能源部国务秘书努斯鲍姆及企业家代表,双方就工业和信息通信

合作等议题交换意见,并中德在5G、智能网联汽车、制造业等领域的互利合作达成广泛共识。苗圩赞赏德国关于在5G建设方面不会排除某一企业的立场,希望德方在欧盟进一步发挥积极作用,推动公平、非歧视性的市场环境。

[9月10日 丹麦 农业] 农业农村部副部长张桃林在京会见了丹麦王国食品、渔业、平等事务与北欧合作大臣摩根斯·延森,就进一步深化中丹农业务实合作交换了意见。

[9月18日 匈牙利 能源] 国家能源局副局长李凡荣在北京会见匈牙利能源和公用事业监管局副局长尼科什·阿提拉一行,双方就深化在能源监管、可再生能源等领域的合作深入交换了意见。

[9月19日 英国 科技] 工业和信息化部副部长王志军在合肥会见英国商业、能源和产业战略部商业和工业部长纳齐姆·扎哈维,双方就深化两国在新能源汽车、智能网联汽车、航空、智能制造、绿色制造等领域合作达成广泛共识。中方愿推动全球移动通信产业健康发展,支持两国产业机构发起成立"中英现代产业合作伙伴关系",为两国经济发展注入新动力。

[9月23日 匈牙利 "一带一路"] 国务委员兼外交部部长王毅在纽约出席联合国大会期间会见匈牙利外长西雅尔多。王毅表示,匈塞铁路是共建"一带一路"和中国与中东欧合作(17+1)的标志性项目,希望双方共同努力加快推进。中方也愿同匈方共同推动中欧关系在新时期取得新的发展。西雅尔多表示,匈方将继续积极参加"17+1"合作,并为推动欧中关系发挥积极作用。

[9月24日 西班牙 "一带一路"] 国务委员兼外交部部长王毅在纽约出席联合国大会期间会见西班牙外交大臣博雷利。王毅祝贺博雷利被提名为新任欧盟外交与安全政策高级代表。王毅表示,中方愿同新一届欧盟机构加快推进并如期完成中欧投资协定谈判,早日开启中欧自贸进

程。希望欧方继续保持贸易和投资市场开放，为中国企业赴欧投资提供公正环境。博雷利表示，西班牙尊重中国在涉及主权、安全等核心利益问题上的立场，反对保护主义，反对贸易战，不支持对高科技企业进行无理限制。

[10月7日　塞尔维亚　科技]　科技部部长王志刚在塞尔维亚会见了塞国负责创新和技术发展的部长波波维奇、教育科学和技术发展部部长沙尔切维奇，旨在推动生态、人工智能、科技园区等方面合作。8日，王志刚会见了塞尔维亚总理布尔纳比奇、塞尔维亚总统武契奇，双方表示愿推进科技合作机制与战略对接。

[10月8日　法国　综合]　财政部部长刘昆在北京会见了法国经济和财政部部长勒梅尔，双方就中法高级别经济财金对话、扩大金融业开放、中国加入WTO《政府采购协定》等议题交换了意见。

[10月8日　法国　一带一路]　国务院副总理胡春华在北京会见法国经济和财政部长勒梅尔。胡春华表示，中方愿与法方推动共建"一带一路"与第三方市场合作，加强科技、农业、工业等领域务实合作。

[10月9日　瑞士　科技]　科技部部长王志刚与瑞士联邦经济、教育及科研部部长盖·帕墨林在瑞士出席了第八届中瑞科技合作联委会，旨在推动知识产权保护、科技战略对接、高科技等领域合作。签署了《关于加强科技创新合作的联合声明》。

[10月10日　荷兰　能源]　国家能源局副局长李凡荣在北京会见壳牌全球执行委员会成员、一体化天然气与新能源总裁魏思乐一行，双方就油气、可再生能源、氢能发展等议题深入交换了意见。

[10月14日　瑞典　能源]　中国—瑞典能源工作组第二次会议在北京召开，国家能源局副局长刘宝华与瑞典基础设施部国务秘书托罗共同出席会议。会议召开期间，双方就生物质能利用、智能电网、能源创新等问题深入交换意见，并成立"可再生能源"与"智能电网"技术委员会

和"能源创新与商业化"专项工作小组，以进一步推动两国能源领域的务实合作。

【10月15日　法国　综合】　国家主席习近平应约同法国总统马克龙通电话。习近平强调，双方应共同维护多边主义，反对单边主义，促进开放型世界经济。欢迎法方作为主宾国参加即将举行的第二届中国国际进口博览会。马克龙表示，法方愿同中方深化贸易、民用核能、航空等领域交流合作，共同振兴多边主义，携手应对环境、气候变化等重大全球性问题。法方积极支持第二届中国国际进口博览会。

【10月16日　法国　能源】　国家能源局副局长刘宝华在深圳会见法国电力集团副总裁兼中国区总裁傅楷德一行，双方就在华及第三国合作项目进展情况、下一步合作潜力等议题深入交换了意见。

【10月17日　英国　金融】　中国人民银行行长易纲会见了英国财政大臣贾维德，双方就两国经济金融形势、双边金融合作、中国金融改革与市场开放等议题交换了意见。

【10月18日　英国　金融】　中国人民银行行长易纲会见了英格兰银行行长卡尼，双方就世界经济形势、英国退欧、加强中英金融合作、数字货币等议题交换了意见。

【10月21日　法国　综合】　法国总统马克龙在巴黎会见国务委员兼外交部部长王毅。马克龙表示，法方愿积极推动法中全面战略伙伴关系迈上新台阶，在经贸、农业、金融、民用核能等领域合作迈出新步伐；法方致力于促进欧中关系发展，愿同中方加强在国际多边事务中的协调合作，共同应对气候变化、保护生物多样性等全球性挑战。王毅表示，中国将扩大向包括法国在内的世界各国开放，欢迎马克龙总统参加第二届中国国际进口博览会，推介更多法国优质特色产品。中方支持欧洲在国际事务中发挥更重要作用。同日，王毅还同法国外长勒德里昂举行会谈并同他共同主持高级别人文交流机制第五次会议。王毅还会见了法国总统外事顾问

博纳。

[10月22日　瑞士　综合]　瑞士联邦主席毛雷尔在伯尔尼会见国务委员兼外交部部长王毅。毛雷尔表示，瑞士支持习近平主席提出的"一带一路"倡议，相信该倡议将成为中国和欧洲合作的桥梁，有助于提升中欧合作质量。瑞方希望同中方深化贸易、投资、金融、环保和创新等领域合作。瑞士企业已成为中国第一轮开放的受益者，瑞方欢迎中国企业赴瑞投资。王毅表示，中方愿同瑞方以明年庆祝建交70周年为契机，以共建"一带一路"为新动力，把中国的市场潜力同"瑞士制造"的优势更好结合起来，提升两国合作水平，中方愿同瑞方一道，维护多边主义，构建开放型世界经济。同日，王毅还与瑞士联邦委员兼外长卡西斯举行中瑞第二轮外长级战略对话。

[10月22日　新西兰　农业]　农业农村部副部长于康震在马德里会见了西班牙农业、渔业和食品大臣路易斯，并和西班牙农业、渔业和食品部副部长费尔南多共同主持中西农业合作工作组第一次会议，双方就加强中西两国农业合作交换了意见，确认下一步合作重点并签署会议纪要。

[10月24日　德国　科技]　科技部副部长黄卫在北京会见德国联邦外交部国务部长米歇尔·明特费林。探讨了双边关系与科技创新合作问题。

[10月25日　英国　"一带一路"]　国家发展改革委副秘书长苏伟率团在伦敦拜会英国国际贸易部、英中贸易协会，主要就推动共建"一带一路"、中英第三方市场合作等进行了交流。

[10月25日　挪威　发展合作]　国家国际发展合作署副署长张茂于在北京会见挪威外交部副常务秘书长赫尔博斯，就加强双方合作交换意见。

[10月30—31日　德国　环境]　第六届中德环境论坛以"面向2030：加速创新变革，实现绿色发展"为主题在京举行。生态环境部副

部长赵英民、德国环境部部长斯维尼亚·舒尔策出席论坛并致开幕词。31日，生态环境部部长李干杰在北京会见了来华出席第六届中德环境论坛的德国联邦环境、自然保护和核安全部部长斯维尼亚·舒尔策，双方就进一步加强中德生态环境领域合作进行了深入交流。

【11月4日　塞尔维亚　"一带一路"】　国家主席习近平在上海会见来华出席第二届中国国际进口博览会的塞尔维亚总理布尔纳比奇。习近平强调，中塞要做好做实两国产能、基础设施建设等领域合作大项目，共同打造好斯梅代雷沃钢厂、匈塞铁路等标志性项目，继续在第五代移动通信网络、智慧城市等领域开展良好合作，要加强多边领域合作。布尔纳比奇表示，塞方将继续积极参与共建"一带一路"，支持中国公司赴塞投资合作，愿为推动中东欧国家与中国合作发挥积极作用。

【11月4日　希腊　"一带一路"】　国家主席习近平在上海会见来华出席第二届中国国际进口博览会的希腊总理米佐塔基斯。习近平强调，中方愿同希方推动务实合作，特别是发挥好比雷埃夫斯港项目的引领和示范作用，共建"一带一路"，着力推动能源、交通、通信等领域合作取得更多成果。欢迎希腊加入中国—中东欧合作机制，期待希腊发挥积极作用。米佐塔基斯表示，希腊将继续向中国开放，欢迎中国企业投资。希腊将同中方一道维护多边主义，积极参与中东欧国家同中国合作。

【11月4日　意大利　"一带一路"】　国务委员兼外交部部长王毅在上海同来华出席第二届中国国际进口博览会的意大利外长迪马约会谈。王毅表示，中方愿与意方一道推动共建"一带一路"合作走深走实走远。希望意方为推动欧盟继续保持贸易和投资市场开放发挥建设性作用，为中欧关系发展发挥积极的示范作用。迪马约表示，对意大利来说，很高兴与中方签署共建"一带一路"合作文件，愿更加积极推进"一带一路"合作取得更多成果。意方愿为中国企业在欧投资合作提供开放、公平、非歧视性环境，将继续为促进欧中关系健康发展发挥积极作用。

[11月4日　德国　科技]　科技部部长王志刚在上海会见德国教育与研究部部长安娅·卡利切克，旨在推动知识产权保护、量子物理、人工智能、生命科学、环境与气候变化、抗生素耐药性、人文交流等领域合作。

[11月4日　斯洛伐克　科技]　科技部部长王志刚在北京会见斯洛伐克副总理理查德·莱希。双方旨在结合"一带一路"，推进在人工智能、超级计算、区块链、5G、物联网等领域的互利合作。

[11月5日　法国　金融]　中国财政部在法国首都巴黎成功定价发行40亿欧元主权债券。这是自2004年以来中方第一次发行欧元主权债券，也是迄今为止中国单次发行的最大规模外币主权债券。

[11月5—6日　法国　"一带一路"]　国家主席习近平分别在上海和北京同法国总统马克龙会谈。习近平表示，中方愿同法方聚焦六大目标，一要维护和增进政治互信；二要继续推进大项目合作；三要扩大双向市场开放；四要推动共建"一带一路"倡议同欧盟欧亚互联互通战略对接；五要深化创新合作，共同实现可持续发展；六要促进文明交流互鉴。马克龙表示，法国将扩大对华农产品出口，加强在航空、航天、民用核能等传统领域合作，拓展科技创新、金融等领域合作。中方在法国发行欧元债券，这对法国具有重大意义。会谈后，两国元首共同见证了多项合作文件的签署，涉及航空航天、核能、农业、工业、金融、三方合作等领域。

[11月6日　法国　金融]　中华人民共和国财政部在巴黎举行债券发行沟通答谢仪式，庆祝40亿欧元主权债券发行成功。中国财政部副部长邹加怡、法国经济财政部财政总署署长奥蒂尔·雷诺·巴索和中国驻法国大使馆临时代办余劲松出席并致辞。

[11月6日　法国　能源]　国家能源局副局长刘宝华在北京会见法国电力集团总裁乐维一行，双方就在华及第三国核电项目，以及海上风电、能源服务等领域合作深入交换了意见。同日，刘宝华还会见了法马通

董事长兼首席执行官丰塔纳一行，双方就法马通与中方在华及第三方市场合作情况、下一步合作潜力等议题深入交换了意见。

【11月6日　法国　环境】　生态环境部部长李干杰在北京会见了法国生态与团结化转型部部长伊丽莎白·博尔内，双方就深化应对气候变化和生物多样性保护等领域合作进行了交流。

【11月6日　法国　科技】　工业和信息化部部长苗圩分别与法国经济和财政部部长勒梅尔、法国生态与团结化转型部部长博尔内在北京签署了《中华人民共和国工业和信息化部与法兰西共和国经济和财政部关于加强工业合作的协议》《中华人民共和国工业和信息化部与法兰西共和国生态与团结化转型部关于民用航空工业的合作备忘录》

【11月6日　法国　"一带一路"】　国务院总理李克强在北京会见来华进行国事访问的法国总统马克龙。李克强指出，中方愿同法方深化核能、航空、第三方市场等重点领域合作。马克龙表示，法方愿同中方深化经贸、文化、旅游、第三方市场等领域务实合作。

【11月7日　英国　综合】　国务院副总理胡春华在北京会见了英中贸协会长詹诚信勋爵、主席古沛勤爵士率领的访华代表团。双方就发展中英经贸关系、深化务实合作、加强工商界交流等交换了意见。

【11月7日　克罗地亚　农业】　农业农村部副部长余欣荣在北京会见来访的克罗地亚农业部部长玛丽嘉·武奇科维奇，就进一步加强中克农业合作交换了意见。

【11月9日　德国　农业】　农业农村部副部长张桃林和德国联邦食品及农业部议会国务秘书福赫特尔在北京共同出席第五届中德农业合作交流会并致辞。会前，张桃林与福赫特尔举行了双边会谈，就进一步加强中德农业合作及中德农业中心建设交换了意见。

【11月11日　希腊　综合】　国家主席习近平在雅典分别同希腊总统帕夫洛普洛斯、希腊总理米佐塔基斯会谈。习近平就中希务实合作提出

以下建议。一是加强共建"一带一路"倡议同希腊建设重要国际物流中转枢纽战略对接；二是扩大双向贸易和投资规模；三是深化人文交流；四是共同推动中欧关系发展。希方表示，希方积极参与共建"一带一路"，希望成为中国进入欧洲市场的门户，欢迎更多中国企业前来投资兴业。会谈后，两国领导人共同见证了双边合作文件的交换，涉及投资、港口、金融、能源等多个领域。双方发表了《中华人民共和国和希腊共和国关于加强全面战略伙伴关系的联合声明》。

[11月11—12日　法国　综合]　国家副主席王岐山在巴黎会见法国总统马克龙，出席第二届巴黎和平论坛开幕式并致辞。双方愿加强投资、经贸、气候变化等各领域合作。12日，王岐山出席第二届巴黎和平论坛开幕式并致辞。巴黎和平论坛由法国马克龙总统于2018年倡议成立。80多个国家的元首、政府首脑、高官及国际和地区组织负责人出席。王岐山还会见了北马其顿总统彭达罗夫斯基。

[11月12日　德国　科技]　工业和信息化部副部长陈肇雄与德国经济和能源部国务秘书努斯鲍姆在柏林主持第三次中德智能制造及生产过程网络化合作副部长级会议，旨在促进智能制造及生产过程网络化等领域合作，并出席"工业的数字化未来"合作论坛。

[11月18日　比利时　"一带一路"]　国务院副总理胡春华在北京会见比利时国王代表阿斯特里德公主和副首相雷德尔斯。中方愿推进"一带一路"和第三方市场合作，深化贸易、投资、农业等领域合作，希望比方和欧盟为中国企业提供公平竞争的市场环境。比方高度重视发展对华关系，愿同中方加强共建"一带一路"、贸易、农业等领域交流合作。

[11月18日　比利时　环境]　比利时—中国环保创新合作论坛在北京举行。生态环境部部长李干杰出席论坛并致辞，比利时公主阿斯特里德，副首相、外交和欧洲事务大臣兼国防大臣雷德尔斯出席论坛。论坛期间，李干杰会见了阿斯特里德公主。

[11月19日　比利时　综合]　　国务委员兼外交部部长王毅在北京会见比利时副首相兼外交大臣雷德尔斯。双方愿共建"一带一路"的重大机遇，扩大贸易、投资等领域合作，在国际和地区事务中加强沟通协调，共同维护多边主义和自由贸易，推动比中、欧中关系取得新进展。

　　[11月19日　比利时　投资]　　中国—比利时直接股权投资基金在北京举办基金成立15周年纪念招待会。财政部副部长邹加怡出席了纪念招待会并致辞，比利时公主阿斯特里德殿下、副首相雷德尔斯率比利时经贸代表团出席了纪念招待会。中国驻比利时大使曹忠明、中国政府欧洲事务特别代表吴红波等约100位中外人士出席了招待会。

　　[11月25日　荷兰　科技]　　工业和信息化部副部长王志军在海牙会见了荷兰经济事务和气候政策部秘书长马滕·坎普斯，双方就工业领域合作交换意见。

　　[11月26日　匈牙利　综合]　　财政部部长刘昆在北京会见了匈牙利副总理兼财政部长沃尔高，双方就中匈经济形势、在"一带一路"框架下的合作、双边金融合作等议题交换了意见。

　　[11月26日　意大利　科技]　　科技部部长王志刚在北京会见意大利教育、大学与科研部部长洛伦佐·菲奥拉蒙蒂，旨在在"一带一路"平台下推动重大科研、科技创新、产业孵化、科技园区、人文交流等领域合作，王志刚同洛伦佐共同签署了联合声明。双方还出席以"中意携手，创新共赢"为主题的第十届中意创新合作周活动。

　　[12月14日　英国　综合]　　国务院总理李克强致电鲍里斯·约翰逊，祝贺他连任英国首相。李克强表示，中英同为联合国安理会常任理事国和世界主要经济体，两国关系具有全球影响。希望双方推动中英关系实现持续健康发展。

　　[12月14日　斯洛文尼亚　"一带一路"]　　斯洛文尼亚总理沙雷茨在卢布尔雅那会见国务委员兼外交部部长王毅。斯方支持共建"一带一

路",打造中国进入欧洲市场和欧中共建"一带一路"的示范项目。斯方愿意促进"17+1合作"。王毅表示,双方应以高质量共建"一带一路"、推进"17+1合作",重点加强科技创新、高端制造、医药卫生、冬季运动四大领域合作。同日,王毅还分别会见斯洛文尼亚总统帕霍尔、副总理兼外长采拉尔会谈、议长日丹。

[12月19日 北马其顿 科技] 科技部国际合作司司长叶冬柏与北马其顿教育科学部科学与创新司司长埃尔文·哈桑诺维奇在北京共同主持中国—北马其顿科技合作委员会第6届例会。双方愿开展联合研发合作,通过了材料、农业、环保、医学、信息学等政府间交流项目。会后,双方签署了《中华人民共和国和北马其顿共和国科技合作委员会第六届例会议定书》。

(四)欧亚地区

[1月20日 吉尔吉斯斯坦 产能合作] 国家发展改革委主任何立峰主任在北京会见了吉尔吉斯斯坦外长艾达尔别科夫一行。双方就中吉产能与投资合作、中吉乌铁路项目等议题交换了意见。

[2月14日 蒙古 贸易] 中国—蒙古自贸协定联合可行性研究第二次会议在北京举行。双方就联合可研报告提纲达成一致。

[2月21日 吉尔吉斯斯坦 "一带一路"] 国务委员兼外交部部长王毅在北京与吉尔吉斯斯坦外长艾达尔别科夫举行会谈。王毅表示,希望双方共建"一带一路"。中方愿全力配合吉方作为上合组织轮值主席国,推动上合组织在新起点上实现新发展。艾达尔别科夫表示,愿同中方在"一带一路"框架下推进经贸、互联互通和产能等各领域合作。

[3月1日 阿塞拜疆 科技] 工业和信息化部部长苗圩在北京会见了阿塞拜疆经济部部长沙欣·穆斯塔法耶夫和交通、通信和高科技部部

长拉明·古鲁扎德一行，双方就促进中阿工业通信业领域合作交换了意见。

[3月19日　哈萨克斯坦　综合]　国务院副总理韩正在北京会见哈萨克斯坦第一副总理兼财长斯迈洛夫。中方愿推进经贸、投资、海关、金融等领域合作。哈方愿积极参与"一带一路"，加强在金融、基建等领域合作。同日，财政部部长刘昆在北京会见了斯迈洛夫，双方就财金合作等交换了意见。

[3月28日　哈萨克斯坦　"一带一路"]　国务委员兼外交部部长王毅在北京会见哈萨克斯坦外长阿塔姆库洛夫。双方应推进"一带一路"。哈方愿落实产能合作，扩大两国贸易，加强农业、能源、工业、培训、基建等领域合作。会后，双方签署《中哈外交部2020至2022年合作备忘录》。

[4月1—2日　蒙古国　"一带一路"]　国家副主席王岐山在北京会见蒙古国外长朝格特巴特尔。中方愿与蒙方共同推进"一带一路"。2日，国务委员兼外交部部长王毅在北京同朝格特巴特尔举行会谈。中国将加强"一带一路"同蒙方战略对接，推动经贸合作。双方要落实好发展、民生等领域援助和优买项目，加快推动能源、矿产等大项目合作落地。蒙方愿在"一带一路"框架内不断推进农牧业、矿业、能源、交通运输、基础设施建设等领域合作。同日，商务部部长钟山在北京会见朝格特巴特尔，就经贸合作深入交换意见。

[4月8日　俄罗斯　农业]　农业农村部副部长屈冬玉在北京会见了俄罗斯农业部副部长马克西姆·乌瓦伊多夫，双方就深化中俄农业合作进行了交流。

[4月17日　俄罗斯　投资]　国家发展改革委副主任宁吉喆与俄罗斯经济发展部副部长共同主持召开中俄投资合作委员会秘书长第十二次会议（视频会）。

[4月24日 蒙古 "一带一路"] 国务院总理李克强在北京会见蒙古国总统巴特图勒嘎。中方愿加快推进中蒙自贸协定和经济合作区，深化在农业、产能、人文等领域的交流合作。蒙方愿加强"发展之路"同"一带一路"对接，拓展贸易、能源、基础设施等领域合作。

[4月24—28日 阿塞拜疆、乌兹别克斯坦、俄罗斯、塔吉克斯坦、吉尔吉斯斯坦、哈萨克斯坦 "一带一路"] 国家主席习近平在北京分别会见来华出席第二届"一带一路"国际合作高峰论坛的阿塞拜疆总统阿利耶夫、乌兹别克斯坦总统米尔济约耶夫、俄罗斯总统普京、塔吉克斯坦总统拉赫蒙、吉尔吉斯斯坦总统热恩别科夫、哈萨克斯坦总统纳扎尔巴耶夫。习近平表示，中方愿共建"一带一路"，对接发展规划，深化基础设施建设等领域合作。外方表示，将全力支持共建"一带一路"，愿大力推动中亚同该倡议对接，提升贸易、投资和跨境运输水平。此外，中央书记处书记王沪宁在北京会见了热恩别科夫。国务院副总理胡春华在北京会见了俄罗斯副总理兼总统驻远东联邦区全权代表特鲁特涅夫，并与特鲁特涅夫举行了"东北—远东"委员会双方主席会晤。双方愿加强贸易投资、基础设施、农业等领域的合作。

[5月13日 俄罗斯 "一带一路"] 俄罗斯总统普京在索契会见国务委员兼外交部部长王毅。普京表示，上个月我和习近平主席就推动欧亚经济联盟同"一带一路"倡议对接合作达成新的重要共识。王毅表示，我同拉夫罗夫外长为习近平主席6月赴俄进行国事访问进行了详细对表和充分政治准备。访问期间，王毅同俄罗斯外长拉夫罗夫举行了会谈并共同会见记者。

[5月15日 亚美尼亚 "一带一路"] 国务院总理李克强在北京会见亚美尼亚总理帕希尼扬。双方表示要共建"一带一路"。

[5月14—16日 哈萨克斯坦 "一带一路"] 国务院副总理韩正应邀赴哈萨克斯坦出席第十二届阿斯塔纳经济论坛和第二届中国—哈萨克

斯坦地方合作论坛，并会见总统托卡耶夫。中方愿推动产能、贸易、互联互通、农业、高技术、金融合作。哈方愿继续深化与中方在经贸、产能、农业、人文等领域合作。韩正还会见了哈第一副总理兼财政部长斯迈洛夫、阿拉木图市市长拜别克。

[5月20日　塔吉克斯坦　"一带一路"]　塔吉克斯坦总统拉赫蒙在杜尚别总统府会见国务委员兼外交部部长王毅。塔方愿将塔2030年前国家发展战略同共建"一带一路"倡议对接，加强塔中经贸、农业、科技、人文、基础设施建设等领域合作。中方支持塔推进能源、交通、粮食、工业化四大发展战略，为塔现代化建设提供助力。同日，王毅还与塔吉克斯坦外长穆赫里丁举行了会谈。

[5月21日　吉尔吉斯斯坦　"一带一路"]　吉尔吉斯斯坦总统热恩别科夫在比什凯克总统府会见出席上海合作组织外长会议的国务委员兼外交部部长王毅。热恩别科夫表示，吉方愿将自身发展战略与共建"一带一路"倡议深入对接，加强两国在经贸、交通、农业、数字和信息化等领域务实合作。王毅表示，中方愿在共建"一带一路"框架下同吉方深化经贸、农业、互联互通等领域务实合作。

[5月23日　阿塞拜疆　"一带一路"]　阿塞拜疆总统阿利耶夫在巴库会见国务委员兼外交部部长王毅。阿方从一开始就全力支持并积极参与共建"一带一路"，愿在能源、交通、经贸、加工制造、旅游等领域深化合作。欢迎华为等有技术、有实力的中国企业扩大对阿投资。中方愿将共建"一带一路"倡议同阿国家发展战略对接，探讨与阿方构建能源开发合作伙伴，开展长期稳定的油气上下游合作，助力阿实现能源出口多元化；构建数字经济合作伙伴，助力阿加快科技创新，发展数字和网络经济。同日，王毅还与阿外长马梅德亚罗夫举行了会谈。

[5月24日　格鲁吉亚　"一带一路"]　格鲁吉亚总统祖拉比什维利在第比利斯总统府会见国务委员兼外交部部长王毅。格方愿继续积极参

与共建"一带一路"。中方欢迎格方积极参与共建"一带一路",愿同格方结为全面开放的贸易伙伴,平等互利的投资伙伴和互联互通的运输伙伴。同日,王毅还与格鲁吉亚总理巴赫塔泽举行会见,并与格鲁吉亚外长扎尔卡利亚尼举行了会谈。

[6月4日　蒙古　经济合作区]　中国商务部部长钟山与蒙古国政府授权代表蒙古国食品农牧业与轻工业部长乌兰在京正式签署《中华人民共和国政府和蒙古国政府关于建设中国蒙古二连浩特—扎门乌德经济合作区的协议》。

[6月5日　俄罗斯　农业]　农业农村部部长韩长赋在莫斯科会见了俄罗斯联邦农业部部长德·尼·帕特鲁舍夫,双方就两国农业合作问题深入交换了意见。韩长赋在两国元首见证下与双方相关部门负责人共同签署了《中国商务部、农业农村部和俄罗斯联邦经济发展部、农业部关于深化中俄大豆合作的发展规划》,并调研了俄罗斯农业农村发展情况。

[6月5—7日　俄罗斯　综合]　国家主席习近平应邀对俄罗斯进行国事访问并出席第二十三届圣彼得堡国际经济论坛和中俄能源商务论坛,分别同俄罗斯总统普京、俄罗斯总理梅德韦杰夫举行会谈。习近平指出要加强经贸、投资、能源、科技、航空航天等领域合作。要积极推进共建"一带一路"同欧亚经济联盟对接合作,维护多边贸易体制。俄方致力于同中国深化经贸、农业、金融、科技、环保、通信、基础设施建设等领域合作,加大地方交往。俄方愿向中方提供充足的油气能源,愿增加对华出口大豆等农产品,希望加快欧亚经济联盟同"一带一路"的对接。此外,两国元首共同签署《中华人民共和国和俄罗斯联邦关于发展新时代全面战略协作伙伴关系的联合声明》《中华人民共和国和俄罗斯联邦关于加强当代全球战略稳定的联合声明》,并见证了多项双边合作文件的签署。

[6月5—7日　俄罗斯　能源]　第二届中俄能源商务论坛在俄罗斯圣彼得堡举办。国家能源局局长章建华出席论坛并向两国元首汇报了中俄

能源合作现状及前景。论坛期间，章建华与俄总统能源发展战略与生态安全委员会执行秘书长兼俄油企总裁谢钦举行会谈。双方签署《中俄能源商务论坛章程》，确定论坛为中俄能源领域重要机制性活动，原则上每年举办一次，在中俄两国轮流举办。

[6月13日　吉尔吉斯斯坦　综合]　国家主席习近平在比什凯克同吉尔吉斯斯坦总统热恩别科夫会谈。习近平指出，共建"一带一路"已成为中吉合作的主线。双方要扩大经贸投资合作，落实好有关重点合作项目。中方愿进口更多吉尔吉斯斯坦绿色、优质农产品。热恩别科夫表示，吉国家发展战略同共建"一带一路"倡议契合，愿同中方建立机制化安排推进对接合作，深化贸易、投资、能源、农业、交通、地方合作。会谈结束后，两国元首共同签署了《中华人民共和国和吉尔吉斯共和国关于进一步深化全面战略伙伴关系的联合声明》，并见证多项双边合作文件的交换。

[6月13—15日　吉尔吉斯斯坦、塔吉克斯坦　投资]　商务部部长钟山与吉尔吉斯共和国工业、电力和矿产资源利用委员会主席奥斯蒙别托夫、投资促进保护署署长阿季尔别克乌鲁签署《中华人民共和国商务部与吉尔吉斯共和国工业、电力和矿产资源利用委员会和投资促进保护署关于建立投资和工业合作工作组的谅解备忘录》。此后，钟山与塔吉克斯坦共和国投资和国有资产管理委员会主席哈姆拉利佐达签署《中华人民共和国商务部和塔吉克斯坦共和国投资和国有资产管理委员会关于建立投资合作工作组的谅解备忘录》。

[6月14—15日　俄罗斯　综合]　第六届中国—俄罗斯博览会和第二届中俄地方合作论坛开幕式在哈尔滨举行，国家副主席王岐山出席并会见俄罗斯副总理阿基莫夫。王岐山表示，中俄要释放区域合作平台效能，推进"一带一路"同欧亚经济联盟对接；要统筹谋划，优化合作环境，提升贸易投资便利化水平，在装备制造、农林开发、园区建设、交通物流等

领域实施一批重点合作项目。俄方愿在两国各类地方机制下继续建设性地拓展新领域，与时俱进地取得新成果。

[6月15日　塔吉克斯坦　综合]　国家主席习近平在杜尚别同塔吉克斯坦总统拉赫蒙会谈。习近平指出，双方要深入推进共建"一带一路"倡议同塔吉克斯坦国家发展战略对接，深挖合作潜力，提升合作质量，全面深化设施联通、能源、农业、工业等领域合作。中方愿帮助塔吉克斯坦提升农业现代化水平，支持并愿积极参与塔方建设自由经济区。拉赫蒙表示，愿在"一带一路"框架内加强双方能源、石化、水电、基础设施建设等领域重点项目合作，助推塔吉克斯坦实现工业化目标。会谈后，两国元首签署《中华人民共和国和塔吉克斯坦共和国关于进一步深化全面战略伙伴关系的联合声明》，并见证多项双边合作文件的交换。

[7月1日　格鲁吉亚　"一带一路"]　国务院总理李克强在大连会见格鲁吉亚总理巴赫塔泽。双方表示要共建"一带一路"。

[7月2日　白俄罗斯　"一带一路"]　中国商务部与白俄罗斯经济部在白首都明斯克共同举办"一带一路"区域合作发展论坛。来自中国、白俄罗斯、德国、哈萨克斯坦和波兰等30多个国家和国际及区域组织的人士围绕"一带一路"、互联互通、创新与金融合作等话题展开讨论。商务部副部长钱克明与白俄罗斯经济部长克鲁托伊签署两国政府关于中白工业园乌沙河改造项目的交接证书。

[7月10—12日　蒙古　"一带一路"]　国家副主席王岐山在乌兰巴托先后会见呼日勒苏赫总理、赞登沙特尔国家大呼拉尔主席和巴特图勒嘎总统，并出席中蒙建交70周年纪念活动。中方愿推动"一带一路"倡议和蒙"发展之路"对接，共同举办好第三届中蒙博览会，加强边境口岸交流和基础设施建设，加快中蒙俄经济走廊建设进程。蒙方支持"一带一路"，愿加强贸易投资等领域合作。

[7月11日　俄罗斯　综合]　国家发展改革委副主任宁吉喆与俄罗

斯经济发展部马克西莫夫副部长在北京主持召开中俄投资合作委员会第十三次秘书长会议。

[7月11日　俄罗斯　科技]　工业和信息化部副部长辛国斌与俄工贸部副部长波恰洛夫在北京共同主持召开中俄民用航空合作工作会议，就中俄联合研制远程宽体客机CR929项目、2019莫斯科航展主宾国活动筹备、2019年中俄总理定期会晤委员会工业合作分委会民用航空工作组会议等议题进行了深入交流磋商。

[7月16日　俄罗斯　贸易]　商务部部长钟山与俄罗斯经济发展部长奥列什金共同举行中俄总理定期会晤委员会经贸合作分委会第二十二次会议。钟山指出，双方要扩大双边贸易和投资，加快推进经贸制度安排，优化营商环境，深化大豆和其他农产品贸易合作。俄方愿着力发展电子商务、服务贸易等新兴领域合作，提升贸易投资便利化水平。会后，双方共同签署了会议纪要。

[8月2日　蒙古　"一带一路"]　国务委员兼外交部部长王毅在泰国曼谷会见蒙古外长朝格特巴特尔。王毅表示，双方要不断推进"一带一路"倡议和"发展之路"深度对接，并尽早取得实质性成果。朝格特巴特尔表示，"一带一路"倡议代表着多边主义，有利于促进地区可持续增长，蒙古愿全力支持和参与。

[8月19日　乌兹别克斯坦　"一带一路"]　国务委员兼外交部部长王毅在北京同乌兹别克斯坦外长卡米洛夫举行会谈。王毅表示，双方要推动共建"一带一路"倡议同乌国家发展战略深入对接，拓展经贸与投资合作，完善互联互通建设。中方支持乌方办好今年上海合作组织总理会议。乌方愿深度参与共建"一带一路"，加强互联互通。同日，国家副主席王岐山会见乌兹别克斯坦外长卡米洛夫。

[8月22日　俄罗斯　金融]　第八次中俄财长对话在俄罗斯莫斯科举行。财政部部长刘昆与俄罗斯第一副总理兼财政部部长安东·西卢阿诺

夫共同主持对话。财政部副部长邹加怡，俄罗斯财政部副部长斯托恰克、科利切夫，国际民防组织副秘书长库迪诺夫等人出席。双方签署了中俄会计准则合作备忘录、中俄审计监管合作备忘录、中国财政科学研究院与俄罗斯联邦财政部财政研究所战略合作协议、中国财政部政府和社会资本合作中心与俄罗斯国家政府和社会资本合作中心合作备忘录等成果文件。对话结束后，双方共同发布了第八次中俄财长对话联合声明。对话前，刘昆与西卢阿诺夫举行了小范围会谈，就新开发银行扩员、中俄地方合作等问题与俄方深入沟通。

[8月26日　乌兹别克斯坦　能源]　中乌能源合作分委会第五次会议在北京举行。国家能源局副局长李凡荣与乌兹别克斯坦能源部第一副部长米尔扎马赫姆多夫共同主持会议，并就两国在油气、电力、核电、煤炭、新能源等领域合作事宜深入交换了意见。

[8月27日　乌兹别克斯坦　综合]　国务院总理李克强在北京同来华进行正式访问的乌兹别克斯坦总理阿里波夫举行会谈。李克强指出，中方愿将"一带一路"倡议同乌方发展战略相衔接，深化产能、互联互通、农业等领域合作，确保双方能源合作的稳定性。阿里波夫表示，乌方愿继续深入参与共建"一带一路"，会谈后，两国总理共同见证了多项双边合作文件的签署。

[8月28日　乌兹别克斯坦　综合]　国家主席习近平在北京会见乌兹别克斯坦总理阿里波夫。习近平强调，中乌双方要继续推进高质量共建"一带一路"，加强国家发展战略对接，利用好跨境公路、铁路，密切互联互通，拓展经贸、投资、高新技术、能源等领域合作。中方愿扩大进口乌优质农产品，欢迎乌兹别克斯坦作为主宾国参加第二届中国国际进口博览会。阿里波夫表示，米尔济约耶夫总统指定乌方设定专门机构，同中方对接发展战略，积极推进"一带一路"合作。

[8月28日　哈萨克斯坦　产能合作]　国家发展改革委副主任宁吉

喆与哈外交部副部长科舍尔巴耶夫在北京共同主持召开中哈产能与投资合作第十七次对话。

[8月27日　俄罗斯　科技]　工业和信息化部部长苗圩,副部长辛国斌,俄罗斯总统普京、工业和贸易部部长曼图罗夫在茹科夫斯基市出席2019年莫斯科航展。我国受邀担任该航展举办以来的首个主宾国。普京参观中俄联合研制远程宽体客机CR929展示样机。双方愿进一步推动和加强在航空航天制造领域的合作。

[8月28日　乌兹别克斯坦　科技]　科技部部长王志刚在北京会见乌兹别克斯坦创新发展部部长阿卜杜拉赫莫诺夫。双方表明在生物医药、节能和可再生能源、考古等重点领域的合作取得了积极成果。指出要加强战略规划与政策对接,共同实施联合研发项目,共同推动建设联合实验室、联合研究中心,加强在技术转移方面的合作。

[8月28—29日　俄罗斯　金融]　中俄总理定期会晤委员会金融合作分委会第二十次会议在加里宁格勒市举行,会议由分委会中方主席、中国人民银行副行长陈雨露和分委会俄方主席、俄罗斯联邦中央银行副行长斯科别尔金共同主持。会议讨论了推动双边本币结算、深化银行间合作,以及在支付系统、金融市场和保险领域开展合作等议题,并约定第二十一次会议于2020年在中国举办。

[9月3日　俄罗斯　能源]　国务院副总理韩正在北京会见俄罗斯天然气工业公司总裁米勒。双方表述愿共同做好东线天然气管道供气准备工作。

[9月4日　哈萨克斯坦　边境合作]　中国—哈萨克斯坦霍尔果斯国际边境合作中心部级协调机制第一次会议在霍尔果斯召开。中国商务部副部长兼国际贸易谈判副代表王受文与哈萨克斯坦共和国工业和基础设施发展部副部长叶尔让诺夫共同主持会议。双方同意建立中央政府、地方政府及合作中心层面的三级联动工作机制,加大对《中华人民共和国政府和

哈萨克斯坦共和国政府关于霍尔果斯国际边境合作中心活动管理的协定》的执行力度，推动双方区域信息共享和执法合作，加大政策支持，便利贸易投资和人员往来。

［9月5日　俄罗斯　贸易］　俄罗斯总统普京在符拉迪沃斯托克会见国务院副总理胡春华。中方支持两国在做大传统贸易的基础上，实施好战略性大项目，提升贸易投资便利化水平，扩大农产品贸易，加快跨境电商和服务贸易等发展。俄方欢迎中国企业来俄投资。同日，胡春华与俄副总理特鲁特涅夫举行了中国东北和俄罗斯远东及贝加尔地区政府间合作委员会双方主席会晤。

［9月6日　俄罗斯　能源］　国务院副总理韩正在北京会见俄罗斯副总理科扎克，并共同主持中俄能源合作委员会第十六次会议。中方指出要实现能源各领域上中下游全方位一体化合作、创造更好的营商环境、积极开展科技、标准、人才、信息等方面交流合作。俄方欢迎中国加大对俄能源市场投资，将为重要合作项目提供最大支持。双方签署了《中俄能源合作委员会第十六次会议纪要》。

［9月6日　蒙古　贸易］　由中国商务部、蒙古国食品农牧业和轻工业部、内蒙古自治区政府联合主办的第三届中国—蒙古国博览会在乌兰察布开幕。本届博览会以"建设中蒙俄经济走廊，推进东北亚区域合作"为主题，聚焦于科技、经贸、农业、医药、文化等领域。韩国作为主宾国参加博览会，来自俄罗斯、日本、以色列及其他国家的企业代表也积极参会。

［9月10—12日　哈萨克斯坦　综合］　国家主席习近平在北京同哈萨克斯坦总统托卡耶夫举行会谈。双方将本着同舟共济、合作共赢的精神，发展中哈永久全面战略伙伴关系。会谈后，习近平同托卡耶夫共同签署了《中华人民共和国和哈萨克斯坦共和国联合声明》。两国元首还见证了多项双边合作协议的签署。同日，国务院总理李克强在北京会见哈萨克

斯坦总统托卡耶夫。中方愿同哈方拓展能源、产能、核电、金融、科技等领域合作，用好跨境电商平台。哈方愿积极共建"一带一路"，扩大产品出口，密切人文交流，欢迎中方投资。同日，哈萨克斯坦总统托卡耶夫会见中央外事工作委员会办公室主任杨洁篪。

[9月11日　俄罗斯　农业]　农业农村部副部长张桃林与俄罗斯联邦农业部副部长列文在北京共同主持召开中俄总理定期会晤委员会农业合作分委会第六次会议。双方就共同关注议题深入交换意见，达成广泛共识，取得积极成果。

[9月11日　哈萨克斯坦　"一带一路"]　国家发展改革委主任何立峰与哈萨克斯坦第一副总理兼财政部长斯迈洛夫在北京签署《关于落实"丝绸之路经济带"建设与"光明之路"新经济政策对接合作规划的谅解备忘录》，旨在深入推进"丝绸之路经济带"建设和"光明之路"新经济政策对接，在投资和产能合作、跨境运输、农业、金融以及人文交流等领域取得显著成果。

[9月11日　哈萨克斯坦　发展合作]　国家国际发展合作署署长王晓涛在北京与来华访问的哈萨克斯坦教育和科学部部长阿伊玛加姆别托夫签署了中哈两国政府有关发展领域合作协定。

[9月12日　俄罗斯　发展合作]　国家国际发展合作署副署长邓波清在北京会见来华访问的白俄罗斯经济部副部长佩尔米诺娃及白俄罗斯驻华大使鲁德，就两国发展领域合作有关问题深入交换意见。会后双方签署了有关合作文件。

[9月15日　俄罗斯　科技]　科技部副部长王曦在圣彼得堡出席中俄总理定期会晤委员会第二十三次会议，并就工作情况进行汇报：一是共同办好中俄科技创新年；二是扩大中俄科技人才交流，加强青年科学家流动；三是提升中俄研发合作的水平，支持两国重点科研院所和企业在双方商定的科技优先发展领域开展联合研究、建立高水平的联合实验室；四是

深化在"大科学"领域的合作。

[9月16日　俄罗斯　科技]　工业和信息化部副部长辛国斌在俄罗斯圣彼得堡参加中俄总理定期会晤委员会第23次会议及相关活动,并在全体会议中就工业合作分委会、通信与信息技术合作分委会合作情况进行汇报发言。

[9月16日　俄罗斯　综合]　国务院副总理、中俄总理定期会晤委员会中方主席胡春华在圣彼得堡与俄罗斯副总理、委员会俄方主席阿基莫夫共同主持召开中俄总理定期会晤委员会第二十三次会议。中方愿与俄方推动实现2000亿美元贸易发展目标,把农业特别是大豆合作打造成新的增长点,加强航天、科技、交通、金融等各领域务实合作。俄方愿推动双边务实合作发展。会前,胡春华与阿基莫夫举行了小范围会谈,就双方关注的问题交换了意见。

[9月17日　俄罗斯　综合]　国务院总理李克强在俄罗斯圣彼得堡同俄罗斯总理梅德韦杰夫共同主持中俄总理第二十四次定期会晤。中方愿加强在能源、科技、金融、农业、地方、人文交流领域的合作。俄方愿扩大在人工智能、机器人、能源、农业、工业、航空航天、核能、地方和人文等领域的合作。双方愿努力实现双边贸易额翻一番的目标。双方还签署了《中俄总理第二十四次定期会晤联合公报》。18日,李克强在莫斯科会见俄罗斯总统普京。中方愿将"一带一路"倡议同欧亚经济联盟更好衔接,希望双方坚持相互扩大开放。俄方表示,对华关系是俄外交优先方向,并愿更好对接"一带一路"倡议。

[9月17日　俄罗斯　科技]　工业和信息化部部长苗圩在俄罗斯圣彼得堡参加第24次中俄总理定期会晤。在李克强总理和梅德韦杰夫总理共同见证下,苗圩与俄数字发展、通信和大众传媒部部长诺斯科夫签署了《中华人民共和国工业和信息化部与俄罗斯联邦数字发展、通信和大众传媒部关于数字技术开发领域合作谅解备忘录》,确定加强5G、人工智能等

领域合作。

[9月18日 俄罗斯 农业] 农业农村部副部长于康震在莫斯科会见了俄罗斯联邦农业部副部长乌瓦伊多夫,就加强中俄农业双边合作深入交换了意见。

[10月9日 吉尔吉斯斯坦 贸易] 国务院总理李克强在北京会见来华出席2019年中国北京世界园艺博览会闭幕式的吉尔吉斯斯坦第一副总理博罗诺夫。李克强表示,中方愿同吉方提升两国贸易规模,深化投资等领域务实合作。博罗诺夫表示,愿进一步密切两国高层交往,扩大经贸投资合作,为中方投资者提供一切便利。

[10月9日 吉尔吉斯斯坦 综合] 国务院总理李克强在北京会见来华出席2019年中国北京世界园艺博览会闭幕式的吉尔吉斯斯坦第一副总理博罗诺夫。李克强表示,中方愿同吉方提升两国贸易规模,深化投资等领域务实合作。博罗诺夫表示,愿进一步密切两国高层交往,扩大经贸投资合作,为中方投资者提供一切便利。

[10月14日 塔吉克斯坦 "一带一路"] 国务院副总理胡春华在北京会见了塔吉克斯坦第一副总理赛义德一行。胡春华表示,中方愿同塔方深化共建"一带一路"合作。赛义德表示,愿不断加强两国经贸和投资合作。

[11月1日 乌兹别克斯坦 综合] 国务院总理李克强在塔什干同乌兹别克斯坦总理阿里波夫举行会谈。李克强强调,中方愿进口更多适合中国消费者需求的乌特色优质农产品。我们愿拓展在基础设施、互联互通、能源资源等领域合作。会谈后,李克强和阿里波夫共同见证中乌经贸、投资、科技、海关等领域多项双边合作文件的签署。当晚,李克强在塔什干会见乌兹别克斯坦总统米尔济约耶夫。李克强指出,中方愿同乌方深化产能、能源、运输、电子商务等领域合作。米尔济约耶夫表示,愿同中方拓展贸易、投资、产能、工业等各领域合作。

[11月1日　俄罗斯　综合]　国务院总理李克强在塔什干会见出席上海合作组织成员国总理会的俄罗斯总理梅德韦杰夫。李克强表示，我们愿同俄方加强在国际地区事务中的战略协作，共同维护地区及世界的和平、稳定与繁荣。梅德韦杰夫表示，双方要以明后两年举办俄中科技创新年为契机，不断深化创新合作。

[11月1—6日　乌兹别克斯坦、格鲁吉亚　发展合作]　国家国际发展合作署署长王晓涛访问乌兹别克斯坦期间会见了乌兹别克斯坦投资和外贸部第一副部长阿卜杜阿利耶夫，双方愿加强合作。会后双方签署了有关发展领域合作协议。访问格鲁吉亚期间，王晓涛同格鲁吉亚财政部部长马恰瓦里亚尼举行会谈，就加强双方发展规划对接、落实现有援助项目、拓展发展合作领域等深入交换意见。

[11月2日　哈萨克斯坦　综合]　国务院总理李克强在塔什干会见出席上海合作组织成员国总理会的哈萨克斯坦总理马明。李克强表示，我们愿继续按照市场化原则深化能源、产能等各领域合作。

[11月4日　哈萨克斯坦　综合]　国务院副总理、中国和哈萨克斯坦合作委员会中方主席韩正在北京会见哈萨克斯坦第一副总理、委员会哈方主席斯迈洛夫，并共同举行中哈合作委员会第九次会议。韩正强调，双方要推动产能、交通、农业、能源等领域务实合作，积极开展数字产业、区块链、生物技术等领域合作。哈方愿推进贸易、金融、能源、农业、人文、技术创新、运输物流和基础设施等领域务实合作。会后，双方签署了《中哈合作委员会第九次会议纪要》。

[11月13日　俄罗斯　投资]　国家发展改革委副主任宁吉喆与俄罗斯经济发展部副部长马克西莫夫共同主持召开中俄投资合作委员会秘书长第十四次会议（视频会），就中俄投资合作委员会第六次会议各项筹备工作进行磋商，并达成多项共识。

[11月20日　俄罗斯　综合]　国务院国资委党委书记、主任郝鹏

在北京会见了俄罗斯国有资产管理署主任雅科文科·瓦季姆。双方愿推进国企在能源、航空、化工、机械制造等领域的投资合作。

［11月26日　俄罗斯　综合］　国务院副总理、中俄投资合作委员会中方主席韩正在北京与俄罗斯第一副总理、委员会俄方主席西卢安诺夫共同主持中俄投资合作委员会第六次会议。双方总结梳理了两国投资合作进展和重点项目实施情况，一致同意加强两国发展战略对接，推动投资合作取得新成果。会后，韩正和西卢安诺夫签署了《中俄投资合作委员会第六次会议纪要》。

［11月30日—12月2日　亚美尼亚　发展合作］　国家国际发展合作署副署长邓波清率团访问亚美尼亚，与亚美尼亚外交部副部长阿东茨举行工作会谈。

［12月2日　俄罗斯　能源］　国家主席习近平在北京同俄罗斯总统普京视频连线，共同见证中俄东线天然气管道投产通气仪式。国务院副总理韩正出席仪式。习近平指出，东线天然气管道是中俄能源合作的标志性项目，也是双方深度融通、合作共赢的典范。普京表示，俄中东线天然气管道投产通气具有重大历史意义，将使两国战略协作达到新的高度。未来30年里俄方将向中方供应1万亿立方米天然气，这将有助于落实我和习近平主席达成的在2024年将俄中双边贸易额提升至2000亿美元的共识。

［12月2—5日　塔吉克斯坦　发展合作］　国家国际发展合作署副署长邓波清率团访问塔吉克斯坦，与塔吉克斯坦经贸部长希克玛杜罗佐达、副部长朱拉佐达举行工作会谈。

（五）西亚北非

［1月7日　阿拉伯联合酋长国　贸易］　中国阿拉伯联合酋长国贸

易救济合作机制首次会议在北京召开。商务部贸易救济调查局局长余本林与阿拉伯联合酋长国经济部次长助理阿普杜拉·埃尔·沙姆希共同主持了会议。双方表示要不断发展提高两国的贸易救济合作水平。

[1月9—10日 阿尔及利亚 综合] 国家国际发展合作署署长王晓涛访问阿尔及利亚，与阿外交部秘书长阿亚迪，阿农业部、文化部代表举行工作会谈。双方就推动下一步发展合作进行交流。

[1月11—12日 突尼斯 综合] 国家国际发展合作署署长王晓涛访问突尼斯，会见突外交部部长朱海纳维与突外交部国务秘书费尔加尼，双方就中突下一步发展合作交换了意见。

[1月14—18日 阿拉伯联合酋长国阿布扎比、埃及、赤道几内亚、喀麦隆 "一带一路"] 习近平主席特别代表、中央外事工作委员会办公室主任杨洁篪分别访问阿拉伯联合酋长国阿布扎比、埃及、赤道几内亚和喀麦隆，并同阿拉伯联合酋长国阿布扎比王储穆罕默德、埃及总统塞西、赤道几内亚总统奥比昂、喀麦隆总统比亚等举行会谈。杨洁篪表示，中方将同各方密切配合，深化"一带一路"合作。阿方等表示愿同中方继续落实好两国领导人共识，推进"一带一路"建设。

[1月16日 埃及 产能合作] 国家发展改革委副主任宁吉喆、商务部副部长钱克明与埃及贸工部长纳萨尔、投资和国合部长纳斯尔在埃及开罗共同主持召开中埃产能合作第三次部长级会议。双方就下一步积极推动电动汽车、光伏、纺织等合作达成重要共识。会议期间，中国进出口银行与埃方签署了斋月十日城市郊铁路项目的贷款协议。

[1月28—31日 以色列 自贸协定] 中国—以色列自贸区第五轮谈判在耶路撒冷举行。双方就货物与服务贸易、投资、原产地规则、海关程序及贸易便利化、贸易救济、环境、争端解决及机制条款等议题展开磋商，并取得积极进展。

[1月30日 巴勒斯坦 自贸协定] 中国—巴勒斯坦自贸区首轮

谈判在拉马拉举行。中国驻巴勒斯坦办事处主任郭伟和巴勒斯坦国民经济部部长欧黛出席开幕式。双方就谈判基本原则、协定领域范围、谈判推进方式及各自重点关注进行了深入磋商，并就谈判职责范围文件达成一致。

[1月31日 卡塔尔 综合] 国务院总理李克强在北京会见卡塔尔埃米尔塔米姆。中方愿同卡方在能源领域建立战略合作关系，愿向卡方开放基础产业等领域投资，愿同海合会尽快启动中海自贸区下一轮谈判。同日，国家发展改革委主任何立峰与卡塔尔副首相兼外交大臣穆罕默德·阿勒萨尼在北京签署了《中华人民共和国国家发展和改革委员会与卡塔尔国外交部关于共同编制中卡共建"一带一路"倡议实施方案的谅解备忘录》。双方将深入挖掘"一带一路"与卡塔尔"国家愿景2030"的契合点，统筹推进能源、基建、高新技术、投资四大领域合作，进一步密切旅游、文化、体育、媒体合作，积极拓展在沿线国家的第三方合作。同日，商务部部长钟山与穆罕默德·阿勒萨尼在北京共同签署《中华人民共和国政府与卡塔尔国政府关于加强基础设施领域合作的协议》。这将推动双方在基础设施的设计、施工运营管理等领域合作，推动双方共建"一带一路"。

[2月16日 利比亚 "一带一路"] 中央外事工作委员会办公室主任杨洁篪在慕尼黑会见利比亚民族团结政府总理萨拉吉。杨洁篪表示，中利两国政府去年签署共建"一带一路"谅解备忘录，有助于推进双方务实合作。萨拉吉表示，利方愿同中方加强经济等领域合作，欢迎中国企业参与利比亚重建。

[2月19日 伊朗 "一带一路"] 国务委员兼外交部部长王毅在北京会见陪同拉里贾尼议长访华的伊朗外长扎里夫。伊方愿积极参与共建"一带一路"。

[2月21—22日 沙特阿拉伯 综合] 国务委员兼外交部部长王毅

在北京会见沙特外交国务大臣朱贝尔。中方愿加强高技术等领域合作。同日，财政部副部长邹加怡与沙特财政副大臣哈马德·巴兹在北京召开中—沙高级别联委会财金分委会首次会议。双方愿加强宏观政策、本币结算和跨境债券、银行业及证券期货监管、税收、营商环境等领域合作。22日，国家主席习近平在北京会见沙特王储穆罕默德。中方愿加快签署战略对接实施方案，推动能源、基础设施、贸易投资、高附加值产业、中国—海合会自贸区等领域合作。中国愿探索"以发展促和平"的中东治理路径。沙特愿同中方合作。同日，国家发展改革委副主任宁吉喆与沙特能源、工业和矿产资源部长法利赫和沙特商务投资部长卡斯在北京出席"中沙投资合作论坛"。双方就产能合作、新型工业化与石化等议题进行了探讨。两国共签署了35份合作协议。

[2月27日　突尼斯　综合]　国家国际发展合作署署长王晓涛在北京会见突尼斯发展、投资和国际合作部部长拉扎里，双方表示愿加强在社会经济发展援助领域的交流和合作。

[3月4日　阿拉伯联合酋长国　能源]　国家能源局局长章建华在北京会见阿拉伯联合酋长国能源局局长阿维尔·穆尔氏德·穆尔，双方就能源合作达成重要共识。双方愿推动油气、可再生能源、核能、储能、智能电网、光伏等领域合作。双方同意研究起草并尽快签署中阿能源合作行动计划。

[3月6日　伊朗　"一带一路"]　外交部部长助理陈晓东在伊朗会见伊朗外长扎里夫。伊方愿积极参与共建"一带一路"。陈晓东还同伊副外长安萨里、外长助理兼亚太总司长法拉赞德举行两国外交部政治磋商。

[3月19日　伊朗　贸易]　商务部部长钟山与伊朗财经部部长德吉帕萨德在北京召开中伊两国政府经济贸易合作联合委员会第17次会议。双方就推进"一带一路"、能源、贸易和投资以及民生领域等合作深入交

换意见。中方愿推动经贸关系发展。伊方始终将中方视为最重要的合作伙伴，愿深化各领域合作。

【4月24日　伊朗　金融】　财政部部长刘昆在北京会见了伊朗经济事务与财政部长法拉哈德·德吉帕萨德一行。双方就财金合作等问题交换了意见。

【4月25日　阿拉伯联合酋长国　综合】　国务院总理李克强在北京会见阿拉伯联合酋长国副总统兼总理穆罕默德。双方表示要加强合作实现共同发展。

【4月25日　埃及　科技】　工信部部长苗圩在北京会见了埃及通信和信息技术部部长阿姆鲁·塔拉阿特，双方就人工智能、5G、信息通信基础设施建设、大数据、超级计算、移动支付、智慧城市等领域合作交换意见。

【4月25日　沙特阿拉伯　综合】　国家发展改革委副主任宁吉喆在北京会见了沙特能源、工业和矿产大臣法利赫、通信与信息技术大臣苏瓦哈和交通大臣阿穆迪。双方重点就共建"一带一路"合作、数字经济、基础设施、产业园区、产能与投资合作、中沙共同投资基金、能源合作等领域广泛交换意见。

【4月25日　阿拉伯联合酋长国、埃及　"一带一路"】　国家主席习近平在北京分别会见来华出席第二届"一带一路"国际合作高峰论坛的阿拉伯联合酋长国副总统兼总理和迪拜酋长穆罕默德、埃及总统塞西。会见穆罕默德时，中方愿推进能源、投资和基础设施建设、高新技术、创新发展战略对接等领域合作。会见塞西时，中方愿积极参与苏伊士运河走廊开发计划，持续推进苏伊士经贸合作区建设及产能、基础设施建设等领域合作，并在埃及设立"鲁班工坊"提供职业培训。此外，国家副主席王岐山在北京会见了穆罕默德。

【5月16日　土耳其　"一带一路"】　国务委员兼外交部部长王毅

在北京会见土耳其第一副外长厄纳尔。王毅表示，近年来，中土在共建"一带一路"框架下的合作取得积极成果。厄纳尔表示，土方愿将土方"中间走廊"计划同共建"一带一路"倡议对接，深化务实合作。

【5月16日　伊朗　科技】　科技部部长王志刚在北京会见了伊朗驻华大使穆罕穆德·克沙瓦尔兹·扎德一行。双方围绕2018年两国元首会见中达成的共识，以及两国未来科技合作等议题进行了深入交流。

【5月17日　伊朗　"一带一路"】　国务委员兼外交部部长王毅在北京会见伊朗外长扎里夫。王毅表示，中方欢迎伊方积极参与共建"一带一路"。扎里夫表示，伊方愿以共建"一带一路"为契机，进一步加强两国务实合作。

【5月20—23日　以色列　自贸协定】　中国—以色列自贸协定第六轮谈判于5月20—23日在北京举行。双方就货物贸易、技术性贸易壁垒、投资、知识产权、政府采购、电子商务、竞争政策、争端解决、法律与机制条款等议题展开磋商，并取得积极进展。

【5月26日　亚美尼亚　综合】　亚美尼亚总统萨尔基相在总统府会见国务委员兼外交部部长王毅。萨尔基相表示，亚方对"一带一路"倡议高度赞赏。亚方欢迎华为等中国企业积极参与亚国家发展建设，在高新科技等领域实现共同发展，同时愿继续同中方深化在物流、矿产开发、基础设施建设等传统领域的合作。王毅表示，中方将继续鼓励中国企业赴亚投资兴业。同日，王毅还与亚美尼亚总理帕什尼扬举行会见，并与外长姆纳察卡尼扬举行了会谈。

【6月18日　叙利亚　"一带一路"】　国务委员兼外交部部长王毅在北京同叙利亚副总理兼外长穆阿利姆举行会谈。穆阿利姆表示，叙方愿积极参与共建"一带一路"，欢迎中方参与叙国内重建，期待中国企业扩大对叙投资。

【6月27日　阿拉伯联合酋长国　科技】　科技部部长王志刚在北京

会见了阿拉伯联合酋长国驻华大使阿里·奥贝德·扎希里一行。双方围绕两国未来科技创新合作等共同关心的话题深入交换了意见。

[7月2日 土耳其 "一带一路"] 国家主席习近平在北京同土耳其总统埃尔多安举行会谈。习近平指出，中方愿同土方加快共建"一带一路"倡议和"中间走廊"计划的对接，稳步推进贸易、投资、科技、能源、基础设施及重大项目合作，同时积极开展中小型、惠民项目合作。埃尔多安表示，土方坚定支持"一带一路"建设，希望双方在"一带一路"框架内加强贸易、投资、金融、能源、汽车制造、基础设施、第五代移动通信、智慧城市等领域合作。

[7月9日 突尼斯 科技] 工业和信息化部部长苗圩在北京会见突尼斯通信技术与数字经济部部长穆罕默德·安瓦尔·马鲁夫一行。双方就进一步加强信息通信领域务实合作、数字突尼斯、5G发展等交换意见。

[7月22日 阿拉伯联合酋长国 "一带一路"] 国家主席习近平在北京同阿拉伯联合酋长国阿布扎比王储穆罕默德举行会谈。习近平指出，中阿要加快推进高质量共建"一带一路"，加强彼此发展战略对接，努力实现2030年双边贸易达到2000亿美元的目标，打造好哈利法港二期集装箱码头和中阿产能合作示范园示范项目，巩固和扩大能源领域长期、稳定、全方位的战略合作。穆罕默德表示，共建"一带一路"倡议将对促进地区互联互通和世界经济增长做出重要贡献，阿方愿积极参与其中并发挥更大作用，并探讨同中方开展第三方市场合作。阿方愿扩大对华投资、能源供应和贸易规模，加强金融、航空、人文等领域交流合作，在科技领域支持同中国公司开展合作。会谈后，两国领导人共同见证了多项双边合作文本交换仪式。

[7月22日 阿拉伯联合酋长国 综合] 国务院总理李克强在北京会见阿拉伯联合酋长国阿布扎比王储穆罕默德。李克强指出，欢迎阿方主

权财富基金、私人资本等继续加大对华投资。中方愿同包括阿拉伯联合酋长国在内的海合会国家共同推进中海自贸区谈判。穆罕默德表示，愿同中方深化能源、金融、科技、航空等领域的合作。

[7月22日　阿拉伯联合酋长国　贸易]　商务部副部长、国际贸易谈判副代表俞建华同阿拉伯联合酋长国经济部长曼苏里在京出席中国—阿联酋商务论坛。双方要推动"一带一路"、促进双边贸易投资、维护多边贸易体制、开展第三方市场合作，不断巩固和发展中阿经贸关系。曼苏里和嘉宾代表伊玛尔地产集团董事长阿巴尔分别致辞。中阿双方政府和企业界代表约300人出席论坛。

[7月22日　阿拉伯联合酋长国　"一带一路"]　国家发展改革委主任何立峰与阿拉伯联合酋长国国务部长兼阿布扎比国际金融中心主席沙耶赫交换了《关于推动中阿双边及共同在中东北非地区开展"一带一路"产能与投融资合作的谅解备忘录》。根据该备忘录，双方进一步开展产能与投融资合作，鼓励两国企业携手共同拓展中东北非市场。

[7月24日　利比亚　能源]　国家能源局副局长李凡荣在北京会见利比亚国家石油公司董事长穆斯塔法·萨纳拉，双方就加强中利油气领域合作事宜深入交换了意见。

[7月25日　伊朗　农业]　农业农村部部长韩长赋在北京会见了来访的伊朗农业圣战部部长马哈茂德·霍贾提。韩长赋回应了伊方关注的机制建设、农业贸易、农业科技、乡村发展、农产品准入以及与联合国粮农组织开展南南合作等议题，并提出用好中伊农业联委会机制平台，拓展合作成效、开展"一带一路"框架下农业合作、进一步深化渔业合作等建议。

[7月29日　摩洛哥　发展合作]　国家国际发展合作署副署长邓波清在北京会见摩洛哥驻华大使阿齐兹。双方就进一步加强中摩双边发展合作及探讨开展三方合作等事宜进行了深入交流。

[8月29日　以色列　能源]　国家能源局副局长李凡荣在北京会见以色列驻华大使何泽伟，双方就油气、能源创新发展和能源技术等议题深入交换了意见。

[9月9日　埃及　科技]　工业和信息化部部长苗圩在北京会见埃及国有企业部部长哈西姆·陶菲格，双方就加强中埃电动汽车领域合作进行了交流。苗圩表示，中方愿与埃方分享电动汽车发展经验，建议埃方在电动汽车补贴、加强充电桩等基础设施建设方面予以政策支持。

[9月12日　伊拉克　能源]　国家能源局副局长刘宝华在北京会见了伊拉克电力部副部长艾萨尔·哈比卜·托比亚一行，双方就中伊电力合作有关事宜进行了深入交流探讨。

[9月23日　伊拉克　综合]　国务院总理李克强在北京同伊拉克总理阿卜杜勒—迈赫迪举行会谈，中方愿保持能源伙伴关系，扩大产能、制造业、农业等领域合作，将"一带一路"同伊方重建更好衔接。伊方愿加强在经贸、基础设施建设、能源、人文等领域的合作。双方还签署经济技术、金融、人文等领域的合作文件。

[9月23日　伊拉克　发展合作]　国家国际发展合作署署长王晓涛在北京与来华访问的伊拉克建设和住房部部长里卡尼签署了中伊两国政府有关发展领域合作协定。

[10月9日　阿塞拜疆　综合]　国务院总理李克强在北京会见来华出席2019年中国北京世界园艺博览会闭幕式的阿塞拜疆副总理阿布塔利博夫。李克强表示，愿同阿方友好相处，合作共赢，实现共同发展。阿布塔利博夫愿积极参与共建"一带一路"，实现更多互利共赢。

[11月1日　阿富汗　发展合作]　国家国际发展合作署副署长邓波清在北京会见阿富汗国家安全委员会第一副顾问诺希尔，双方就进一步加强中阿在安全、民生、人力资源开发等领域的合作进行了深入交流。

[11月12—14日　阿拉伯联合酋长国　能源]　国家能源局局长章

建华访问阿拉伯联合酋长国，分别会见阿拉伯联合酋长国国务部长兼阿布扎比国家石油公司总裁苏尔坦·贾比尔、阿拉伯联合酋长国能源与工业部部长苏海勒·马兹鲁伊、阿布扎比能源局局长阿维尔·穆尔氏德·穆尔，就加强两国油气、新能源、核能等合作深入沟通，达成多项共识。

[11月18—21日　以色列　自贸协定]　中国—以色列自贸协定第七轮谈判在以色列举行。双方就货物贸易、原产地规则、海关程序与贸易便利化、卫生与植物卫生措施、贸易救济、环境、知识产权、竞争政策、政府采购、法律与机制条款等议题展开磋商，取得积极进展。

[11月19日　卡塔尔　能源]　国家能源局局长章建华在北京会见卡塔尔能源国务大臣萨阿德·阿尔卡比，双方就LNG、可再生能源、三方合作等事宜深入交换了意见。

[11月22日　阿拉伯联合酋长国　科技]　科技部部长王志刚在北京会见阿拉伯联合酋长国内阁成员、国务部长苏尔坦·艾哈迈德·贾比尔。双方讨论了人工智能等科技创新议题。

[12月2日　以色列　科技]　科技部部长王志刚在北京会见以色列创新署主席、经济与产业部首席科学家阿米·阿贝尔鲍姆。双方愿进推动科技创新合作。

[12月18日　阿拉伯联合酋长国　农业]　农业农村部副部长张桃林在京会见阿拉伯联合酋长国气候变化与环境部部长泽尤迪，就中阿农业合作交换意见。张桃林建议双方在联委会机制下务实对接，共同推进重点投资项目，进一步提高合作水平，并愿在节水灌溉、土壤改良和育种技术等方面深化与阿方合作。

（六）南亚

[3月19—21日　尼泊尔　综合]　国家国际发展合作署副署长邓波

清在尼泊尔与尼财政部长举行工作会谈。21日，邓波清在加德满都拜会尼泊尔总理奥利。双方同意加强两国的发展合作。

[4月8日　巴基斯坦　科技]　工业和信息化部副部长王志军在深圳会见巴基斯坦总理信息技术和电信特别小组成员塞义德·阿里弗拉·胡塞尼一行，双方就加强电子信息产业合作、行业展会、人才培训等领域的合作交换了意见。

[4月9日　巴基斯坦　"一带一路"、自贸协定]　外交部副部长孔铉佑和巴基斯坦外秘塔米娜在北京召开中巴经济走廊国际合作协调工作组首次会议。双方愿推动走廊建设向产业合作充实，向民生倾斜，并适时同第三方开展建设合作。同日，商务部副部长兼国际贸易谈判副代表王受文和巴基斯坦商务部常秘苏克拉、财政部常秘达嘎在北京召开中巴自贸协定第二阶段谈判第十一次会议。双方就货物贸易关税减让、投资、海关合作等议题进行了深入磋商并取得积极进展。

[4月16日　巴基斯坦　综合]　国家国际发展合作署邓波清在北京会见巴基斯坦驻华大使哈立德。双方重点就推动"一带一路"和中巴经济走廊高质量发展，加快推进社会民生领域合作等深入交换意见。

[4月28日　巴基斯坦　综合]　国家主席习近平在北京会见来华出席第二届"一带一路"国际合作高峰论坛的巴基斯坦总理伊姆兰·汗。习近平指出，双方要推动产能、基础设施建设、民生、贸易等领域合作高质量发展。同日，国务院总理李克强在北京会见伊姆兰·汗。中方愿推进中巴经济走廊建设，拓展能源、绿色环保、产业及民生领域的合作。会后，两国签署《中华人民共和国政府和巴基斯坦伊斯兰共和国政府关于修订〈自由贸易协定〉的议定书》等文件。《议定书》对原协定中的货物贸易市场准入及关税减让表、原产地规则、贸易救济、投资等内容进行了升级和修订，并新增了海关合作章节。中巴互免关税产品的税目数比例将从35%增加至75%，此举将大幅提高货物贸易自由化水平。同日，国家副

主席王岐山在北京会见伊姆兰·汗，国务委员兼外交部部长王毅会见巴外长库雷希。

[5月9日　印度　综合]　国务委员兼外交部部长王毅同印度外长斯瓦拉吉通电话，就中印关系以及双方共同关心的问题交换了意见。

[5月14日　斯里兰卡　"一带一路"]　国家主席习近平在北京会见来华出席亚洲文明对话大会的斯里兰卡总统西里塞纳。习近平强调，中斯要扎实推进共建"一带一路"。斯方表示，愿同中方加强共建"一带一路"合作，深化发展和安全合作。会见后，两国元首共同见证了有关双边合作文件的签署。

[5月26—28日　巴基斯坦　综合]　国家副主席王岐山在伊斯兰堡分别会见巴基斯坦阿尔维总统和伊姆兰·汗总理。会见阿尔维时，巴方愿在农业、旅游、经贸等领域深化合作。同伊姆兰·汗会谈时，王岐山表示，双方要推动中巴经济走廊发展，推进产业园区及农业合作，开展走廊第三方合作。会谈后，双方签署了农业、海关、救灾等领域双边合作文件。王岐山还会见了旁遮普省省督萨瓦尔和首席部长布兹达尔，出席"丝路之友"论坛并致辞，参观海尔鲁巴工业园。

[6月10日　巴基斯坦　发展合作]　国家国际发展合作署副署长邓波清在北京会见巴基斯坦驻华大使马苏德，就推进中巴经济走廊社会民生项目交换意见。

[7月3日　尼泊尔　"一带一路"]　国务委员兼外交部部长王毅在北京会见尼泊尔外长贾瓦利。王毅指出，中方愿同尼方以共建"一带一路"为契机，探索跨喜马拉雅立体互联互通网络建设，加强各领域务实合作。贾瓦利表示，愿同中方共建"一带一路"。

[7月4日　孟加拉国　"一带一路"]　国务院总理李克强在北京同来华进行正式访问的孟加拉国总理哈西娜举行会谈。李克强指出，中方愿将"一带一路"倡议同孟方发展战略更好对接。哈西娜表示，愿积极参

与共建"一带一路",加速推进孟中印缅经济走廊建设,促进贸易、投资、服务业、基础设施合作。会谈后,两国总理共同见证了中孟投资、文化旅游、水利等多项双边合作文件的签署。双方还将发布《中孟联合声明》。

[7月4日　孟加拉国　投资]　中国商务部部长钟山与孟加拉国财政部秘书莫诺瓦·艾哈迈德在京共同签署《中华人民共和国商务部和孟加拉人民共和国财政部关于建立投资合作工作组的谅解备忘录》。机制建立后,双方将引导投资合作方加强政策沟通和项目推介,并就改善投资环境和保障企业权益开展磋商,研究解决具体合作项目中的障碍和问题,推动两国投资合作实现高质量发展。

[7月5日　孟加拉国　综合]　国家主席习近平在北京会见孟加拉国总理哈西娜。习近平强调,双方要加强贸易、投资、产能、能源电力、交通运输、信息通信、基础设施建设、农业等重点领域合作,推进数字经济领域合作,共建"数字丝绸之路"。哈西娜表示,孟方在为实现国父穆吉布·拉赫曼提出的"金色孟加拉"梦想奋斗进程中,期待继续得到中国的支持,提升双方贸易、投资水平,深化在基础设施建设、数字经济、应对气候变化等领域合作。孟加拉国愿积极参加共建"一带一路",推动孟中印缅经济走廊建设。

[8月1日　印度　综合]　国务委员兼外交部部长王毅在曼谷会见印度外长苏杰生。王毅表示,愿同印方做大合作蛋糕,扩大进口印优质产品,加大在投资、产能、旅游、通信、互联互通等领域合作,希望印方为中国在印企业提供公平公正的营商环境。苏杰生表示,在5G问题上,印方将根据本国利益,独立自主做出决定。印方对孟中印缅经济走廊建设持积极态度,愿积极参与,实现互利共赢。

[8月12日　印度　综合]　国务委员兼外交部部长王毅在北京同印度外长苏杰生举行会谈。双方认为,要拓展贸易、投资、产能、旅游、边

贸等方面合作。印方将积极参加第二届进博会，推动新兴市场和发展中国家加强团结合作，携手维护多边主义和多边贸易体制，维护联合国宪章宗旨和国际关系基本准则，维护中印两国的发展中国家地位以及在世界贸易组织中应当享有的发展权利和正当利益。

[9月7—8日　巴基斯坦　"一带一路"]　国务委员兼外交部部长王毅访问巴基斯坦，分别同巴基斯坦总统阿尔维、总理伊姆兰、外长库雷希、陆军参谋长巴杰瓦举行会谈，并出席第三次中阿巴外长对话。王毅表示，中方愿同巴方深化各领域务实合作，推动中巴经济走廊建设，将其打造为"一带一路"高质量发展的示范工程。巴方表示举国上下积极支持巴中经济走廊建设，愿加快推进瓜达尔港等重点项目建设，欢迎中国企业扩大投资，愿解决中国企业在巴遇到的实际困难，并切实保护在巴中方人员和项目安全。

[9月9—10日　尼泊尔　"一带一路"]　国务委员兼外交部部长王毅访问尼泊尔，分别同尼泊尔总统班达里、总理奥利、外长贾瓦利、共产党联合主席普拉昌达、大会党主席德乌帕举行会谈。王毅表示，中尼要落实好两国领导人建设跨喜马拉雅立体互联互通网络的共识，推进共建"一带一路"，加强铁路、公路、航空、口岸、能源、人文等各方面的联通。中方愿继续为尼发展建设提供帮助，鼓励更多中国企业来尼投资。尼方愿共建"一带一路"，加快互联互通，助力尼泊尔实现从"陆锁国"到"陆联国"的转变，在地区经济发展中发挥枢纽作用。

[9月19日　马尔代夫　"一带一路"]　国家副主席王岐山在北京会见马尔代夫外长沙希德。王岐山表示，中方愿与马方高质量共建"一带一路"，推动两国关系持续健康发展，共同构建人类命运共同体。沙希德表示，马方感谢中国政府和人民的帮助，将继续深化对华合作，共同建设"一带一路"。9月20日，国务委员兼外交部部长王毅在北京同马尔代夫外长沙希德举行会谈。

[9月25日 印度 金融] 第九次中印财金对话在印度新德里举行。财政部副部长邹加怡与印度财政部副部长阿塔努·查克拉波提共同主持对话。来自中印两国财政部、外交部、金融监管部门的高级官员出席。双方就宏观经济形势与政策、多边框架下的合作、双边投资和金融合作等问题进行了深入讨论，达成一系列重要共识。对话结束后，双方共同发布了第九次中印财金对话联合声明。

[10月8日 巴基斯坦 综合] 国务院总理李克强在北京同来华出席2019年中国北京世界园艺博览会闭幕式并进行工作访问的巴基斯坦总理伊姆兰·汗举行会谈。李克强指出，我们愿继续推动中巴经济走廊高质量发展，加强基础设施、经贸、财金、产能等领域合作。伊姆兰·汗表示，巴方愿同中方加快推进共建"一带一路"，高度重视中巴经济走廊和瓜达尔港建设，愿同中方扩大贸易投资规模，加快推进能源、水电、核电、铁路、农业等领域合作。会谈后，两国总理共同见证了基础设施建设、执法安全、文化、教育、媒体等多项双边合作协议的签署。

[10月9日 巴基斯坦 "一带一路"] 国家主席习近平在北京会见巴基斯坦总理伊姆兰·汗。习近平指出，中巴要高标准推进中巴经济走廊建设，建设好、运营好现有能源、交通基础设施、产业园区和民生项目，把走廊打造成高质量共建"一带一路"的示范工程。伊姆兰·汗表示，巴方期待继续同中方加强交往、协调、合作，坚定推进中巴经济走廊建设，共同打造"一带一路"成功典范。同日，全国人大常委会委员长栗战书会见巴基斯坦总理伊姆兰·汗。

[10月11日 印度 综合] 国家主席习近平抵达金奈出席中印领导人第二次非正式会晤。习近平为中印关系发展提出几点建议：第一，正确看待对方发展，增进战略互信。第二，及时有效开展战略沟通，增进彼此了解合作，牢牢把握两国关系发展的大方向。第三，切实提升军事安全交往合作水平。第四，深化务实合作，拉紧利益纽带。第五，丰富人文交

流，筑牢友谊根基。第六，加强在国际和地区事务中的合作。莫迪表示，印方感谢中方积极增加进口印度大米和食糖等产品，希望用好高级别经贸对话机制，推动双边贸易平衡可持续发展，欢迎更多中国企业来印投资制造业等产业。印方愿同中方一道推动尽早达成"区域全面经济伙伴关系协定"，开展互联互通合作。

[10月12—13日　尼泊尔　"一带一路"]　国家主席习近平在加德满都分别会见尼泊尔总统班达里和总理奥利。习近平强调，中尼要深入对接发展战略；加快提升联通水平，将共建"一带一路"同尼泊尔打造"陆联国"国策对接，积极考虑升级改造跨境公路，启动跨境铁路可行性研究，逐步增开边境口岸，增加两国直航，加强通信合作，加快构建跨喜马拉雅立体互联互通网络；促进贸易和投资，推进中尼跨境经济合作区建设，推动产能和投资合作。此外，还要加强多边协调，共同支持多边主义和自由贸易体制。尼方表示，期待同中方构建跨喜马拉雅立体互联互通网络，欢迎更多中国游客来尼旅游，欢迎更多中国企业来尼投资。会谈后，双方共同发表了《中华人民共和国和尼泊尔联合声明》。

[10月16—19日　巴基斯坦　能源]　国家能源局副局长李凡荣率团访问巴基斯坦，主持召开中巴经济走廊能源工作组第七次会议，双方就电力和油气领域合作深入交换了意见。

[11月7日　巴基斯坦　综合]　商务部部长钟山在京会见来华出席第二届中国国际进口博览会和世界贸易组织小型部长会议的巴基斯坦总理商务、纺织、工业生产和投资顾问达乌德，就中巴经贸关系、共建"一带一路"合作、中国国际进口博览会、中巴自贸协定等议题深入交换意见。

[12月1日　巴基斯坦　自贸协定]　《中华人民共和国政府和巴基斯坦伊斯兰共和国政府关于修订〈自由贸易协定〉的议定书》于12月1日生效。核心内容是在原协定上，大幅提高货物贸易自由化水平。中巴互免关税产品的税目数比例将从此前的35%逐步增加至75%。此外，双方

还将对占各自税目数比例5%的其他产品实施20%幅度的部分降税。此降税安排将于2020年1月1日起实施。

（七）撒哈拉以南非洲

[1月3—6日　埃塞俄比亚、布基纳法索、冈比亚、塞内加尔　"一带一路"]　国务委员兼外交部部长王毅分别访问埃塞俄比亚、布基纳法索、冈比亚和塞内加尔，分别会见埃塞俄比亚总理阿比和总统萨赫勒—沃克在亚、布基纳法索总统卡博雷、冈比亚总统巴罗、塞内加尔总统萨勒等。王毅表示，中方将帮助非洲实现经济自主和可持续发展。埃塞方等表示愿同中方加强"一带一路"框架下的合作。

[1月11日　塞拉利昂　"一带一路"]　国务委员兼外交部部长王毅在北京会见了塞拉利昂外交与国际合作部长卡巴。王毅表示，双方应共同推动中塞在基础设施、医疗卫生、农渔业、教育等领域的务实合作更好更快落地。中方愿推动共建"一带一路"，将两国元首共识和"八大行动"转化为实际成果。

[2月14日　布隆迪　援助]　中国驻布隆迪大使李昌林与布隆迪外交部部长埃策希尔·尼比吉拉在布隆迪签署总统府援建交接证书。尼比吉拉感谢中国向布隆迪援建总统府，使布自独立以来首次拥有属于自己的总统府，体现了两国间最高水平的政治和外交关系，布隆迪未来将为推动布中关系做出最大努力。

[2月20日　吉布提　"一带一路"]　国务委员兼外交部部长王毅在北京会见吉布提外长优素福。王毅表示，双方应共建"一带一路"，落实中非合作论坛北京峰会成果，推动中吉战略伙伴关系持续发展。优素福表示，吉方愿推动共建"一带一路"，感谢中方为吉经济和民生所做努力，欢迎更多中方企业赴吉投资。

[3月7日　埃塞俄比亚　发展合作]　国家国际发展合作署副署长周柳军在北京会见埃塞俄比亚新任驻华大使特肖梅，双方就发展合作等事宜交换了意见。

[3月18—19日　莫桑比克　综合]　国家发展改革委副主任宁吉喆在北京会见了莫桑比克经济和财政部长马莱阿内，双方就产能与投资合作交换了意见。19日，财政部部长刘昆在北京会见了马莱阿内一行。双方就两国宏观经济形势和双边财金合作等交换了意见。

[3月27日　圣多美和普林西比　综合]　国务院总理李克强在博鳌会见圣多美和普林西比总理热苏斯。热苏斯表示，欢迎中国企业赴圣普投资，希望加强在渔业、旅游、基础设施等领域的合作。

[4月16—17日　布基纳法索　综合]　国家国际发展合作署副署长周柳军在北京会见布基纳法索外长巴里，双方就发展领域合作有关事宜交换意见。17日，国务委员兼外交部部长王毅在北京会见巴里。双方均愿加强在"一带一路"和中非合作论坛框架内的合作，扩大贸易、农业、制造业等领域的合作。同日，商务部副部长钱克明与巴里在北京召开中布经贸联委会第一次会议，双方就中非合作论坛北京峰会"八大行动"落实和深化双边经贸合作等议题进行磋商。会后，双方签署联委会会议纪要。

[4月18日　塞内加尔　发展合作]　国家国际发展合作署副署长周柳军在北京会见塞内加尔驻华大使恩迪亚耶，就中塞两国发展合作有关事宜交换了意见。

[4月23日　埃塞俄比亚　发展合作]　国家国际发展合作署副署长周柳军在北京会见埃塞俄比亚财长希德，双方就中埃发展合作等有关事宜交换了意见。

[4月24日　尼日利亚　金融]　财政部部长刘昆在北京会见了尼日利亚财政部长艾哈迈德一行。双方就中尼双边财金合作等问题交换了

意见。

[4月24日　博茨瓦纳　基础设施]　国家国际发展合作署副署长周柳军在北京会见博茨瓦纳交通与通讯部部长马卡托，讨论了交通基础设施合作的议题。

[4月24—28日　埃塞俄比亚、莫桑比克、肯尼亚、吉布提　"一带一路"]　国家主席习近平在北京分别会见来华出席第二届"一带一路"国际合作高峰论坛的埃塞俄比亚总理阿比、莫桑比克总统纽西、肯尼亚总统肯雅塔、吉布提总统盖莱。习近平强调，中方愿深化中非合作。外方表示，愿意推进"一带一路"国际合作。会见后，领导人见证了中国—莫桑比克、中国—肯尼亚、中国—吉布提"一带一路"建设合作规划等双边合作文件的签署。此外，国务院总理李克强和副总理韩正在北京分别会见了阿比。

[5月10日　佛得角　发展合作]　国家国际发展合作署副署长周柳军在北京会见佛得角海洋经济部长贡卡弗斯，就中佛有关圣文森特岛海洋经济特区规划项目合作交换了意见。

[5月22日　津巴布韦　金融]　外交部副部长乐玉成在北京会见来华访问的津巴布韦财政与经济发展部长恩库贝，双方就中津关系特别是经济领域合作交换了意见。23日，财政部部长刘昆在北京会见了津巴布韦财政与经济发展部部长恩库贝，双方就中津经济形势和双边财金合作等交换了意见。

[5月28日　尼日尔　综合]　国务院总理李克强在北京会见来华进行国事访问的尼日尔总统伊素福。李克强指出，中方将同尼方加强基础设施建设、能源、农业、医疗卫生等领域合作。伊素福表示，愿积极参与共建"一带一路"。

[5月28日　尼日尔　"一带一路"]　国家主席习近平在北京同尼日尔总统伊素福举行会谈。习近平强调，中尼要在共建"一带一路"倡

议和中非合作论坛框架内加强对接,落实好基础设施、民生、能源、农业领域重要合作项目。伊素福表示,尼日尔愿积极参与共建"一带一路"。会谈后,两国元首还共同见证了有关双边合作文件的签署。

[6月12—15日 赞比亚 发展合作] 国家国际发展合作署副署长张茂于率团访问赞比亚,同赞财政部代理司库帕姆和外交部常秘隆贝分别举行工作会谈,并同赞住建部签署有关合作换文。

[6月25日 乌干达 产能合作] 国家发展改革委主任何立峰与乌干达财政、计划和经济发展部部长卡萨伊贾在北京签署《关于开展产能合作的框架协议》。双方同意建立产能合作机制,重点推动两国基础设施、冶金建材、资源加工、装备制造、轻工电子、产业集聚区等领域的合作。

[6月27日 厄立特里亚 发展合作] 国家国际发展合作署副署长邓波清在北京会见厄立特里亚人阵党中央经济部长哈格斯,就中厄两国在发展领域的务实合作进行深入交流。

[7月3日 刚果(布) 农业] 农业农村部副部长屈冬玉在北京会见了来访的刚果(布)农牧渔业部部长亨利·琼博,就加强中刚农业合作交换意见。

[7月23日 安哥拉 综合] 国务委员兼外交部部长王毅在北京会见安哥拉总统特使、外交部部长奥古斯托。王毅表示,中方愿同安方用好"一带一路"建设和中非合作论坛两大平台,推进各领域务实合作。中方将继续鼓励中国企业和金融机构按照互利双赢的原则同安方合作。奥古斯托表示,安哥拉愿同中方进一步深化务实合作。

[8月5日 吉布提 发展合作] 国家国际发展合作署副署长周柳军在北京会见吉布提经济、财政与工业部长伊利亚斯。双方就进一步加强发展领域合作,加快落实中非合作论坛北京峰会"八大行动"援助举措进行了深入交流。

[9月5日 尼日利亚 "一带一路"] 习近平主席特别代表、中央

外事工作委员会办公室主任杨洁篪在阿布贾会见尼日利亚总统布哈里。杨洁篪说，中方鼓励更多中国企业赴尼投资兴业。布哈里表示，尼方感谢中方长期以来为尼经济社会发展提供的大力支持，欢迎更多中国企业来尼投资兴业。中尼双方愿一道落实好中非合作论坛北京峰会成果。同日，杨洁篪还会见了尼日利亚外长奥尼亚马。

[9月6日　塞拉利昂　"一带一路"]　习近平主席特别代表、中央外事工作委员会办公室主任杨洁篪在弗里敦会见塞拉利昂总统比奥。中方愿同塞方加强在中非合作论坛框架内合作，将中非合作"八大行动"同塞方"新方向"战略有效结合，扎实推动双方在基础设施、农渔业、医疗卫生、教育培训等领域合作。塞方支持"一带一路"和构建人类命运共同体理念，愿推动双边合作。同日，杨洁篪还会见了塞拉利昂外长图尼斯。

[10月17日　南非　金融]　中国人民银行行长易纲会见了国际货币与金融委员会主席、南非央行行长康亚戈，双方就全球经济金融形势、基金组织份额改革等问题进行了讨论。

[10月17日　尼日利亚　产能合作]　国家发展改革委副主任宁吉喆在北京会见尼日利亚交通部长罗蒂密·阿米奇一行，双方就中尼产能合作及交通领域重点合作项目等情况进行了深入沟通。

[10月17日　毛里求斯　自贸协定]　中国商务部部长钟山与毛里求斯驻华大使李森光分别代表两国政府在北京签署了《中华人民共和国政府和毛里求斯共和国政府自由贸易协定》。该协定是我国商签的第17个自贸协定，也是我国与非洲国家的第一个自贸协定。协定涵盖货物贸易、服务贸易、投资、经济合作等内容，实现了"全面、高水平和互惠"的谈判目标。同日，两国还在北京签署了《中华人民共和国商务部和毛里求斯共和国外交、地区一体化和国际贸易部关于相互设立贸易投资促进机构的备忘录》。

[10月18日　南非　"一带一路"]　南非总统拉马福萨在德班会见国务委员兼外交部部长王毅。南非愿将自身发展同共建"一带一路"紧密对接。南非重视同中国加强战略协作，在联合国、二十国集团、金砖国家等多边框架内密切沟通。中方愿加强在中非合作论坛、"一带一路"框架下发展战略对接，鼓励中国企业扩大投资，支持南非再工业化进程，扩大进口南非优势农产品和工业制成品。同日，王毅还与南非国际关系与合作部长潘多尔举行了会谈。

[10月29日　南非　综合]　国务院总理李克强在北京会见来华进行正式访问并出席中国南非国家双边委员会第七次全会的南非副总统马布扎。双方表示要加强合作。

[10月30日　埃塞俄比亚　综合]　国务委员兼外交部部长王毅在北京会见埃塞俄比亚总理特使、前总统穆拉图。王毅表示，双方要在经济上深化务实合作，中方将鼓励更多中资企业赴埃塞投资，推进基础设施建设等领域合作。穆拉图表示，埃塞政府希望与中国加快落实两国领导人共识，全面推进各领域务实合作，加强在国际和地区事务中的协调配合。

[10月31日　南非　"一带一路"]　国家副主席王岐山在北京与南非副总统马布扎举行会谈，并召开中南国家双边委员会第七次全体会议。中方愿共建"一带一路"、中非合作论坛北京峰会"八大行动"同非盟《2063年议程》以及非洲各国发展战略深入对接。双方听取了外交、经贸、科技、能源、教育、矿产等6个分委会的汇报，原则同意尽快正式成立海洋经济分委会并推进相关合作。

[11月5日　马达加斯加　"一带一路"]　国务院副总理孙春兰在塔那那利佛会见马总统拉乔利纳，并同马总理恩蔡举行会谈。双方表示共建"一带一路"。访问期间，孙春兰专程赴阿努西亚拉医院看望和慰问中国援马医疗队，同马方共同为中医中心揭牌，参观塔那那利佛大学孔子学院办学成果展并考察小鸟窝学校孔子课堂。

[11月8日 纳米比亚 "一带一路"] 纳米比亚总统根哥布在温得和克会见正在纳米比亚进行访问的国务院副总理孙春兰。双方表示要共建"一带一路"。7日,孙春兰同副总理兼外长恩代特瓦举行会谈。

[11月10—11日 加纳 综合] 国务院副总理孙春兰在阿克拉会见加纳总统阿库福—阿多,同副总统巴武米亚举行会谈。双方愿在"一带一路"和中非合作论坛框架下,推动中加关系在新的历史起点上全面深入发展。阿库福—阿多表示加纳高度认同习近平主席倡导的共商共建共享原则,愿同中方加强对接,推动中非合作论坛北京峰会成果在加更多落地。巴武米亚表示,加方愿落实好两国元首共识,深化各领域交流合作,推动加中关系迈上新台阶。

[11月26日 利比里亚 经贸] 商务部副部长钱克明和利比里亚商业与工业部班古拉副部长在京共同主持召开中利经贸联委会第二次会议,就在中非合作论坛北京峰会"八大行动"项下加强农业、贸易、投资等领域合作达成广泛共识。会后,双方共同签署了联委会会议纪要。

[11月26日 南非 农业] 农业农村部副部长张桃林在北京会见南非国民议会农业、土地改革和农村发展委员会主席兹韦利韦利利一行,就加强中南农业合作交换意见。

[11月27—30日 埃塞俄比亚 产能合作] 工业和信息化部副部长王江平在亚的斯亚贝巴会见埃塞俄比亚贸易和工业部国务部长泰卡·盖布瑞耶苏斯、国务部长尤汉尼斯·丁卡耶乌,就中小企业、原材料、消费品等领域合作进行交流。会后,双方签署关于推动中小企业领域双边合作的谅解备忘录。王江平还出席了中埃产业合作对接会并提出倡议:一是加强工业政策对接,建立政府间合作机制。二是深化工业各领域合作。支持以园区建设为主导的产业合作模式。三是加快产业合作能力建设。四是推动政产学研金对接交流形成合力。

[12月1—4日 肯尼亚 产能合作] 工业和信息化部副部长王江

平在内罗毕会见肯尼亚工业贸易合作部部长皮特·穆尼亚，就中小企业、原材料工业、消费品工业等领域合作进行交流。王江平还出席了中肯产业合作对接会并提出倡议：一是秉持工业先行理念，将"一带一路"同各发展战略对接。二是探索经济特区模式，共同促进制造加工转型升级。三是坚持共商共建共享，发挥多方作用，支持中企以投建营一体化等模式参与非洲基建，重点实施一批互联互通项目。

[12月8—9日 非洲绿色革命联盟、索马里、刚果布、博茨瓦纳农业] 农业农村部部长韩长赋8日在海南三亚会见了出席首届中非农业合作论坛的非洲绿色革命联盟主席、埃塞俄比亚前总理海尔马里亚姆及索马里、刚果布、博茨瓦纳非洲国家农业部部长，就加强中非农业合作交换意见。9日，韩长赋会见了出席首届中非农业合作论坛的南非农业、土地改革和农村发展部部长迪迪扎和乌干达农业、牧业和渔业部部长塞姆皮贾，就落实中非合作论坛北京峰会涉农成果，深化中非农业合作交换意见。

[12月16日 南苏丹 发展合作] 国家国际发展合作署副署长邓波清在北京会见来华访问的南苏丹基础教育与指导部次长库尤克。双方就教育领域的发展合作事宜交换了意见。

[12月18日 乌干达 综合] 中央外事工作委员会办公室主任杨洁篪在恩德培会见了乌干达总统穆塞韦尼。杨洁篪表示，中方愿同乌方一道，落实好两国元首重要共识和中非合作论坛北京峰会成果。穆塞韦尼表示，乌方愿同中方拓展双方广泛领域务实合作，推动乌中关系不断取得更大发展。双方表示，将推进共建"一带一路"和乌干达"2040年远景规划"密切对接。同日，杨洁篪还会见了乌干达外长库泰萨。

[12月19日 刚果 "一带一路"] 中央外事工作委员会办公室主任杨洁篪在布拉柴维尔会见刚果共和国总统萨苏。杨洁篪表示，双方要在共建"一带一路"和中非合作论坛框架下拓展各领域合作，加强沟通协

作，维护两国和发展中国家共同利益。萨苏表示，刚方坚定支持并积极参与共建"一带一路"，期待双方加强农业、基础设施、工业园区等重点领域互利合作。同日，杨洁篪还会见刚果共和国外长加科索。

[12月19日　塞内加尔　发展合作]　国家国际发展合作署副署长邓波清在北京会见塞内加尔奥委会主席恩迪亚耶。双方就支持塞举办2022年达喀尔青奥会、进一步深化体育领域发展合作深入交换了意见。

[12月20日　塞内加尔　"一带一路"]　中央外事工作委员会办公室主任杨洁篪在达喀尔会见塞内加尔总统萨勒。中方支持塞"振兴塞内加尔计划"、办好2022年青奥会，愿进一步挖掘双方在基础设施和工业园区等领域合作，鼓励双方企业多元化合作方式。塞方坚定支持并积极参与共建"一带一路"。双方还就深化中非合作深入交换意见。同日，杨洁篪还会见了塞内加尔外长阿马杜·巴。

[12月26日　埃塞俄比亚　"一带一路"]　国家发展改革委副秘书长苏伟在北京会见埃塞俄比亚财政部长希德一行。双方就推进共建"一带一路"及相关务实合作深入交换了意见。

（八）拉丁美洲

[2月1日　阿根廷　能源]　国家能源局局长章建华在北京会见阿根廷核能副国务秘书胡里安·加达诺，双方就核电领域合作有关事宜深入交换了意见。

[2月21日　巴巴多斯　"一带一路"]　国家发展改革委主任何立峰与巴巴多斯外长沃尔科特在北京举行会谈，双方签署了《中华人民共和国政府与巴巴多斯政府关于共同推进丝绸之路经济带和21世纪海上丝绸之路建设的谅解备忘录》。

[3月1日　智利　自贸协定]　《中华人民共和国政府与智利共和

国政府关于修订〈自由贸易协定〉及〈自由贸易协定关于服务贸易的补充协定〉的议定书》正式生效实施。这是我国第二个、中拉第一个自贸区升级协定。中方将在3年内对智利取消部分木制品关税，智利将立即对华取消纺织服装、家电、蔗糖等产品关税，双方互免关税的产品将达到98%，该自贸区将成为我国货物贸易开放水平最高的自贸区。此外，中国的商业法律、娱乐、分销等20多个部门和智利的快递、运输、建筑等40多个部门进一步开放。最后，《议定书》还对原产地规则、经济技术合作进行修订，并新增电子商务、竞争、环境与贸易等规则议题。

[3月7日　巴巴多斯　发展合作]　国家国际发展合作署副署长周柳军在北京会见巴巴多斯驻华大使杰克曼，双方就两国发展合作领域有关事宜交换意见。

[3月20日　阿根廷　综合]　国务院副总理胡春华在布宜诺斯艾利斯会见阿根廷总统马克里。中方愿拓展基础设施、农业、能源矿产等领域合作。阿方希望深化贸易、基础设施、核电、旅游、民航等领域合作。胡春华还与阿根廷首席部长培尼亚会谈，双方就农业开发、核电、渔业和科技等领域的合作交换了看法。

[3月23日　乌拉圭　综合]　国务院副总理胡春华在蒙得维的亚同乌拉圭副总统、国会主席兼参议长托波兰斯基举行会谈。中方希望深化农业、基础设施、产能、投资、检验检疫、渔业和食品加工、物流等领域合作。乌方愿加强在渔业、投资、文化教育等领域的务实合作。胡春华还会见了乌拉圭外长尼恩，就共建"一带一路"、双边关系、中拉关系整体发展等交换了意见。

[3月25日　多米尼加　综合]　中国国务院副总理胡春华在圣多明各会见多总统梅迪纳。中方希望双方积极推进"一带一路"，加强电力、港口、公路等领域合作。多方希望加强经贸、投资、旅游、基础设施、人文合作。胡春华还与多总统府行政部部长佩拉尔塔和外长巴尔加斯举行会

谈，就推动农业、投资、人文、旅游等领域务实合作等深入交换了看法。

［4月1—4日　秘鲁　自贸协定］　中国—秘鲁自贸协定升级第一轮谈判暨中国—秘鲁自贸区委员会第二次会议在北京举行。双方愿努力早日实现升级目标，并就服务贸易、投资、知识产权、电子商务、竞争政策、海关程序与贸易便利化及原产地规则等议题展开磋商，取得积极进展。

［4月11—12日　厄瓜多尔　能源］　国家能源局局长章建华在厄瓜多尔会见厄瓜多尔能源与不可再生自然资源部部长加西亚。双方旨在推动解决在油气、电力领域合作的问题，并就深化能源各领域合作交换意见。

［4月13—15日　阿根廷　能源］　国家能源局局长章建华在阿根廷会见阿根廷财长杜耶夫尼。双方力求推动核电、油气和新能源等领域合作，并签署《中华人民共和国国家能源局与阿根廷共和国财政部关于和平利用核能领域投资合作的合作意向》。

［4月23日　哥斯达黎加　科技］　科技部副部长张建国在北京会见了哥斯达黎加农业和畜牧业部部长路易斯·雷纳托·阿尔瓦拉多·里维拉。双方就中哥农业科技合作进行了深入交流。

［4月24日　智利　综合］　国家主席习近平在北京同来华出席第二届"一带一路"国际合作高峰论坛的智利总统皮涅拉举行会谈。习近平指出，中智要推动双边贸易和投资提质升级，加强在矿业、清洁能源、信息通信、电子商务、科技创新、南极科考等领域合作。智利支持共建"一带一路"，促进地区互联互通。会后，两国签署了相关双边合作文件。同日，国务院总理李克强在北京会见皮涅拉。中方愿拓展在交通基础设施、电力、农业、矿业、创新等领域的务实合作。

［4月24日　玻利维亚、阿根廷、特立尼达和多巴哥、格林纳达、乌拉圭　"一带一路"］　国务委员兼外交部部长王毅在北京分别会见来华出席第二届"一带一路"国际合作高峰论坛的玻利维亚外长帕里、阿根

廷外长福列、特立尼达和多巴哥外交和加勒比共同体事务部长摩西、格林纳达外长戴维、乌拉圭外长尼恩。王毅表示，中方愿同各方加强战略对接，深化基础设施、能源、信息通信、农业等领域合作。外方表示，支持共建"一带一路"，愿落实好相关合作项目。

[4月24日　特立尼达和多巴哥　发展合作]　国家国际发展合作署副署长周柳军在北京会见特立尼达和多巴哥总理办公室事务部长、国家安全部长杨和外长摩西，双方就发展合作领域有关事宜和具体项目进展情况交换了意见。

[4月24—26日　巴拿马　自贸协定]　中国—巴拿马自贸协定第五轮谈判在北京举行。双方围绕货物贸易、服务贸易、金融、投资、原产地规则、海关程序和贸易便利化、贸易救济、贸易经济合作等议题等展开磋商并取得积极进展。

[4月25日　多米尼加　发展合作]　国家国际发展合作署副署长周柳军在北京会见多米尼加总统府行政部长佩拉尔塔，双方就发展合作事宜交换了意见。

[4月25日　阿根廷　"一带一路"]　国务院副总理胡春华在北京会见了阿根廷外长福列和农业产业国务秘书埃切韦雷。双方就推动共建"一带一路"、深化农业等领域合作交换了意见。

[4月29日　乌拉圭　金融]　中国人民银行行长易纲在北京会见了乌拉圭外长尼恩，双方就加强中乌两国金融交流与合作交换了意见，并共同签署了《中国人民银行与乌拉圭中央银行合作备忘录》。

[5月15日　巴西　综合]　商务部副部长兼国际贸易谈判副代表王受文同巴西外交部副部长萨尔加多、经济部部长助理雅娜在北京召开中巴高委会经贸分委会第七次会议，就贸易、投资、基础设施等议题交换意见。中方支持企业参与巴"投资伙伴计划"项目，欢迎巴方参加第二届进博会和第五届中拉基础设施合作论坛。巴方欢迎中国企业赴巴投资，参

与基础设施建设，希望扩大优势产品对华出口，促进出口多元化。巴方愿在双边贸易救济合作机制框架下加强沟通对话。此外，双方还就金砖国家经贸合作和世贸组织改革等议题交换了意见。

[5月24日　巴西　综合] 国家主席习近平在北京会见巴西副总统莫朗。习近平强调，中方欢迎巴方参与共建"一带一路"，愿同巴方加强发展规划对接。莫朗强调，巴方愿促进本国"投资伙伴计划"同"一带一路"倡议的对接，拓展贸易、科技、创新等领域合作，欢迎中方扩大对巴投资。

[5月28—30日　哥伦比亚　综合] 外交部副部长秦刚访问哥伦比亚，分别会见哥副总统拉米雷斯、代外长梅西亚。秦刚表示，中方鼓励本国企业积极参与哥基础设施等领域建设，欢迎哥方参加第二届中国国际进口博览会国家展。哥方表示，希望双方加强经贸、农业、基建、旅游等领域交流合作。

[5月29日　古巴　"一带一路"] 中央外事工作委员会办公室主任杨洁篪在北京会见古巴外长罗德里格斯。杨洁篪表示，中方愿同古方一道推进共建"一带一路"。罗德里格斯表示，古方愿同中方共建"一带一路"。同日，国务委员兼外交部部长王毅在北京与古巴外长罗德里格斯举行会谈。

[5月29日　乌拉圭　贸易] 中国与乌拉圭服务贸易工作组第一次会议在北京召开，商务部服贸司司长冼国义和乌国家规划和预算总署署长阿尔瓦罗·加西亚参加了会议。会议回顾中乌双边服务贸易合作进展，就两国的服务贸易发展经验进行了交流，并对双方共同关注的重点服务领域加强合作充分交换了意见。

[5月31日　萨尔瓦多　综合] 即将就任的萨尔瓦多当选总统布克尔在圣萨尔瓦多会见了中国政府特使、外交部副部长秦刚。布克尔强调，萨尔瓦多新政府愿同中方保持高层交往，加强政治对话，在贸易、投资、

科技、民生等广泛领域开展合作。

[6月5日　哥伦比亚　发展合作]　国家国际发展合作署副署长周柳军在北京会见哥伦比亚新任驻华大使蒙萨尔韦,双方就加快推进中哥发展合作事宜交换了意见。

[6月6日　苏里南　金融]　中国人民银行副行长陈雨露在北京会见了来访的苏里南央行行长特里克特,双方就加强双边金融合作等议题交换了意见。

[6月17—19日　秘鲁　自贸协定]　中国—秘鲁自贸协定升级第二轮谈判在秘鲁首都利马举行。双方围绕服务贸易、投资、海关程序与贸易便利化、原产地规则、卫生与植物卫生措施、知识产权、电子商务和竞争政策等议题展开全面深入的磋商,并取得积极进展。

[6月18日　巴西　科技]　第三届中国—巴西高级别科技创新对话在巴西利亚召开,中国科技部副部长李萌与巴西科技创新与通信部副部长卡洛斯·阿尔伯特·巴普蒂斯图奇共同主持会议。

[7月2日　墨西哥　综合]　国务委员兼外交部部长王毅在北京同墨西哥外长埃布拉德举行会谈。王毅指出,中方愿同墨方培育清洁能源、电子商务、智慧城市、卫星航天等新兴领域合作增长点。埃布拉德表示,愿加强同中方各领域务实合作,墨中在支持多边主义、维护全球贸易体制、完善全球治理等方面有诸多共识,愿同中方加强协调合作,共同应对全球挑战。

[7月25日　巴西　综合]　巴西总统博索纳罗在巴西利亚总统官邸会见国务委员兼外交部部长王毅,副总统莫朗在座。博索纳罗表示,巴愿与中方开展全方位合作。王毅表示,双方不仅要继续拓展农业、油气、基础设施建设等传统领域合作,而且要积极开辟科技创新、数字经济等新领域合作。同日,王毅还与巴西外长阿劳若举行了第三次中巴外长级全面战略对话。

【7月27日　智利　综合】　智利总统皮涅拉在圣地亚哥会见国务委员兼外交部部长王毅。智方欢迎中国扩大对智投资，欢迎更多中国企业参与智利经济建设，包括5G的网络招标。中方将鼓励企业积极参与智利的5G和基础设施项目建设，将科技创新、数字经济打造成中智合作新的增长点。中国将大力支持智利办好今年的亚太经合组织领导人非正式会议。次日，王毅还同智利外长里韦拉举行会谈。

【7月31日　哥伦比亚　综合】　国家主席习近平在北京同哥伦比亚总统杜克举行会谈。习近平强调，中方欢迎哥方参与共建"一带一路"，实现两国发展战略对接。杜克表示，希望促进两国在经贸、能源、基础设施、互联互通、数字经济、创意产业等领域合作，欢迎中国企业赴哥投资。哥方愿积极参与共建"一带一路"，期待通过两国发展战略对接。会谈后，两国领导人共同见证了多项双边合作文件的签字仪式。

【7月31日　哥伦比亚　综合】　国务院总理李克强在北京会见来华进行国事访问的哥伦比亚总统杜克。双方表示要加强合作。

【7月31日　哥伦比亚　电子商务】　中国商务部副部长、国际贸易谈判副代表俞建华与哥伦比亚贸易、工业和旅游部部长雷斯特雷波在北京签署了《中华人民共和国商务部和哥伦比亚共和国贸易、工业和旅游部关于电子商务合作的谅解备忘录》，中国国家主席习近平和哥伦比亚总统杜克共同见证。根据该备忘录，双方将分享管理和政策制定的经验、促进公私对话、开展联合研究和人员培训，鼓励企业开展电子商务交流和合作，通过电子商务推动各自国家的优质特色产品贸易。

【8月12日　巴西　能源】　国家能源局局长章建华在北京会见巴西矿业能源部部长本托，双方就核能、油气、电力、新能源等领域合作事宜深入交换了意见。

【8月19日　乌拉圭　科技】　工业和信息化部部长苗圩在北京会见乌拉圭工业、能源和矿业部部长吉列尔莫·蒙塞奇，双方就中乌工业、信

息通信领域合作交换意见。苗圩表示，中乌两国互为战略伙伴，乌拉圭是首个同中方签署共建"一带一路"合作文件的南共市（南方共同市场）国家，双方产业合作基础良好、潜力巨大。

[8月23日　秘鲁　自贸协定]　中国—秘鲁自贸协定升级第三轮谈判顺利完成。双方在前期达成共识的基础上，围绕服务贸易、投资、海关程序与贸易便利化、原产地规则、卫生与植物卫生措施、知识产权、电子商务、竞争政策和全球供应链等议题展开全面深入磋商。谈判取得积极进展。2016年11月，中秘两国领导人就开展中秘自贸协定升级联合研究达成重要共识。2018年11月，双方宣布启动升级谈判，并一致同意加快谈判进程，力争早日结束。

[8月29日　智利　"一带一路"]　国家发展改革委副主任宁吉喆在北京会见了智利亚太特命全权大使前总统爱德华多·弗雷，双方就中智在"一带一路"框架下各领域合作等议题交换了意见。

[8月29日　智利　农业]　农业农村部部长韩长赋在北京会见智利农业部部长沃克，就深化两国农业合作交换意见。农业农村部副部长余欣荣陪同会见，并与沃克举行工作会谈。韩长赋表示，中方将一如既往地支持中智示范农场建设，并加快推进在智利建设智中示范农场，搭建两国农业合作的平台。

[9月15日　多米尼加　科技]　工业和信息化部部长苗圩在北京会见多米尼加总统府部部长蒙塔尔沃、经济部部长邓胡安一行，双方就信息通信基础设施建设、软件、互联网、中小企业等产业发展与合作交换意见。

[9月16日　多米尼加　发展合作]　国家国际发展合作署副署长周柳军在北京会见来华访问的多米尼加总统府部部长蒙塔尔沃。双方就进一步加强中多发展领域合作，加快落实重点合作项目等事宜进行了深入交流。

[9月17日 多米尼加 综合] 中央外事工作委员会办公室主任杨洁篪在北京会见多米尼加总统府部部长蒙塔尔沃。杨洁篪表示,中方愿与多方一道,认真落实习近平主席同梅迪纳总统达成的重要共识,增进政治互信,拓展务实合作,扩大友好交流,就重大国际地区问题加强沟通协调。蒙塔尔沃表示,多方致力于发展与中国在各领域的互利合作。

[9月17—21日 萨尔瓦多 发展合作] 国家国际发展合作署副署长周柳军率团访问萨尔瓦多,同萨外交部、文化部、旅游部、水务局等部门举行工作会谈,就两国发展合作领域有关议题深入交换意见,并签署有关合作文件。

[9月21—24日 古巴 发展合作] 国家国际发展合作署副署长周柳军率团访问古巴,与古巴外贸外资部长马尔米耶卡举行政府间工作磋商,就两国发展合作领域有关议题深入交换意见,并签署有关合作协议。周柳军还同古巴通讯部长佩尔多莫、能源矿产部第一副部长希德、食品工业部副部长卡尔德林、海关副关长冈萨雷斯、哈瓦那市副市长贡戈拉等会见会谈,并实地考察比纳德里奥省太阳能光伏电站、海关现代化设备、数字电视设备等重点援古巴项目。

[9月24—25日 巴拿马 发展合作] 国家国际发展合作署副署长周柳军率团访问巴拿马,同巴拿马代外长阿尔法罗举行政府间工作磋商,就两国发展合作领域有关议题深入交换意见并签署有关合作协议。访问期间,代表团还实地考察了探讨中的合作项目建设场址,并调研了中资企业正在承建的会展中心、邮轮码头、第四大桥等项目。

[9月24日 乌拉圭 农业] 农业农村部副部长张桃林在蒙得维的亚与乌拉圭牧农渔业部部长贝内奇举行工作会谈,就深化中乌农业合作交换意见。

[9月30日 古巴 金融] 中国人民银行行长易纲会见了古巴驻华大使拉米雷斯。易纲积极评价拉米雷斯为推动中古关系发展所做贡献,希

望双方未来继续加强在金融领域的合作。拉米雷斯感谢中方为古巴提供的宝贵支持和帮助，祝贺新中国成立70周年，并表示中国发展的成功经验对古巴社会主义建设具有重要借鉴意义。

[10月11日　秘鲁　金融]　财政部副部长余蔚平在秘鲁首都利马会见了秘鲁经济财政部部长阿尔瓦，双方就中秘财金合作等议题交换了意见。

[10月13—14日　智利　亚太经合组织]　外交部副部长马朝旭访问智利，会见智利外长里韦拉，同智利总统外事顾问萨拉斯举行会谈，就智利举办亚太经合组织第二十七次领导人非正式会议等深入交换意见。

[10月14—15日　巴西　综合]　外交部副部长、中方金砖国家事务协调人马朝旭访问巴西，同巴西外交部副部长、金砖国家事务协调人莫莱蒂举行会谈，就巴西举办金砖国家领导人第十一次会晤等深入交换意见。

[10月15日　古巴　科技]　科技部党组成员陆明与古巴科技环境部副部长阿曼多·罗德里格斯·巴蒂斯塔在北京共同主持中古（巴）科技合作混合委员会第十一次会议，推动生物、纳米科技、环境、农业等领域合作，签署《中华人民共和国政府与古巴共和国政府科技合作混合委员会第十一次会议纪要》。

[10月16日　智利　金融]　财政部副部长余蔚平在智利首都圣地亚哥会见了拉美开发银行行长卡兰萨，双方就中国与拉美开发银行合作等议题交换了意见。

[10月16日　巴西　金融]　财政部副部长邹加怡与巴西经济部国务秘书戈麦斯在美国华盛顿共同主持第八次中巴财金分委会会议。双方就两国在金砖国家机制及世界银行、新开发银行、亚洲基础设施投资银行等多边开发机构下的合作，特别是新开发银行治理等问题进行了深入讨论，为我国领导人11月赴巴西出席金砖国家领导人会晤做了财金政策准备。

[10月18日　巴西　综合]　中央外事工作委员会办公室主任杨洁篪在巴西利亚会见巴西总统府机构安全办公室主任埃莱诺。杨洁篪表示，中方愿推进"一带一路"倡议同巴西"投资伙伴计划"对接，密切人文、地方等交流，加强在国际地区问题上的沟通协作。埃莱诺表示，巴方愿同中方深化贸易、基础设施、农业、科技等领域务实合作，全力巩固发展好巴中全面战略伙伴关系。

[10月22日　巴西　能源]　国家发展改革委副秘书长苏伟在北京会见了巴西矿产能源部长阿尔布开克一行。双方就中巴矿产能源领域合作以及中巴高委会能矿分委会框架下合作等进行了交流。

[10月23日　巴西　农业]　农业农村部部长韩长赋在北京会见了巴西农牧业和食品供给部部长特雷莎·克里斯蒂娜，就加强中巴农业合作深入交换意见。

[10月25日　巴西　综合]　国家主席习近平在北京同巴西总统博索纳罗会谈。习近平指出，中方愿进口更多符合中国市场需求的巴西优质产品和高附加值产品，拓展两国农业、能源、矿业、航天、基础设施建设等方面合作。把科技创新和数字经济打造为中巴合作新增长点。双方要一道捍卫多边主义，反对保护主义、单边主义。博索纳罗表示，希望双方扩大贸易和投资，深化科学技术、航天、体育等重要领域合作，巴西将打开市场，欢迎中国企业积极参与巴西基础设施和油气领域投资合作，欢迎更多中国游客赴巴旅游并给予免签待遇。会谈后，两国元首共同见证了多项双边合作文件的签署。访问期间，两国还发表了《中华人民共和国和巴西联邦共和国联合声明》。

[10月25日　巴西　综合]　国务院总理李克强在北京会见来华进行国事访问的巴西总统博索纳罗。李克强指出，我们支持有实力、有信誉的中国企业按照市场化、商业化原则参与巴西基础设施建设，愿扩大进口符合中国市场需求的巴西优质产品，希望巴方为中国水产品等进入巴西市

场提供便利。博索纳罗表示，欢迎中国企业赴巴投资，参与巴西能源等领域建设。同日，国务院副总理胡春华与巴西总统博索纳罗共同出席开幕式并致辞。胡春华说，中方愿同巴方一道，加强"一带一路"倡议同巴西"投资伙伴计划"对接。

[10月28—29日 加勒比国家 "一带一路"] 国家发展改革委副秘书长苏伟率团在格林纳达参加中国和加勒比国家共建"一带一路"合作会议。会议通过了《中国与加勒比国家共建"一带一路"合作会议联合声明》。访格期间，苏伟还会见了格林纳达总理米切尔、副总理兼基础设施发展部长鲍恩、外长戴维，巴巴多斯外长沃尔科特，就中格、中巴共建"一带一路"合作等议题进行了交流。

[10月29日 墨西哥 能源] 国家能源局副局长刘宝华在北京会见墨西哥参议员、墨中议会对话论坛墨方团长塞斯派德斯一行，双方就油气、电力和可再生能源领域合作等议题深入交换了意见。

[11月1日 厄瓜多尔 综合] 国务委员兼外交部部长王毅与厄瓜多尔外长瓦伦西亚在北京共同主持两国外交部第八次政治磋商。中方愿共建"一带一路"，欢迎厄方参加第二届进博会，祝贺厄成为拉美地区第一个加入亚投行的国家。厄方愿同中方推进共建"一带一路"，深化经贸等领域务实合作，共同维护多边主义，维护基于规则的国际贸易秩序。

[11月4日 牙买加 综合] 国家主席习近平在上海会见来华出席第二届进博会的牙买加总理霍尔尼斯。双方同意将两国共同发展的友好伙伴关系提升为战略伙伴关系。习近平强调，中牙双方要加强发展战略对接，以共建"一带一路"为契机，推动合作增速提质，密切人文交流。中方支持中国企业赴牙买加投资，欢迎更多牙买加特色优势产品进入中国。霍尔尼斯表示，牙方愿积极参与共建"一带一路"，加强基础设施建设、物流、旅游、文体等领域合作交流。牙方坚定支持多边主义，愿为促进加勒比地区国家同中国关系发挥积极作用。

【11月8日　牙买加　综合】　国务院总理李克强在北京同来华进行正式访问的牙买加总理霍尔尼斯举行会谈。李克强指出，中方愿同牙方开展基础设施、旅游、农业水产等领域合作。霍尔尼斯表示，牙方愿积极参加"一带一路"合作，加强贸易、投资、基础设施、卫生、教育、培训、旅游等各领域合作。会谈后，两国总理共同见证了共建"一带一路"、经贸、人力资源开发等领域多项双边合作文件的签署。

【11月27日　苏里南　综合】　国家主席习近平在北京同苏里南总统鲍特瑟会谈。两国元首共同宣布，中苏建立战略合作伙伴关系。习近平强调，双方要深化基础设施建设、农林渔业、通信、能源等传统领域合作，开拓新能源、数字经济、旅游、蓝色经济等新领域合作。鲍特瑟表示，愿同中方继续加强各层级交往，提升两国关系的战略水平。会谈后，两国元首共同见证了多项合作文件的签署。两国共同发表《中华人民共和国和苏里南共和国联合新闻公报》。

【11月27日　苏里南　气候变化】　国务院总理李克强在北京会见来华进行国事访问的苏里南总统鲍特瑟。李克强表示，中方理解加勒比国家在应对气候变化问题上的关切。中方愿同各方共同努力，推动气候变化《巴黎协定》有效实施。鲍特瑟表示，苏方愿同中方在平等互利基础上推进各领域合作，加强在应对气候变化等国际问题上的沟通协调。

【12月2日　厄瓜多尔　农业】　农业农村部副部长张桃林会见来访的厄瓜多尔农牧业部长哈维尔·拉索，就深化两国农业合作交换意见。张桃林表示，中厄农业互补性强、合作潜力大，建议巩固两国农业联委会机制，深化农业科技合作，共同营造良好营商环境，扩大农业投资贸易，实现互惠互利、合作共赢。

【12月3日　萨尔瓦多　综合】　国家主席习近平在北京同萨尔瓦多总统布克尔会谈。习近平指出，欢迎萨方参与共建"一带一路"。中国愿积极扩大从萨方进口食糖、咖啡等更多优质特色产品。布克尔表示，萨方

期待同中方加强投资、贸易、基础设施、农业、旅游、文化、科技等领域合作，共建"一带一路"。会谈后，两国元首共同见证了多项双边合作文件的签署。两国共同发表《中华人民共和国和萨尔瓦多共和国联合声明》。

【12月3日　萨尔瓦多　农业】　农业农村部副部长余欣荣会见萨尔瓦多农牧业部部长巴勃罗·恩里克尔，就务实加强中萨农业合作交换意见。余欣荣表示，中萨农业合作前景良好，中方愿与萨方共同推动水产养殖、热带农业和咖啡种植等领域的科学研究、技术培训、人员往来和农产品贸易合作交流，促进两国农业可持续发展。

【12月3日　萨尔瓦多　综合】　国务院总理李克强在北京会见来华进行国事访问的萨尔瓦多总统布克尔。李克强指出，中方愿同萨方在贸易投资、基础设施建设、农林渔业等方面打造合作亮点，希望萨方为中国企业赴萨投资提供支持和便利。布克尔表示，愿同中方密切经贸、投资、农业、人文等各领域合作，成为中国企业进入美洲的门户。

【12月3日　萨尔瓦多　贸易】　中国商务部部长钟山与萨尔瓦多经济部部长阿耶姆在北京签署《中国商务部与萨尔瓦多经济部关于建立贸易畅通工作组的谅解备忘录》和《中国商务部与萨尔瓦多经济部关于建立投资和经济合作工作组的谅解备忘录》。双方将在共建"一带一路"框架下，进一步提升双边贸易质量和水平，加强各领域投资和经济合作，实现互利共赢、共同发展。

【12月6日　乌拉圭　能源】　工业和信息化部副部长辛国斌在北京会见乌拉圭工业、能源和矿业部副部长奥尔加·奥特吉。双方就中乌新能源汽车、可再生能源等领域交流合作交换了意见。

【12月19日　巴西　科技】　科技部部长王志刚在北京会见了巴西科技创新与通信部部长马科斯·庞特斯。双方就生物科技、人工智能、新材料、智慧城市等合作议题进行深入交流。

[12月22日　古巴　综合]　国务院总理李克强致电马雷罗，祝贺他出任古巴共和国总理。李克强在贺电中表示，中方愿同古方一道，以明年两国建交60周年为契机，加强高层交往，深化各领域务实合作，更好造福两国和两国人民。

（九）国际组织

[1月4日　非盟委员会　"一带一路"]　国务委员兼外交部部长王毅在亚的斯亚贝巴同非盟委员会主席法基会谈。王毅表示，双方应就整体规划、和平安全、卫生合作以及国际协作四个方面加强对接。中方愿将"一带一路"同非盟《2063年议程》深入对接，助力非洲大陆自贸区和单一航空运输市场建设，扩大中非贸易、民航、旅游合作。法基表示，非盟愿推进非中全面战略合作伙伴关系。

[1月11日—13日　国际可再生能源署　能源]　国际可再生能源署第九次全体大会在阿拉伯联合酋长国阿布扎比召开，国家能源局副局长李凡荣代表大会主席国中国主持会议。中国愿加强与国际可再生能源署合作，实现全球能源变革目标。

[1月13—16日　世界卫生组织、红十字国际委员会　援助]　国家国际发展合作署署长王晓涛在日内瓦分别与世界卫生组织总干事谭德塞、红十字国际委员会代理主席卡博尼尔举行了工作会谈，就加强中方与国际组织对接、对外援助监督评估领域合作等事宜交换了意见。

[1月14日　联合国　发展合作]　国家国际发展合作署副署长张茂于在北京会见联合国减少灾害风险办公室助理秘书长水鸟真美。中方愿与联合国减灾办公室加强合作，推动联合国2030年可持续发展目标在相关领域落实。

[1月15日　联合国　能源]　国家能源局局长章建华在北京会见联

合国副秘书长兼亚太经社会执行秘书阿里沙赫巴纳一行。双方就中国能源政策、能源互联互通、"一带一路"能源合作情况等议题进行了深入交流。

[1月15日　联合国　农业]　农业农村部副部长屈冬玉在北京会见了联合国亚太经社会执行秘书阿尔米达·萨尔西娅·阿里沙赫巴纳，就加强双方合作进行了交流。

[1月15日　联合国　援助]　国家国际发展合作署副署长张茂于在北京会见联合国亚太经社会执行秘书阿里沙赫巴纳。双方探讨开展南南合作和三方合作的方式，共同推进发展进程。

[1月30日　联合国　援助]　国家国际发展合作署副署长邓波清在北京会见联合国项目事务署亚洲司司长桑杰伊·马瑟。双方愿探讨试点项目。

[2月15日　上海合作组织　自贸协定、"一带一路"]　国务委员兼外交部部长王毅在北京会见上海合作组织新任秘书长诺罗夫。中方愿落实青岛峰会成果，启动自贸区可行性研究，深入推进"一带一路"建设同各国发展战略对接。

[2月15日　亚洲基础设施投资银行　综合]　外交部副部长孔铉佑会见亚洲基础设施投资银行副行长兼秘书长艾德明爵士。艾德明介绍了亚投行情况及未来规划。中方将继续全力支持亚投行的运营并提供便利，助力亚投行发展。

[2月18日　亚太经合组织　综合]　外交部部长助理张军会见亚太经合组织秘书处新任执行主任丽贝卡。中方愿推进数字经济、互联互通、2020年后合作愿景等领域合作。丽贝卡表示，秘书处愿同中方加强合作。

[2月15日　世界卫生组织　援助]　国家国际发展合作署副署长张茂于在北京会见世卫组织西太平洋区域主任葛西健。葛西健表示，世卫组织愿全力支持"一带一路"倡议落实，与国合署加强合作。

［2月20日　世界银行　援助］　国家国际发展合作署副署长张茂于在北京会见世界银行负责发展融资事务的副行长西尾昭彦。双方同意将增进对彼此发展援助政策方向、重点领域的了解，开展国际发展知识和经验分享。

［2月25日　世界气象组织　气候变化］　国家国际发展合作署副署长张茂于在北京会见世界气象组织秘书长塔拉斯。双方表示将共同致力于推进发展中国家气候气象、防灾减灾工作水平。

［2月28日　抗击艾滋病、结核病和疟疾全球基金　发展合作］　国家国际发展合作署署长王晓涛在北京会见抗击艾滋病、结核病和疟疾全球基金执行主任桑兹。全球基金希望与国合署加强在抗击疟疾、耐多药结核病领域的合作，国合署愿与全球基金探讨通过三方合作提升发展中国家传染病防治效果。

［3月15日　联合国　发展合作］　国家国际发展合作署副署长张茂于在北京会见联合国驻华协调员罗世礼，就加强双方合作交换意见。

［3月20日　《生物多样性公约》秘书处　环境］　生态环境部部长李干杰在北京会见《生物多样性公约》执行秘书克里斯蒂娜·帕斯卡·帕梅尔女士，双方就生物多样性保护及《公约》第15次缔约方大会筹备进展等议题进行了交流。

［3月25日　联合国　气候变化］　生态环境部部长李干杰在北京会见了2019年联合国气候行动峰会联合国秘书长特使路易斯·阿方索·阿尔巴，双方就2019年联合国气候行动峰会及加强全球气候合作等进行了交流。

［3月25日　亚洲基础设施投资银行等　金融］　财政部部长刘昆与亚洲基础设施投资银行、亚洲开发银行、拉美开发银行、欧洲复兴开发银行、欧洲投资银行、泛美开发银行、国际农业发展基金、世界银行集团等机构代表在北京签署《关于共同设立多边开发融资合作中心的谅解备忘录》。该中心将作为基建开发融资的多边合作协调机制，推动支持"一带

一路"等基础设施互联互通。

[4月1—3日　欧盟　环境]　生态环境部部长李干杰与欧盟委员会环境、海洋事务与渔业委员韦拉在北京召开第七次中欧环境政策部长对话会。欧方愿在气候变化、海洋污染、循环经济以及生物多样性等方面开展合作。

3日，国家发展改革委副主任张勇在北京会见了维拉，双方就落实《关于中欧循环经济合作的谅解备忘录》及进一步加强在上述领域的合作深入交换意见。

[4月9日　欧盟　综合]　国务院总理李克强在布鲁塞尔同欧洲理事会主席图斯克、欧盟委员会主席容克共同主持第二十一次中国—欧盟领导人会晤。双方愿加强科研创新、气候变化、清洁能源等领域合作，确认《中欧科技合作协定》展期。会后，双方签署能源、竞争等领域的合作文件。同日，财政部部长刘昆在布鲁塞尔会见欧盟委员会副主席东布罗夫斯基。双方就中欧经济形势与政策、可持续融资等议题交换了意见。

科技部部长王志刚与欧盟委员会科研与创新委员卡洛斯·莫达斯在布鲁塞尔共同主持第四次中欧创新合作对话。双方就中国中长期科技发展规划（2021—2035）与欧盟"地平线欧洲"计划（2021—2027）、知识产权保护、中小企业创新、开放科学、标准化、科研伦理等议题深入交换意见。

国家能源局局长章建华与欧盟气候行动和能源委员卡内特在布鲁塞尔共同主持第八次中欧能源对话。双方表示应在《中欧领导人气候和清洁能源联合声明》、《中欧能源安全联合声明》、《中欧能源合作路线图》等文件指引下推动能源合作。双方还就能源政策与市场改革、清洁能源转型、多边能源合作及能源合作平台建设等议题交换了意见。会后，双方签署《关于落实中欧能源合作的联合声明》。

[4月16日　经济合作与发展组织　援助]　国家国际发展合作署副

署长张茂于在北京会见经合组织副秘书长舒克内特。双方讨论了对外援助领域的交流与合作。

[4月23日　联合国　科技]　工业和信息化部部长苗圩在北京会见了联合国助理秘书长暨联合国环境规划署代理执行主任乔伊斯·姆苏亚女士，双方就工业绿色发展、新能源汽车、高效照明等领域合作交换了意见。

[4月24日　国际货币基金组织　金融]　国务院总理李克强在北京会见国际货币基金组织总裁拉加德。同日，财政部部长刘昆在北京会见了拉加德。双方签署了合作备忘录。双方将在未来3年围绕财政和公共资产负债表统计、财政可持续性和债务可持续性分析、地方政府债券市场发展、国库管理、国际税收溢出、宏观财政框架及预测等领域，开展技术援助、能力建设、人才培养、经验共享等全方位的合作。备忘录将推动中国财税改革。

[4月24日　联合国儿童基金会　援助]　国家国际发展合作署署长王晓涛在北京会见联合国儿童基金会执行主任福尔。双方讨论了对外援助领域的合作。

[4月24—26日　国际货币基金组织、联合国　"一带一路"]　国家主席习近平在北京分别会见国际货币基金组织总裁拉加德和联合国秘书长古特雷斯。中方愿同国际货币基金组织等国际组织全面推进共建"一带一路"。拉加德和古特雷斯均表示，愿为此提供帮助。此外，国务委员兼外交部部长王毅会见古特雷斯。

[4月25日　欧盟　综合]　国务院总理李克强在北京会见欧盟委员会副主席谢夫乔维奇。双方表示将共同维护多边主义和自由贸易。

[4月25—26日　联合国、国际农业发展基金　发展合作]　国家国际发展合作署副署长张茂于在北京分别会见联合国南南合作办公室主任切迪克和国际农业发展基金总裁洪博。双方分别讨论相关合作议题。同日，国家国际发展合作署副署长周柳军在北京会见联合国人居署执行主任谢里

夫，双方交流了合作议题。26日，张茂于在北京会见联合国人口基金执行主任卡奈姆。同日，国家国际发展合作署署长王晓涛在北京会见联合国国际贸易中心执行主任冈萨雷斯，就加强双方合作交换意见。

[4月25日　世界银行　综合]　财政部部长刘昆在北京会见了世界银行首席执行官格奥尔基耶娃，双方就进一步深化合作等议题交换了意见。

[4月26日　联合国　综合]　财政部副部长邹加怡在北京会见了联合国非洲经济委员会执行秘书松薇。双方就中国与非洲国家在世界银行的合作、对非投资论坛和债务可持续性分析框架等议题进行了交流。

[4月26日　联合国　"一带一路"]　国务委员兼外交部部长王毅在北京会见联合国亚太经社会执行秘书阿里沙赫巴纳。会后，双方签署了《中华人民共和国和联合国亚洲及太平洋经济社会委员会关于推进"一带一路"倡议和2030年可持续发展议程的谅解备忘录》。

[4月26日　联合国　综合]　国务院总理李克强在北京会见联合国秘书长古特雷斯。双方表示要密切合作。

[5月13日　世界贸易组织　WTO改革]　中国向世界贸易组织正式提交了《中国关于世贸组织改革的建议文件》。

[5月14日　联合国世界粮食计划署　发展合作]　国家国际发展合作署副署长张茂于在北京会见联合国世界粮食计划署助理总干事克莱默，就加强双方合作交换意见。

[5月17日　国际民航组织　"一带一路"]　外交部副部长乐玉成会见来华访问的国际民航组织理事会主席阿留。双方就"一带一路"倡议及中国与国际民航组织合作等事宜交换了意见。

[5月17日　国际能源署　能源]　国家能源局局长章建华在北京会见了国际能源署署长法蒂·比罗尔，双方就中国能源发展及国际油价走势等议题进行了深入交流。

[5月20日　国际审计与鉴证准则理事会　会计] 财政部副部长程丽华会见了国际审计与鉴证准则理事会主席阿诺德.斯奇尔德，双方就中国注册会计师行业发展情况、中国审计准则建设与趋同情况以及国际审计准则建设的最新进展等议题进行了交流。

[5月27日　亚洲开发银行　金融] 财政部部长刘昆在北京会见了亚洲开发银行行长中尾武彦，双方就中国与亚行合作、中国宏观经济形势与财政政策等议题交换了意见。同日，财政部副部长邹加怡和国务院参事朱光耀也会见了中尾武彦。

[5月31日　国际移民组织　发展合作] 国家国际发展合作署副署长张茂于在北京会见来华访问的国际移民组织总干事维托里诺，就加强双方国际发展领域合作交换意见。

[5月31日　联合国　发展合作] 国家国际发展合作署副署长张茂于在北京会见来华访问的联合国副秘书长兼联合国最不发达国家、内陆发展中国家和小岛屿发展中国家高级代表乌托伊卡马努，就加强双方国际发展领域合作交换意见。

[5月31日　新开发银行　金融] 财政部副部长邹加怡在上海会见了新开发银行行长卡马特，双方就新开发银行运营、中方与新开发银行合作等问题交换了意见。邹加怡还赴新开发银行总部大楼施工现场考察了建设进展。

[6月4日　国际货币基金组织　金融] 财政部部长刘昆在北京会见了国际货币基金组织第一副总裁利普顿，双方就宏观经济形势、"一带一路"债务可持续性分析框架、加强财税领域合作等议题交换了意见。

[6月5日　欧盟　综合] 外交部副部长郑泽光同欧盟对外行动署副秘书长贝利亚在北京举行第十三轮中欧外交政策磋商。双方表示致力于维护多边主义和多边贸易体系，反对单边主义、保护主义，反对"治外法权"和"长臂管辖"，加强在应对气候变化等广泛领域的合作。

[6月10—14日　欧盟　投资]　中欧投资协定第21轮谈判在北京举行,本轮谈判中欧双方就协定文本和清单出价进行了深入的讨论,取得了积极的进展。中欧双方将按照领导人达成的共识,进一步加大谈判投入,增加谈判频次,共同努力实现领导人确定的工作目标。

[6月11日　世界银行　综合]　财政部部长刘昆在北京会见了世界银行行长马尔帕斯,双方就进一步深化合作等议题交换了意见。

[6月11日　国际民航组织　发展合作]　国家国际发展合作署副署长张茂于与国际民航组织秘书长柳芳签订了帮助有关发展中国家全面加强民航安全监管体系项目的协议。该项目旨在帮助刚果共和国和坦桑尼亚联合共和国提升民航安全水平,促进航空运输业发展,激发航空运输潜能。

[6月11日　世界银行　综合]　国务院总理李克强在北京会见世界银行行长马尔帕斯。李克强表示,中国政府致力于打造市场化、法治化、国际化的营商环境。马尔帕斯表示,期待同中方在双边及全球范围深化多领域合作,使双方合作更好实现互利多赢,促进全球发展进程。

[6月11日　世界银行　金融]　中国人民银行行长易纲在北京会见了世界银行行长马尔帕斯,双方就加强人民银行与世界银行合作等议题交换了意见。

[6月12日　欧盟　能源]　国家能源局副局长刘宝华在北京会见欧盟对外行动署互联互通特使罗曼娜·乌拉伏婷一行,双方就欧亚互联互通战略、中国清洁能源发展和转型、在"一带一路"框架下扩大中欧合作等议题深入交换了意见。

[6月17日　联合国　综合]　国务院总理李克强在北京会见第73届联合国大会主席埃斯皮诺萨。双方表示一道共同努力,维护多边主义和国际秩序,为世界各国人民带来福祉。

[6月17—18日　欧盟　发展合作]　国家国际发展合作署副署长张茂于率团访问欧盟总部,同欧盟委员会人道主义与危机管理委员斯蒂利亚

尼季斯、国际合作与发展总司总司长曼塞尔维西分别举行会见。访问期间，张茂于还在比利时布鲁塞尔出席2019年欧洲发展日开幕式，并在"促进包容性增长"高级别论坛上发言。

[6月18日 联合国 "一带一路"] 中央外事工作委员会办公室主任杨洁篪在北京会见第73届联合国大会主席埃斯皮诺萨。杨洁篪表示，中方推动共建"一带一路"，旨在促进全球互联互通，实现各国联动发展。中方愿继续同联合国一道推动落实2030年可持续发展议程。17日，国务委员兼外交部部长王毅在北京会见埃斯皮诺萨。

[6月20日 联合国世界粮食计划署 南南合作] 国家粮食和物资储备局局长张务锋与联合国世界粮食计划署总部高级司长斯坦莱克在河南省郑州市签署关于南南合作的谅解备忘录。双方将在粮食领域加强合作，帮助发展中国家提高粮食安全和营养水平。

[6月21日 亚洲开发银行 综合] 国务院副总理胡春华在北京会见了由卡什拉帕蒂·施瓦吉率领的亚洲开发银行执行董事访华团。双方就减贫、区域协调发展、乡村地区发展等领域的合作交换了意见。同日，财政部部长刘昆在北京会见了来访的亚洲开发银行执行董事访华团，双方就中国与亚行合作、中国减贫与发展等问题交换了意见。

[6月23日 中非合作论坛 综合] 国务委员兼外交部部长王毅在北京同中非合作论坛非方主席国、塞内加尔外交部部长阿马杜·巴会谈时，表明对新时期加强中非合作论坛的看法。

[7月1日 世界经济论坛 综合] 国务院总理李克强在大连会见世界经济论坛主席施瓦布。双方表示要加强合作。

[7月4日 联合国 综合] 中央外事工作委员会办公室主任杨洁篪在北京会见第74届联合国大会候任主席班迪。杨洁篪表示，中国倡导和支持多边主义。中方支持第74届联大重点关注减贫、可持续发展、气候变化等领域工作，并做好明年联合国成立75周年纪念活动的筹备。班

迪表示，愿同中方进一步密切各领域合作，共同维护多边主义，维护联合国宪章宗旨和原则。同日，国务委员兼外交部部长王毅在北京会见第74届联合国大会候任主席班迪。

[7月15日　欧盟　投资]　第二十二轮中欧投资协定谈判在布鲁塞尔举行。本轮谈判为期五天。双方将继续围绕协定文本和清单展开谈判，力争取得尽可能多的进展。

[7月28日　联合国　综合]　国务委员兼外交部部长王毅在圣地亚哥应约会见联合国拉美经委会执行秘书巴尔塞纳，就加强中国同拉美经委会合作，特别是共建"一带一路"、推动中拉整体合作交换了意见。

[7月31日　联合国　农业]　联合国粮食及农业组织在意大利首都罗马举行总干事交接仪式。2019年6月当选的粮农组织新任总干事屈冬玉从8月1日起正式上任，接替达席尔瓦。

[8月2日　欧盟　科技]　工业和信息化部副部长陈肇雄在北京会见欧盟驻华大使郁白，双方就5G议题交换意见。陈肇雄强调，工业和信息化部将持续为包括欧盟企业在内的信息通信企业创造公平的5G网络建设和应用市场环境。

[8月2日　世界银行　科技]　科技部副部长李萌在北京会见世界银行中国、蒙古和韩国局局长芮泽先生一行，就中长期科技发展规划战略研究的合作问题进行了深入交流。

[8月30日　全球教育基金　发展合作]　国家国际发展合作署副署长张茂于在北京会见来华访问的全球教育基金董事会副主席、塞内加尔水利和环卫部部长蒂亚姆，就加强双方国际发展领域合作交换意见。

[9月1—11日　非洲联盟、联合国世界粮食计划署　农业]　国家粮食和物资储备局局长张务锋率代表团访问了非盟，分别与非盟副主席夸蒂、社会事务委员阿米拉举行会谈，会后与非盟签署了中非粮食领域合作的谅解备忘录；随后访问了联合国世界粮食计划署南部非洲局，实地考察

调研了WFP卢克索小农户发展示范项目、丰尚集团埃及基地等。出访期间，张务锋还先后访问了埃及、埃塞俄比亚、南非，分别与这些国家农业部门的相关负责人就加强粮食领域的务实合作深入交换看法。

[9月4—5日　联合国粮食及农业组织　农业援助]　国家国际发展合作署署长王晓涛率团赴意大利访问联合国粮农机构，分别会见了联合国粮农组织总干事屈冬玉、世界粮食计划署执行干事比斯利、国际农业发展基金助理副总裁温特斯、吴国起，就加强中国与联合国机构在农业援助领域的合作深入交换意见，并与世界粮食计划署签署了相关合作协议。

[9月17—24日　欧盟　投资]　中欧投资协定谈判第十六次会间会和第二十三轮谈判在北京举行，双方围绕协定文本进行了磋商，并讨论了交换改进清单出价的安排。在2019年4月第21次中欧领导人会晤期间，双方确认推动中欧投资协定谈判在今年内取得决定性进展、2020年达成高水平协定的工作目标。为实现这一目标，双方进一步加大谈判投入、增加了谈判频次，2019年以来，双方已经举行了4轮正式谈判，并通过会间会、视频会议等方式进行了多次技术层磋商。目前谈判一直保持着良好的势头并取得了积极的进展。

[9月18日　盖茨基金会　发展合作]　国家国际发展合作署副署长张茂于在北京会见盖茨基金会首席战略官兼全球政策倡导总裁苏斯曼，就加强双方在农业、卫生等领域的合作交换意见。

[9月19日　亚洲备灾中心　防灾减灾合作]　国家国际发展合作署副署长张茂于在北京会见亚洲备灾中心执行主任古特曼，就加强双方防灾减灾合作交换意见。

[9月20日　欧盟　科技]　工业和信息化部副部长辛国斌在布鲁塞尔与欧盟委员会内部市场、工业、创新和中小企业总司贝松宁总司长共同主持召开了中欧工业对话磋商机制第九次全体会议。双方共同听取了2018年以来中欧在汽车、原材料、造船、工业能效和中小企业等领域合

作进展。双方愿加强中欧工业政策交流、推动双方企业和行业机构深化务实合作,共同打造开放共赢的合作环境。

[9月20日　国际清算银行　金融]　中国人民银行和国际清算银行(BIS)在北京联合举办人民币国际化研讨会。中国人民银行行长易纲与BIS总经理奥古斯汀·卡斯滕斯共同出席并主持了会议。易纲介绍了人民币国际化最新进展和金融业对外开放未来发展方向。卡斯滕斯回顾了BIS参与人民币国际化的历程并对BIS进一步开拓人民币业务表示了信心。会前,易纲与卡斯滕斯、BIS银行部主任彼得·佐尔纳、亚太代表处首席代表悉达多·蒂瓦里举行了会谈。

[9月23日　欧盟　气候变化]　中国气候变化事务特别代表解振华与欧盟气候行动和能源委员卡涅特在纽约参加联合国气候行动峰会期间举行会谈。解振华与卡涅特回顾了各自国家自主贡献的实施情况、气候变化政策和行动的国内进展以及2018年中欧领导人气候变化和清洁能源联合声明的落实情况。

[9月24日　联合国发展系统驻华机构　发展合作]　国家国际发展合作署与联合国发展系统驻华机构在北京共同举办"南南合作与可持续发展"研讨会。王晓涛署长、张茂于副署长、联合国驻华协调员罗世礼出席。与会人员就"中国对外援助"和"中国与联合国共同促进实现2030年可持续发展议程"等议题进行了深入交流探讨。

[9月24日　非盟　综合]　国务委员兼外交部部长王毅在纽约出席联合国大会期间会见非盟委员会主席法基。王毅表示,在非盟领导下,2019年7月非洲大陆自贸区正式成立,成为非洲一体化进程的重要里程碑。当前形势下,双方应紧密协作,共同发出强有力的声音,维护发展中国家的正当权益,捍卫国际公平正义。法基表示,当前,非盟与中国关系迈上新的台阶,非洲大陆自贸区正式成立,将有助于非洲更好与中国等伙伴开展合作。非方赞赏并将积极参与中国提出的"一带一路"倡议。

[10月9日　国际货币基金组织　综合]　国务院副总理、中美全面经济对话中方牵头人刘鹤在华盛顿会见国际货币基金组织新任总裁格奥尔基耶娃。刘鹤表示，中方愿意在平等和相互尊重的基础上，与美方通过本轮磋商就一些双方关注的问题取得共识，防止摩擦进一步升级和扩散。格奥尔基耶娃表示，根据国际货币基金组织的测算，贸易战正在对世界经济造成严重冲击和影响，到2020年将拖累世界经济0.8个百分点。

[10月11日　拉美开发银行　金融]　财政部副部长余蔚平在秘鲁首都利马会见了拉美开发银行秘书长里科，双方就中国与拉美开发银行合作等议题深入交换了看法。

[10月16—17日　东盟　发展合作]　国家国际发展合作署副署长邓波清率团访问东盟，会见东盟秘书处副秘书长阿拉丁，就中国—东盟发展合作进行工作交流，并考察东盟灾害管理人道主义救援中心。

[10月18日　先进制造业国际咨询委员会　综合]　国务院总理李克强在北京会见先进制造业国际咨询委员会成员。来自宝马、艾默生、赛诺菲、施耐德、空客、罗尔斯·罗伊斯等跨国公司负责人出席，围绕促进中国制造高质量发展、产业数字化转型、医药卫生改革、知识产权保护等提出建议。与会代表表示，欢迎中国政府减税降费、简政放权改革，以及加强知识产权保护等举措，相信将有助于促进先进制造业发展。

[10月22日　东盟　自贸协定]　中国—东盟自贸区升级《议定书》作为中国—东盟自贸区升级谈判成果文件对所有协定成员全面生效。中国与东盟于2010年全面建成自贸区后，于2015年签署升级《议定书》，这是中国完成的第一个自贸区升级协议，是对原有中国—东盟自贸区系列协定的丰富、完善、补充和提升。升级《议定书》的全面生效，将进一步释放自贸区实施的红利，以实现《中国—东盟战略伙伴关系2030年愿景》。

[10月24日　欧盟　综合]　国务院总理李克强在北京会见欧盟委员会副主席、欧盟外交与安全政策高级代表莫盖里尼。李克强表示，希望

双方继续共同维护多边主义和自由贸易，推动尽快完成中欧地理标志协定谈判、明年如期完成中欧投资协定谈判。莫盖里尼表示，欧方愿同中方一道，深化全方位务实合作，加强在气候变化、伊朗核、阿富汗、非洲等全球和地区问题上的合作。

[10月25日　联合国儿童基金会　发展合作]　国家国际发展合作署副署长张茂于与联合国儿童基金会代表签署了关于向莫桑比克受"伊代"气旋影响的人口提供人道主义援助的协议。

[10月25日　世界卫生组织　发展合作]　国家国际发展合作署副署长张茂于与世界卫生组织代表签署了关于支持刚果（金）、布隆迪、南苏丹、卢旺达、乌干达应对埃博拉疫情项目的协议。

[10月25日　欧洲中央银行　金融]　经国务院批准，近日，中国人民银行与欧洲中央银行续签了双边本币互换协议，互换规模为3500亿元人民币/450亿欧元，协议有效期三年，经双方同意可以展期。中欧续签双边本币互换协议，将对维护金融市场稳定、扩大中欧间本币使用发挥积极作用，同时有助于促进贸易和投资的便利化。

[10月28日　联合国粮农组织　农业]　农业农村部副部长于康震在意大利罗马会见了联合国粮农组织总干事屈冬玉，就进一步强化双方农业合作深入交换意见。会谈期间，双方还就加强非洲猪瘟等跨境动物疫病防控进行了交流。

[10月29日　联合国儿童基金会　发展合作]　国家国际发展合作署副署长张茂于与联合国儿童基金会代表签署了关于向马拉维提供人道主义援助的协议。

[10月31日　欧盟　能源]　国家能源局副局长李凡荣在北京会见中国欧盟商会副主席夏澜一行，双方就欧盟企业在华业务情况、未来投资与合作愿景、中国能源转型与能源市场改革、中国氢能与可再生能源发展以及"一带一路"能源合作等议题深入交换了意见。

[11月1日 联合国环境规划署 发展合作] 国家国际发展合作署副署长张茂于在北京会见联合国环境规划署执行主任安德森，就加强双方合作交换意见。

[11月3日 联合国 综合] 国务院总理李克强在曼谷会见联合国秘书长古特雷斯。李克强表示，中方愿同各方一道落实好2030年可持续发展议程。中国将同国际社会一道全面有效落实《巴黎协定》。古特雷斯表示，联合国方面高度赞赏中国支持多边主义、维护以国际法为基础的国际秩序、落实2030年可持续发展议程以及为应对气候变化做出的贡献。联合国秘书处支持"一带一路"倡议。

[11月5—8日 欧盟 投资] 中欧投资协定谈判第二十四轮谈判在北京举行。双方围绕部分文本问题展开磋商，力争取得积极进展。

[11月6日 欧盟 知识产权] 中国商务部部长钟山与欧盟农业委员霍根在中国国家主席习近平与法国总统马克龙的见证下共同签署了《关于结束中华人民共和国政府与欧洲联盟地理标志保护与合作协定谈判的联合声明》，宣布中欧地理标志保护与合作协定谈判结束。此次协定是中国对外商签的第一个全面的、高水平的地理标志双边协定，对加强中欧经贸关系具有里程碑式的意义。接下来，中欧双方将按照各自法律规定履行内部报批程序，并正式签署该协定，使协定尽早惠及中欧双方企业和民众。

[11月8日 联合国开发计划署 发展合作] 国家国际发展合作署副署长张茂于在北京会见联合国开发计划署代理副署长沃赫拜。双方签署了使用南南合作援助基金向土库曼斯坦提供援助的项目协议。该项目目的是通过开展职业培训和对社会企业的现代化改造，提高土库曼斯坦残疾人就业能力并改善残疾人工作条件。

[11月9日 欧盟 科技] 工业和信息化部副部长陈肇雄在布鲁塞尔欧盟委员会通信网络、内容和技术总司副司长鲁哈纳共同主持召开了第十次中欧信息技术、电信和信息化对话，旨在推动5G、工业互联网、网

络安全、车联网、人工智能、大数据等领域合作。

［11月12日　欧盟　发展合作］　国家国际发展合作署副署长张茂于会见来华出席中国欧盟国际发展合作司局级磋商的欧盟委员会国际发展与合作总司亚洲司司长阿米哈特一行。

［11月15日　经济合作与发展组织　发展合作］　国家国际发展合作署署长王晓涛在北京会见来华访问的经济合作与发展组织发展援助委员会主席穆勒黑德，就加强双方合作交换意见。

［11月18日　欧盟　综合］　国务院副总理、中欧经贸高层对话中方主席刘鹤应约与欧委会副主席、对话欧方主席卡泰宁及其继任者、候任欧委会执行副主席东布罗夫斯基斯通话。双方就诸多共同关心的问题进行了建设性讨论。

［11月19日　世界自然保护联盟　环境］　生态环境部部长李干杰在北京会见了世界自然保护联盟理事会主席章新胜和代理执行总干事格蕾泰尔·艾吉拉一行，双方就《生物多样性公约》第十五次缔约方大会、世界自然保护大会和绿色"一带一路"建设等议题进行了交流。

［11月19日　欧洲稳定机制　金融］　中国人民银行行长易纲在北京会见了欧洲稳定机制主席雷格林，双方就全球经济形势、中欧金融合作等议题交换了意见。

［11月20日　东盟　发展合作］　国家国际发展合作署副署长邓波清在北京会见来华访问的东盟副秘书长阿拉丁，就推动中国—东盟发展合作深入交换意见。

［11月20日　联合国粮农组织　农业］　农业农村部部长韩长赋在北京会见来访的联合国粮农组织总干事屈冬玉，双方就深化合作交换意见。

［11月20日　世界银行　综合］　国务院总理李克强在北京会见世界银行行长马尔帕斯。李克强表示，中国愿同世行继续通过资金与知识合

作，深化在环境保护、生物多样性、减贫发展等重点领域合作。马尔帕斯表示，中国政府在实现增长、应对老龄化、科技创新、环境保护等领域正在做出不懈努力，世行愿同中方加强在上述领域的合作。

【11月21日　联合国粮农组织　发展合作】　国家国际发展合作署署长王晓涛在北京会见联合国粮农组织总干事屈冬玉，就加强双方合作交换意见。

【11月21日　经济合作与发展组织　综合】　财政部部长刘昆在北京会见经合组织秘书长古里亚，就加强双方未来合作深入交换了意见。财政部副部长邹加怡参加会见。

【11月21—22日　国际货币基金组织　综合】　国家主席习近平在北京会见国际货币基金组织总裁格奥尔基耶娃。习近平指出，中方愿同国际货币基金组织不断深化合作。格奥尔基耶娃表示，国际货币基金组织高度重视并将继续致力于深化同中国合作。国务院总理李克强在北京会见了格奥尔基耶娃。李克强表示，金融开放是中国扩大对外开放的一个重点。中国将继续扩大在银行业、保险业、证券业领域的开放，朝着实现外资银行全控股和全牌照方向努力。中国人民银行行长易纲在北京会见了格奥尔基耶娃，双方就全球和中国经济金融形势、基金组织份额与治理改革、基金组织对低收入国家支持、加强成员国能力建设等问题交换了意见。中国银保监会主席郭树清在北京会见了克里斯塔利娜·格奥尔基耶娃女士，双方就中国去杠杆进程、中小银行风险处置、气候变化和绿色金融等问题交换了意见。会议期间，郭树清与格奥尔基耶娃共同签署了关于加强合作的谅解备忘录。

【11月22日　泛美开发银行　金融】　中国人民银行行长易纲在北京会见了来访的泛美开发银行行长莫雷诺，双方就中拉经济形势、中国与泛美行未来合作等议题交换了意见。

【11月22日　世界银行　综合】　财政部部长刘昆在北京会见世界

银行行长马尔帕斯,双方就深化中国与世行合作、中国财政政策、优化营商环境等事宜交换了意见,并共同签署了《中华人民共和国生态环境部中华人民共和国财政部与国际复兴开发银行关于开展环境管理合作的谅解备忘录》。

[11月22日 联合国粮食及农业组织 环境] 生态环境部部长李干杰在北京会见了联合国粮食及农业组织总干事屈冬玉,双方就《生物多样性公约》第十五次缔约方大会、食品生产消费与生态环境保护以及双方未来合作等议题交换了意见。

[11月26日 欧盟 "一带一路"] 国务院副总理胡春华在北京会见来华出席第三轮中国—欧盟工商领袖和前高官对话的法国前总理德维尔潘等欧方代表。双方就共同落实好领导人共识,推进共建"一带一路"合作,加强经贸务实合作,实现更高水平互利共赢深入交换了意见。

[11月29日 国际会计准则理事会 会计] 财政部副部长许宏才在北京会见了国际会计准则理事会主席汉斯·胡格沃斯特,双方就会计准则国际趋同、深化双方人员交流与合作等议题交换了意见。

[12月1日 欧盟 气候变化] 国务院总理李克强应约同欧盟委员会新任主席冯德莱恩通电话。李克强表示,我们将积极履行《巴黎协定》承诺,同包括欧方在内的国际社会一道共同应对气候变化。冯德莱恩表示,欧中在可持续发展、投资协定谈判等问题上拥有广泛共同利益。新一届欧盟委员会把应对气候变化作为工作优先方向,愿同中方加强在应对气候变化、世界贸易组织改革等问题上的合作。

[12月3日 亚洲开发银行 援助] 国务院副总理韩正在北京会见亚洲开发银行行长中尾武彦。韩正表示,中方愿与亚行一道,共同维护多边主义,为推动建设开放型世界经济做出贡献。中尾武彦表示亚行愿继续向中方提供贷款支持,积极推动中国减贫经验与其他发展中成员分享,与中方深化各领域务实合作。

[12月9日　欧盟　综合]　国家主席习近平应约同欧洲理事会主席米歇尔通电话。习近平强调，中方愿同欧盟一道努力，推动共建"一带一路"倡议同欧盟欧亚互联互通战略对接，致力于尽早达成中欧投资协定，全面有效落实应对气候变化《巴黎协定》，推动世界贸易组织改革朝着有利于各方的正确方向发展。米歇尔表示，欧方愿同中方一道努力，确保有关活动和合作取得积极成果，提升双方经贸合作水平，并在世界贸易组织改革、应对气候变化等方面加强沟通协调。

[12月12日　非洲绿色革命联盟　农业]　国家国际发展合作署副署长张茂于在北京会见非洲绿色革命联盟理事会主席海尔马里亚姆，双方就农业合作等议题交换了意见。

[12月16—19日　欧盟　投资]　第25轮中欧投资协定谈判在比利时布鲁塞尔举行。本轮谈判为期四天，双方继续围绕文本展开谈判，并交换了关于投资市场准入的清单改进出价。谈判取得积极进展。

[12月17日　欧盟　综合]　国务委员兼外交部部长王毅在布鲁塞尔欧盟总部会见欧洲理事会主席米歇尔。王毅表示，中方愿同欧方加强沟通，推动中国同欧盟和中东欧国家关系相互促进。米歇尔表示，欧中有必要进一步强化对话，共同维护国际秩序和规则，更好应对共同挑战和威胁，不断为欧中关系注入新的活力。欧方强烈期待明年完成双边投资协定谈判，进一步加强在气候变化、互联互通、可持续发展等重大问题上的沟通合作。

◇◇　二　中国区域经济外交

[2月21日　中国—加勒比国家外长会　"一带一路"]　外交部副部长秦刚与多米尼克外交和加勒比共同体事务部长巴伦在北京共同主持中

国与安提瓜和巴布达、巴哈马、巴巴多斯、多米尼克、格林纳达、圭亚那、牙买加、苏里南、特立尼达和多巴哥9个加勒比建交国外交部间第七次磋商。双方就推进共建"一带一路"、加强经贸、人文以及国际和地区事务等各领域合作达成广泛共识。会后，双方发表了《中国和加勒比建交国外交部间第七次磋商联合新闻公报》。

同日，国务委员兼外交部部长王毅在北京会见参与磋商的加方代表。王毅希望双方维护国际关系基本准则、促进可持续发展、加强"一带一路"合作、维护和平与稳定。加方愿与中方共建"一带一路"，密切在气候变化等问题上的沟通协作。此外，王毅还会见了巴巴多斯外长沃尔科特和多米尼克外长巴伦。

[3月1日 中国—中东欧国家协调员会议 "16+1合作"] 外交部副部长、"16+1合作"秘书处秘书长王超与克罗地亚外交和欧洲事务部国务秘书、"16+1合作"国家协调员布希奇在萨格勒布召开第十三次"16+1合作"国家协调员会议，中东欧16国协调员与会，奥地利、白俄罗斯、瑞士、希腊、欧盟作为观察员出席会议。会议就第八次16+1领导人会晤和下阶段"16+1合作"工作设想深入交换了意见。

[3月2日 区域全面经济伙伴关系部长会 自贸协定] 东盟10国、中国、日本、韩国、澳大利亚、新西兰、印度代表在暹粒出席《区域全面经济伙伴关系协定》（RCEP）第7次部长级会议。商务部部长助理李成钢代表钟山部长出席会议。会议重申了第2次RCEP领导人会议关于推动谈判在2019年结束的共识，讨论通过了2019年工作计划，同意第8次部长级会间会将于8月在北京举行。李成钢还分别与泰国、新加坡、柬埔寨等代表团团长和东盟秘书长举行会谈。

[3月18日 中欧外长集体对话、中欧高级别战略对话 综合] 国务委员兼外交部部长王毅在布鲁塞尔同欧盟28个成员国的外长举行集体对话。此次对话是中欧建交以来的首次。王毅向欧方介绍关于"一带一

路""16+1合作"、中国的发展和人权等议题的情况与立场。欧盟各国愿同中方加强战略协调，应对全球性挑战，维护多边主义进程。同日，王毅在布鲁塞尔同欧盟外交与安全政策高级代表莫盖里尼召开第九轮中欧高级别战略对话。王毅希望欧洲能成为中国新一轮改革开放的最先受益者，欢迎欧方共建"一带一路"并使之与"欧亚互联互通"有效对接，希望欧方在涉及中方核心利益的问题上谨言慎行。欧方愿在巴黎协议、可持续发展、非洲发展等议题上密切合作，深化欧中互联互通，探讨战略对接，大力开展第三方合作。

[3月26日 法国、德国、欧盟 综合] 国家主席习近平在巴黎同法国总统马克龙、德国总理默克尔和欧盟委员会主席容克举行会晤。习近平主席强调，中欧要维护多边主义，促进亚欧大陆繁荣发展，增进战略互信。欧方也表示愿同中方一道推动多边主义进程，共同应对全球性挑战。同日，习近平在巴黎出席中法全球治理论坛闭幕式。马克龙、默克尔和容克出席仪式。习近平指出，各国应破解治理赤字、信任赤字、和平赤字和发展赤字。马克龙表示，欧方应以创新方式对接欧盟发展战略和"一带一路"，促进互联互通。默克尔表示，欧方应推动投资协定谈判，积极探讨参与"一带一路"，共商世贸组织等多边机构改革，提议明年举行欧中领导人会晤。容克表示，欧中应积极推进投资协定谈判，并就世贸组织改革等重大国际问题保持协调。

[3月26日—28日 博鳌亚洲论坛 综合] 博鳌亚洲论坛2019年年会在博鳌举行，财政部副部长邹加怡出席"一带一路：为全球化修路"分论坛并致辞。28日，国务院总理李克强在博鳌出席博鳌亚洲论坛2019年年会开幕式，并发表题为《携手应对挑战 实现共同发展》的主旨演讲。来自60多个国家和地区的2000多位政界、工商界代表和智库学者参加。老挝总理通伦、韩国总理李洛渊、卢森堡首相贝泰尔、圣多美和普林西比总理热苏斯以及工商界代表先后致辞。

[3月29日　中国—太平洋岛国农业部长会　农业]　中国—太平洋岛国农业部长会议在楠迪召开，来自中国、斐济、巴布亚新几内亚、库克、密克罗尼西亚、纽埃、萨摩亚、汤加和瓦努阿图的农渔业部长出席。会议围绕"把握共建'一带一路'机遇，推进中国与太平洋岛国农业务实合作"的主题，探讨了农业发展问题，审议通过《中国—太平洋岛国农业部长会议楠迪宣言》。

[4月2日—3日　东盟与中日韩财政和央行副手会　金融]　财政部副部长邹加怡在清莱召开东盟与中日韩（10+3）财政和央行副手会。会议主要就宏观经济形势、10+3财金合作战略发展方向、东盟与中日韩宏观经济研究办公室、清迈倡议多边化、亚洲债券市场倡议等议题进行了讨论。会前，邹加怡还主持了中日韩财政和央行副手会。

[4月11—12日　亚太经合组织会议　投资]　亚太经合组织（APEC）优化亚太地区投资措施研讨会在上海举行。本会旨在为APEC投资领域下一步合作和未来亚太自贸区可能涵盖的投资内容提出建议，推动提升亚太地区开放、便利、非歧视和可持续的投资环境。各方在投资自由化、投资便利化、投资促进和投资保护四个领域交流了优秀政策和最佳实践。

[4月12日　中日韩自贸区谈判会　自贸协定]　中日韩自贸区第十五轮谈判首席谈判代表会议在日本举行。商务部部长助理李成钢与日本外务省国际贸易和经济特命全权大使香川刚广、韩国产业通商资源部部长助理吕翰九分率团出席。本轮谈判是三方达成全面提速谈判共识后的首轮谈判，三方在货物贸易、服务贸易、投资、规则等重要议题取得了积极进展。三方同意在区域全面经济伙伴关系协定共识的基础上，打造更高水平的RCEP+的自贸协定。

[4月12日　中国—中东欧国家领导人会议　综合]　国务院总理李克强在杜布罗夫尼克与中东欧16国领导人共同出席第九届中国—中东欧

国家经贸论坛开幕式并致辞。随后，李克强参与开通"16+1中小企业协调机制网站"，参观"16+1教育合作交流展"，出席中国—中东欧国家中小企业对接会。同日，李克强在杜布罗夫尼克出席第八次中国—中东欧国家领导人会晤，中东欧16国领导人与会。克罗地亚总理普连科维奇主持。会议欢迎希腊作为正式成员加入"16+1合作"。欧盟、奥地利、白俄罗斯、瑞士及欧洲复兴开发银行作为观察员派员与会。会后，中国同中东欧16国共同发表《中国—中东欧国家合作杜布罗夫尼克纲要》，并签署10余项合作协议。

[5月1至2日　东盟与中日韩　综合]　中国人民银行副行长陈雨露率团出席在斐济楠迪举行的第22届东盟与中日韩（10+3）财长与央行行长会。会议讨论了清迈倡议多边化（CMIM）、亚洲债券市场倡议、10+3宏观经济研究办公室、10+3财金合作战略方向等议题，并批准了修订后的CMIM协议和《CMIM本币出资总体指引》等文件。

[5月2日　东盟与中日韩财长和央行行长会　金融]　第22届东盟与中日韩（10+3）财长和央行行长会议在斐济楠迪举行。会议主要讨论了全球和区域宏观经济形势、10+3区域财金合作未来愿景及机制改革等议题，并发表了联合声明。财政部部长刘昆主持会议，副部长邹加怡陪同出席。

[5月3—4日　亚洲开发银行理事会年会　金融]　亚洲开发银行理事会第52届年会在斐济楠迪举行。本届年会的主题是"团结协作，共同繁荣"。财政部部长刘昆率中国代表团出席会议。会议期间，刘昆会见了亚行行长中尾武彦。刘昆表示，目前中国仍面临发展不平衡不充分的问题，仍需借助亚行的资金和经验。中尾武彦表示，亚行将维持现有对华贷款规模，重点支持气候变化、环境保护等领域。此外，刘昆还会见了乌兹别克斯坦副总理加尼耶夫和巴基斯坦总理顾问伊什拉特·侯赛因。

[5月7至9日　欧洲复兴开发银行理事会年会　财政]　中国人民

银行副行长陈雨露率团出席在波黑萨拉热窝举办的第28届欧洲复兴开发银行理事会年会。会议期间，陈雨露还分别会见了欧洲复兴开发银行行长查克拉巴蒂、波黑部长会议副主席沙罗维奇、德国财政部国务秘书库奇斯和匈牙利财政部国务秘书基恩，分别就双边合作等议题交换了意见。

[5月9—10日　《亚太贸易协定》常委会　贸易]　《亚太贸易协定》第55次常委会在泰国曼谷举行。中方派代表团出席会议。会上，各方就第五轮关税减让谈判模式及服务贸易、投资、贸易便利化和原产地规则等议题进行了深入讨论。

[5月17—18日　亚太经合组织贸易部长会　贸易]　亚太经合组织第二十五届贸易部长会议在智利瓦尔帕莱索举行，商务部部长助理李成钢代表钟山部长出席会议。会议围绕"连接人民、共建未来"主题，就支持多边贸易体制、推动区域经济一体化、在数字时代加强包容与可持续增长等议题进行了讨论，为11月APEC领导人会议打下基础。会议发表了《贸易部长联合声明》。这是2015年以来APEC贸易部长会议首次成功发表内容全面的联合声明。李成钢在发言中指出，各方应坚持"以人民为中心"的政策理念，促进贸易投资自由化便利化，维护世贸组织权威性和有效性，反对保护主义，保持亚太自贸区势头，推动亚太经济朝着更加开放、包容、普惠、平衡、共赢的方向发展。会议期间，李成钢还与部分代表团团长举行会谈。

[5月17日　欧盟国家　综合]　国务委员兼外交部部长王毅在北京集体会见欧盟及28个成员国驻华使节。王毅表示，要做好"一带一路"倡议同欧盟欧亚互联互通战略对接工作，本着共商共建共享原则将"一带一路"打造成中欧合作新的亮点，助力全球经济可持续增长。欧盟驻华代表团团长和欧盟成员国驻华使节表示，欧中坚持多边主义，推动自由贸易不仅符合双方利益，对世界稳定与发展也具有重要意义，欧方对参与共建"一带一路"持积极态度。王毅向使节们全面介绍了中国在处理中美贸易

摩擦问题上的原则立场。

[5月22—23日　东亚及太平洋中央银行副手会　金融]　中国人民银行副行长潘功胜率团出席在韩国首尔举办的东亚及太平洋中央银行行长会议组织（EMEAP）第56届副手会及相关会议。会议主要讨论了全球及区域经济金融形势、网络安全、分布式记账技术等议题，并听取了EMEAP货币与金融稳定委员会及各工作组的进展报告。

[5月27日　老挝、越南　交通]　大湄公河次区域国际道路运输（中国—老挝—越南）启动仪式在昆明举行，标志着3国之间首次开通了大湄公河次区域国际道路运输线路。此举是落实《关于实施〈大湄公河次区域便利货物及人员跨境运输协定〉"早期收获"的谅解备忘录》（简称《早收备忘录》）、加强澜沧江—湄公河国家多边交通运输合作的具体行动，将开启大湄公河次区域运输合作新篇章，推动中国—中南半岛经济走廊互联互通迈向新阶段。交通运输部副部长刘小明、副省长王显刚、老挝公共工程和运输部副部长圆沙瓦·西盘顿、越南公路总局副局长潘氏秋贤出席启动仪式并致辞。

[5月30日　中国与拉美和加勒比基础设施合作论坛　基础设施]　第五届中国与拉美和加勒比国家基础设施合作论坛在澳门开幕，商务部副部长王炳南出席开幕式并致辞。王炳南在开幕式致辞中针对中拉基础设施合作和论坛建设提出了三点建议，一是中拉双方坚持共商、共建、共享的基本原则，探索创新路径，实现基础设施合作提质升级；二是对标高标准、惠民生、可持续的总体目标，做好战略对接，确保基础设施合作行稳致远；三是秉承开放、绿色、廉洁的核心理念，推动良性发展，促进基础设施合作走深走远。中拉基础设施合作论坛由中国商务部主办，是中拉论坛框架下基础设施领域合作的首个专业论坛。

[6月9日　中国—中东欧国家合作论坛　综合]　国务院副总理胡春华出席在浙江宁波召开的中国—中东欧国家合作论坛并发表主旨演讲。

胡春华指出，中方愿同中东欧国家扩大贸易往来，深化投资和产能合作，加快推进基础设施互联互通。中方将继续缩减负面清单。出席论坛前，胡春华参观了首届中国—中东欧国家博览会暨国际消费品博览会的部分展馆，并集体会见了斯洛伐克副总理莱希、克罗地亚副总理托卢希奇、斯洛文尼亚副总理布拉图舍克和黑山名誉总统武亚诺维奇等。

[6月10日　中日韩央行行长会　金融]　中国人民银行行长易纲在日本福冈出席第十一届中日韩央行行长会议，日本银行行长黑田东彦主持会议，韩国银行行长李柱烈出席会议。行长们就三国近期经济金融形势交换了意见，并确定第十二届中日韩央行行长会议将于2020年由韩国银行主办。

[6月14日　上海合作组织元首理事会　综合]　上海合作组织成员国元首理事会第十九次会议在吉尔吉斯斯坦首都比什凯克举行。国家主席习近平同印度总理莫迪、哈萨克斯坦总统托卡耶夫、吉尔吉斯斯坦总统热恩别科夫、巴基斯坦总理伊姆兰·汗、俄罗斯联邦总统普京、塔吉克斯坦总统拉赫蒙、乌兹别克斯坦总统米尔济约耶夫出席会议。成员国元首先举行小范围会谈，随后邀请观察员国阿富汗总统加尼、白俄罗斯总统卢卡申科、伊朗总统鲁哈尼、蒙古国总统巴特图勒嘎以及有关国际和地区组织代表参加大范围会谈。成员国领导人签署《上海合作组织成员国元首理事会比什凯克宣言》，以及关于信息通信技术、禁毒、地方合作等13个合作文件。与会期间，国家主席习近平分别同阿富汗总统加尼、印度总理莫迪、哈萨克斯坦总统托卡耶夫、伊朗总统鲁哈尼、巴基斯坦总理伊姆兰·汗、白俄罗斯总统卢卡申科举行会谈。

[6月14日　中俄蒙元首会　综合]　国家主席习近平在比什凯克同俄罗斯总统普京、蒙古国总统巴特图勒嘎举行中俄蒙三国元首第五次会晤。习近平就推进三方合作提出三点建议。一是从战略上引领好三方合作；二是以重点合作带动三方合作，；三是扩大在上海合作组织框架内协

调和配合。普京表示，俄方愿加强欧亚经济联盟同"一带一路"倡议以及蒙古国"草原之路"规划的对接合作，三方要加强交通运输互联互通，扩大共同贸易，加强能源、金融等领域合作。巴特图勒嘎表示，蒙方致力于在《中俄蒙发展三方合作中期路线图》和中蒙俄经济走廊建设框架内推进三方合作。三方要建立起有关机制性安排，加快跨越三国的国际公路网建设，促进三国间通关便利，加强能源合作，探讨区域电力网络建设。

［6月15日　亚信峰会　综合］　亚洲相互协作与信任措施会议第五次峰会在塔吉克斯坦首都杜尚别举行。国家主席习近平出席峰会并发表重要讲话。强调坚定践行多边主义。会议由拉赫蒙主持。阿富汗、阿塞拜疆、孟加拉国、柬埔寨、伊朗、哈萨克斯坦、吉尔吉斯斯坦、卡塔尔、俄罗斯、斯里兰卡、土耳其、乌兹别克斯坦等亚信成员国领导人或代表，观察员国代表以及有关国际和地区组织代表出席会议。与会各方围绕"共同展望：为了一个安全和更加繁荣的亚信地区"主题交换意见，深入讨论了各方共同关心的国际和地区问题。峰会发表了《亚洲相互协作与信任措施会议第五次峰会宣言》。与会期间，国家主席习近平同土耳其总统埃尔多安、卡塔尔埃米尔塔米姆分别举行会谈。

［6月25日　中非合作论坛　综合］　中非合作论坛北京峰会成果落实协调人会议在北京开幕，国务委员兼外交部部长王毅出席，宣读国家主席习近平的贺信并致辞。王毅指出，中方愿同非方全面有效落实论坛北京峰会的各项共识和成果。一是坚持构建命运共同体的根本方向；二是坚持中非共建"一带一路"的发展路径；三是坚持捍卫多边主义的公正立场；四是坚持平等开放的合作精神。中非合作论坛北京峰会成果落实协调人会议6月24日至25日在北京举行。中方和论坛54个非方成员部级官员出席。会议特邀嘉宾、乌干达总统穆塞韦尼，论坛非方成员代表团团长及主要成员，中非政府部门代表，非洲国家驻华使节，非盟驻华代表，以及中非智库、学者代表等500余人出席开幕式。

中央外事工作委员会办公室主任杨洁篪在北京分别会见来华出席中非合作论坛北京峰会成果落实协调人会议的非方代表团团长。杨洁篪指出，愿与非方一道抓住落实论坛北京峰会成果和中非共建"一带一路"的契机，构建更加紧密的中非命运共同体。杨洁篪还分别会见赤道几内亚外长奥约诺、塞拉利昂外长图尼斯。此外，国务委员兼外交部部长王毅在北京分别会见塞拉利昂外长图尼斯、加蓬外长比利、索马里外交与国际合作部部长阿瓦德、圣多美和普林西比外长平托、喀麦隆外长姆贝拉、马达加斯加外交部部长奈纳、刚果共和国外长加科索、塞内加尔外交部部长阿马杜·巴、坦桑尼亚外长卡布迪南非外长潘多尔、赞比亚外长马兰吉、佛得角外长塔瓦雷斯、利比里亚外长芬德利、布隆迪外长尼比吉拉、贝宁外长阿贝农西、南苏丹外长尼亚尔、冈比亚外长坦加拉、津巴布韦外长莫约、莱索托外交大臣马霍蒂、科特迪瓦外长塔诺和赤道几内亚外长奥约诺。会见后，王毅分别同各国外长见证双边合作协议的签署。

[6月26—28日 中国—非洲经贸博览会 农业合作] 首届中非经贸博览会开幕式暨中非经贸合作论坛在长沙举行。国务院副总理胡春华出席，中国愿把"一带一路"建设同落实非洲联盟《2063年议程》以及非洲各国发展战略相对接，落实好中非合作论坛北京峰会成果，继续重点实施"八大行动"，深化贸易投资合作，加强基础设施互联互通，共同办好中非经贸博览会。26日晚，胡春华分别会见了来华出席博览会的乌干达总统穆塞韦尼、佛得角副总理科雷亚和索马里副总理古莱德，就加强共建"一带一路"合作、落实中非合作"八大行动"等交换了意见。

国家国际发展合作署副署长周柳军在湖南省长沙市出席第一届中国—非洲经贸博览会并在中非农业合作发展研讨会上致辞。周柳军表示，中国始终将支持非洲农业发展和粮食安全作为对非合作的优先重点领域，建议中非要进一步在合作规划、提高援助有效性、防灾减灾和国际协调上加强合作。

[6月25日—7月3日　区域全面经济伙伴关系协定谈判会　自贸协定]　《区域全面经济伙伴关系协定》（RCEP）第26轮谈判在澳大利亚墨尔本举行。各方在召开贸易谈判委员会（TNC）全体会议的同时，并行举行了货物贸易、服务贸易、投资、原产地规则、贸易救济、金融、电信、知识产权、电子商务、法律与机制等相关工作组会议。中方宣布将于7月22—31日在河南省郑州市举行第27轮谈判，于8月2—3日在北京举行一次RCEP部长级会议。

[7月1日　欧洲经济货币联盟大会　货币]　中国人民银行行长易纲在赫尔辛基出席了由芬兰央行举办的欧洲经济货币联盟大会，并就中国货币政策发表了主旨演讲。美联储副主席克拉里达、欧央行首席经济学家莱恩、西班牙央行行长科斯、荷兰央行行长诺特等出席会议，并就货币政策挑战和加强欧洲经济货币联盟等议题进行了深入讨论。

[7月5日　中匈塞交通基础设施合作联合工作组　基础设施]　国家发展改革委副主任宁吉喆、塞尔维亚副总理兼交通基础设施部部长米哈伊洛维奇、匈牙利创新科技部长鲍尔科维奇在塞尔维亚首都贝尔格莱德共同主持中匈塞交通基础设施合作联合工作组第八次会议，中匈塞三方于会后签署了联合工作组第八次会议纪要。

[7月12—13日　亚洲基础设施投资银行　金融]　亚洲基础设施投资银行第四届理事会年会在卢森堡举行。卢森堡大公亨利和首相贝泰尔出席开幕式并致辞。本届年会主题为"合作与互联互通"。本次理事会大会批准吸收贝宁、吉布提、卢旺达为亚投行第九批新成员，使亚投行成员数达到100个；决定亚投行第五届理事会年会将于2020年7月2日至3日在中国北京举行，并选举刘昆部长为第五届理事会主席，缅甸理事和冰岛理事为副主席。财政部部长刘昆作为亚投行中国理事率团出席了本次理事会年会，财政部副部长、亚投行中国副理事邹加怡参加了年会。年会期间，刘昆先后会见欧洲投资银行行长霍伊尔、香港特区政府财政司司长陈

茂波和卢森堡财长格拉美亚,就在亚投行框架下合作、参与多边开发融资合作中心建设等问题交换了意见。

[7月22—31日　区域全面经济伙伴关系协定谈判会　自贸协定]
《区域全面经济伙伴关系协定》第27轮谈判在河南郑州举行。东盟十国、中国、日本、韩国、澳大利亚、新西兰和印度RCEP 16方约700名代表参加谈判。各方在召开贸易谈判委员会(TNC)会议的同时,并行举行了货物贸易、服务贸易、投资、原产地规则、贸易救济、知识产权、电子商务、法律与机制等相关工作组会议。各方重申了2018年第二次RCEP领导人会议关于年内结束谈判的目标,并按照2019年工作计划推动谈判进程,在各领域都取得积极进展。本轮谈判为8月2—3日即将在北京召开的RCEP部长级会议做了充分准备,推动各方在部长级会议上取得更多实质性成果。本轮谈判期间,RCEP第27轮贸易谈判委员会全会于26日开幕,商务部副部长兼国际贸易谈判副代表王受文出席开幕式并发表演讲。王受文表示,中国是RCEP谈判的积极参与者,坚定支持东盟在谈判中的主导作用,愿为加快推进谈判发挥积极和建设性作用。中国正在采取一系列重大改革开放举措,加强制度性、结构性安排,促进更高水平的对外开放,这将为中国更好地参加RCEP谈判提供有力支撑。

[7月31日　中国—东盟外长会　综合]　国务委员兼外交部部长王毅出席在泰国曼谷举行的中国—东盟外长会。王毅表示,中国—东盟合作前景广阔。双方一要把握对接发展规划的机遇,对接"一带一路"倡议与《东盟互联互通总体规划2025》。二要把握可持续发展的机遇。三要把握创新合作的机遇。四要把握深化安全合作的机遇。五要把握深化人文交流的机遇。东盟外长表示,愿将《东盟互联互通总体规划2025》与"一带一路"倡议对接,致力于早日完成区域全面经济伙伴关系协定谈判,加快"南海行为准则"磋商。会议期间,王毅分别会见菲律宾外长洛钦、印度尼西亚外长蕾特诺、土耳其外长查武什奥卢、柬埔寨副首相兼外交大

臣布拉索昆、新加坡外长维文、英国外交大臣拉布、老挝外长沙伦赛。

[8月2日　东盟与中日韩　综合]　国务委员兼外交部部长王毅出席在泰国曼谷举行的第20届东盟与中日韩（10+3）外长会。王毅表示，作为中日韩合作主席国和10+3合作共同主席国，中方愿与各方密切配合，为11月领导人会议做好准备，推动10+3合作取得新的更大发展。一是要建设开放融通的东亚。二是要建设金融稳定的东亚。三是要建设互联互通的东亚。四是要建设智慧创新的东亚。五是要建设可持续发展的东亚。六是要建设文明互鉴的东亚。

[8月2日　东亚峰会　综合]　国务委员兼外交部部长王毅出席在泰国曼谷举行的第九届东亚峰会外长会。王毅表示，国际形势正在发生复杂深刻变化，实现东亚地区长治久安和可持续发展，是我们面临的共同课题。为此，各方应做到以下几点：一是坚定维护多边主义；二是共同应对跨国性挑战；三是坚持对话协商解决热点问题。

[8月2—3日　区域全面经济伙伴关系协定部长会　贸易]　《区域全面经济伙伴关系协定》部长级会议在北京举行。商务部部长钟山与来自东盟十国、日本、韩国、澳大利亚、新西兰和印度16个国家的贸易部部长和东盟秘书长共同出席会议。胡春华在演讲中强调，中方愿与各成员一道，增强年内结束谈判的信心。钟山部长在会议发言中充分肯定郑州第27轮谈判和本次部长级会议取得的丰硕成果，强调早日达成RCEP协定，有利于维护经济全球化和自由贸易，实现各国互利共赢，呼吁各方全力冲刺，实现年内结束谈判的目标。在RCEP会议期间，钟山部长会见了韩国通商资源部贸易部长俞明希、老挝工业与贸易部部长开玛妮、日本经济产业大臣世耕弘成。

[8月6日　亚欧会议　综合]　中国倡议主办的亚欧会议亚洲高官会在四川省成都市举行，来自21个亚洲国家及东盟的高级代表与会，外交部副部长马朝旭出席开幕式并致辞。马朝旭表示，亚欧会议是亚欧大陆

最大的政府间对话合作平台。当前国际形势下,亚欧各方特别是亚洲成员要加强团结合作,捍卫多边主义,打造开放型世界经济,着力推进互联互通建设。各国高官表示支持多边主义。同日,马朝旭分别会见来华参加亚欧会议亚洲高官会的柬埔寨政府顾问索西帕纳、巴基斯坦外交部辅秘艾哈迈德和新加坡外交部副常秘陈海泉。

[8月25日　亚太经合组织粮食安全部长会　农业]　农业农村部副部长余欣荣率团出席了在智利巴拉斯港召开的第五届亚太经合组织粮食安全部长级会议。本次会议以"共建一体化、智能和可持续的粮食体系"为主题,通过了《第五届APEC粮食安全部长级会议宣言》。

[8月21日　中日韩外长会　综合]　第九次中日韩外长会在北京举行。国务委员兼外交部部长王毅主持会议,韩国外长康京和、日本外相河野太郎出席。王毅表示,三国要加强科技、大数据、人工智能和5G等领域合作;要维护好自由贸易,构建开放型世界经济;推进"中日韩+X"合作,高质量共建"一带一路"。康京和、河野太郎同意积极推进三国合作,加快RCEP和中日韩自贸区谈判,共同维护多边主义和自由贸易。会议通过了"中日韩+X"合作概念文件。20日,王毅在北京会见来华出席第九次中日韩外长会的日本外相河野太郎和韩国外长康京和。

[8月22日　大图们倡议　综合]　大图们倡议(GTI)第十九次政府间协商委员会部长级会议在吉林长春举行,来自GTI成员国中国、蒙古、俄罗斯和韩国代表团参会,商务部副部长兼国际贸易谈判副代表王受文率中国代表团与会。会议还举行了"开放的东北亚贸易投资""绿色、包容、可持续的东北亚发展"和"联通的东北亚基础设施"三场对话会。会议发表了《长春宣言》。王受文在发言中指出,中方愿与GTI各成员国一道,继续推进区域贸易投资自由化便利化,提升区域跨境基础设施互联互通水平,加强旅游、农业、私营领域合作,促进民心相通,并推动GTI向独立的国际组织转型;中方愿继续与GTI各成员国加强各自发展战略的对接。

[8月23日　中国—东北亚博览会　综合]　第十二届中国—东北亚博览会开幕式暨第十届东北亚合作高层论坛在长春举行，国家发展改革委副主任罗文代表发展改革委出席开幕式并致辞，表示将进一步支持东北地区全面深化改革，扩大高水平开放，改善营商环境，深化与东北亚各国合作。中国—东北亚博览会由中国商务部、国家发展改革委、中国贸促会、吉林省人民政府共同主办，已成功举办十一届，成为由东北亚六国共同参与并面向全球开放的国际性综合博览会。

[8月29—30日　东亚及太平洋央行行长会　金融]　中国人民银行行长易纲在深圳出席并主持东亚及太平洋中央银行行长会议组织（EMEAP）第24届行长会暨第8届EMEAP行长与监管当局负责人非正式会议。会议讨论了近期全球及区域经济金融形势、贸易保护主义背景下央行面临的挑战与政策应对、平衡金融科技发展与监管、金融市场分割等议题，并听取了EMEAP货币与金融稳定委员会及工作组进展报告。

29日，易纲行长在与会期间会见了新加坡金管局行长孟文能，双方就两国经济金融形势及双边金融合作等议题交换了意见。

[9月5日　"一带一路"国际产业合作论坛　科技]　工业和信息化部党组成员、总工程师张峰在宁夏出席"一带一路"国际产业合作论坛，会议旨在深化工业通信领域国际合作。论坛还进行了"一带一路"工业通信业国际合作智库平台倡议发布和合作项目签约仪式。

[9月5日　亚太经合组织中小企业部长会议　科技]　工业和信息化部总经济师王新哲率团出席了在智利康赛普西翁市召开的第25次亚太经合组织中小企业部长会议。本次会议以"全球化经济下的中小企业融资与数字化转型"为主题，通过了《APEC中小企业部长联合声明》。王新哲还与马来西亚企业发展部部长里庄进行了双边会谈。

[9月5日　中国—阿拉伯国家技术转移与创新合作大会　科技]　科技部副部长黄卫在银川出席第三届中国—阿拉伯国家技术转移与创新合

作大会并发表主旨演讲。黄卫倡议，一是加强科技政策对话与沟通；二是面向阿拉伯国家开展"国际杰青计划""创新中国行"、技术培训等，搭建科技人文交流平台；三是继续推动中阿科技创新机制，建设"一带一路"联合实验室，完善中阿技术转移协作网络建设，并探讨开展科技园区合作，驱动创新发展。黄卫还会见埃及科研技术院院长马哈茂德·萨卡尔一行，双方就加强双边科技合作交换了意见。

[9月5日　中国—阿拉伯国家博览会　"一带一路"]　第四届中国—阿拉伯国家博览会在宁夏银川市举办。全国人大常委会副委员长曹建明出席开幕式，宣读习近平主席贺信并发表主旨演讲。曹建明强调，中阿双方要共同努力，始终秉承传承友谊、深化合作、互利共赢的宗旨，始终坚持共商共建共享的合作理念，共同推动"一带一路"建设行稳致远。出席开幕式前，曹建明巡视了第四届中国—阿拉伯国家博览会展馆，并于4日下午分别会见了尼日尔国民议会第一副议长伊罗·萨尼、毛里塔尼亚国民议会第一副议长布瓦迪耶尔·赫梅德。

[9月7—10日　区域全面经济伙伴关系协定部长会　贸易]　商务部副部长兼国际贸易谈判副代表王受文受商务部部长钟山委托，率团赴泰国曼谷出席《区域全面经济伙伴关系协定》谈判第7次部长级会议、第18次中国—东盟（10+1）经贸部长会议、第22次东盟—中日韩（10+3）经贸部长会议、第7次东亚峰会（EAS，10+8）经贸部长工作午餐会等东亚合作相关经贸部长会议，与有关各方就深化"一带一路"国际合作、推进RCEP谈判、加强中国—东盟经贸关系、推动东亚及世界经济一体化、维护多边贸易体制等地区和国际重要经贸问题交换意见。

[9月10日　非洲国家　投资]　由中国财政部、世界银行、中国国家开发银行和刚果（布）政府联合主办的第五届对非投资论坛在刚果（布）布拉柴维尔开幕。财政部副部长许宏才与刚果（布）总统萨苏、卢旺达总统卡加梅、中非共和国总统图瓦德拉、安哥拉总统洛伦索、刚果

（金）总统齐塞克迪、非盟委员会主席法基、国家开发银行副行长刘金、世行集团国际金融公司中东和非洲地区副总裁皮门塔等分别在开幕式上致辞。论坛期间，各方签署了《刚果共和国电力领域合作框架协议》等7项成果文件，推动中非务实合作走向深入。

[9月20日 中国—东盟技术转移与创新合作大会 科技] 科技部副部长徐南平赴南宁出席第七届中国—东盟技术转移与创新合作大会及系列活动。徐南平介绍了中国科技创新现状和中国—东盟科技创新合作情况，并与外方共同见证了中国—东盟重点科技合作项目签约。

[9月21日 中国—东盟博览会 综合] 国务院副总理韩正在南宁出席第十六届中国—东盟博览会和中国—东盟商务与投资峰会，指出要深化战略对接、经贸合作、互联互通、创新合作和人文交流。韩正20日还分别会见了出席会议的印度尼西亚总统特使、海洋统筹部部长卢胡特，缅甸副总统敏瑞，柬埔寨副首相贺南洪，老挝副总理宋赛，泰国副总理兼商业部部长朱林，越南副总理武德担。各方均表示愿同中国继续深化在各领域的合作，并积极参与共建"一带一路"。

[9月24日 阿曼、阿拉伯联合酋长国、科威特 综合] 国务委员兼外交部部长王毅在美国纽约联合国总部集体会见海湾阿拉伯国家合作委员会"三驾马车"外长。海合会现任轮值主席国阿曼外交事务主管大臣阿拉维、候任轮值主席国阿拉伯联合酋长国外交事务国务部长卡尔卡什、海合会秘书长扎耶尼以及科威特副首相兼外交大臣萨巴赫等出席。王毅表示，双方要加快推进中海自贸区谈判，这有利于进一步挖掘潜力，拓展空间，为中海合作注入更多动力，助力海合会国家转型发展，同时也将是以实际行动维护多边主义和自由贸易。

[9月26日 科特迪瓦、赤道几内亚、南非、尼日尔、突尼斯 综合] 国务委员兼外交部部长王毅在纽约联合国总部主持中国和安理会非洲成员国外长会。非洲现任安理会成员国科特迪瓦外长塔诺、赤道几内亚

外长奥约诺、南非外长潘多尔和候任成员国尼日尔外长卡拉、突尼斯外长朱海纳维等出席会议。王毅就加强中非双方在安理会合作提出四点建议。第一，靠团结出力量；第二，靠协商解纷争；第三，靠自主谋自强；第四，靠发展治根本。非洲外长们表示，期待与中国在安理会进一步协调立场，加强团结合作。

[9月26日　拉共体国家　综合]　国务委员兼外交部部长王毅在纽约联合国总部主持中国—拉共体"四驾马车"外长第七次对话。王毅表示，下阶段，中方愿同拉方做好四方面工作，推动中拉整体合作进一步向前发展：第一，高质量共建"一带一路"；第二，拓展新兴领域合作；第三，加强多边团结协作；第四，完善论坛机制建设。

[9月26日　上合组织经贸部长会　贸易]　上海合作组织成员国经贸部长第十八次会议在乌兹别克斯坦首都塔什干举行。各方深入讨论了区域经济合作的现状和前景，审议通过了新版《上海合作组织成员国多边经贸合作纲要》草案，拟作为2020—2035年推动区域经济合作在新时代取得新发展的重要纲领性指导文件。会议还通过了《上海合作组织成员国在数字化时代发展偏远和农村地区的合作构想》草案和《上海合作组织经济智库联盟章程》草案，为区域经济合作开辟了新的领域。

[9月27日　上合组织环境部长会　环境]　第一次上海合作组织成员国环境部长会在俄罗斯莫斯科举行，会议主题为"上海合作组织城市生态福祉发展规划"。会议由俄罗斯自然资源与生态部部长科贝尔金主持，中国生态环境部副部长翟青出席，印度、哈萨克斯坦、吉尔吉斯斯坦、巴基斯坦、塔吉克斯坦、乌兹别克斯坦和上合组等代表出席会议。会议就《上合组织成员国环保合作构想》及其三年落实措施计划实施情况、城市生态环境保护政策与措施、未来合作前景等进行了探讨。会议审议通过了《第一次上合组织成员国环境部长会联合公报》和《上合组织城市生态福祉发展规划》。

[10月8日　中国—中东欧国家创新合作大会　科技]　科技部部长王志刚在塞尔维亚参加第四届中国—中东欧国家创新合作大会，深化"17+1"合作机制，通过了《中国—中东欧国家创新合作贝尔格莱德宣言》。

[10月14—15日　亚太经合组织财长会　金融]　第26届亚太经合组织（APEC）财长会在智利圣地亚哥举行。会议重点讨论了全球和区域经济金融形势、通过数字经济促进金融一体化、推进普惠金融、灾害风险融资与保险、落实宿务行动计划等议题，并发表了联合声明。会前还举行了APEC财长闭门会，就全球经济风险、数字经济及财政整固等议题交换了意见。财政部副部长余蔚平率团出席会议并发言。

[10月16日　中拉投资与合作高级别论坛　投资]　由中国财政部、联合国拉美经委会、拉美开发银行联合主办的第二届中拉投资与合作高级别论坛在智利圣地亚哥举行。财政部副部长余蔚平、联合国拉美经委会副执行秘书西莫利和拉美开发银行行长卡兰萨出席论坛并分别在开幕式上致辞。

[10月16日　东盟与中日韩　农业]　农业农村部部长韩长赋出席在文莱举办的第19届东盟与中日韩农林部长会议，并作大会主旨发言。会议肯定了《东盟与中日韩粮食、农业与林业合作战略（2016—2025）》的实施进展，就保障粮食安全、加强动植物疫病防控、开展区域内能力建设、提高农业生产力等共同关注的问题进行了讨论，并发布联合声明。

[10月21日　中国—太平洋岛国经济发展合作论坛　综合]　第三届中国—太平洋岛国经济发展合作论坛在萨摩亚首都阿皮亚举行。国务院副总理胡春华出席开幕式，宣读习近平主席贺信并致辞。胡春华与建交岛国领导人共同见证签署《中国—太平洋岛国经济发展合作行动纲领》。访问萨摩亚期间，胡春华分别会见了10个建交岛国领导人、代表团团长和岛国有关地区组织负责人，就共建"一带一路"、贸易投资、基础设施、

农林渔业、旅游、应对气候变化等领域合作和共同关心的问题交换了意见，并见证签署了相关合作文件。同日，农业农村部副部长张桃林在萨摩亚首都阿皮亚主持召开农林渔业分论坛。萨摩亚农渔业部部长姆阿、瓦努阿图农牧林渔和生物安全部部长塞里玛雅、密克罗尼西亚资源发展部代理部长亚马达、巴布亚新几内亚农牧业部战略顾问莫西贝里和中国国家国际发展合作署副署长周柳军等出席分论坛，并围绕"推进互惠互利的农业务实合作"主题，进行了坦诚的互动交流。

［10月25日　欧亚经济联盟　贸易］　国务院总理李克强和欧亚经济联盟各成员国总理共同发表《关于2018年5月17日签署的〈中华人民共和国与欧亚经济联盟经贸合作协定〉生效的联合声明》。

［10月25日　中国—东盟电信部长会议　科技］　工业和信息化部部长苗圩在老挝万象与老挝邮电部部长、东盟电信部长会议主席坦沙迈·贡玛西主持了第十四次中国—东盟电信部长会议。苗圩指出要进行数字经济政策对接、政产学研金对接等。会议通过了2020年中国—东盟信息通信合作计划、第十四次中国—东盟电信部长会议联合声明。同日，苗圩分别与新加坡新闻通信部部长易华仁、老挝邮电部部长坦沙迈·贡玛西、韩国科技和信息通信部部长崔基英、文莱交通通信部部长穆塔里布等进行双边会谈，并与老挝邮电部共同签署了信息通信领域合作备忘录。

［11月2日　上海合作组织政府首脑理事会　综合］　国务院总理李克强在塔什干出席上海合作组织成员国政府首脑（总理）理事会第十八次会议。李克强提出五点：一是筑牢安全屏障，夯实发展根基；二是扩大开放融通，拓展发展空间；三是完善联通格局，畅通高质量发展路径；四是培育创新亮点，增强发展新动能；五是坚持以人为本，共享发展成果。李克强同与会成员国领导人签署并发表联合公报，批准上海合作组织经贸、铁路、数字经济等领域多项合作文件和决议。

［11月3日　中国—东盟领导人会议　综合］　国务院总理李克强在

泰国曼谷出席第22次中国—东盟（10+1）领导人会议。李克强与巴育共同主持会议。李克强表示，愿推动数字经济、人工智能、大数据、网络安全等领域创新合作；打造中国—东盟蓝色经济伙伴关系。与会东盟国家领导人愿积极参与共建"一带一路"，拓展互联互通、科技创新、电子商务、智慧城市、蓝色经济等领域合作。会议宣布制定《落实中国—东盟面向和平与繁荣的战略伙伴关系联合宣言的行动计划（2021—2025）》。

[11月4日　东盟与中日韩领导人会议　综合]　国务院总理李克强在泰国曼谷出席第22次东盟与中日韩（10+3）领导人会议。东盟十国领导人以及韩国总统文在寅、日本首相安倍晋三共同出席。泰国总理巴育主持会议。李克强指出：第一，推进更高水平的经济一体化；第二，支持地区互联互通建设；第三，夯实地区金融合作；第四，促进可持续发展；第五，深入开展人文交流。会议通过了《东盟与中日韩领导人关于互联互通再联通倡议的声明》。

[11月4日　东亚峰会　综合]　国务院总理李克强在泰国曼谷出席第14届东亚峰会。东盟十国领导人以及韩国总统文在寅、俄罗斯总理梅德韦杰夫、日本首相安倍晋三、印度总理莫迪、澳大利亚总理莫里森、新西兰总理阿德恩、美国总统国家安全事务助理奥布莱恩等与会。泰国总理巴育主持会议。会议通过了《关于可持续伙伴关系的声明》以及关于打击毒品传播、合作打击跨国犯罪的声明等成果文件。

[11月4日　全面经济伙伴关系协定领导人会议　综合]　国务院总理李克强在泰国曼谷出席第三次区域全面经济伙伴关系协定（RCEP）领导人会议。东盟十国以及韩国、日本、澳大利亚、新西兰、印度等国家领导人与会。泰国总理巴育主持会议。与会领导人在会后发表联合声明表示，RCEP 15个成员国（东盟十国、中国、日本、韩国、澳大利亚、新西兰）已经结束全部文本谈判及实质上所有市场准入谈判，并将尽快准备好完整法律文本，以确保2020年签署协议。

[11月7日　国际商事仲裁理事会　国际商事仲裁]　国家发展改革委副秘书长苏伟应邀出席"一带一路"仲裁机构高端圆桌论坛并致开幕词。苏伟指出，要促进国际法律合作与协调，打造相互兼容的"规则高速公路"；要开展仲裁业务交流，发挥仲裁在"一带一路"国际商事争议解决中的主渠道作用；要适应新技术新业态新模式发展的要求，加强人才培养合作。

[11月9日　中国—中东欧中小企业合作论坛　科技]　工业和信息化部总经济师王新哲、斯洛伐克副总理理查德·莱希在河北沧州出席第二届中国—中东欧中小企业合作论坛。

[11月14日　中亚区域经济合作部长会　综合]　中亚区域经济合作（CAREC）第18次部长级会议在乌兹别克斯坦塔什干举行。财政部副部长许宏才率由财政部、外交部、发展改革委、交通运输部、商务部、文化和旅游部、能源局及新疆维吾尔自治区组成的中国代表团出席会议。来自CAREC 11个成员国的政府官员、亚洲开发银行行长中尾武彦及有关国际组织的代表出席了会议。乌总统特别顾问古尔亚莫夫出席开幕式并宣读总统米尔济约耶夫的特别致辞，乌副总理加尼耶夫出席会议并发表主旨演讲。

[11月18日　大湄公河次区域经济合作部长会　综合]　大湄公河次区域经济合作（GMS）第23届部长级会议在柬埔寨金边举行。财政部副部长程丽华率财政部、外交部、发展改革委、生态环境部、商务部、文化和旅游部、海关总署等部门，广西壮族自治区和云南省财政厅，国家开发银行、中国进出口银行等组成的中国代表团出席了会议。GMS成员国的部长级政府官员、亚洲开发银行副行长萨伊德·艾哈迈德、亚洲基础设施投资银行等有关国际组织代表出席了会议。

[11月20—22日　中日韩经济技术交流会　经济技术]　第18次泛黄海中日韩经济技术交流会议在山东曲阜举行。会议围绕"推动地区间交

流合作，创新开拓新产业、新市场，建立泛黄海地区经济合作新模式"主题，进行了中日韩三方局长会议、全体会议、商务论坛和产业园区论坛、产业考察等活动。会议期间，各方就深化三国泛黄海地区合作、加强产业园区合作及开展高新技术、节能环保、医疗健康等领域合作进行深入探讨。

[11月23—24日　中日韩环境部长会议　环境]　第21次中日韩环境部长会议在日本北九州市举行。中国生态环境部部长李干杰、日本环境大臣小泉进次郎、韩国环境部部长赵明来分别率团出席会议，交流了本国环境政策及最新进展，并就共同关心的区域和全球环境议题交换意见。23日，李干杰会见了日本环境大臣小泉进次郎，双方就海洋塑料垃圾、中日第三方合作、应对气候变化和生物多样性公约第15次缔约方大会等议题进行了交流。同日，李干杰会见了韩国环境部部长赵明来，双方就"晴天计划"项目进展、大气领域合作等进行了交流。

[11月24日　中国—东盟东部增长区合作部长会　综合]　中国—东盟东部增长区合作第2次部长级会议在马来西亚沙捞越州古晋市召开。会议通过《中国—东盟东部增长区合作行动计划（2020—2025）》。会议指出，将进一步加强共建"一带一路"和《东盟东部增长区2025愿景》的战略对接，发挥中国有关沿海省份毗邻东盟东部增长区的地缘和人文优势，深化贸易投资、基础设施、互联互通、经贸合作区、人力资源等领域合作，共同把中国和东盟国家领导人重要共识转化为具体行动，取得实实在在的成果。会议发表了《中国—东盟东部增长区合作第2次部长级会议联合声明》。

[11月27日　中国—中东欧国家金融科技论坛　金融]　中国人民银行副行长朱鹤新于立陶宛维尔纽斯出席了中国—中东欧国家（17+1）高级别金融科技论坛以及17+1金融科技协调中心开幕仪式。论坛主要就金融科技对经济发展和贸易的贡献以及如何平衡促进创新和防范风险的关

系进行了讨论。

[11月27—29日　中日韩自贸区谈判会　自贸协定]　中日韩自贸区第十六轮谈判首席谈判代表会议在韩国首尔举行。三方围绕货物贸易、服务贸易、投资和规则等重要议题深入交换了意见，取得积极进展。三方一致认为，应按照三国领导人达成的共识，加快谈判进程，积极打造一份全面、高质量、互惠且具有自身价值的自贸协定。三方就进一步提升贸易投资自由化便利化水平、打造"RCEP+"的自贸协定深入交换了意见，并就下一步工作安排达成积极共识。

[11月30日—12月1日　东亚及太平洋中央银行行长会议组织　金融]　中国人民银行副行长潘功胜率团赴菲律宾马尼拉出席东亚及太平洋中央银行行长会议组织（EMEAP）第57届副手会及相关会议，并介绍了中国近期经济金融情况等。会议主要讨论了全球及区域经济金融形势、数字货币、绿色金融等议题，并听取了EMEAP货币与金融稳定委员会（MFSC）及各工作组的进展报告。

[12月12—13日　东盟与中日韩财政与央行副手会　金融]　东盟与中日韩（10+3）财政与央行副手会在中国厦门举行，中国人民银行副行长陈雨露出席并主持会议。会议主要讨论了区域经济金融形势、区域金融合作等议题。

[12月17日　澜湄水资源合作部长级会议　水利]　澜湄水资源合作部长级会议在中国北京召开。会议听取了澜湄水资源合作联合工作组作的工作报告，发布了《澜湄水资源合作部长级会议联合声明》和《澜湄水资源合作项目建议清单》，见证签署了《澜湄水资源合作中心与湄公河委员会秘书处合作谅解备忘录》。六国水利主管部门、外交部、湄公河五国驻华使馆、湄公河委员会秘书处等单位代表60余人参加会议。

[12月9日　中非农业合作论坛　农业]　由中国农业农村部与海南省人民政府共同主办的首届中非农业合作论坛在三亚召开，来自中国和

39个非洲国家以及9个国际组织的500余名代表参会。中国农业农村部部长韩长赋在论坛上发表主旨演讲。韩长赋指出，未来3年，将在华举办多种形式的培训班，为非洲再培养1万名农业人才，10年内推动中非农产品贸易额突破100亿美元。论坛通过《中非农业合作三亚宣言》，进一步凝聚中非农业合作共识。中国农业农村部与非洲联盟委员会、非洲绿色革命联盟等签署了合作谅解备忘录。相关政府部门、国际组织、科研单位和企业签署了11项务实合作协议。

[12月13—14日　中拉农业合作圆桌会　科技]　首届"气候变化风险下的农业可持续发展—中拉农业科技创新合作圆桌会议"在巴西福塔莱萨市召开，会议达成多项合作意向并推动在2020年正式建立圆桌会议长效合作机制。该会议由科技部与联合国拉美经济委员会、粮农组织拉美代表处和巴西农业部及塞阿拉州政府共同主办，是中拉农业科技创新合作交流的重要机制。

[12月18日　亚太经合组织中小企业工商论坛　综合]　2019年APEC中小企业工商论坛在深圳由中方主办。工信部副部长王江平、马来西亚企业发展部副部长拉姆里、印度尼西亚中小企业合作社与中小企业部副部长苏巴诺、菲律宾贸易和工业部副部长兰塔尤娜、墨西哥经济部生产发展副部长默科特祖玛等出席。

[12月21日　中日韩自贸区谈判会　自贸协定]　中日韩自贸区谈判首席谈判代表会间会在北京举行。商务部副部长兼国际贸易谈判副代表王受文与日本外务省国际贸易和经济特命全权大使香川刚广、韩国产业通商资源部部长助理吕翰九分率各方代表团出席。三方围绕货物贸易、服务贸易、投资和规则等重要议题深入交换了意见，取得积极进展，并就下步工作安排达成原则共识。

[12月22日　中日韩经贸部长会　贸易]　第12次中日韩经贸部长会在北京举行。中国商务部部长钟山、韩国产业通商和资源部长官成允

模、日本经济产业大臣梶山弘志共同主持会议。三方就区域经济一体化、地方合作、"中日韩+"、电子商务、互联互通、能源等领域合作深入交换意见，达成广泛共识。会前，钟山会见与会的韩、日经贸部长。会后，三国经贸部长共同会见记者，发表《第12次中日韩经贸部长会议联合新闻声明》。

[12月24日　中日韩工商峰会　综合]　国务院总理李克强在四川成都与韩国总统文在寅、日本首相安倍晋三共同出席第七届中日韩工商峰会并致辞。李克强指出，三方要共同努力提升区域经济一体化水平。韩日领导人表示，韩日愿同中方一道，致力于维护自由贸易，降低贸易壁垒，为彼此企业营造公平、公正、可预期的营商环境。三方要共同努力，争取RCEP早日签署，推进中日韩自贸区谈判。三国工商界和政府代表约800人出席峰会。

[12月24日　中日韩领导人会议　综合]　国务院总理李克强在成都与韩国总统文在寅、日本首相安倍晋三共同出席第八次中日韩领导人会议，就中日韩合作以及地区和国际问题交换看法。李克强就深化三国合作提出以下建议：夯实互信根基，维护合作大局；加强顶层设计，明确合作方向；加速自贸谈判，推动区域经济一体化；促进创新合作，打造新增长点。文在寅表示，韩方愿同各方一道，推进半岛无核化，维护半岛和平稳定。安倍晋三表示，日方致力于同中韩共同维护自由贸易和多边主义，维护公平、公正、非歧视的投资营商环境。本次会议发表了《中日韩合作未来十年展望》，通过了"中日韩+X"早期收获项目清单等成果文件。

◇◇ 三　中国全球经济外交

[1月13—14日　国际清算银行例会　金融]　中国人民银行行长易

纲在瑞士巴塞尔出席了国际清算银行行长例会，与会央行行长们主要讨论了全球经济金融形势以及宏观政策应对等问题。14日，易纲在例会期间与保加利亚国家银行行长迪米塔尔·拉德夫签署了《中国人民银行与保加利亚国家银行合作谅解备忘录》，旨在加强双方央行合作。

[1月16日　环球同业银行金融电信协会　金融]　北京市政府与环球同业银行金融电信协会（SWIFT）在北京签署合作备忘录。SWIFT将在京设立外商独资企业，从比利时总部承接中国区业务，为中国用户提供本地化的服务。

[1月17日—18日　二十国集团/金砖国家财政和央行副手会议　综合]　财政部副部长邹加怡出席在日本东京举行的二十国集团财政和央行副手会议。会议讨论了全球经济风险与挑战、增长框架、基础设施投资、国际金融架构、国际税收合作等议题。同日，邹加怡还出席了金砖国家财政和央行副手会议。

[1月23日　世界经济论坛　综合]　国家副主席王岐山出席达沃斯世界经济论坛2019年会并致辞。论坛主题是"全球化4.0：打造第四次工业革命时代的全球架构"。与会期间，王岐山会见了乌克兰总统波罗申科、奥地利总理库尔茨、国际货币基金组织总裁拉加德、世界经济论坛主席施瓦布等。

[1月25日　世界经济论坛　电子商务]　中国和76个世贸组织成员在达沃斯电子商务非正式部长级会议上签署《关于电子商务的联合声明》，启动电子商务议题谈判。中方认为，该谈判应有利于多边贸易，尊重发展中成员的合理诉求，在技术进步、商业发展与公共政策之间实现平衡，通过平等协商达成成果。

[2月10—11日　国际清算银行特别会　金融]　中国人民银行副行长郭树清在中国香港出席了国际清算银行特别行长会活动，活动包括央行行长与金融机构高管会议、亚洲顾问委员会、全球经济形势会等系列会

议。与会行长和金融机构高管主要讨论了全球经济形势、宏观政策、金融科技等议题。

[2月17—22日　金融行动特别工作组　金融]　中国人民银行副行长刘国强在巴黎参加了金融行动特别工作组第三十届第二次全会暨工作组会议。21日，全会讨论了反恐怖融资、内部治理改革、互评估等议题，决定修订新技术的释义，通过了中国反洗钱和反恐怖融资互评估报告。全会还决定继续暂缓对伊朗采取反制措施，通过了提升柬埔寨反洗钱和反恐怖融资工作的行动计划。此外，德国财政部高级官员马库斯·普莱耶将担任下一届工作组副主席。

[2月27日　中俄印外长会晤　综合]　国务委员兼外交部部长王毅和俄罗斯外长拉夫罗夫、印度外长斯瓦拉吉在乌镇共同举行中俄印外长第十六次会晤。王毅指出，三国应继续推动开放型世界经济，同时促进区域一体化进程的发展。拉夫罗夫和斯瓦拉吉表示，三国应借助多边平台加强在和平安全及经济发展等领域的协调合作。会后，三国发表了联合公报。

[3月10—11日　国际清算银行例会　货币]　中国人民银行副行长郭树清在巴塞尔出席了国际清算银行行长例会，参加了经济顾问委员会会议、全球经济形势会、全体行长会等系列会议。与会央行行长就全球经济金融形势以及宏观政策应对等问题进行了交流和探讨。

[3月20日　第二次联合国南南合作高级别会议　综合]　国务院副总理胡春华在布宜诺斯艾利斯出席第二次联合国南南合作高级别会议并发言。会议期间，胡春华还会见了联合国开发计划署署长施泰纳。

[4月1日—2日　新开发银行理事会　金融]　财政部部长刘昆在开普敦出席新开发银行第四届理事会年会。会议讨论了新开发银行战略实施和业务进展，并就新开发银行吸收新成员、创新融资模式、可持续发展融资等问题深入交换了意见。刘昆还分别会见了南非财长蒂托·姆博维尼和新开发银行行长卡马特。此外，财政部副部长许宏出席了"利用国际金融

基础设施促进可持续发展"理事研讨会。

[4月2日 国际液化天然气大会 能源] 国家能源局局长章建华在上海出席第十九届国际液化天然气大会。中方愿积极推动能源转型和清洁能源高效利用。期间，章建华分别会见了卡塔尔能源部长、石油公司总裁兼首席执行官萨阿德·谢里达·阿尔卡比，雪佛龙石油董事长兼首席执行官迈克·沃斯和国际燃气联盟候任主席、北京燃气集团董事长李雅兰。

[4月9—14日 国际货币基金组织、世界银行春季系列会、金砖国家财长及央行行长会议、国际货币与金融委员会会议 金融] 中国人民银行副行长陈雨露在华盛顿出席了国际货币基金组织/世界银行春季系列会。陈雨露会见了土耳其央行行长切廷卡亚、埃及央行行长阿梅尔、赞比亚央行行长卡亚亚、西非国家央行行长埃莫科·梅里埃·科内、南非央行副行长米尼莱以及有关国际组织负责人，就加强合作等事宜进行了交流。11日，陈雨露在华盛顿出席了金砖国家财长和央行行长会议，会议就新开发银行扩员、基础设施合作等议题交换意见。12—13日，陈雨露在华盛顿出席了第39届国际货币与金融委员会会议，会议主要讨论了全球经济金融形势与风险、全球政策议程和基金组织改革等议题。

[4月11日—13日 二十国集团财长和央行行长会议、世界银行和国际货币基金组织部长级会议 综合] 财政部部长刘昆、副部长邹加怡、央行副行长陈雨露在华盛顿出席二十国集团财长和央行行长会议。会议讨论了全球经济形势、全球失衡、老龄化、高质量基础设施、低收入国家债务、国际税收、国际金融架构、金融改革与创新等议题。11日—13日，刘昆先后会见了巴西经济部长盖德斯、意大利财长特里亚、卢森堡财长格拉美亚、印度尼西亚财长英卓华、俄罗斯第一副总理兼财长西卢阿诺夫、韩国副总理兼财长洪南基、英国财长哈蒙德、新加坡财长王瑞杰和欧盟委员会经济与金融事务委员莫斯科维奇。12日—13日，刘昆和邹加怡在华盛顿出席世界银行和国际货币基金组织第99届发展委员会会议并发言。

刘昆会见了世行新任行长马尔帕斯，中方愿加强贷款和知识、营商环境、减贫和多边开发融资等领域的合作。世界银行愿推广中国减贫经验，加强污染防治、绿色发展、应对气候变化等领域的合作。

[4月24日　国际货币基金组织研讨会　金融]　中国人民银行—国际货币基金组织第七次联合研讨会在北京召开，会议主题是"对外开放与竞争中性：国际经验及对中国的启示"。中国人民银行行长易纲还会见了国际货币基金组织总裁拉加德。双方讨论了全球经济金融形势、中国与国际货币基金组织合作等议题。易纲还会见了新开发银行行长卡马特，双方就加强金融合作等议题交换了意见。当日，中国人民银行副行长陈雨露也出席了研讨会，并会见了非洲开发银行高级副行长查尔斯·博马，双方就"一带一路"框架下合作等议题进行了交流。

[4月25日　"一带一路"国际合作高峰论坛　金融]　第二届"一带一路"国际合作高峰论坛资金融通分论坛在北京举行。财政部部长刘昆、中国人民银行行长易纲、中国银保监会主席郭树清、财政部副部长邹加怡出席会议。会议探讨了政策标准体系、可持续融资等议题。会后，财政部发布《"一带一路"债务可持续性分析框架》，联合8家多边开发机构设立多边开发融资合作中心，与9国的会计准则制定机构发起《"一带一路"国家关于加强会计准则合作的倡议》，并与日本、马来西亚等签署审计监管合作文件。当日，易纲会见了匈牙利央行行长杰尔吉·马托齐，双方就全球经济金融形势、中匈央行合作等议题交换了意见。随后，易纲会见了国际金融协会（IIF）总裁提姆·亚当斯，双方就IIF的工作、中国与IIF的合作及IIF在"一带一路"的作用交换了意见。此外，易纲会见了哈萨克斯坦阿斯塔纳国际金融中心（AIFC）总裁克里姆别托夫，双方就AIFC建设、中哈金融合作等议题交换了意见。随后，易纲会见了英国财政大臣哈蒙德，双方交流了中英金融合作以及中国金融改革与市场开放等议题。最后，易纲还会见了新加坡淡马锡公司首席执行官何晶，双方就

中国金融业开放和淡马锡在华投资动态交换了意见。当日，郭树清会见了金砖国家新开发银行行长瓦曼·卡马特，双方交流了相关议题。随后，郭树清会见了瑞士联邦主席兼财长于利·毛雷尔，双方就深化金融合作进行了交流，期间，双方签署了"代客境外理财业务监管合作换文"。最后，郭树清还会见了淡马锡首席执行长兼执行董事何晶，双方就新加坡等东盟国家宏观经济形势等议题进行交流。当日，中国人民银行副行长陈雨露在北京出席《"一带一路"绿色投资原则》签署仪式，27家金融机构出席。陈雨露还会见了欧洲复兴开发银行秘书长库阿托奇奥奇，双方讨论了在"一带一路"框架下加强第三方市场合作等议题。

[4月25日 "一带一路"国际合作高峰论坛 基础设施、能源]
第二届"一带一路"国际合作高峰论坛设施联通分论坛在北京举行。论坛围绕构建综合交通通道、促进运输便利化、提高安全智能水平、共建能源合作伙伴关系、畅通信息通道等领域进行交流研讨。国家能源局局长章建华出席会议并讲话。章建华指出，能源合作是共建"一带一路"的重点领域。6年来，中国与有关国家、国际和地区组织新建双多边能源合作机制近40项，签署能源合作文件100余份，与阿盟、东盟、非洲和中东欧国家合作建立4大区域能源合作中心。

[4月25日 "一带一路"国际合作高峰论坛 环境] 第二届"一带一路"国际合作高峰论坛绿色之路分论坛在北京召开。工信部部长苗圩、国家发展改革委党组成员、秘书长丛亮与副秘书长苏伟出席会议。苗圩提出，各方应加强绿色发展政策对接，拓展绿色发展合作领域，加快绿色发展能力建设，引领和支撑"一带一路"绿色发展。会上，国家发展改革委与联合国开发计划署、联合国工业发展组织、联合国亚洲及太平洋经济社会委员会等国际组织联合发起了绿色高效制冷行动倡议和绿色照明行动倡议。国家发展改革委国际合作中心、中国施工企业管理协会等28家机构和企业联合发起了绿色走出去行动倡议。

[4月25日 "一带一路"国际合作高峰论坛 数字经济] 第二届"一带一路"国际合作高峰论坛"数字丝绸之路"分论坛在北京召开,国家发展改革委副主任林念修、国家互联网信息办公室副主任杨小伟出席论坛。论坛围绕数字技术创新、数字基础设施建设、网络空间治理、数字经济合作等展开讨论。

[4月26日 "一带一路"国际合作高峰论坛 "一带一路"] 国家主席习近平在北京出席第二届"一带一路"国际合作高峰论坛开幕式,并发表主旨演讲。习近平主席指出,我们要秉持共商共建共享原则,坚持开放、绿色、廉洁理念,努力实现高标准、惠民生、可持续目标,推动"一带一路"高质量发展。该论坛是"一带一路"框架内最高规格的国际合作平台。本论坛由开幕式、领导人圆桌峰会、高级别会议、专题分论坛、企业家大会等系列活动组成。来自150多个国家和90多个国际组织近5000名外宾出席本届高峰论坛。

国务院副总理韩正主持高级别会议并致辞。希腊总理齐普拉斯,泰国总理巴育,埃塞俄比亚总理阿比,柬埔寨首相洪森,新加坡总理李显龙,白俄罗斯总统卢卡申科,菲律宾总统杜特尔特,缅甸国务资政昂山素季,巴布亚新几内亚总理奥尼尔,肯尼亚总统肯雅塔,尼泊尔总统班达里,塔吉克斯坦总统拉赫蒙,吉布提总统盖莱,阿塞拜疆总统阿利耶夫,老挝国家主席本扬,瑞士联邦主席毛雷尔,国际货币基金组织总裁拉加德,法国总统特别代表、外长勒德里昂,英国首相特别代表、财政大臣哈蒙德,日本首相特使二阶俊博,德国政府和总理代表、经济和能源部长阿尔特迈尔,西班牙首相代表、外交大臣博雷利,欧盟委员会主席特别代表、欧委会副主席谢夫乔维奇,世界银行首席执行官格奥尔基耶娃,世界经济论坛主席施瓦布等25位外国领导人、高级代表和国际组织负责人先后致辞。

[5月7日 巴黎论坛 金融] 巴黎论坛主权债务高级别会议在法国巴黎举行。会议围绕发展融资和债务可持续性,主要就应对低收入国家

债务脆弱性、提供公平和可持续的基础设施融资、在具有挑战的金融条件下确保债务可持续性等问题进行了讨论。财政部副部长邹加怡出席会议。

[5月12至13日　国际清算银行　金融]　中国人民银行行长易纲在瑞士巴塞尔出席了国际清算银行行长例会，出席了银行业务与风险管理委员会、新兴经济体行长会、经济顾问委员会会议、全球经济形势会和董事会等系列会议，与会央行行长们就全球经济金融形势以及宏观政策应对等问题进行了交流和研讨。

[5月13—14日　世界贸易组织　综合]　世贸组织发展中成员小型部长级会议在印度新德里举行。商务部部长助理任鸿斌代表钟山部长出席会议并发言。任鸿斌指出，中方呼吁各方积极参与世贸组织有关讨论进程，早日启动上诉机构遴选程序。中方愿在继续推动多哈回合剩余议题谈判的同时，以开放、包容、透明的方式推动电子商务等联合倡议讨论。会议期间，任鸿斌还与世贸组织总干事阿泽维多，以及南非、印度、巴西等部分成员部长或代表举行了双边会谈。会议结束时发表了题为《共同努力加强世贸组织推动发展和包容》的成果文件。

[5月18日　中国中部投资贸易博览会　投资贸易]　第十一届中国中部投资贸易博览会在南昌开幕。国务院副总理胡春华出席开幕式并发表主旨演讲。胡春华指出，中国政府支持中部地区抓住新一轮高水平对外开放的机遇，积极推动共建"一带一路"，加强重大基础设施建设，加快产业转型升级，进一步改善营商环境。胡春华强调，中国将继续坚定不移地深化改革扩大开放，促进贸易和投资自由化便利化，致力于为外资企业提供更加公平透明的竞争环境。胡春华在开幕式前会见了来华出席中博会的老挝副总理宋迪·隆迪，并于当日下午在南昌主持召开了外商投资企业座谈会。

[5月22日　上海合作组织外长理事会　综合]　国务委员兼外交部部长王毅在吉尔吉斯斯坦首都比什凯克出席上海合作组织成员国外长理事

会会议。王毅就下一阶段深化上海合作组织合作提出以下建议：一要加强团结互信，加大相互支持。二要深化安全合作，筑牢安全屏障。三要拓展务实合作，补齐发展短板。四要加强交流互鉴，促进民心相通。五要展现国际担当，扩大上海合作组织影响。与会期间，王毅分别会见了印度外长斯瓦拉吉、俄罗斯外长拉夫罗夫、乌兹别克斯坦外长卡米洛夫、巴基斯坦外长库雷希、吉尔吉斯斯坦外长艾达尔别科夫、哈萨克斯坦外长阿塔姆库洛夫、塔吉克斯坦外长穆赫里丁。

[5月28日　中国国际服务贸易交易会全球服务贸易峰会　综合]
2019年中国国际服务贸易交易会全球服务贸易峰会在北京举行。国务院副总理胡春华出席峰会并发表主旨演讲。胡春华强调，中国政府把加快发展现代服务业、扩大服务业对外开放作为重要内容，推动服务业和服务贸易发展取得积极进展。中方愿与各方一道，积极推动"一带一路"框架下的服务贸易合作。尼日尔总统穆罕默杜·伊素福、瓦努阿图总理夏洛特·萨尔维分别在峰会上致辞。

[5月29日　中国电子商务大会　电子商务]　2019中国电子商务大会在北京国家会议中心开幕。本届大会首次由商务部和北京市人民政府共同主办，以"数据驱动开放融合"为主题，围绕电子商务发展趋势、融合交流、"丝路电商"国际合作等热点话题展开探讨。《中国电子商务报告（2018）》在开幕式上得以发布。商务部部长助理李成钢指出，我国高度重视电子商务发展，出台了一系列政策措施，下一步，将以全面推动电子商务高质量发展为目标，把握健康发展、融合发展、普惠发展、开放发展四个方向，促进电子商务提质扩容。

[6月3日　"一带一路"陆海联动发展论坛　陆海合作]　国家国际发展合作署副署长邓波清在重庆出席由"一带一路"智库合作联盟与重庆市人民政府共同主办的"一带一路"陆海联动发展论坛。论坛主题为"共创陆海联动发展新未来"，来自30多个国家的政党政要、智库学者及

企业界人士出席会议。会议期间，与会代表就"一带一路"框架下的陆海联动发展达成广泛共识，并通过了《重庆倡议》。

[6月4—5日　中国环境与发展国际合作委员会2019年年会　综合]　国务院副总理、中国环境与发展国际合作委员会主席韩正在浙江省杭州市出席国合会2019年年会并讲话。本次年会以"新时代：迈向绿色繁荣新世界"为主题。国务院副总理韩正5日出席在浙江省杭州市举行的2019年世界环境日全球主场活动，宣读习近平主席的贺信并发表主旨讲话。

[6月8—9日　二十国集团财长和央行行长会　金融]　中国人民银行行长易纲在日本福冈出席二十国集团财长和央行行长会议，会议主要讨论了全球经济形势与风险、老龄化、国际金融架构、基础设施投资、金融部门改革和全球失衡等议题。9日，易纲行长会见了英国财政大臣哈蒙德、美国财长史蒂文·姆努钦和瑞士央行行长托马斯·乔丹。9日，易纲行长还与一同出席会议的泰国央行行长维拉泰·桑蒂普拉霍在日本福冈签署中泰金融科技合作协议，旨在加强双方在金融科技领域的创新和联合研究、信息分享及监管合作。

[6月8—9日　二十国集团贸易部长会　贸易]　二十国集团（G20）贸易部长会议在日本筑波召开，其间与同期召开的数字经济部长会议举行了联席会议。本次会议重点围绕全球贸易发展、优化营商环境、贸易投资与可持续和包容增长、世贸组织改革、贸易与数字经济等议题展开讨论，会后发表了联合声明，为6月底G20领导人大阪峰会做了经贸方面准备。与会各方一致表示将共同优化营商环境，积极构建自由、开放、公平、非歧视、透明、可预见、稳定的贸易投资环境，维护市场开放，建设性地开展世贸组织必要改革。同时，各方将加强贸易与数字经济的联动，积极开展电子商务能力建设和务实合作。王受文指出，中方支持对世贸组织进行必要改革，鼓励各方抢抓数字经济带来的机遇，积极开展数字互联互通和能力建设，帮助弱势群体和中小企业提高参与数字经济的能

力，共享数字红利。中国欢迎各成员参加第二届中国国际进口博览会。会议期间，王受文与部分成员代表团团长及世贸组织总干事举行会谈会见。

[6月20日　全球首席执行官委员会　综合]　国务院总理李克强在北京会见来华出席"全球首席执行官委员会"第七届圆桌峰会的知名跨国公司负责人，并同他们座谈。

[6月30日　国际清算银行股东会　金融]　中国人民银行行长易纲在瑞士巴塞尔出席国际清算银行（BIS）第89次股东大会。BIS股东大会听取了BIS管理层的工作汇报，通过了财务报告和利润分配等决议。与会央行行长们在多场会议上就全球经济金融形势以及宏观政策应对等问题进行了交流和研讨。

[7月2日　达沃斯论坛　综合]　国务院总理李克强在大连出席2019年夏季达沃斯论坛开幕式并发表特别致辞。世界经济论坛主席施瓦布和保加利亚总统拉德夫、孟加拉国总理哈西娜、格鲁吉亚总理巴赫塔泽等政要，以及来自100多个国家和地区的各界代表1900余人与会。

[7月26日　金砖国家外长会　综合]　国务委员兼外交部部长王毅在巴西出席金砖国家外长正式会晤。会晤由巴西外长阿劳若主持，俄罗斯外长拉夫罗夫、南非外长潘多尔和印度外交国务部长辛格出席。此次外长会晤的主要任务是为将于11月在巴西利亚举行的金砖国家领导人会晤作准备。会晤后发表了《新闻公报》。7月26日，国务委员兼外交部部长王毅在巴西出席金砖国家外长正式会晤期间会见俄罗斯外长拉夫罗夫。

[8月7日　联合国　争端解决]　商务部部长助理李成钢率领中国政府代表团在新加坡出席《联合国关于调解所产生的国际和解协议公约》（简称《新加坡调解公约》）签署仪式。67个国家和地区的代表团参加了签署仪式，包括中国、美国、韩国、印度、新加坡、哈萨克斯坦、伊朗、马来西亚、以色列等在内的46个国家签署了公约。新加坡总理李显龙在致辞中表示，《新加坡调解公约》在诉讼、仲裁之外，进一步健全了国际

商事争议解决的调解制度。联合国秘书长古特雷斯在祝贺视频中表示，《新加坡调解公约》强化了商事争议解决方面的国际法治规则，凸显了多边主义的价值。联合国负责法律事务的助理秘书长史蒂芬·马蒂亚斯表示，《新加坡调解公约》将促进调解制度发展，促进商事主体解决纠纷，保持良好关系，从而促进国际贸易发展。

[8月14日　金砖国家通信部长会　科技]　第五届金砖国家通信部长会议在巴西首都巴西利亚举行，工业和信息化部副部长陈肇雄率团出席。会议通过了《巴西利亚宣言》，明确了金砖国家未来网络研究院职责范围，在鼓励利益攸关方参与金砖国家信息通信领域合作，深化设施互联互通、数字技术创新、数字化转型、数字治理等多领域务实合作，以及建立数字金砖任务组等方面达成共识。

[8月15日　金砖国家环境部长会　农业]　第五次金砖国家环境部长会议于在巴西圣保罗召开，会议主题为"城市环境管理对提高城市生活质量的贡献"。会议由巴西环境部长里卡多·萨列斯主持，中国生态环境部副部长黄润秋，俄罗斯自然资源与生态部部长科贝尔金，印度环境、森林与气候变化部部长普拉卡什·贾瓦德卡和南非环境、森林与渔业部长芭芭拉·克里西出席会议。会议探讨了海洋垃圾、固废管理、大气质量、环境卫生与水质、污染场地修复等与城市环境管理相关的事项。

[8月26日　中国国际智能产业博览会　综合]　国务院副总理刘鹤出席第二届中国国际智能产业博览会，在开幕式上宣读习近平主席的贺信并讲话。中共中央政治局委员、重庆市委书记陈敏尔出席活动。

[9月7—9日　国际清算银行行长会　金融]　国际清算银行在瑞士巴塞尔召开行长例会。期间，中国人民银行行长易纲出席了金融稳定圆桌会、金融稳定学院咨询委员会会议、新兴经济体行长会、经济顾问委员会会议、全球经济形势会、行长会和董事会等系列会议，与会央行行长们就全球经济金融形势以及宏观政策应对等问题进行了交流。

[9月10日 布雷顿森林体系委员会 金融] 中国人民银行行长易纲在马德里出席由西班牙央行和重建布雷顿森林体系委员会联合举办的研讨会,并就中国的国际收支和资本账户开放发表主旨演讲。多国央行的高级代表出席会议,并就新技术时代全球失衡和资本流动进行了深入讨论。

[9月10日 全球适应委员会圆桌会 气候变化] 全球适应委员会高级别圆桌会议在京举行。全球适应委员会委员、生态环境部部长李干杰出席会议并作主旨发言。全球适应委员会主席、联合国前秘书长潘基文出席会议并讲话。全球适应委员会由荷兰发起并于2018年10月成立,目前有包括中国在内的20个国家作为联合发起国,由34位在全球拥有重要影响力和广泛声誉的人士担任委员。

[9月11日 世界电信展会 科技] 工业和信息化部副部长陈肇雄率团出席在匈牙利布达佩斯召开的2019世界电信展,大会以"共同创新:互联互通"为主题。陈肇雄还与沙特阿拉伯通信和信息技术部部长阿卜杜拉·斯瓦哈、津巴布韦信息通信和邮政部部长卡赞贝、索马里邮政与通信技术部部长阿卜迪·安舒尔·哈桑、匈牙利创新和科技部国务秘书拉斯洛·乔治分别会谈,就5G、数字经济等话题交换了意见,并就双方下一步合作达成了广泛共识。陈肇雄和卡赞贝分别代表中国工信部与津巴布韦信息通信和邮政部签署《关于加强信息通信技术领域合作的谅解备忘录》。

[9月16—20日 国际原子能机构大会 能源] 国际原子能机构第63届大会在奥地利维也纳举行,中国生态环境部副部长、国家核安全局局长刘华出席大会,并参加相关活动。大会期间,刘华与国际原子能机构代理总干事费卢塔先生、副总干事胡安·卡洛斯·伦蒂霍、杨大助分别举行了工作会谈,就深化双方合作交换了意见,签署了核与辐射安全领域合作协议。刘华还分别会见了经合组织核能署副总干事丹尼尔·伊拉卡纳以及美国、加拿大、韩国、阿拉伯联合酋长国、越南等国核安全监管当局负责人,就共同关心的核安全问题交换了意见。

[9月20日 世界制造业大会 科技] 国务委员王勇出席会议,宣读习近平主席贺信并讲话。工业和信息化部副部长王志军出席会议并做主旨发言。大会以"创新创业创造,迈向制造业新时代"为主题,以"国家级、世界性、制造业"为亮点。

[9月20日 金砖国家科技创新部长会 科技] 第七届金砖国家科技创新部长级会议在巴西圣保罗州坎皮纳斯市举行。中国科技部副部长黄卫,巴西科技创新和通信部部长马科斯·庞特斯,俄罗斯科学与高等教育部副部长格里戈里·特鲁布尼科夫,印度科技部部长哈什·瓦尔登,南非科学与创新部副部长布蒂·马纳梅拉出席。会议重点讨论了金砖国家科技创新政策和优先发展领域的进展、科技创新框架计划等议题,并发表了《坎皮纳斯宣言》和《金砖国家科技创新工作计划(2019—2022年)》。与会各方都表示加强科技创新合作。

[9月24日 中国环境与发展国际合作委员会 气候变化] 中国环境与发展国际合作委员会(简称"国合会")暨"一带一路"绿色发展国际联盟(简称"联盟")圆桌在纽约召开。此次会议由国合会秘书处、联盟秘书处、美国环保协会、世界资源研究所、世界自然基金会共同主办,以"气候协同治理与联合国2030年可持续发展议程"为主题。中国气候变化事务特别代表解振华出席会议并作开幕致辞。

[9月25—26日 金砖国家农业部长会 农业] 第九届金砖国家农业部长会议在巴西博尼托召开,中国农业农村部副部长张桃林率团出席会议并做主旨发言。与会各方围绕主题"促进创新和行动,强化粮食生产系统的新解决方案"进行深入交流,并发表了《第九届金砖国家农业部长会议共同宣言》。

[9月26日 金砖国家外长会 综合] 国务委员兼外交部部长王毅在纽约联合国总部出席金砖国家外长会晤。王毅表示,我们要全方位提升金砖合作的水平,平衡推进经贸财金、政治安全、人文交流"三轮驱动"

合作,继续就重大国际和地区问题共同发声,释放维护国际公平正义的积极信号。各方表示将继续共同努力,支持巴西成功举办金砖国家领导人会晤,确保会晤取得积极成果。会晤通过了《金砖国家外长会晤新闻公报》。

[9月27日　联合国　综合]　国务委员兼外交部部长王毅在纽约联合国总部出席第74届联合国大会一般性辩论,并发表题为《今日之中国,世界之中国》的讲话。王毅表示,发展是解决一切问题的总钥匙,应当将发展问题置于全球宏观政策框架的核心位置。维护以南北合作为主渠道、南南合作为补充的全球发展合作格局,积极构建开放型世界经济。联合国大会期间,王毅还同韩国、印度、巴拿马、法国、希腊、意大利、沙特阿拉伯、马拉维、日本、阿拉伯联合酋长国等国的外长进行会晤。

[10月9日　中国北京世界园艺博览会　综合]　2019年中国北京世界园艺博览会闭幕式在北京延庆隆重举行。国务院总理李克强出席闭幕式并致辞。

[10月11日—15日　卡内基集团科技部长会议　科技]　科技部部长王志刚出席在德国德累斯顿的第47届卡内基集团科技部长会议,讨论了抗生素耐药性、科技合作中的诚信与开放科学的问题。并与德国、南非、日本及俄罗斯的部长或大臣举行双边会晤。同德国联邦教研部部长安娅·卡利切克会晤期间,双方对气候变化问题交换意见。14日,王志刚在德国柏林出席了中德科技创新合作大会与"中德科学与合作"座谈会。15日,王志刚在德国柏林会见了德国联邦交通和数字化基础设施部部长安德烈亚斯·邵伊尔,加强在交通科技领域全产业链创新合作并续签了合作声明。

[10月17日　金砖国家财长和央行行长会　金融]　金砖国家举行了财长和央行行长会议,就新开发银行扩员、跨境支付清算系统、2020年金砖财金合作议程等问题交换意见。财政部副部长邹加怡出席会议,人

民银行副行长陈雨露出席会议。会议期间,陈雨露参加了金砖国家应急储备安排理事会,会议就应急储备安排第二次演练以及进一步完善应急储备安排机制进行了探讨。16日至19日,陈雨露还应约会见了法国财政部副部长奥蒂尔·雷诺—巴索、日本财政部副部长武内良树、卡塔尔央行行长阿卜杜拉·阿勒萨尼以及沙特阿拉伯金融管理局副总裁图尔基·穆泰里,就双边金融合作、亚洲区域金融合作、G20下的协调及其他双方共同关心的话题交换了意见。

[10月17—18日　二十国集团财长和央行行长会　金融]　二十国集团(G20)财长和央行行长会议在美国华盛顿举行。会议主要就全球经济形势、基础设施和发展、国际税收、2020年G20财金渠道重点工作等议题进行讨论。财政部副部长邹加怡出席上述会议。

中国人民银行行长易纲、副行长陈雨露出席了部长级和副手级会议。

[10月17—18日　金砖国家国家安全事务高级代表会　综合]　中央外事工作委员会办公室主任杨洁篪率团在巴西利亚出席第九次金砖国家安全事务高级代表会议。会议是为11月金砖国家领导人会晤进行政治准备。巴西总统博索纳罗会见了各代表团团长。杨洁篪表示,面对世界百年未有之变局,金砖国家必须加强团结,巩固政治安全、经贸财金、人文交流"三轮驱动"合作,要奉行开放包容的合作理念,推动"金砖+"合作模式,打造开放多元的伙伴网络,要高举多边主义旗帜。会议期间,杨洁篪分别会见了俄罗斯、巴西、印度和南非代表团团长。

[10月18日　国际货币基金组织/世界银行年会　金融]　中国人民银行行长易纲在参加国际货币基金组织/世行年会期间,应邀出席了在美国华盛顿举行的可持续金融国际平台启动仪式并致辞。启动仪式前,易纲会见了欧盟委员会执行副主席东布罗夫斯基斯,就加强绿色金融国际合作等议题交换了意见。年会期间,易纲会见了国际货币基金组织总裁格奥尔基耶娃。双方主要讨论了全球经济金融形势、中国与国际货币基金组织合

作等问题。陈雨露参加了会见。

[10月18—19日　国际货币与金融委员会会议　金融]　第40届国际货币与金融委员会（IMFC）会议在美国华盛顿召开，会议主要讨论了全球经济金融形势与风险、全球政策议程和基金组织改革等议题。中国人民银行行长易纲、副行长陈雨露出席会议。

[10月19日　国际货币基金组织/世界银行部长会　金融]　世界银行集团（以下简称世行）和国际货币基金组织（以下简称基金组织）在美国华盛顿举行了第100届发展委员会部长级会议。财政部副部长邹加怡作为世行中国副理事出席会议并发言。会议期间，邹加怡还应约会见了世行行长马尔帕斯、英国国际发展部常务秘书里克罗夫克、亚洲开发银行副行长艾哈迈德·萨义德等，应邀出席了国际开发协会专题活动并致辞。

[10月19日　跨国公司领导人青岛峰会　综合]　国务院副总理韩正出席在山东青岛举行的跨国公司领导人青岛峰会开幕式，宣读习近平主席的贺信并致辞。韩正表示，欢迎跨国公司深化在中国投资，中国进一步放宽外商投资准入，全面深入实施准入前国民待遇加负面清单管理制度，加强知识产权保护，将为跨国公司投资创造越来越好的营商环境。

[10月19日　世界VR产业大会　综合]　2019世界VR产业大会开幕式在江西南昌举行，国务院副总理刘鹤出席并讲话。刘鹤表示，新一轮中美经贸磋商取得实质性进展，为签署阶段性协议奠定了重要基础。

[10月21—22日　太原能源低碳发展论坛　综合]　国务院副总理韩正21日在山西太原集体会见出席2019年太原能源低碳发展论坛的主要外宾。韩正表示，中国政府愿同各方深化合作，为促进绿色增长、建设美丽世界、推进构建人类命运共同体做出更大贡献。22日，韩正出席2019年太原能源低碳发展论坛开幕式，宣读习近平主席贺信并发表主旨演讲。捷克前总理索博特卡、联合国副秘书长刘振民在开幕式上致辞。本次论坛的主题是"能源革命，国际合作"，来自20余国和多个国际组织800余位

代表出席。

[10月22日　世界互联网大会　科技]　工业和信息化部副部长陈肇雄在乌镇出席第六届世界互联网大会，大会主题是"智能互联、开放合作——携手共建网络空间命运共同体"。同日，陈肇雄会见了国际电联副秘书长马尔科姆·琼森，就人工智能、电信普遍服务和中小企业参与国际组织合作进行交流。

[10月23日　国际可再生能源大会　能源]　第八届国际可再生能源大会在韩国首尔召开，国家能源局副局长刘宝华出席会议。会上，刘宝华介绍了中国可再生能源政策和产业发展情况，并与各国参会代表探讨中国与各国在可再生能源领域的合作前景和潜力。

[11月4—8日　《蒙特利尔议定书》缔约方大会　环境]　《关于消耗臭氧层物质的蒙特利尔议定书》第31次缔约方大会在意大利罗马召开。生态环境部副部长赵英民率由生态环境部和外交部组成的中国政府代表团出席会议。会议就四氯化碳排放、蒙特利尔议定书多边基金增资研究工作大纲、三氯一氟甲烷（CFC-11）排放意外增长等议题进行讨论并形成相关决议。

[11月5日　中国国际进口博览会　综合]　工业和信息化部副部长王志军在上海出席第二届中国国际进口博览会，参加"人工智能与创新发展"分论坛、"2019智能科技与产业国际合作论坛"等活动。王志军分别与斯洛伐克副总理莱希、克罗地亚经济、中小企业和手工业部部长霍尔瓦特举行会谈，就数字经济、信息通信技术、中小企业等领域合作交换意见。

[11月5日　世界贸易组织小型部长会议　贸易]　世界贸易组织小型部长会议在上海举行。与会部长或部长代表表示，应坚定支持以规则为基础的多边贸易体制，发挥国际贸易对经济增长、创造就业和可持续发展的引擎作用，并支持对世贸组织进行必要改革。会前，各部长共同发表联

合声明。声明提出,投资便利化议题工作目标是制定多边规则框架,为跨境投资创造更加透明、高效和可预测的环境,各方将致力于在世贸组织第12届部长会上取得具体成果。

[11月5—10日 中国国际进出口博览会 贸易] 第二届中国国际进口博览会在上海国家会展中心开幕。国家主席习近平出席开幕式并发表题为《开放合作 命运与共》的主旨演讲,强调各国要以更加开放的心态和举措,共建开放合作、开放创新、开放共享的世界经济,重申中国开放的大门只会越开越大,中国坚持以开放促改革、促发展、促创新,持续推进更高水平的对外开放。随后,法国总统马克龙、希腊总理米佐塔基斯、牙买加总理霍尔尼斯、塞尔维亚总理布尔纳比奇、意大利外长迪马约、世贸组织总干事阿泽维多分别致辞。他们高度评价中国举办第二届进博会。通过中国国际进口博览会的战略平台,7日,第十届中国国际肉类大会、2019中国进口食品行业峰会在上海召开;8日,第二届全球乳业合作论坛也在上海召开。

[11月10日—11日 国际清算银行行长会 金融] 国际清算银行在瑞士巴塞尔召开行长例会,中国人民银行行长易纲出席了银行业务与风险管理委员会、经济顾问委员会会议、全球经济形势会、行长会和董事会等系列会议,与会央行行长们就全球经济金融形势以及宏观政策应对等问题进行了交流。

[11月11日 金砖国家经贸部长会 经贸] 第九次金砖国家经贸部长会议在巴西首都巴西利亚举行。商务部副部长兼国际贸易谈判副代表王受文代表钟山部长出席会议并发言。本次会议重点讨论了全球经济形势、推进金砖经贸务实合作及多边立场协调等议题,并发表联合公报,就投资便利化、电子商务、知识产权及中小企业合作等达成了一系列积极共识,为即将举行的金砖国家领导人巴西利亚会晤准备了经贸成果。会议期间,金砖五国贸易和投资促进机构代表还共同签署了合作谅解备忘录。

[11月11日　证监会国际委员会　证券]　国务院副总理刘鹤会见来京出席证监会国际顾问委员会会议的委员及嘉宾。刘鹤表示，此次顾问委员会会议召开具有很强针对性，希望委员们发挥专业优势，为中国资本市场深化改革开放建言献策。顾问委员会主席霍华德·戴维斯和委员们就完善公司治理、吸引长期资本和机构投资者、处理好开放和监管关系等提出了相关建议。

[11月12—14日　国际核能合作框架系列会议　能源]　国家能源局副局长刘宝华率团赴美国华盛顿出席国际核能合作框架系列会议暨小堆全球部长级会议，并会见经合组织核能署署长迈克伍德。

[11月13—14日　金砖国家领导人会议　综合]　金砖国家领导人第十一次会晤在巴西首都巴西利亚举行。巴西总统博索纳罗主持会晤。中国国家主席习近平、俄罗斯总统普京、印度总理莫迪、南非总统拉马福萨出席。习近平发表题为《携手努力共谱合作新篇章》的重要讲话，强调金砖国家要展现应有责任担当，倡导并践行多边主义，营造和平稳定的安全环境；把握改革创新的时代机遇，深入推进金砖国家新工业革命伙伴关系；促进互学互鉴，不断拓展人文交流广度和深度。中国将坚持扩大对外开放，推进高质量共建"一带一路"，努力推动构建亚太命运共同体和人类命运共同体。当天，金砖国家领导人还举行闭门会议，会晤发表了《金砖国家领导人第十一次会晤巴西利亚宣言》。

11月13日，金砖国家工商论坛闭幕式在巴西利亚举行。14日，金砖国家领导人同金砖国家工商理事会和新开发银行对话会在巴西利亚举行，五国领导人共同出席。会议期间，国家主席习近平在巴西利亚分别会见南非总统拉马福萨、俄罗斯总统普京、印度总理莫迪、巴西总统博索纳罗。

[11月21—22日　创新经济论坛　创新发展]　国家副主席王岐山在北京出席2019年创新经济论坛开幕式并致辞。王岐山表示，创新是引领发展的第一动力，要聚焦发展这个根本，坚持创新驱动、协同联动、公

平包容，打造开放共赢的合作模式和平衡普惠的发展模式，让世界各国人民共享经济全球化发展成果。出席论坛期间，王岐山还会见了美国前财政部长鲍尔森等与会嘉宾。创新经济论坛于2018年创立。600余位外国政府官员、前政要和中外企业家等出席本届论坛。

22日，国家主席习近平在北京会见出席2019年"创新经济论坛"外方代表。习近平主席指出，创新是当今时代的重大命题，中美等国都是创新大国，中国愿意和包括美国在内的世界各国开展创新合作。美国前国务卿基辛格、美国前财长保尔森、埃及旅游部部长马沙特、日本前外相川口顺子、瑞士信贷集团全球首席执行官谭天忠等外方代表先后发言。大家赞赏习近平主席提出的"一带一路"倡议，愿积极参与共建"一带一路"。

[11月21日 "1+6"圆桌对话会 综合] 国务院总理李克强在北京同世界银行行长马尔帕斯、国际货币基金组织总裁格奥尔基耶娃、世界贸易组织副总干事沃尔夫、国际劳工组织总干事莱德、经济合作与发展组织秘书长古里亚和金融稳定理事会主席夸尔斯举行第四次"1+6"圆桌对话会。会议围绕"促进世界经济开放、稳定、高质量增长"的主题，就世界经济前景与应对措施、推进全球治理改革等议题深入交流。

[11月22—23日 优化营商环境高级别国际研讨会 投资] 财政部、北京市政府与世界银行在京联合主办优化营商环境高级别国际研讨会。研讨会以"更好的营商环境、更有活力的中国和全球经济"为主题。总理李克强向会议发来贺信，财政部部长刘昆致开幕词，国务院常务副秘书长丁学东，北京市委常委、副市长殷勇等出席会议。财政部副部长邹加怡主持开幕式。本次研讨会邀请了世界银行以及来自英国、新西兰、日本、俄罗斯、越南、蒙古、老挝等10多个国家的代表和专家，中国国家有关部门和来自全国31个省区市相关负责人共约350人参会。

[11月23日 二十国集团外长会 综合] 国务委员兼外交部部长王毅在日本名古屋出席二十国集团外长会。王毅表示，面对当前经济下行

危机，我们要积极行动起来。一是要坚持多边主义，摒弃单边主义和保护主义。二是要坚持开放融合，促进贸易投资自由化便利化。三是要坚持公平公正，推进国际金融体系改革。四是要坚持平衡包容，为实现可持续发展创造条件。中方支持二十国集团将非洲议题置于长期优先位置，更好实现非洲自主可持续发展。此外，王毅在出席二十国集团外长会期间分别会见俄罗斯外长拉夫罗夫、智利外长里韦拉、加拿大外长商鹏飞、日本爱知县知事大村秀章和荷兰外交大臣布洛克。

[12月2—13日　联合国气候变化大会　气候变化]　2019年联合国气候变化大会在西班牙首都马德里举行。大会期间，中国代表团团长、生态环境部副部长赵英民参会并与各国代表交换意见。12月11日，应对气候变化南南合作高级别论坛在"中国角"举办。中国代表团团长、生态环境部副部长赵英民，智利总统高级顾问安德烈斯·兰德雷切，联合国经济与社会事务部副秘书长刘振民，联合国粮农组织总干事屈冬玉，联合国秘书长南南合作特使、联合国南南合作办公室主任豪尔赫·切迪克出席论坛并致辞。

[12月3日　从都国际论坛　一带一路]　国家主席习近平在北京会见出席"2019从都国际论坛"外方嘉宾。习近平主席介绍了中国治国安邦之路和对当前国际形势的看法。外方嘉宾表示，世界需要坚持多边主义，完善全球治理，构建更加公平、公正、多元化的国际秩序，各方愿同中方一道，坚持多边主义，共建"一带一路"。

[12月5—6日　国际能源署能源部长会　能源]　国家能源局副局长林山青率团赴法国巴黎出席国际能源署能源部长级会议。会议期间，林山青会见了国际能源署署长法蒂·比罗尔并共同签署《中国国家能源局—国际能源署三年合作计划》。林山青还应约会见了国际能源署副署长保罗·西蒙斯和丹麦气候、能源与能效事务部副常秘安德斯·霍夫曼。

[12月16日　亚欧外长会议　多边主义]　国务委员兼外交部部长

王毅在马德里出席第十四届亚欧外长会议，在全会作引导性发言。王毅指出，亚欧各国应在捍卫多边主义上作表率，维护以世界贸易组织为基石的多边贸易体制。明年中国将承办联合国第二届全球可持续交通大会，我们希望以此为契机，为促进亚欧地区乃至全球互联互通与共同发展做出新贡献。15—16日，国务委员兼外交部部长王毅在马德里出席亚欧外长会议期间分别会见挪威外交大臣瑟雷德、哈萨克斯坦外长特列乌别尔季、菲律宾外长洛钦、印度尼西亚外长蕾特诺。

［12月8—10日　世界银行全球储备管理高峰论坛　金融］　中国人民银行与世界银行在北京共同主办全球储备管理高峰论坛。来自全球40多家央行、国际组织、学术机构和金融机构的100余位高级代表参会。会议围绕全球金融市场、人民币国际化、金融科技和公共资产管理等议题展开深入讨论。中国人民银行行长易纲、副行长潘功胜出席论坛有关活动。

［12月22日　"一带一路"资委会　综合］　中央外事工作委员会办公室主任杨洁篪在北京集体会见出席"一带一路"国际合作高峰论坛咨询委员会第二次会议的咨委会委员。

# 第六部分

中国经济外交相关事件

[1月14日 柬埔寨 交通] 由中国承建的柬埔寨金边第三环线公路开工仪式在金边举行。柬埔寨首相洪森、中国驻柬埔寨大使王文天出席仪式。

[1月28日 美国 华为] 美国司法部就华为公司提起13项指控，包括银行欺诈、阴谋电汇欺诈、违反《国际紧急状态经济权力法》、盗窃T-Mobile的贸易机密等。检方指控孟晚舟以欺诈方式就华为在伊朗的生意误导美国银行，华为利用在香港的空壳公司向伊朗出口不符合美国制裁的设备。同日，美国向加拿大递交了引渡孟晚舟的文件。

[1月30日 缅甸 货币] 缅甸央行发布通告，宣布增加人民币和日元为官方结算货币，以促进国际支付与结算和边境贸易发展。

[2月12日 美国 投资、贸易] 在美国参议院小企业委员会的一份报告中，美参议员卢比奥建议通过立法来反制"中国制造2025"计划，对中国在美投资加以限制和征收重税以及提高该计划下中国商品的进口关税等。

[2月17—19日 英国、德国、新西兰 华为] 英国情报机构认为，华为参与英国5G设备发展所带来的风险是"可控"的。德国预计允许华为参与德国的5G网络建设。新西兰政府也称华为并未被排除在该国的5G网络建设之外。各国应对华为的姿态进一步明朗。

[3月7日 美国 华为] 华为在美国提起诉讼，称美国2018年的《国防授权法案》违反了美国宪法。该法案禁止联邦机构购买华为设备或与购买了华为设备的承包商开展业务。美国国会扮演了法官、陪审团和执法者的角色，华为没有机会对限制进行辩护。

[3月7日 德国 华为] 德国经济部部长阿尔特迈尔称德国并没有计划禁止华为参与德国的5G建设。德国政府将一视同仁，提高5G设备的安全标准。

[3月12日 欧盟 科技] 欧盟列出十点计划，希望调整与中国的

关系，因为中国对新一代通信技术等重要基建的投资引发了越来越多的担忧。

[3月13日　巴基斯坦　"一带一路"]　巴基斯坦计划、发展和改革部长巴赫蒂亚尔表示巴方决定建立中国巴基斯坦经济走廊商业论坛，促进巴商界最大程度地参与走廊项目建设。

[3月25—26日　法国　综合]　中国航材与法国空客签署了300架客机的订单，包括290架A320与10架A350 XWB客机，总价达300亿欧元。中法双方还就民用核能、海上风能项目、太空开发以及银行间共同融资安排签订了协议。中国主权财富基金中投公司还与法国最大银行和私募股权集团拟创建一只10亿—15亿欧元的基金，以支持对华扩张的欧洲企业。该基金将由欧瑞泽管理。此次联手是中投近年在全球宣布的一系列合作伙伴关系的最新一例，目的是加快部署约1万亿美元主权财富基金的资本。26日，法国达飞从中船集团订购了10艘大型集装箱货船。此订单价值预计超10亿美元。这桩交易被视为中船集团的一项重大胜利，因为大型集装箱货船订单日益稀少，中船集团需要与规模更大的韩国竞争对手争夺客户。

[3月27日　美国、英国　金融]　银保监会近期批准3项市场准入和经营地域拓展申请，分别为：中英合资恒安标准人寿筹建首家外资养老保险公司恒安标准养老保险、美国安达集团增持华泰保险公司股份、香港友邦保险公司参与跨京津冀区域保险经营试点。银保监会将持续推进银行业保险业对外开放。

[3月30日　缅甸　交通]　缅甸运输和通信部部长丹辛貌在仰光参加由中国港湾承建的仰光外海引航站项目竣工和交接典礼。该项目是中缅合作的新典范。

[3月31日　尼泊尔　投资]　为期两天的2019年尼泊尔投资峰会日前在尼泊尔首都加德满都落幕。来自40个国家的300多家公司参会，

并签署了多项合作文件。会议期间，国内外投资者、国际组织和政府部门一共签署了15项合作备忘录，涉及水电、太阳能等领域。其中包括云南新华水利水电投资有限公司参与签署的一个位于尼泊尔西部的水电站项目，总投资额为3.6亿美元。世界银行、亚洲开发银行等多边机构表达了继续支持尼泊尔发展的强烈意愿。世界银行集团下属国际金融公司表示未来4年将在尼投资10亿美元。

[4月4日　美国　华为]　美国麻省理工学院称该校已经中断了与华为和中兴公司的联系，因为美国政府正在调查这两家公司是否违反了制裁。麻省理工副校长玛丽亚·朱伯提到，该校与中、俄、沙特的合作关系将面临额外的行政审查程序，学校将视情况重新考虑与这些实体的合作。

[4月8日　斯里兰卡　交通]　斯里兰卡交通运输和民航部部长阿尔朱纳·拉纳通加在贝利亚塔出席斯里兰卡南部铁路延长线一期项目通车仪式。该铁路由中国承建，是斯里兰卡1948年独立以来首条新建铁路。

[4月12日　马来西亚　交通]　中国交建公司与马来西亚铁路衔接公司负责人签署了东海岸铁路项目有关补充协议，就继续建设铁路达成一致。该铁路总造价为440亿马币，线路全长640公里，计划于2026年年底前完工。此前，中马两国就该项目造价问题争执不下，2018年马哈蒂尔重新当选为马来西亚总理后随即叫停了该项目以及其他由中国支持的项目。如今该项目报价降低并得以重启。该项目费用的第一、二期工程成本削减约1/3。另外，中国交通还将与马来西亚组建合营公司，负责线路的运营与维修等。

[4月18日　美国　通讯]　美国联邦通信委员会主席帕伊将建议否决中国移动在美国提供电信服务的申请，其理由是存在国家安全风险。2018年的审查否决了中国移动的申请，否决的理由是中国政府对中国移动有强大的影响力。

[4月25日　美国　电子商务]　美国贸易代表办公室公布"恶名市

场"报告，报告认可阿里巴巴打假的举措，但仍将其列入"恶名市场"名单。该名单上的公司被认为有助长知识产权侵权行为，或未采取足够措施予以防范。

[5月3日　美国　华为]　美国联合了北约、欧盟、日本、韩国等32个国家代表，在捷克首都布拉格开了为期两天的5G安全准则讨论会，并敲定一项关于5G无线网络安全的通用方法，以应对中国华为公司所引发的担忧。

[5月8日　罗马尼亚　能源]　中国广核集团有限公司与罗马尼亚国家核电公司签署《关于切尔纳沃德核电厂3、4号机组成立合资公司的初步投资者协议》，标志着双方就该核电项目的合作迈出实质性的重要一步。罗马尼亚副总理维奥雷尔·斯特凡在签字仪式上说，新的核电机组将在碳减排方面发挥关键作用。

[5月15日　菲律宾　货币]　菲律宾国库署发表声明，菲律宾当天在中国银行间债券市场发行价值25亿元人民币的三年期熊猫债。这是菲律宾发行的第二笔熊猫债。声明说，这笔熊猫债当天获得超过110亿元人民币的认购，是菲方拟发行额的约4.5倍，最终债券票面年利率定为3.58%。

[5月15—20日　美国、法国　华为]　美国总统特朗普签署行政令，宣布"国家紧急状况"，授予美国政府机构禁止他国通信网络设备和服务的权力，这被广泛认为针对华为和中兴等中国企业。16日，法国总统马克龙在被CNBC记者Karen Tso问到如何看待美国对华为这家中国通信行业巨头施加的压力时，马克龙不会针对华为等科技企业采取"过度贸易保护主义"。20日，美国商务部下属负责出口管制的产业安全局（BIS）发布通知称，颁发给华为及其68家子公司为期90天的临时通用许可证（TGL），从5月20日至8月19日，部分允许出口、再出口或在美国范围内转移美国产品和技术给华为公司。商务部将在90天后评估是否延长该

许可证。

[5月17日　加拿大　贸易]　根据代表大豆种植者的游说组织的备忘录，中国海关升级对加拿大进口大豆的检疫，本周至少有两批发货被拒绝入关。中国在3月取消了加拿大油菜籽的进口许可，加拿大总理特鲁多上周将中国此举与美中地缘政治争端联系在一起。

[5月19日　华为　科技]　谷歌Google母公司Alphabet已停止与华为的业务合作，除了开放源代码授权的服务以外，部分技术服务将遭到终止。由于美国政府已于5月16日将华为列入出口管制"实体清单"，即美国企业需要先获得政府批准，才能向华为出售零部件，谷歌这一举动可能会对华为快速增长的、以智能手机为主的消费者业务造成打击。

[5月21日　荷兰　交通]　中国成都国际铁路港投资发展有限公司、荷兰鹿特丹港务局、GVT物流集团签署合作备忘录，三方将合作开发铁海多式联运。通过这一模式，货物可经海路运输抵达鹿特丹，再由中欧班列运往中国。这一模式也可通过近洋运输，延伸至英国、爱尔兰、斯堪的纳维亚和波罗的海区域。

[5月30日　马来西亚、美国　华为]　马来西亚总理马哈蒂尔在东京举行的一场国际论坛上指出，美国正是因为不能接受中国在科技上赶超自己，才对华为使用了出口管制这种威吓手段。马哈蒂尔还表明，马来西亚会"尽可能地"使用华为的技术，且不担心美国指控华为的所谓"间谍行为"，会对马来西亚有影响。

[6月11日　泰国　综合]　泰国副总理颂奇出席在曼谷举行的中国—泰国经贸合作交流会，并表示东盟各国应抓住中国推进粤港澳大湾区建设的契机，加强与作为中国改革开放排头兵的广东省的务实合作。

[6月14日　美国　贸易]　世界贸易组织负责处理中美知识产权争端的小组一份声明表示，美国已要求该小组暂停处理有关中国知识产权处理方式的争端至12月31日。这个由3名法官组成的小组表示，美国于6

月3日提出暂停处理争端要求，中国4日对此表示同意。

[6月15日　西班牙　华为]　跨国电信运营商沃达丰在西班牙正式启动该国首个5G商用移动网络，首批覆盖15个城市，华为是核心设备供应商。据西班牙沃达丰发布的消息，5G移动网络将首先覆盖马德里、巴塞罗那和巴伦西亚等全国15个主要城市，服务大约50%的当地人口。

[6月17日　斯里兰卡　援助]　斯里兰卡总统西里塞纳在斯中部波隆纳鲁沃考察了由中国援建的斯里兰卡国家肾内专科医院项目施工现场。西里塞纳对中国的无偿援助表示感谢。19日，中国政府援建的斯里兰卡波隆纳鲁沃国家肾内专科医院项目医疗区近日完成中期验收；验收组严格依照援外工程验收手册，全面查验项目，验收评定结果为优良。

[6月20日　美国　科技]　美国国会一些议员近来开始激进地把矛头转向中国生物科技发展对美在经济和国家安全方面构成的"风险"，谋求对美中在生物科技领域的合作设限。2019年以来，以共和党参议员鲁比奥为代表的美国数名两党议员在提出有关限制对华技术出口的议案时，都特别提到生物科技。

[6月21日　美国　制裁]　美国商务部实施新的出口限制措施，基本上切断了中国五家主要的新一代高性能计算开发商获得美国技术的渠道，对中国超级计算机行业构成迄今为止涉及面最大的打击。这些实体包括中国领先的超级计算机制造商之一中科曙光、曙光设计芯片的子公司天津海光、成都海光集成电路、成都海光微电子技术，以及无锡江南计算技术研究所。

[6月24日　美国　华为]　联邦快递集团提起诉讼，以阻止美国政府要求该公司对华为实施限制。联邦快递之前在投递华为的一些包裹时出错。诉讼称美国商务部最新的限制措施实际上迫使联邦快递审查每日递送的数百万件包裹，以确保被禁物品没有出口给华为。联邦快递称，这是一个在法律上和物流上都不可能完成的任务。

第六部分 中国经济外交相关事件

【6月26日 加拿大 贸易】 中国驻加拿大使馆官网称,近期中国海关部门在查验一批来自加拿大的输华猪肉产品时检出莱克多巴胺残留,因此中国立即暂停了涉事企业猪肉产品输华,并要求加方进行调查。调查发现,该批输华猪肉随附的官方兽医卫生证书系伪造,并发现共有188份伪造证书。7月8日,中国政府海关部门召开多国会议,要求多个猪肉出口国遵守中国对猪肉进口的法规。

【6月27至29日 非洲 贸易】 第一届中国—非洲经贸博览会在湖南长沙市举办,53个非洲国家,联合国工发组织、世界粮食计划署、世贸组织、非洲联盟等国际组织报名参会参展。在博览会期间,部分非洲国家还将举办推介会,国家有关部委和部分省区市将举办对非合作专题推介会,探索地方对非经贸合作新机制。此外,还将设立中非经贸合作成果展、非洲国家展、案例方案展、中国省区市展和企业展。

【7月1日 非洲 投资】 截至7月1日,国家开发银行已与非洲40家金融机构开展了合作,累计发放贷款32亿美元。其中,国开行与中非金融合作银联体10家成员行开展业务合作,对涉及基础设施、非洲中小企业等领域的16个项目发放贷款近18亿美元。中非金融合作银联体于2018年9月由国家开发银行牵头成立,成员行包括国开行和16家具有区域代表性和影响力的非洲金融机构。

【7月8日 斯里兰卡 基础设施】 斯里兰卡总统西里塞纳在斯中部视察由中国电建承建的莫勒格哈坎达水库(M坝)和卡卢河大坝(K坝)项目,并向工程建设者颁发感谢状。西里塞纳在颁奖仪式上表示,M坝和K坝项目是斯里兰卡的国家重点工程,中国建设者以高效率、高标准、高质量的工作顺利履约,为斯里兰卡农业灌溉、电力供应、经济发展做出了巨大贡献。

【7月12日 美国 能源、制裁】 美国国务院宣布,制裁3家与伊朗进行能源业务的外国公司,其中包括属大型中国国企的珠海振戎公司。

美国国务院表示，受制裁的公司不能够取得美国出口牌照、美国进出口财务安排以及美国国内任何一家金融机构1000万以上贷款。美国希望通过切断任何同伊朗中央银行有商业往来的外国公司同美国金融系统的联系来对伊朗石油业进行制裁。22日，美国国务卿迈克·蓬佩奥宣布，珠海振戎违反了美国对伊朗的石油购买禁令，将受到制裁，一同受到制裁的还包括珠海振戎总经理李右民。

【7月15日　老挝　交通】　老挝人民民主共和国总理通伦·西苏里率团视察中铁科研院甘肃铁科监理的老中铁路琅勃拉邦火车站建设工地，甘肃铁科监理部总监现场介绍了监理工作相关情况。通伦在视察过程中对琅勃拉邦火车站的建设给予高度评价。

【7月20日　老挝　交通】　老挝人民革命党中央政治局委员、国会主席巴妮率老挝国会考察团前往中老铁路友谊隧道调研。巴妮对项目建设进展情况表示满意，对老中参建员工的辛勤付出表示感谢。巴妮在考察过程中表示，老中两国同为社会主义国家，理想信念相通、社会制度相同、发展道路相近、前途命运相关，双方将一直秉持"四好"精神，在"一带一路"倡议下共同发展。

【7月26日　美国　贸易】　美国总统特朗普向世界贸易组织施压，要求其改变对发展中国家的定义，指出中国和其他国家和地区不公平地获得了优惠待遇。在一份备忘录中，特朗普指示美国贸易代表，如果在90天内没有在改革方面取得"实质性进展"，就不要将世贸组织的特定成员视为发展中国家对待。根据备忘录，特朗普指出，中国、文莱、中国香港、科威特、澳门、卡塔尔、新加坡、阿拉伯联合酋长国、墨西哥、韩国和土耳其等富裕国家和地区目前在世界贸易组织中拥有是发展中国家地位。

【7月30日　加拿大　华为】　加拿大公共安全部部长Ralph Goodale在英国伦敦参加情报共享机制"五眼联盟"的部长级会议期间表示，在10月21日的该国联邦议会大选前，将不会针对是否允许华为参与加拿大

的5G网络建设,做出最终决定;他说,加拿大在这一问题上,仍需从美国方面获得更多的信息,以评估潜在的安全威胁。

[8月1日　美国　制裁]　美国百名专家学者及政商界人士曾于7月初在美国媒体上发表一封题为《中国不是敌人》的公开信,美国前副总统沃尔特·蒙代尔8月1日在这封公开信上签名以示支持。

[8月5日　美国　金融]　美国财政部将中国认定为汇率操纵国。美国财政部在一份声明中称,中国过去几天采取"实质措施"使人民币贬值,目的是在国际贸易中获得不公平优势,财长姆努钦"在特朗普总统的支持下将中国认定为汇率操纵国"。

[8月7日　美国　贸易]　美国特朗普政府发布一项暂行规定,禁止美国联邦机构购买华为等五家中国企业的通信和视频监控设备以及服务。主管联邦政府合同事务的总务管理局当日发布了这项暂行规定,对《联邦政府采购法规》进行调整,以实施《2019财年国防授权法案》中有关某些通信和视频监控服务或设备的禁令。此次发布的暂行规定将于8月13日生效,涉及中国企业除华为外,还包括中兴、海能达通信、海康威视和大华科技。

[8月7日　美国　制裁]　负责美国联邦政府采购事务的总务署、美国国防部以及航空航天局在总务署网站上发布了一项临时规定。该规定以"公共安全"及"国家安全"为由,拟从8月13日起,禁止美国联邦机构购买或使用5家中国企业的电信或视频监控设备,遭到限制的这批公司包括华为、中兴通讯、海康威视、海能达以及大华科技。

[8月9日　美国　华为]　彭博新闻报道,在中国暂停购买美国农产品后,特朗普政府推迟批准美国公司与中国华为技术有限公司恢复业务往来的许可。这对美国科技公司来说可能是个坏消息,尤其是英特尔、高通和美光科技等希望继续与华为达成利润丰厚商业交易行为的芯片制造商。

[8月19日 华为 制裁] 美国将把华为购买美国产品的临时通用许可证再次延长90天，截止日期大约是11月19日。同时，美国商务部文件显示，该部又将新的46家华为子公司列入"实体清单"。美国商务部称这是为了给美国各地的消费者提供必要的时间，以摆脱华为的设备。针对美国商务部的决定，华为发布声明表示反对美国商务部将另外46家华为实体列入"实体清单"，称该决定是政治驱动的结果，与美国国家安全毫无关系，这种做法违反市场经济的自由竞争原则，不会使任何一方从中受益，包括美国公司在内。

[8月26日 越南 华为] 越南最大手机服务运营商Viettel集团的首席执行官Le Dang Dung在河内接受采访时表示，该公司在5G建设中"不会与华为合作"。Dung解释，华为的问题现在"有点敏感""一些报告称，使用华为设备并不安全。Viettel基于所有的已知信息，打算使用更安全的设备。"

[9月7日 美国 贸易] 据美国之音网站报道，美国白宫行政管理和预算局支持国会立法禁止采购外国国企或国家控制的企业生产的城市轨道车辆和公交车。白宫明确的采购原则，显然主要是针对中国国企以及接受中国政府补贴的民企，目的是抵消中国在美国城市轨道交通车辆市场上日益增加的影响力。中国中车股份有限公司（中车）被认为是美国国会立法以及白宫政策声明的主要目标。这家中国企业曾以"超低竞价"拿到波士顿、芝加哥、洛杉矶的捷运轨道车辆的采购合同，为这些城市地铁和通勤铁路生产轨道车辆。

[9月8日 区域全面经济伙伴关系 贸易] 日本经济产业大臣世耕弘成称，相关国家部长级官员当日在泰国首都曼谷举行的旨在达成一项全亚洲范围自由贸易协定的谈判未能取得实质性进展。不过，他仍对各方在年底前达成协议表示乐观，因为谈判已接近尾声。各方在谈判结束后发表了一份联合声明，承诺要使各国代表拥有完成谈判所需的资源和权限。

报道说，各方决定于本月19日至27日在越南举行下一轮工作级会谈，目标是在定于11月举行的第三次RCEP峰会上宣布达成协定。

【9月11日　美国　贸易】　美国总统特朗普在社交媒体推特上发文称，他已同意推迟原定于10月1日对价值2500亿美元的中国输美商品加征的关税税率从25%上调至30%的计划。特朗普称，这一推迟的决定是应中方的要求做出的。报道注意到，11日早些时候，北京宣布对16种美国商品暂停加征关税，该决定将从9月17日起施行，有效期一年。特朗普对记者表示，"这是一项重大举措"。不过得到暂时豁免的美国商品主要是海产品和抗癌药，不包括备受关注的大豆和猪肉等农产品。

【9月12日　美国　贸易】　据彭博社报道，多名知情人士透露，在中美下一轮经贸磋商召开前，美国总统特朗普的一些贸易顾问近日曾讨论向中方提供一份临时贸易协议，美国将延迟甚至取消部分对华关税，以换取中国购买美国农产品及在知识产权方面做出承诺。如果设想中的临时协议在即将举行的中美经贸磋商中实现，美国或将暂停进一步上调关税，甚至最终取消9月1日起对价值1120亿美元的中国输美商品加征的15%关税，这将是特朗普政府去年以来首次减少对华关税。报道说，美官员的计划反映出白宫内部对近期中美"贸易战"升级以及明年大选前关税对美国经济的影响感到担忧。

【9月18日　美国　贸易】　美国民主、共和两党参议员共同向美参议院提交了一项议案，要求禁止美国联邦机构从中国或被视为国家安全威胁的其他国家购买无人机。该议案还将禁止地方警务机构和其他机构动用联邦拨款购买被列入禁购名单的无人机。这项议案由佛罗里达州共和党籍参议员里克·斯科特牵头提出，共同发起人还包括阿肯色州共和党籍参议员汤姆·科顿、康涅狄格州民主党籍参议员克里斯·墨菲和理查德·布卢门撒尔。

【9月18日　美国　科技】　根据时任国防部常务副部长帕特·沙纳

汉 2018 年 5 月 23 日签署的备忘录，国防部下达禁令，不许购买和使用所有商业市场现成的无人机，理由是"网络安全隐患"。但 9 月，美国空军和海军仍为精锐部队购买了中国制造的大疆无人机。五角大楼发言人麦克·安德鲁斯中校对美国之音说，在每次情况下，空军和海军都使用了五角大楼采购与维护办公室批准的特别豁免，"个案处理，以应急需"。

[9 月 19 日　联合国　环境]　联合国环境规划署 19 日在位于肯尼亚首都内罗毕的总部宣布，中国移动支付平台支付宝推出的"蚂蚁森林"项目获得联合国最高环保荣誉——"地球卫士奖"。这也是中国绿色创新项目和环保人士连续第三年获此奖项。

[9 月 26 日　美国　综合]　《金融时报》报道，美国正在加大力度削弱中国在清洁技术所需原材料的供应方面的主导地位，美国发起了一项倡议，目的是在一些资源丰富的国家推动锂、钴以及其他矿物的开发。美国已经和澳大利亚、博茨瓦纳和秘鲁携手推动 15 种矿物资源的开发规范。上周美国和澳大利亚签署了一项协议，准备通过合作降低对中国稀土资源的依赖度。美国国务院表示，它将就"如何利用矿产资源"向发展中国家提出建议，并为这些国家的重大矿产资源项目提供资金方面的帮助。

[9 月 27 日　美国　投资]　据消息人士透露，美国白宫正在考虑对中国采取投资限制措施，考虑的措施之一是全面禁止对中国企业和实体的金融投资。彭博社 27 日早些时候也报道说，特朗普政府官员正在讨论采取措施限制美国投资者对中国的证券投资，包括将中国公司从美国的股票交易所除名，并阻止美国政府养老基金向中国市场投资。

[9 月 30 日　美国　金融]　中国人民银行批准国付宝股权变更申请，PayPal 通过旗下美银宝信息技术（上海）有限公司收购国付宝 70% 的股权，成为国付宝实际控制人并进入中国支付服务市场。PayPal 是美股纳斯达克上市公司，是全球领先的第三方支付企业，覆盖全球 200 多个国家和地区，拥有超过 2.86 亿活跃支付账户，支持全球 100 多种货币交易；

而国付宝则于2011年12月获中国人民银行颁发互联网支付、移动电话支付业务许可，2015年获基金支付业务许可，2016年获跨境人民币支付业务许可。这是中国金融业对外开放逐步扩大深化的一个体现。

[10月7日　美国　制裁]　美国商务部产业安全局宣布将28个中国公安机构和公司列入"实体清单"，宣称这些企业涉及打压新疆穆斯林。其中包括新疆维吾尔自治区人民政府公安局和其19个下属机构，以及8家商业公司，包括海康威视、大华科技、科大讯飞、旷视科技、商汤科技、美亚柏科、溢鑫科技和依图科技。凡是被列入这个黑名单的企业，在没有美国政府允许的情况下，不能从美国企业那里购买零部件。中国外交部回应称此举是美国为干涉中国内政蓄意制造的借口。

[10月7日　阿根廷　投资]　阿根廷拉美商业洞察网站报道说，阿根廷政府正致力于吸引更多中国投资进入该国的采矿业。阿根廷政府代表团和当地矿企高管本周将赴天津参加在那里举行的2019中国国际矿业大会，他们此行意在吸引新的投资者，并鼓励在阿根廷有在建或勘探项目的企业追加投资。2019年截至目前，阿根廷共吸引外资18亿美元，其中来自中国的投资为3.91亿美元。

[10月8日　国际货币基金组织　改革]　国际货币基金组织（IMF）拟推迟增资计划。如果实现增资，经济规模不断扩大的中国的出资比例很可能超过日本，升至仅次于美国的第二位。但警惕中国扩大影响力的日美两国力阻这一计划。目前美国在国际货币基金组织的出资比例居首，因此拥有实际上的否决权。美国投票权居首、日本第二、中国第三的体制预计将暂时维持。美欧日等发达国家认为IMF增资后将导致本国出资比例下降，因此对此一直态度谨慎。

[10月9日　美国　投资]　美国会共和党籍参议员马尔科·鲁比奥要求美监管机构调查TikTok（抖音国际版）的母公司、中国企业字节跳动2017年收购Musical.ly的交易，声称"越来越多的证据"显示TikTok

的美国平台在进行内容审查。

[10月14日　德国　华为]　德国政府证实,德国政府不会排除华为参与德国5G网络建设。德国《商报》此前援引德国联邦网络管理局最新版的通信网络安全草案报道说,草案中没有包含最初计划的阻止华为进入市场的条款。《商报》报道称,来自德国总理府的干预影响了这一决定。德国政府圈内人士表示,德国总理默克尔担心会因此与中国产生摩擦,所以反对实施可能导致华为无法参与德国网络建设的更严格安全条例。德国社民党对华为现在可能为德国5G网络提供组件的决定表示不满。

[10月15日　澳大利亚　自贸协定]　澳大利亚副总理迈克尔·麦科马克日前接受当地媒体采访时表示,他希望进一步扩大澳中自由贸易协定涵盖的内容。报道说,澳中自贸协定于2015年签署,协定签署以来,中国对进口自澳大利亚的奶制品、牛肉、葡萄酒、煤炭以及药品所征收的关税在逐步减少。麦科马克表示,希望扩大澳中自贸协定的内容,从而使更多的澳大利亚产品能够免税进入中国市场。

[10月23日　美国　货币]　Facebook创始人兼首席执行官扎克伯格就Libra稳定币项目在美国国会众议院接受了超过六小时的听证。扎克伯格称,美国金融系统在电子支付方面的基础设施相对落后,如果不尽快推出自己的电子货币系统,将可能失去在全球金融的领导者地位,并让位于此领域的主要竞争者——中国。

[10月23日　澳大利亚　"一带一路"]　虽然澳大利亚联邦政府对来自中国的投资持怀疑态度,拒绝正式加入"一带一路"倡议并阻止中资参与澳大利亚5G和电力网络建设,但澳大利亚一些州和地区正在对"一带一路"倡议展现出欢迎态度,它们对澳国家层面某些决策者对北京的"战略抱负"存在的担忧置之不理。北领地区首席部长迈克尔·冈纳表示,"一带一路"倡议是澳大利亚这个偏远而干旱的北部地区面临的一

第六部分 中国经济外交相关事件 | 461

个经济发展机遇。

[10月28日 美国 投资] 据彭博社和美国之音网站报道,在美国联邦退休储蓄投资委员会(FRTIB)推迟就在华投资问题做出决定之后,美国国会共和党籍参议员马尔科·鲁比奥计划提出法案,以阻止美国政府退休基金投资于中国股市,理由是此举"将削弱美国的经济和国家安全"。FRTIB于2017年做出决定,其管理的国际基金将在2020年年中之前反映明晟全球股票指数,而该指数纳入了包括中国在内的新兴国家。此举遭到了特朗普政府一些官员和国会两党议员的批评,他们宣称向引发美国国家安全关切的中国企业注资"正在对美国国民造成伤害"。

[10月30日 美国 科技] 美国内政部宣布,将对该部拥有的全部800多架无人机实施停飞,原因是这些无人机的中国制造商引发的国家安全风险担忧不断加剧。根据内政部部长戴维·伯恩哈特的指令,这些无人机将被实施停飞,直到内政部完成一项对中国无人机潜在安全风险的调查。美国官员担心,对中国无人机的依赖可能让美国关键基础设施面临风险,无人机可能把收集到的信息传输给中国政府或其他地方的黑客,用以实施网络攻击或其他攻击。

[11月1日 世界贸易组织 贸易] 世界贸易组织裁定,由于美国政府未能遵守世贸组织裁决取消对中国的反倾销税,授权中国每年可对最高约36亿美元的美国输华商品加征关税。报道说,这是世界贸易组织首次在贸易争端中授权中国加征关税。2018年9月,中国向世贸组织发起诉讼,称美国未按照世贸组织裁决取消对部分中国商品的反倾销关税,中国出口商每年因此遭受近70亿美元损失。此案涉及美国从中国进口的部分机械、电子、轻工业和矿产等产品。

[11月4日 德国 华为] 德国外长马斯对中国华为技术公司未来可能参与德国5G网络建设的问题提出了质疑。马斯在柏林向记者表示,根据中国的安全法律,华为有责任把自己掌握的信息交给中国政府。为

此，德国希望能在迄今为止主要是对技术标准进行评估的 5G 安全目录中加入一项可信度测试，允许德国政府对可能将数据上交给企业所在国政府的企业进行审查。德国官方上个月证实，德国制定的所谓 5G 安全目录规定，德政府可能会对相关技术和其他标准进行评估，但没有提到德方会出于为设备供应商创造公平竞争环境的目的而将某一家供应商排除在外。

【11月5日　美国　投资】　美政府正试图阻止中国企业收购乌克兰航空航天工业制造商西奇发动机公司。美国企图破坏中国企业行将完成的收购交易，以阻止中国获取关键的国防技术。据乌克兰政府官员称，参与收购的中国财团已完成支付，并已获得对那些共同持有西奇公司多数股权的离岸公司的控制权。不过，乌克兰反垄断委员会尚未就这笔交易做出裁决。

【11月5日　美国　科技】　美国人工智能国家安全委员会负责人、美国国防部前副部长罗伯特·沃克日前表示，该委员会正在考虑建议美国政府和其他一些国家共用数据，以制衡中国在人工智能领域所占据的优势。迄今美国已同英国、欧盟、日本、加拿大和澳大利亚举行了会谈。沃克表示，美国国防部尤为担心的是"中国通过某种方式把新兴的人工智能技术整合在一起，从而使中国获得战场上的优势。"

【11月6日　欧盟　会计】　欧盟委员会做出决议，通过了对中国主管部门在法定审计监管领域的适当性评估。这是继 2011 年中欧实现审计监管等效后，中欧审计监管合作取得的重要阶段性进展，也是中欧财金对话取得的一项重要成果。2019 年 11 月 15 日决议生效后，欧盟成员国可与以财政部为首的中国监管机构谈判签订协议，达成互惠互利的审计监管合作安排，使双方能够切实履行审计监管职责。

【11月6日　法国　科技】　总部设在法国的飞机制造商空中客车公司宣布，将对位于天津的 A330 宽体客机完成与交付中心进行扩建，以便能制造机型更大的 A350 客机。与此同时，空中客车公司也在提高中国本

地工厂A320neo客机的产量，天津的A320飞机总装线到2019年年底将达到每月6架飞机的生产速度。报道指出，中国即将成为世界最大的航空市场，空客此举将增强其在该市场的地位，并对竞争对手美国波音公司形成进一步压力。

［11月6日 美国 科技］ 美国共和党参议员、参议院情报委员会成员鲁比奥致信美国防部部长埃斯珀，敦促五角大楼移除那些由中国制造的监视摄像头。这些摄像头已经在美国内引发国家安全担忧并已被禁止作为政府采购对象。鲁比奥在信中询问五角大楼已采取哪些措施来执行这个已经在8月开始生效的采购禁令，而且是否在考虑将已经在使用的、由杭州海康威视数字技术公司和浙江大华技术公司制造的监视摄像头移除。

［11月6日 土耳其 基础设施］ 土耳其外交部对第一列中铁快运货运列车驶抵土耳其首都安卡拉表示欢迎，并强调土耳其将继续在"跨里海东西贸易运输走廊"框架内为加强区内互联互通采取必要措施。土耳其交通和基础设施部部长贾希特·图尔汗在列车到达欢迎仪式上赞扬中国雄心勃勃的"一带一路"倡议。马尔马拉海底隧道被纳入中铁快运的运输线路后，远东和西欧之间的货物运输时间减至18天，"考虑到亚欧之间高达21万亿美元的贸易额，这条路线的重要性就显而易见了。"

［11月18日 华为 贸易］ 美国商务部发布公告，宣布发布90天延期许可，允许美国企业继续与中国华为技术有限公司进行业务往来。这是美国政府自2019年5月把华为列入管制黑名单以来，第三次宣布"豁免"华为。美商务部发言人表示，所批准发放范围狭小的许可证，"授权不对'国家安全'或美国海外政策利益构成巨大威胁的有限和特定的商业活动"。

［11月22日 美国 华为］ 美国联邦通信委员会（FCC）投票决定禁止美国电信运营商使用联邦基金购买华为和中兴两家中国公司的设备或服务。FCC的声明称，上述两家中国公司对美国的国家安全构成威胁。

此外，FCC还提议要求获得联邦政府补助的公司移除所有现存的中兴和华为设备。据报道，FCC的决定主要影响美国农村及小型电信运营商，因为美国大型运营商没有使用这两家中国公司的设备。

[11月25日　德国　投资]　德国化工巨头巴斯夫在广东省湛江市投资的一个100亿美元石化项目破土动工，这令它成为在中国逐步放松对外资限制的背景下最新一家扩大在华业务的外国公司。报道说，中国政府近来放松了外国企业在中国工业和金融行业投资和持股的限制。美国和欧洲的商会曾呼吁中国政府扩大面向外资的市场准入。这家位于湛江的工厂将由巴斯夫独资兴建，是中国第一家由外商全资所有的此类工厂。

[12月5日　世界银行　发展合作]　尽管遭到了美国的反对，世界银行理事会仍旧通过一项名为"国家伙伴关系框架"的计划，在2020—2025年继续向中国提供低息贷款，以促进绿色投资，鼓励以市场为导向的改革，并推进儿童早期发展和医疗保健计划。美国反对世界银行贷款给中国，表明中美经济竞争已蔓延至多边机构。

[12月15日　阿曼　"一带一路"]　中国国家电网公司在阿曼首都马斯喀特与阿曼纳马电力公司签署协议，将收购后者旗下阿曼国家电网公司49%的股权。这标志着中阿两国共建"一带一路"合作迈出新的一步。此次协议金额是迄今为止中资企业在阿曼规模最大的单笔投资。

[12月16—17日　美国、日本、欧洲　科技]　美欧日三方政府官员和研究人员出席在日本京都举行的量子技术国际研讨会。三方确认，要在量子计算机、量子测量、量子传感器以及相关通信和加密技术方面进行合作。据世界最大科技信息出版公司荷兰爱思唯尔公司统计，2018年全年，中国发表的量子计算方面的论文数量超过其他任何国家。在中国举全国之力加入这场超高速运算能力竞赛的背景下，日美欧三方正在扩大努力的范围。

[12月18日　美国　科技]　美国国会参议院本周通过2020财年

《国防授权法案》,法案条款包括指示商务部调查现行制度中的国家安全漏洞,并就可能出台的新出口规则提出建议,以阻止中国使用美国制造的卫星。

[12月19日　斯里兰卡　基础设施]　斯里兰卡新任总统戈塔巴雅·拉贾帕克萨在总统府秘书处集体会见外国驻斯记者。戈塔巴雅·拉贾帕克萨明确表示,斯政府不会与中方重新谈判汉班托塔港合作协议,已签署的商业合同不会因政府更迭而变化。

[12月20日　银保监会　投资]　中国银保监会批准东方汇理资产管理公司和中银理财有限责任公司在上海合资设立理财公司,东方汇理资管出资比例为55%,中银理财出资比例为45%。这是第一家在华设立的外方控股理财公司,是落实金融业进一步对外开放的重要措施。

[12月20日　中国人民银行　货币]　中国人民银行召开人民币国际化工作座谈会。会议总结人民币国际化十周年以来取得的进展,交流工作经验,并对下一步跨境人民币工作进行部署。中国人民银行副行长潘功胜出席会议并讲话。

第七部分

中国经济外交相关文献

一　领导人重要讲话

习近平:《为建设更加美好的地球家园贡献智慧和力量——在中法全球治理论坛闭幕式上的讲话》,2019年3月26日,载于新华网。

习近平:《齐心开创共建"一带一路"美好未来——在第二届"一带一路"国际合作高峰论坛开幕式上的主旨演讲》,2019年4月26日,载于新华网。

习近平:《高质量共建"一带一路"——在第二届"一带一路"国际合作高峰论坛圆桌峰会上的开幕辞》,2019年4月27日,载于新华网。

习近平:《深化文明交流互鉴　共建亚洲命运共同体——在亚洲文明对话大会开幕式上的主旨演讲》,2019年5月15日,载于新华网。

习近平:《携手努力,并肩前行,开创新时代中俄关系的美好未来——在中俄建交70周年纪念大会上的讲话》,2019年6月5日,载于新华网。

习近平:《坚持可持续发展、共创繁荣美好世界——在第二十三届圣彼得堡国际经济论坛全会上的致辞》,2019年6月7日,载于新华网。

习近平:《凝心聚力、务实笃行共创上海合作组织美好明天——在上海合作组织成员国元首理事会第十九次会议上的讲话》,2019年6月14日,载于新华网。

习近平:《携手开创亚洲安全和发展新局面——在亚信第五次峰会上的讲话》,2019年6月15日,载于新华网。

习近平:《开放合作命运与共——在第二届中国国际进口博览会开幕式上的主旨演讲》,2019年11月5日,载于新华网。

习近平:《携手努力共谱合作新篇章——在金砖国家领导人巴西利亚会晤公开会议上的讲话》,2019年11月14日,载于新华网。

李克强：《携手应对挑战实现共同发展——在博鳌亚洲论坛2019年年会开幕式上的主旨演讲》，2019年3月28日，载于新华网。

李克强：《在第八次中国—中东欧国家领导人会晤上的讲话（全文）》，2019年4月12日，载于新华网。

李克强：《在第九届中国—中东欧国家经贸论坛上的致辞》，2019年4月12日，载于新华网。

李克强：《在第十三届夏季达沃斯论坛开幕式上的致辞》，2019年7月2日，载于中国政府网。

李克强：《在上海合作组织成员国政府首脑（总理）理事会第十八次会议上的讲话》，2019年11月2日，载于中国政府网。

李克强：《在第22次东盟与中日韩领导人会议上的讲话》，2019年11月4日，载于新华网。

李克强：《在第14届东亚峰会上的讲话》，2019年11月4日，载于新华网。

王岐山：《坚定信心，携手前行，共创未来——在达沃斯世界经济论坛2019年年会上的致辞》，2019年1月23日，载于新华网。

王岐山：《坚持和平与合作 构建人类命运共同体——在第八届世界和平论坛开幕式上的致辞》，2019年7月8日，载于新华网。

杨洁篪：《倡导国际合作，维护多边主义，推动构建人类命运共同体——在第55届慕尼黑安全会议上发表的主旨演讲》，2019年2月16日，载于新华网。

王毅：《携手共建"一带一路"——在第二届"一带一路"国际合作高峰论坛中外媒体吹风会上的讲话和答问》，2019年4月19日，载于外交部网站。

王毅：《站在新起点上的中日韩合作——在2019年中日韩合作国际论坛开幕式上的致辞》，2019年5月10日，载于外交部网站。

第七部分 中国经济外交相关文献 | 471

王毅：《登高望远，不惑前行——在美中关系全国委员会、美中贸易全国委员会、美国全国商会、美国对外关系委员会联合举办晚餐会上的主旨演讲》，2019年9月24日，载于外交部网站。

王毅：《今日之中国，世界之中国——在第74届联合国大会一般性辩论上的讲话》，2019年9月27日，载于外交部网站。

王毅：《继续做友好合作的先行者——在中国与中东欧七国建交70周年招待会上的讲话》，2019年10月17日，载于外交部网站。

王毅：《在第15届"北京—东京"论坛开幕式上的致辞》，2019年10月26日，载于外交部网站。

易纲：《继续扩大金融业开放 推动经济高质量发展——在中国发展高层论坛的讲话》，2019年3月24日，载于中国人民银行网站。

刘昆：《携手建设可持续融资体系 推动共建"一带一路"高质量发展——在资金融通分论坛上的主旨发言》，2019年4月25日，载于财政部网站。

邹加怡：《在博鳌亚洲论坛2019年年会"一带一路"分论坛上的主题发言》，2019年3月27日，载于财政部网站。

邹佳怡：《就"一带一路"国际合作高峰论坛资金融通分论坛有关情况接受媒体专访》，2019年4月25日，载于财政部网站。

马朝旭：《促进亚洲合作，共创美好未来——在亚欧会议亚洲高官会上的致辞》，2019年8月6日，载于外交部网站。

◇ 二 重要署名文章

《东西交往传佳话中意友谊续新篇》，国家主席习近平在对意大利进行国事访问前夕，在意大利《晚邮报》发表署名文章，2019年3月20

日，载于新华网。

《愿中吉友谊之树枝繁叶茂、四季常青》，国家主席习近平在对吉尔吉斯共和国进行国事访问并出席上海合作组织成员国元首理事会第十九次会议前夕，在吉尔吉斯斯坦《言论报》、"卡巴尔"国家通讯社上发表文章，2019年6月11日。

《携手共铸中塔友好新辉煌》，国家主席习近平在出席亚洲相互协作与信任措施会议第五次峰会并对塔吉克斯坦共和国进行国事访问前夕，在塔吉克斯坦《人民报》、"霍瓦尔"国家通讯社发表署名文章，2019年6月12日。

《传承中朝友谊，续写时代新篇章》，国家主席习近平在对朝鲜民主主义人民共和国进行国事访问前夕，在朝鲜《劳动新闻》等主要媒体发表的署名文章，2019年6月19日。

《将跨越喜马拉雅的友谊推向新高度》，国家主席习近平在对尼泊尔进行国事访问前夕，在尼泊尔《廓尔喀日报》、《新兴尼泊尔报》和《坎蒂普尔日报》发表署名文章，2019年10月11日。

《让古老文明的智慧照鉴未来》，国家主席习近平在对希腊共和国进行国事访问之际，在希腊《每日报》发表署名文章，2019年11月10日。

《开放合作互利共赢》，国务院总理李克强在访问克罗地亚并出席第八次中国—中东欧国家领导人会晤之际，在德国《商报》发表署名文章，2019年4月8日，载于中华人民共和国驻德意志联邦共和国大使馆网站。

《多彩的国度广阔的前景》，国务院总理李克强在访问克罗地亚并出席第八次中国—中东欧国家领导人会晤之际，在克罗地亚《晨报》《晚报》等主流媒体发表署名文章，2019年4月9日。

《携手同心，共绘东亚合作美好蓝图》，国务院总理李克强在出席东亚合作领导人系列会议并对泰国进行正式访问前夕，在泰国《民意报》《即时新闻》《国家商业报》《曼谷邮报》《星暹日报》发表署名文章，

2019年11月2日。

《开创新时代商务高质量发展新局面》，商务部部长钟山在《人民日报》署名发文，2019年9月28日。

《奋力推进新时代更高水平对外开放》，商务部部长钟山在《求是》刊发署名文章，2019年11月16日。

◇ 三　部委文件及公告

（一）贸易

《中国对外贸易形势报告（2019年春季）》，商务部综合司和国际贸易经济合作研究院联合发布，2019年5月24日。

《中国电子商务报告（2018）》，2019年5月29日。

《关于中美经贸磋商的中方立场》，国务院新闻办公室发布，2019年6月2日。

《关于美国在中美经贸合作中获益情况的研究报告》，商务部发布，阐明中美经贸合作为两国和两国人民带来实实在在的利益，美国从中获益巨大。美对华贸易逆差是美对华出口管制等人为限制和市场共同作用的结果，受到产业竞争力、经济结构、贸易政策、美元的储备货币地位等多种因素影响，美方没有"吃亏"，2019年6月6日。

《2019年世界贸易报告》中文版，商务部与世界贸易组织共同发布，2019年11月6日。

（二）投资

《第三方市场合作指南和案例》，中国国家发展和改革委员会发布，

2019年9月4日。

《2018年度中国对外直接投资统计公报》，商务部、国家统计局、国家外汇管理局联合发布，2019年9月12日。

（三）金融

中国人民银行公告称，对美国标普全球公司（S&P Global Inc.）在北京设立的全资子公司——标普信用评级（中国）有限公司予以备案，2019年1月28日。

（四）货币

《2018年中国货币政策大事记》，中国人民银行发布，2019年3月1日。

（五）"一带一路"

《"一带一路"债务可持续分析框架》中英文版，财政部发布，2019年4月25日。

《"一带一路"国家关于加强会计准则合作的倡议》中英文版，财政部与9国会计准则制定机构共同发起，2019年4月25日。

《一带一路经济学：交通走廊的机遇与风险》，世界银行发布，2019年6月。

（六）其他

《中国的核安全》白皮书，国务院新闻办公室发布，2019年9月

3 日。

《中国的粮食安全》白皮书，国务院新闻办公室发布，2019 年 10 月 14 日。

◇◇ 四 国际重要协议文件声明公报

（一）双边

《中国人民银行与保加利亚国家银行合作谅解备忘录》，2019 年 1 月 14 日。

《关于推进芬中面向未来的新型合作伙伴关系的联合工作计划（2019—2023）》，2019 年 1 月 14 日。

《第二次中德高级别财金对话联合声明》，2019 年 1 月 18 日。

《中德央行合作谅解备忘录》，2019 年 1 月 18 日。

《中德银行业监管合作意向信》，2019 年 1 月 18 日。

《中德证券期货监管合作谅解备忘录》，2019 年 1 月 18 日。

《中华人民共和国政府和柬埔寨王国政府联合新闻公报》，2019 年 1 月 23 日。

《中意政府委员会第九次联席会议共同文件》，2019 年 1 月 26 日。

《中华人民共和国国家发展和改革委员会与卡塔尔国外交部关于共同编制中卡共建"一带一路"倡议实施方案的谅解备忘录》，2019 年 1 月 31 日。

《中华人民共和国政府与卡塔尔国政府关于加强基础设施领域合作的协议》，2019 年 1 月 31 日。

《中国和加勒比建交国外交部间第七次磋商联合新闻公报》，2019 年

2月21日。

《中华人民共和国政府与巴巴多斯政府关于共同推进丝绸之路经济带和21世纪海上丝绸之路建设的谅解备忘录》，2019年2月21日。

《中华人民共和国国家发展和改革委员会和沙特阿拉伯王国能源、工业和矿产资源部关于共同推动产能与投资合作重点项目（第二轮）的谅解备忘录》，2019年2月22日。

《中华人民共和国、俄罗斯联邦和印度共和国外长第十六次会晤联合公报》，2019年2月27日。

《中意科技合作联委会第16次会议纪要》，2019年3月1日。

《中华人民共和国商务部和意大利共和国经济发展部关于电子商务合作的谅解备忘录》，2019年3月23日。

《中华人民共和国和意大利共和国关于加强全面战略伙伴关系的联合公报》，2019年3月23日。

《中华人民共和国和法兰西共和国关于共同维护多边主义、完善全球治理的联合声明》，2019年3月26日。

《中华人民共和国政府与卢森堡大公国政府关于共同推进丝绸之路经济带和21世纪海上丝绸之路建设的谅解备忘录》，2019年3月27日。

《中哈外交部2020至2022年合作备忘录》，2019年3月28日。

《中华人民共和国政府和克罗地亚共和国政府联合声明》，2019年4月10日。

《中华人民共和国国家能源局与阿根廷共和国财政部关于和平利用核能领域投资合作的合作意向》，2019年4月17日。

《中华人民共和国和智利共和国联合声明》，2019年4月24日。

中国和希腊《关于重点领域2020—2022年合作框架计划》，2019年4月26日。

《中华人民共和国国家发展和改革委员会与奥地利共和国数字化和经

济事务部关于开展第三方市场合作的谅解备忘录》，2019年4月28日。

《中华人民共和国政府和巴基斯坦伊斯兰共和国政府关于修订〈自由贸易协定〉的议定书》，2019年4月28日。

《中华人民共和国国家发展和改革委员会与新加坡共和国贸易及工业部关于加强中新第三方市场合作实施框架的谅解备忘录》，2019年4月29日。

中国—瑞士《关于开展第三方市场合作的谅解备忘录》，2019年4月29日。

《中国人民银行与乌拉圭中央银行合作备忘录》，2019年4月29日。

《中华人民共和国国家发展和改革委员会与日本株式会社日立制作所及日立（中国）有限公司关于进一步深化在经济可持续发展领域合作的谅解备忘录》，2019年5月5日。

《中华人民共和国政府和蒙古国政府关于建设中国蒙古二连浩特—扎门乌德经济合作区的协议》，2019年6月4日。

《中华人民共和国和俄罗斯联邦关于发展新时代全面战略协作伙伴关系的联合声明》《中华人民共和国和俄罗斯联邦关于加强当代全球战略稳定的联合声明》，2019年6月5日。

《中俄能源商务论坛章程》，2019年6月5日。

《中华人民共和国和吉尔吉斯共和国关于进一步深化全面战略伙伴关系的联合声明》，2019年6月13日。

《关于中德农业领域博士研究生和博士后交流意向的联合宣言》《（中德）关于气候与农业合作意向的联合宣言》，2019年6月13日。

《中华人民共和国和塔吉克斯坦共和国关于进一步深化全面战略伙伴关系的联合声明》，2019年6月15日。

《中英清洁能源合作伙伴关系实施工作计划2019—2020》，2019年6月19日。

中国—乌干达《关于开展产能合作的框架协议》，2019年6月25日。

《中华人民共和国和保加利亚共和国关于建立战略伙伴关系的联合声明》，2019年7月3日。

《中华人民共和国商务部和孟加拉人民共和国财政部关于建立投资合作工作组的谅解备忘录》，2019年7月4日。

《中华人民共和国和孟加拉人民共和国联合声明》，2019年7月7日。

《中华人民共和国政府与波兰共和国政府间合作委员会第二次全体会议共同文件》，2019年7月8日。

《首次中意财长对话联合声明》，2019年7月11日。

《中华人民共和国和匈牙利"一带一路"工作组第二次会议联合新闻稿》，2019年7月12日。

《关于推动中阿双边及共同在中东北非地区开展"一带一路"产能与投融资合作的谅解备忘录》，2019年7月22日。

《中华人民共和国和阿拉伯联合酋长国关于加强全面战略伙伴关系的联合声明》，2019年7月23日。

《中华人民共和国商务部和哥伦比亚共和国贸易、工业和旅游部关于电子商务合作的谅解备忘录》，2019年7月31日。

《互信携手 合作共赢——中德高级别财金对话成果落实成效综述》，2019年9月4日。

《中俄能源合作委员会第十六次会议纪要》，2019年9月6日。

中国—津巴布韦《关于加强信息通信技术领域合作的谅解备忘录》，2019年9月11日。

《中华人民共和国和哈萨克斯坦共和国联合声明》，2019年9月12日。

《中俄能源合作委员会第十六次会议纪要》，2019年9月16日。

《中俄总理第二十四次定期会晤联合公报》，2019年9月17日。

《中华人民共和国工业和信息化部与俄罗斯联邦数字发展、通信和大众传媒部关于数字技术开发领域合作谅解备忘录》，2019年9月17日。

《中俄总理第二十四次定期会晤联合公报》，2019年9月18日。

《第九次中印财金对话联合声明》，2019年9月25日。

中国—瑞士《关于加强科技创新合作的联合声明》，2019年10月9日。

《中华人民共和国政府与所罗门群岛政府关于共同推进丝绸之路经济带和21世纪海上丝绸之路建设的谅解备忘录》，2019年10月9日。

《中华人民共和国和尼泊尔联合声明》，2019年10月13日。

《中华人民共和国政府与古巴共和国政府科技合作混合委员会第十一次会议纪要》，2019年10月15日。

《中华人民共和国政府与新加坡共和国政府关于升级〈自由贸易协定〉的议定书》，2019年10月16日。

《中华人民共和国政府和毛里求斯共和国政府自由贸易协定》，2019年10月17日。

《中国—新西兰农业联委会第六次会议纪要》，2019年10月22日。

《中华人民共和国国家发展和改革委员会与澳大利亚维多利亚州政府关于共同推进"一带一路"建设框架协议》，2019年10月23日。

《中华人民共和国和巴西联邦共和国联合声明》，2019年10月25日。

《中国—老挝信息通信领域合作备忘录》，2019年10月25日。

《中哈合作委员会第九次会议纪要》，2019年11月4日。

《中华人民共和国政府和泰王国政府联合新闻声明》，2019年11月5日。

《中法关系行动计划》，2019年11月6日。

《中华人民共和国工业和信息化部与法兰西共和国经济和财政部关于加强工业合作的协议》，2019年11月6日。

《中华人民共和国工业和信息化部与法兰西共和国生态与团结化转型部关于民用航空工业的合作备忘录》，2019年11月6日。

《中华人民共和国和希腊共和国关于加强全面战略伙伴关系的联合声明》，2019年11月11日。

《中国科学技术部部长王志刚和意大利教育、大学与科研部部长洛伦佐·菲奥拉蒙蒂的联合声明》，2019年11月26日。

《中俄投资合作委员会第六次会议纪要》，2019年11月26日。

《中华人民共和国和苏里南共和国联合新闻公报》，2019年11月27日。

（二）多边

《澜湄合作国家协调员能力建设合作谅解备忘录》，2019年3月18日。

《关于共同设立多边开发融资合作中心的谅解备忘录》，2019年3月25日。

《中国—太平洋岛国农业部长会议楠迪宣言》，2019年3月29日。

《第二十一次中国—欧盟领导人会晤联合声明（全文）》，2019年4月9日。

《关于落实中欧能源合作的联合声明》，2019年4月9日。

《中国—中东欧国家合作杜布罗夫尼克纲要》，2019年4月12日。

《老挝、泰国、中国三国政府间关于万象—廊开铁路连接线的合作备忘录》，2019年4月25日。

《中华人民共和国和联合国亚洲及太平洋经济社会委员会关于推进"一带一路"倡议和2030年可持续发展议程的谅解备忘录》，2019年4月26日。

《APEC 贸易部长联合声明》，2019 年 5 月 18 日。

《上海合作组织成员国外长理事会会议新闻公报》，2019 年 5 月 22 日。

《上海合作组织成员国元首理事会会议新闻公报》，2019 年 6 月 14 日。

《上海合作组织成员国元首理事会比什凯克宣言》，2019 年 6 月 14 日。

《亚信第五次峰会宣言——共同展望：一个安全和更加繁荣的亚信地区》，2019 年 6 月 15 日。

第五届金砖国家通信部长会议《巴西利亚宣言》，2019 年 8 月 14 日。

大图们倡议第十九次政府间协商委员会部长级会议《长春宣言》，2019 年 8 月 22 日。

《第五届 APEC 粮食安全部长级会议宣言》，2019 年 8 月 25 日。

《APEC 中小企业部长联合声明》，2019 年 9 月 5 日。

《坎皮纳斯宣言》，2019 年 9 月 20 日。

《金砖国家科技创新工作计划（2019—2022 年）》，2019 年 9 月 20 日。

《第九届金砖国家农业部长会议共同宣言》，2019 年 9 月 26 日。

《中国—中东欧国家创新合作贝尔格莱德宣言》，2019 年 10 月 8 日。

《中国—太平洋岛国经济发展合作行动纲领》，2019 年 10 月 21 日。

《关于 2018 年 5 月 17 日签署的〈中华人民共和国与欧亚经济联盟经贸合作协定〉生效的联合声明》，2019 年 10 月 25 日。

《2020 年中国—东盟信息通信合作计划》，2019 年 10 月 25 日。

《第十四次中国—东盟电信部长会议联合声明》，2019 年 10 月 25 日。

《中国与加勒比国家共建"一带一路"合作会议联合声明》，2019 年 10 月 28 日。

《上海合作组织成员国政府首脑（总理）理事会第十八次会议联合公报》，2019年11月2日。

《〈区域全面经济伙伴关系协定〉（RCEP）第三次领导人会议联合声明》，2019年11月4日。

《东盟与中日韩领导人关于互联互通再联通倡议的声明》，2019年11月4日。

第14届东亚峰会《关于可持续伙伴关系的声明》，2019年11月4日。

《关于结束中华人民共和国政府与欧洲联盟地理标志保护与合作协定谈判的联合声明》，2019年11月6日。

《金砖国家领导人第十一次会晤巴西利亚宣言》，2019年11月14日。

《中华人民共和国生态环境部中华人民共和国财政部与国际复兴开发银行关于开展环境管理合作的谅解备忘录》，2019年11月22日。

《中国—东盟东部增长区合作第2次部长级会议联合声明》，2019年11月24日。

第八部分

中国经济外交相关学术文献

一 《中国社会科学》

洪俊杰、商辉:《中国开放型经济的"共轭环流论":理论与证据》,2019年第1期,第42—64页。

二 《世界经济与政治》

张发林:《全球货币治理的中国效应》,2019年第8期,第96—126页。

黄振乾:《中国援助项目对当地经济发展的影响——以坦桑尼亚为个案的考察》,2019年第8期,第127—153页。

陈兆源:《中国自由贸易协定的伙伴选择——基于外交战略的实证分析》,2019年第7期,第131—153页。

高程:《中美竞争与"一带一路"阶段属性和目标》,2019年第4期,第58—78页。

孙忆、孙宇辰:《中国经济伙伴网络中的多重制度联系》,2019年第4期,第101—128页。

李巍、罗仪馥:《从规则到秩序——国际制度竞争的逻辑》,2019年第4期,第28—57页。

李滨、陈怡:《高科技产业竞争的国际政治经济学分析》,2019第3期,第135—154页。

蔡昉:《全球化、趋同与中国经济发展》,2019年第3期,第4—18页。

罗杭、杨黎泽：《国际组织中的权力均衡与决策效率——以金砖国家新开发银行和应急储备安排为例》，2019年第2期，第123—154页。

吴泽林：《"一带一路"倡议的功能性逻辑——基于地缘经济学视角的阐释》，2018年第9期，第128—153页。

张清敏：《理解中国特色大国外交》，2018年第9期，第67—87页。

王存刚：《更加不确定的世界，更加确定的中国外交》，2018年第9期，第43—63页。

三　《当代亚太》

王金波：《双边政治关系、东道国制度质量与中国对外直接投资的区位选择——基于2005—2017年中国企业对外直接投资的定量研究》，2019年第3期，第4—28页。

成新轩：《东亚区域产业价值链的重塑——基于中国产业战略地位的调整》，2019年第3期，第29—46页。

陈伟光、蔡伟宏：《大国经济外交与全球经济治理制度——基于中美经济外交战略及其互动分析》，2019年第2期，第67—94页。

王浩：《从制度之战到经济竞争：国内政治与美国对华政策的演变（2009—2018）》，2019年第1期，第38—55页。

四　《外交评论》

唐晓阳、唐溪源：《从政府推动走向市场主导：海外产业园区的可持续发展路径》，2019第6期，第39—61页。

蒋华杰：《现代化、国家安全与对外援助——中国援非政策演变再思考（1970—1983）》，2019年第6期，第121—154页。

竺彩华：《市场、国家与国际经贸规则体系重构》，2019年第5期，第1—33页。

李巍：《从接触到竞争：美国对华经济战略的转型》，2019年第5期，第54—80页。

熊炜：《失重的"压舱石"？经贸合作的"赫希曼效应"分析——以德俄关系与中德关系为比较案例》，2019年第5期，第81—103页。

陈兆源：《法律化水平、缔约国身份与双边投资协定的投资促进效应——基于中国对外直接投资的实证分析》，2019年第2期，第29—58页。

沈铭辉：《"一带一路"、贸易成本与新型国际发展合作——构建区域经济发展条件的视角》，2019年第2期，第1—28页。

◇◇ 五 《现代国际关系》

王凯、倪建军：《"一带一路"高质量建设的路径选择》，2019年第10期，第28—34页。

杨昊：《世贸组织改革中的中美竞合：博弈论的视角》，2019年第8期，第19—25页。

胡德坤、彭班：《试析中国对老挝的经济援助》，2019年第7期，第45—50页。

宋颖慧、王瑟、赵亮：《"中国债务陷阱论"剖析——以斯里兰卡政府债务问题为视角》，2019年第6期，第1—9页。

胡子南：《德国加强外商直接投资审查及对华影响——基于〈对外经

济条例〉修订的分析》，2019年第6期，第10—18页。

王文、王鹏：《G20机制20年：演进、困境与中国应对》，2019年第5期，第1—9页。

许勤华、袁淼：《"一带一路"建设与中国能源国际合作》，2019年第4期，第8—14页。

苏格：《亚太经合之中国足迹》，2019年第4期，第1—7页。

赵宏图：《从国际产业转移视角看"一带一路"——"一带一路"倡议的经济性与国际性》，2019年第3期，第38—45页。

吕洋：《人民币国际化在拉美推进现状与前景》，2019年第1期，第46—53页。

孙海泳：《美国对华科技施压战略：发展态势、战略逻辑与影响因素》，2019年第1期，第38—45页。

六 《国际政治科学》

贺凯、冯惠云、魏冰：《领导权转移与全球治理：角色定位、制度制衡与亚投行》，2019年第3期，第31—59页。

齐皓、王侯嘉遇、宰英祺：《美国施压下的中美贸易战特征：与入世谈判的对比研究》，2019年第3期，第155—161页。

七 《国际问题研究》

刘雅珍、朱锋：《中新自贸协定升级及其影响》，2019年第6期，第111—121页。

郑英琴：《中国与北欧共建蓝色经济通道：基础、挑战与路径》，2019年第4期，第34—49页。

黄玉沛：《中非共建"数字丝绸之路"：机遇、挑战与路径选择》，2019年第4期，第50—63页。

王竞超：《中日第三方市场合作：日本的考量与阻力》，2019年第3期，第81—93页。

薛志华：《金砖国家海洋经济合作：着力点、挑战与路径》，2019年第3期，第94—107页。

安春英：《中国对非减贫合作：理念演变与实践特点》，2019年第3期，第108—124页。

张晓颖，王小林：《参与全球贫困治理：中国的路径》，2019年第3期，第125—136页。

楼项飞：《中拉共建"数字丝绸之路"：挑战与路径选择》，2019年第2期，第49—60页。

王洪一：《中非共建产业园：历程、问题与解决思路》，2019年第1期，第39—53页。

◇◇ 八 《国际经济评论》

周学智、张明：《中国对外资产价值变化的轨迹与原因——基于国际投资头寸表的视角》，2019年第6期，第36—55页。

鞠建东、余心玎、卢冰、侯江槐：《中美经贸实力对比及关联分析：量化视角下的综合考量》，2019年第6期，第56—73页。

宋泓：《中美经贸关系的发展和展望》，2019年第6期，第74—99页。

李宏瑾、任羽菲:《国际货币市场基准利率改革及对中国的启示》,2019年第6期,第134—152页。

吕刚、林佳欣:《中国服务业的实际开放度与国际竞争力:基于FATS和BOP统计口径的全面衡量》,2019年第5期,第144—154页。

张明、李曦晨:《人民币国际化的策略转变:从旧"三位一体"到新"三位一体"》,2019年第5期,第80—98页。

谭小芬、李兴申:《跨境资本流动管理与全球金融治理》,2019年第5期,第57—79页。

田巍、余淼杰:《人民币汇率与中国企业对外直接投资:贸易服务型投资视角》,2019年第5期,44—56页。

桑百川:《外商直接投资动机与中国营商环境变迁》,2019年第5期,第34—43页。

崔凡、苗翠芬:《中国外资管理体制的变革与国际投资体制的未来》,2019年第5期,第20—33页。

苏庆义:《中国是否应该加入CPTPP?》,2019年第4期,第107—127页。

缪延亮、谭语嫣:《从此岸到彼岸:人民币汇率如何实现清洁浮动?》,2019年第4期,第63—89页。

王璐瑶、葛顺奇:《投资便利化国际趋势与中国的实践》,2019年第4期,第139—155页。

管涛、王宵彤:《中国服务(旅游)贸易逆差扩大:是资本外逃还是经济再平衡?》,2019年第4期,第128—138页。

王永中、周伊敏:《中美油气贸易投资的状况、潜力与挑战》,2019年第3期,第101—116页。

刘晨、葛顺奇:《中国境外合作区建设与东道国经济发展:非洲的实践》,2019年第3期,第73—100页。

郑秉文：《主权养老基金的比较分析与发展趋势——中国建立外汇型主权养老基金的窗口期》，2019年第3期，第9—30页。

余智：《中国对外经贸战略调整符合自身战略利益》，2019年第2期，第98—111页。

张一飞：《改革开放以来中美关系"压舱石"的演变进程、内在动力与未来走向》，2019年第2期，第75—97页。

廖凡：《世界贸易组织改革：全球方案与中国立场》，2019年第2期，第32—43页。

白洁、苏庆义：《CPTPP的规则、影响及中国对策：基于和TPP对比的分析》，2019年第1期，第58—76页。

姚洋、邹静娴：《从长期经济增长角度看中美贸易摩擦》，2019年第1期，第146—159页。

万泰雷、张绍桐：《浅析联合国发展融资机制改革创新及对中国参与国际多边发展援助的影响》，2019年第1期，第77—88页。

九 《国际政治研究》

叶玉：《新开发银行的本土化战略及其创新意义——基于与亚投行的比较视角》，2019年第1期，第52—69页。

十 《国际展望》

张彦：《中国与东盟共建区域价值链问题探讨——以制造业为例》，2019年第6期，第68—89页。

宋微：《中国对非援助 70 年——理念与实践创新》，2019 年第 5 期，第 73—93 页。

张帅：《"走出去"战略提出以来的中国农业外交——核心特征、机制创新与战略塑造》，2019 年第 5 期，第 94—115 页。

张蕴岭、马天月：《国际投资新规则及中国应对策略》，2019 年第 4 期，第 23—38 页。

冯昭奎：《科技全球化的潮流与逆流——兼论中国应对科技全球化的历程与对策》，2019 年第 3 期，第 55—77 页。

黄放放：《太平洋联盟与中国的经贸关系——回顾与展望》，2019 年第 3 期，第 138—155 页。

李巍、赵莉：《美国外资审查制度的变迁及其对中国的影响》，2019 年第 1 期，第 44—71 页。

◇◇ 十一 《国际观察》

杨力、梁庆：《中东金融国际化对中国的机遇》，2019 年第 1 期，第 107—121 页。

◇◇ 十二 《国际关系研究》

李孝天：《经济相互依赖视角下的中美贸易冲突：成因、启示与前景》，2019 年 5 期，第 109—135 页。

孙雪、仇华飞：《利益、相对实力与中国经济外交的策略选择》，2019 年第 1 期，第 127—141 页。

十三 《美国研究》

罗振兴：《特朗普政府对中美经贸关系的重构——基于经济民粹主义和经济民族主义视角的考察》，2019年第5期，第76—102页。

李莉文：《"逆全球化"背景下中国企业在美并购的新特征、新风险与对策分析》，2019年第1期，第9—25页。

十四 《欧洲研究》

叶斌：《〈欧盟外资安全审查条例〉与资本自由流动原则的不兼容性》2019年第5期，第68—85页。

孔庆江：《美欧对世界贸易组织改革的设想与中国方案比较》，2019年第3期，第38—56页。

第九部分

中美经贸摩擦大事记

2019年中美贸易摩擦一波三折,历经了5轮的谈判后双方最终停战。新年伊始,中美就在北京举行经贸副部级谈判,此后,中美在华盛顿举行第五轮中美经贸高级别谈判,这是自2018年7月中美"关税战"正式开打之后,双方举行的首次高级别谈判。此后,两国"打打停停",互相拉锯(见表9.1)。中美最终在2019年12月初步达成中美第一阶段贸易协议。尽管美国将保留3700亿美元商品关税,中国将保持1100亿美元关税,但双方降低关税的举措为愁云惨淡的世界经济拨开了一道曙光。

表9.1 2019年中美互征关税清单简况

公布时间	公布方	总额（美元）	税率（%）	主要涉及商品类别	生效日期（2019年）
5月9日	美国	2000亿	25%	机电机械类产品,农副产品,工业中间商品,日用消费品	5月10日
5月13日	中国	600亿	25%、20%、10%和5%四档关税	农副产品,化工品,机电、音像设备类商品,光学医学设备类商品,塑料橡胶制品,液化天然气	6月1日
8月15日	美国	3000亿	10%	机电机械类产品,农副产品,工业中间商品,日用消费品(新增平板电视、闪存设备、智能音响、蓝牙耳机、床上用品、多功能打印机和鞋类、手机、电脑、玩具和服饰等,移除了家具、婴儿用品和路由器)	第一批1250亿美元自9月1日生效;第二批1560亿美元自12月15日生效
8月23日	中国	750亿	10%、5%两档关税	农副产品,化工品,机电、音像设备类商品,光学医学设备类商品,塑料橡胶制品,液化天然气(新增原油)	两批自2019年9月1日和12月15日起实施

续表

公布时间	公布方	总额（美元）	税率（%）	主要涉及商品类别	生效日期（2019年）
8月23日	美国	5500亿（非新增）	15%、25%两档关税	航空航天、信息和通信技术、医药、机电机械类产品，农副产品，工业中间商品，日用消费品	9月1日加征的3000亿美元商品10%关税上调至15%。目前被征收25%关税的2500亿美元商品，其税率将从10月1日起上调至30%
9月11日	美国	2500亿（非新增）	25%	航空航天、信息和通信技术、医药、机电机械类产品，农副产品，工业中间商品，日用消费品	推迟原定于10月1日至15日加征的关税税率从25%上调至30%的计划
10月11日	美国	2500亿（非新增）	25%	航空航天、信息和通信技术、医药、机电机械类产品，农副产品，工业中间商品，日用消费品	推迟原定于10月15日加征的关税税率从25%上调至30%的计划
12月13日	美国	3700亿（非新增）	7.5%、25%两档	航空航天、信息和通信技术、医药、机电机械类产品，农副产品，工业中间商品，日用消费品（排除手机、玩具、笔记本电脑）	对2500亿美元的产品维持25%的关税，对1200亿美元产品关税税率从15%下调至7.5%，对剩余1800亿美元产品加征关税维持在0%
12月15日	中国	750亿中的部分产品（非新增）	10%、5%两档关税	农副产品，化工品，机电、音像设备类商品，光学医学设备类商品，塑料橡胶制品，液化天然气	推迟原定于12月15日起对美国产品加征10%和5%关税的计划

◇ 一 密集磋商

2019年1月7日至9日，中美在北京举行经贸问题副部级磋商，中方由商务部副部长兼国际贸易谈判副代表王受文率团，美方由美国副贸易代表杰弗里·格里什领衔。双方就贸易问题和结构性问题进行了交流，国务院副总理刘鹤现身会场且谈判时间延长至三天，表明中方的高度重视。

2019年1月28日，中国人民银行对美国标普全球公司在北京设立的全资子公司予以备案。同日，中国接受该公司进入银行间债券市场开展债券评级业务的注册。标普已获准进入中国信用评级市场。

2019年1月28日，美国司法部就华为公司提起13项指控，检方指控孟晚舟以欺诈方式就华为在伊朗的生意误导美国银行，华为利用在中国香港的空壳公司向伊朗出口不符合美国制裁的设备。同日，美国向加拿大递交了引渡孟晚舟的文件。

2019年1月30日至31日，中美第五轮高级别经贸磋商在华盛顿举行，中方由国务院副总理刘鹤率团，美方由美国贸易代表莱特希泽率团。双方讨论了贸易平衡、技术转让、知识产权保护、非关税壁垒、服务业、农业、实施机制以及中方关切问题，还明确了下一步磋商的时间表和路线图。

2019年2月14日至15日，中美在北京举行第六轮中美经贸高级别磋商，中方由国务院副总理刘鹤率团，美方由美国贸易代表莱特希泽、财政部长姆努钦率团。双方就技术转让、知识产权保护、非关税壁垒、服务业、农业、贸易平衡、实施机制等共同关注的议题以及中方关切问题进行了深入交流。

2019年2月21日至22日，中美在华盛顿举行第七轮中美经贸高级别磋商，中方由国务院副总理刘鹤率团，美方由美国贸易代表莱特希泽、财政部长姆努钦率团。双方围绕协议文本开展谈判，在技术转让、知识产权保护、非关税壁垒、服务业、农业以及汇率等方面的具体问题上取得实质性进展。

2019年2月24日，美国总统特朗普在社交媒体推特上宣布，将推迟原定于3月1日对中国输美2000美元商品加征关税从10%上调至25%的计划，还表示计划不久后与习近平主席在佛罗里达海湖庄园再次举行峰会以完成协议。

2019年3月7日，华为在美国提起诉讼，称美国2018年的《国防授权法案》违反了美国宪法，请求法院判定这一针对华为的销售限制条款违宪，并判令永久禁止该限制条款的实施。

2019年3月12日，国务院副总理、中美全面经济对话中方牵头人刘鹤应约与美国贸易代表莱特希泽、财政部长姆努钦通话，双方就文本关键问题进行具体磋商，并确定了下一步工作安排。

2019年3月28日至29日，国务院副总理刘鹤与美国贸易代表莱特希泽、财政部长姆努钦在北京共同主持第八轮中美经贸高级别磋商，双方讨论了协议有关文本，并取得新的进展。

2019年3月31日，中国国务院关税税则委员会宣布延长对原产于美国的汽车及零部件暂停加征关税措施，截止日期另行通知。

2019年4月3日至5日，国务院副总理刘鹤与美国贸易代表莱特希泽、财政部长姆努钦在华盛顿共同主持第九轮中美经贸高级别磋商。双方讨论了技术转让、知识产权保护、非关税措施、服务业、农业、贸易平衡、实施机制等协议文本，取得新的进展。4日，特朗普总统在推特上表示，协议可能在此后大约4周内达成。

2019年4月25日，美国贸易代表办公室发布了2019年知识产权"特别301报告"及"恶名市场名单"，"特别301报告"就全球贸易和知识产权发展情况进行总结和回顾，其中针对中国的调查内容达到9页，"恶名市场名单"连续第15年将中国列入"优先观察国"名单。

2019年4月30日至5月1日，国务院副总理刘鹤与美国贸易代表莱特希泽、财政部长姆努钦在北京举行第十轮中美经贸高级别磋商。双方按照既定安排，将于下周在华盛顿举行第十一轮中美经贸高级别磋商。

二 阴云再起

2019年5月6日，美中经济与安全审查委员会（USCC）发布题为《中国企业如何推动从美国转移技术》的报告，指责中国企业正在使用包括投资、合资、网络间谍等方法从美国获得技术和知识产权，并得到中国政府支持，指出中国企业获得美国的关键技术可能会危及美国的技术创新和国家安全。

2019年5月9日，美国政府宣布，自2019年5月10日起，对从中国进口的2000亿美元清单商品加征的关税税率由10%提高到25%。

2019年5月9日至10日，中美在华盛顿举行第十一轮中美高级别经贸磋商，中方由国务院副总理刘鹤率团，美方由美国贸易代表莱特希泽、财政部长姆努钦率团。此轮磋商未能取得实质性进展。刘鹤在磋商后接受媒体采访时表示，中方对磋商未来持审慎乐观态度。

2019年5月10日，美国贸易代表莱特希泽发表声明称，特朗普总统指示拟将对从中国进口的剩下3000亿美元商品加征关税。

2019年5月10日，美国联邦通信委员会（FCC）以5票赞成、0票反对的投票结果反对中国移动于2011年向美国提供电信服务的申请，理由是"中国政府可以利用中国移动美国分公司进行或增加针对美国经济的间谍活动和情报收集"。

2019年5月13日，国务院关税税则委员会发布声明，自2019年6月1日0时起，对已实施加征关税的600亿美元清单美国商品中的部分，提高加征关税税率，分别实施25%、20%或10%加征关税，对之前加征5%关税的税目商品，仍继续加征5%关税。

2019年5月15日，特朗普总统签署行政命令，要求美国进入紧急状态，在此紧急状态下，美国企业不得使用对国家安全构成风险的企业所生产的电信设备。同日，美国商务部工业和安全局（BIS）宣布将华为及其70家附属公司列入"实体清单"，禁止华为在未经美国政府的批准下从美国公司购买零部件。

2019年5月19日，谷歌Google母公司Alphabet已停止与华为的业务合作，除了开放源代码授权的服务以外，部分技术服务将遭到终止。

2019年5月20日，美国商务部给华为颁发了一张为期90天的临时通用许可证，允许华为及其附属公司从事"特定活动"，以保证美国现有相关网络的持续运营，为美国现有的相关移动服务提供支持。

2019年5月31日，美国贸易代表办公室宣布把原定于6月1日开始对中国部分商品加征关税由10%提高到25%的时间推迟至6月15日执行。同日，中国商务部表示，针对近期一些外国实体出于非商业目的，对中国企业采取封锁、断供和其他歧视性措施的行为，中国将建立不可靠实体清单制度。

2019年6月2日，国务院新闻办公室发布《关于中美经贸磋商的中方立场》白皮书，全面介绍中美经贸磋商基本情况，阐明中方政策立场。

2019年6月6日，商务部发表《关于美国在中美经贸合作中获益情况的研究报告》，阐明美国从中美经贸合作中获益巨大。

2019年6月8日，根据《国家安全法》等相关法律法规，国家发展改革委正牵头组织研究建立国家技术安全管理清单制度，以更有效预防和化解国家安全风险。

2019年6月14日，世界贸易组织发表声明表示，美国已要求暂停处理有关中国知识产权处理方式的争端至12月31日，中国同意美国提出的暂停起诉的请求。

2019年6月18日，国家主席习近平应约同美国总统特朗普通电话，双方约定在二十国集团大阪峰会期间会晤，并同意两国经贸团队就如何解决分歧保持沟通。

2019年6月21日，美国商务部新增五家禁止美国供应商采购部件的中国实体。这五家实体包括天津海光、中科曙光、成都海光集成电路、成都海光微电子技术以及无锡江南计算技术研究所。

2019年6月22日，华为美国公司在美国华盛顿特区地区法院起诉美国商务部，认为美国商务部扣押华为设备并迟迟不做出相关决定的行为"非法"。

2019年6月24日，国务院副总理、中美全面经济对话中方牵头人刘鹤应约与美国贸易代表莱特希泽、财政部长姆努钦通话。双方按照两国元首通话的指示，就经贸问题交换意见，双方同意继续保持沟通。

◇ 三 柳暗花明

2019年6月29日，国家主席习近平在大阪二十国集团峰会期间同美国总统特朗普举行会晤。两国元首同意，在平等和相互尊重基础上重启经贸磋商，美方不再对中国产品加征新的关税。

2019年6月30日，国家发展改革委、商务部发布《外商投资准入特别管理措施（负面清单）（2019年版）》《自由贸易试验区外商投资准入特别管理措施（负面清单）（2019年版）》，在推进服务业扩大对外开放，放宽农业、采矿业、制造业准入等方面，继续推出一批开放措施。同日，两部门还发布《鼓励外商投资产业目录（2019年版）》，较大幅度增加鼓励外商投资领域，外资可以在更多行业依法享受优惠政策。

2019年7月9日，美国贸易代表办公室宣布，免除110种中国商品的高额关税。这些产品自2018年7月6日开始被美国加征25%关税，是美国根据对华"301调查"结果加征关税的一部分产品。

2019年7月9日，国务院副总理刘鹤应约与美国贸易代表莱特希泽、财政部长姆努钦通话，就落实两国元首大阪会晤共识交换意见。

2019年7月12日，中国外交部发言人耿爽表示，中方将对参与日前美国宣布的对中国台湾约22.2亿美元售台武器的美国企业实施制裁。

2019年7月16日，世界贸易组织公布了中国诉美国反补贴措施案（DS437）执行之诉上诉机构报告，裁决美方涉案11起反补贴措施违反世贸规则。

2019年7月18日，国务院副总理刘鹤应约与美国贸易代表莱特希泽、财政部长姆努钦通话，就落实两国元首大阪会晤共识及下一步磋商交换意见。

2019年7月25日，中国商务部新闻发言人高峰透露，2019年上半年中国对美国非金融类直接投资额为19.6亿美元，同比下降约20%。

2019年7月26日，美国总统特朗普签署备忘录，要求美国贸易代表迫使世界贸易组织重新评估其对某些成员发展中国家地位的认定。

2019年7月29日，中国国家发展改革委、商务部称，中美两国元首大阪会晤之后，已有数百万吨美国大豆装船运往中国，同时美方宣布对110项中国输美工业品豁免加征关税，并表示愿意推动美国企业为相关中国企业继续供货。

2019年7月30日至31日，国务院副总理刘鹤与美国贸易代表莱特希泽、财政部长姆努钦在上海举行第十二轮中美经贸高级别磋商。双方按照两国元首大阪会晤重要共识要求，就经贸领域共同关心的重大问题进行了坦诚、高效、建设性的深入交流。双方还讨论了中方根据国内需要增加自美农产品采购以及美方将为采购创造良好条件。双方将于9月在美举行下一轮经贸高级别磋商。

◇ 四 边打边谈

2019年8月1日,美国总统特朗普在推特上称,美国将从9月1日起对其余3000亿美元中国输美商品加征10%的关税。

2019年8月5日,美国财政部时隔15年再度将中国认定为汇率操纵国,表示将与国际货币基金组织合作消除来自中国的不公平竞争。中国国务院关税税则委员会对8月3日后新成交的美国农产品采购暂不排除进口加征关税,中国企业已暂停采购美国农产品。

2019年8月7日,美国政府发布一项暂行规定,禁止美国联邦机构购买华为、中兴、海能达通信、海康威视和大华科技五家中国企业的通信和视频监控设备以及服务,以实施2019财年《国防授权法案》中的相关条款。

2019年8月13日,美国商务部工业与安全局将中广核有限公司及其关联公司共4家列入出口管制"实体清单"。同日国务院副总理刘鹤应约与美国贸易代表莱特希泽、财政部长姆努钦通话。中方就美方拟于9月1日对中国输美商品加征关税问题进行了严正交涉,双方约定在未来两周内再次通话。

2019年8月14日,美国贸易代表办公室公布了对约3000亿美元中国输美产品加征10%关税的最终清单,其中第一批1250亿美元商品于9月1日生效、第二批1560亿美元商品于12月15日生效。

2019年8月19日,美国将把华为购买美国产品的临时通用许可证再次延长90天，截止日期大约是11月19日。同时，美国商务部文件显示，该部又将新的46家华为子公司列入"实体清单"。

2019年8月23日，中国国务院关税税则委员会发布公告，决定对原产于美国的5078个税目、约750亿美元商品，加征10%、5%不等关税，分两批自2019年9月1日和12月15日起实施。这批商品涉及原油、汽车和大豆、猪肉和玉米等农产品。同时，国务院关税税则委员会还发公告称对原产于美国的汽车及零部件恢复加征关税。

2019年8月24日，特朗普在推特上宣布，提高"原定自9月1日起对价值3000亿美元的中国进口商品加征的10%关税，现在将上调至15%。与此同时，特朗普总统表示，目前被征收25%关税的中国商品，其税率将从10月1日起上调至30%。"此外，特朗普还在推特下令美国企业离开中国。

2019年8月30日，美国贸易代表办公室宣布，自美国东部时间9月1日凌晨12时01分开始，对清单中的1250亿美元中国输美商品加征关税，在原有10%的基础上提高至15%。中国立即回击，对美国约760亿美元美国输中商品加征5%—10%关税，并在世界贸易组织争端解决机制下提起诉讼。

◇◇ 五　迈向缓和

2019年9月5日，国务院副总理刘鹤应约与美国贸易代表莱特希泽、财政部长姆努钦通话。双方同意10月初在华盛顿举行第十三轮中美经贸高级别磋商。

2019年9月10日，美国政府归还华为公司一批被扣押的电信设备，华为美国子公司撤回2019年6月针对美国政府部门的诉讼。同日，国务院总理李克强在北京会见中美企业家对话会的美方代表时表示,中美应求同存异并欢迎美国扩大对华经贸投资合作。美方代表表示反对削弱同中国经济关系的做法,绝不愿看到美中经贸脱钩。

2019年9月11日,特朗普在推特上发文称,他已同意推迟原定于10月1日对价值2500亿美元的中国输美商品加征的关税税率从25%上调至30%的计划。特朗普称,这一推迟的决定是应中方的要求做出的。11日早些时候,中国政府宣布对16种美国商品暂停加征关税,该决定将从9月17日起实行,有效期一年。

2019年9月12日,中国商务部新闻发言人在例行新闻发布会上表示中方企业已经开始就采购美国农产品进行询价,大豆、猪肉都在询价范围内。同日,特朗普在推特上称,将原定于10月1日对约2500亿美元中国输美商品加征关税税率由25%上调至30%的措施推迟至10月15日起生效。同日,国务院副总理刘鹤在北京会见美中贸易全国委员会董事会主席格林伯格。双方均表示希望美中经贸磋商取得积极进展,尽快达成一致。

2019年9月17日,美国贸易代表办公室公布了三份对中国加征关税商品的排除清单,涉及之前三次加税措施中的共437项商品。

2019年9月19日至20日,中美双方经贸团队在华盛顿举行副部级磋商,中央财办副主任、财政部副部长廖岷率团访美,双方就共同关心的经贸问题开展了建设性的讨论。双方还讨论了牵头人10月在华盛顿举行第十三轮中美经贸高级别磋商的具体安排。

2019年9月26日,美国国际贸易委员会(ITC)决定对半导体设备及其下游产品发起两起"337调查"(知识产权侵权),涉及中国TCL集团、海信集团、联想集团和深圳万普拉斯科技有限公司(OnePlus)等企业。

2019年10月2日,美国贸易代表办公室公布了2份对中国加征关税商品的排除清单,分别涉及美国340亿清单中的92项商品和160亿清单中的 111 项商品的关税排除。

2019 年 10 月 7 日，美国商务部产业安全局宣布将 28 个中国公安机构和公司列入出口管制"实体清单"，宣称这些企业涉及打压新疆穆斯林。

2019 年 10 月 10 日至 11 日，国务院副总理刘鹤与美国贸易代表莱特希泽、财政部长姆努钦在华盛顿举行第十三轮中美经贸高级别磋商，双方初步达成"第一阶段"贸易协议，内容涉及关税、农业、知识产权保护、技术转让、汇率、金融服务、扩大贸易合作、争端解决等领域。

2019 年 10 月 13 日，美国总统特朗普发推特表示，原定于 10 月 15 日把关税从 25% 提高到 30% 的举措暂不实行，中美将完成第一阶段协议，迈入第二阶段。

2019 年 10 月 23 日，美国贸易代表办公室公布了对 2000 亿中国商品加征关税的排除清单，共涉及 83 项产品，这是其公布的第十四批排除清单。

2019 年 10 月 24 日，美国副总统彭斯在伍德罗·威尔逊中心发表关于中国问题的演讲，强调中国是其"战略竞争对手"，但并不打算与中国"彻底脱钩"。

2019 年 10 月 25 日，国务院副总理刘鹤应约与美国贸易代表莱特希泽、财政部长姆努钦通话，双方同意妥善解决各自核心关切，确认部分文本的技术性磋商基本完成。

2019 年 10 月 30 日，原定于 11 月在智利举行的 APEC 会议取消，但中美双方将按原计划继续推进磋商等各项工作，重新选择协议签署地点。

2019 年 10 月 31 日，美国内政部宣布对该部拥有的全部 800 多架无人机实施停飞，原因是这些无人机的中国制造商引发的国家安全风险担忧不断加剧。

2019 年 11 月 1 日，国务院副总理刘鹤应约与美国贸易代表莱特希泽、财政部长姆努钦通话。双方讨论了下一步磋商安排。

2019年11月1日，WTO裁定，由于美国政府未能遵守世贸组织裁决取消对中国的反倾销税，授权中国每年可对最高约36亿美元的美国输华商品加征关税。报道说，这是世界贸易组织首次在贸易争端中授权中国加征关税。

2019年11月7日，美国贸易代表办公室公布了对2000亿中国商品的加征关税排除清单，共涉及36项产品。同日，中国商务部表示如果双方达成第一阶段协议，应当根据协议的内容同步、等比率取消已加征的关税。

2019年11月16日，中国国务院副总理刘鹤应约与美国贸易代表莱特希泽、财政部长姆努钦通话。双方围绕第一阶段协议的各自核心关切进行了建设性讨论。

2019年11月18日，美国商务部第三次延长华为临时许可证，至2020年2月16日。期间美国政府允许美企继续与华为及其114关联企业进行业务往来。

2019年11月22日，美国联邦通信委员会（FCC）投票决定禁止美国电信运营商使用联邦基金购买华为和中兴两家中国公司的设备或服务。

2019年11月26日，中国国务院副总理刘鹤与美国贸易代表莱特希泽、财政部长姆努钦通话。双方同意就第一阶段协议磋商的剩余事项保持沟通。

2019年12月3日，特朗普在伦敦表示不介意等到2020年美国大选后再签美中贸易协议。同日美国考虑将华为列入"特别指定国民名单（SDN Lsit）"，禁止华为进入美国金融系统，禁用美元进行交易，冻结其相关资产。

2019年12月4日，针对美国对华外交人员的限制措施，中方已于12月4日照会美国驻华使馆，从即日起对美方采取对等做法。

2019年12月6日，中国国务院关税税则委员会宣布正在根据相关企业的申请，开展部分大豆、猪肉等商品排除工作。

2019年12月13日，中美双方同时宣布，经过两国经贸团队的共同努力，双方已就第一阶段经贸协议文本达成一致。协议文本包括序言、知识产权、技术转让、食品和农产品、金融服务、汇率和透明度、扩大贸易、双边评估和争端解决、最终条款九个章节。同时，双方达成一致，美方将履行分阶段取消对华产品加征关税的相关承诺，实现加征关税由升到降的转变。特朗普表示将暂停原定于12月15日起对中国商品加征的关税，对2500亿美元中国商品加征25%的关税不变，剩下的大部分加征关税税率将变为7.5%。

2019年12月15日，中国国务院关税税则委员会发布公告对原计划于12月15日12时01分起加征关税的原产于美国的部分进口商品，暂不征收10%、5%关税，对原产于美国的汽车及零部件继续暂停加征关税。

2019年12月17日，美国贸易代表办公室公布了新一批2000亿美元加征关税商品的排除清单，涵盖44项产品，这是总第十七批排除清单。

2019年12月19日，中国国务院关税税则委员会公布第一批对美加征关税商品第二次排除清单，涵盖6项商品。

2019年12月20日，习近平主席与特朗普总统就中美第一阶段经贸协议问题通话，表示协议有利于两国、乃至整个世界和平和繁荣。

第十部分

中国经济外交相关数据

（一）概览

表 10.1　2014—2018 年全球主要经济体/地区国内生产总值统计

（单位：亿美元）

	2018 年	2017 年	2016 年	2015 年	2014 年
美国	205443.43	193906.04	186244.75	181207.14	174276.09
中国	136081.51	122377.00	111909.93	110646.66	104823.72
日本	49713.23	48721.37	49492.73	43949.78	48504.14
德国	39476.20	36774.39	34777.96	33756.11	38906.07
英国	28552.96	26224.34	26508.50	28855.70	30228.28
印度	27187.32	25974.91	22742.30	21023.91	20391.27
法国	27775.35	25825.01	24651.34	24382.08	28521.66
巴西	18686.26	20555.06	17939.89	18022.14	24559.94
意大利	20838.64	19347.98	18593.84	18328.68	21517.33
加拿大	17133.41	16530.43	15357.68	15596.23	17992.69
俄罗斯	16575.5	15775.24	12847.28	13684.01	20636.63
韩国	16194.23	15307.51	14148.04	13827.64	14113.34
澳大利亚	14339.04	13234.21	12080.39	13490.34	14649.55
东亚与太平洋地区	259410.00	239992.51	225121.70	217950.27	219141.74
南亚	34530.00	32917.38	29031.24	26952.73	25819.94
北美	222640.00	210499.75	201663.05	196862.56	192326.60
欧洲与中亚地区	20680.00	214385.19	202807.12	203733.61	236582.28
欧洲联盟	187680.00	172776.98	164918.56	164166.70	186355.36
拉丁美洲与加勒比海地区	58010.00	59546.71	53606.59	55047.76	64046.63
中东与北非地区	36110.00	32657.47	31424.84	31413.97	35667.63
撒哈拉以南非洲地区	17100.00	16487.14	15124.73	16100.61	17838.49
世界	859100.00	806837.87	759368.11	748427.34	791314.44

资料来源：世界银行。

表 10.2　2014—2019 年各国入围《财富》世界 500 强企业数量统计　（个）

年份	美国	中国	日本	德国	法国	英国
2019	121	129	52	29	31	17
2018	126	120	52	32	28	21
2017	132	115	51	29	29	24
2016	134	110	52	28	29	26
2015	128	106	54	28	31	29
2014	128	100	57	28	31	28

注：中国一栏统计的数量包含中国香港、中国台湾地区上榜企业。

资料来源：《财富》杂志中文网。

表 10.3　2014—2019 年世界主要货币储备情况（截至 2019 年第 3 季度）

（单位：亿美元）

币种	2019 第三季度 外汇储备量	全球占比（%）	2018 第四季度 外汇储备量	全球占比（%）	2017 第四季度 外汇储备量	全球占比（%）
美元	67509.6	61.8	66233.6	61.7	62806.1	62.7
欧元	21926.2	20.1	22173.7	20.7	20192.3	20.2
日元	6122.3	5.6	5576.5	5.2	4772.8	4.8
英镑	4845.1	4.4	4741.7	4.4	4861.2	4.9
人民币	2196.2	2.0	2028.7	1.9	1234.7	1.2
加元	2059.8	1.9	1972.2	1.8	1932.9	1.9
澳元	1829.8	1.6	1739.5	1.6	1769.6	1.8
瑞士法郎	162.0	0.2	152.8	0.15	180.9	0.2
其他	2615.6	2.4	7076.0	2.48	2446.9	2.4
总额	116597.1	100	114358.2	100	100140.4	100

币种	2016 第四季度 外汇储备量	全球占比（%）	2015 第四季度 外汇储备量	全球占比（%）	2014 第四季度 外汇储备量	全球占比（%）
美元	55028.6	65.34	48769.3	65.73	44312.1	65.2

续表

币种	2016 第四季度 外汇储备量	2016 第四季度 全球占比（%）	2015 第四季度 外汇储备量	2015 第四季度 全球占比（%）	2014 第四季度 外汇储备量	2014 第四季度 全球占比（%）
欧元	16111.1	19.13	14193.1	19.13	14423.3	21.2
日元	3328.6	3.95	2784.8	3.75	2410.5	3.5
英镑	3658.3	4.34	3497.0	4.71	2517.8	3.7
人民币	907.8	1.08	—	—	—	—
加元	1631.4	1.94	1316.3	1.77	1190.2	1.8
澳元	1423.0	1.69	1310.3	1.77	1185.0	1.7
瑞士法郎	137.0	0.16	198.2	0.27	163.2	0.2
其他	1992.2	2.37	2124.5	2.68	1896.0	2.8
总额	84218.0	100	74193.5	100	67997.8	100

资料来源：国际货币基金组织。

（二）贸易

表10.4　　　　　2014—2019 年中国货物进出口贸易额

（单位：亿元人民币）

年份	进出口 金额	进出口 同比（%）	出口 金额	出口 同比（%）	进口 金额	进口 同比（%）
2019	31.54	3.4	17.23	5.0	14.31	1.6
2018	30.50	9.7	16.41	7.1	14.09	12.9
2017	27.81	14.3	15.33	10.8	12.48	18.9
2016	24.34	-0.9	13.84	-1.9	10.50	0.6
2015	24.55	-7.0	14.12	-1.9	10.43	-13.2
2014	26.42	2.3	14.39	4.9	12.04	-0.6

资料来源：中华人民共和国海关总署，2014—2018 年，http://www.customs.gov.cn/customs/302249/302274/302277/302276/2851238/index.html；2019 年，http://www.customs.gov.cn/customs/302249/302274/302275/2833869/index.html。

表 10.5　　　　　2019 年中国进出口商品总值月度表　　（单位：亿人民币）

月份	进出口	出口	进口	贸易差额	1月至当月累积			
					进出口	出口	进口	贸易差额
1月	27416	15039	12377	2662	27416	15039	12377	2662
	9.1	14.1	3.6		9.1	14.1	3.6	
	2.6	-1.8	8.7					
2月	18197	9235	8962	273	45612	24273	21339	2934
	-8.9	-16.5	0.6		1.1	0.1	2.3	
	-33.6	-38.6	-27.6					
3月	24649	13391	11258	2133	70260	37664	32596	5068
	9.7	21.0	-1.4		4.0	6.7	1.0	
	35.5	45.0	25.6					
4月	25138	13012	12126	885	95399	50676	44723	5953
	6.7	3.2	10.8		4.7	5.8	3.5	
	2.0	-2.8	7.7					
5月	25963	14364	11599	2765	121363	65041	56322	8719
	3.1	7.7	-2.2		4.3	6.2	2.2	
	3.3	10.4	-4.3					
6月	25658	14507	11151	3356	147021	79548	67473	12075
	3.3	5.9	0.2		4.2	6.1	1.9	
	-1.2	1.0	-3.9					
7月	27485	15261	12224	3037	174506	94809	79697	15112
	6.1	10.4	1.1		4.4	6.8	1.8	
	7.1	5.2	9.6					
8月	27199	14790	12409	2381	201705	109599	92106	17493
	0.2	2.6	-2.5		3.9	6.2	1.2	
	-1.0	-3.1	1.5					
9月	27882	15294	12588	2706	229587	124893	104694	20199
	-3.1	-0.7	-5.9		3.0	5.3	0.3	
	2.5	3.4	1.4					

续表

月份	进出口	出口	进口	贸易差额	1月至当月累积			
					进出口	出口	进口	贸易差额
10月	27104	15049	12055	2994	256691	139942	116749	23193
	-0.4	2.1	-3.3		2.6	5.0	-0.1	
	-2.8	-1.6	-4.2					
11月	28654	15659	12995	2664	285345	155601	129744	25857
	2.0	1.1	3.0		2.5	4.6	0.2	
	5.7	4.1	7.8					
12月	30160	16741	13419	3323	315504	172342	143162	29180
	12.9	9.3	17.8		3.4	5.0	1.6	
	5.3	6.9	3.3					

注：本年度各月第一行数字为绝对指标，第二行和第三行数字为相对指标，其中，第二行数字为与去年同期比（数字前的加减号）；第三行为和上月环比。

资料来源：国家海关总署，http://www.customs.gov.cn/customs/302249/302274/302277/302276/2851256/index.html。

表10.6　　2019年中国进出口商品类总值表及比重（单位：亿人民币）

类章	出口	进口	累计比去年同期±%	
			出口	进口
总值	172342	143162	5	1.6
第一类 活动物；动物产品	1156	2896	-1.5	49.5
第二类 植物产品	1875	4235	10.9	3.2
第三类 动、植物油、脂及其分解产品；精制的食用油脂；动、植物蜡	82	686	13.7	20.6
第四类 食品；饮料、酒及醋；烟草、烟草及烟草代用品的制品	2196	1854	0.5	8.3
第五类 矿产品	3588	35784	5.8	9.9
第六类 化学工业及其相关工业的产品	8971	10674	-0.3	4
第七类 塑料及其制品；橡胶及其制品	7327	5991	9.1	-1

续表

类章	出口	进口	累计比去年同期±% 出口	累计比去年同期±% 进口
第八类 生皮、皮革、毛皮及其制品；鞍具及挽具；旅行用品、手提包及类似品；动物肠线（蚕胶丝除外）制品	2433	597	7.3	-0.7
第九类 木及木制品；木炭；软木及软木制品；稻草、秸秆、针茅或其他编结材料制品；篮筐及柳条编结品	1039	1516	-4.3	-7.8
第十类 木浆及其他纤维状纤维素浆；纸及纸板的废碎品；纸、纸板及其制品	1791	1837	17.6	-13.7
第十一类 纺织原料及纺织制品	17948	2214	2.2	-1.7
第十二类 鞋、帽、伞、杖、鞭及其零件；已加工的羽毛及其制品；人造花；人发制品	4390	421	8.8	26.5
第十三类 石料、石膏、水泥、石棉、云母及类似材料的制品；陶瓷产品；玻璃及其制品	3758	733	13.4	2.5
第十四类 天然或养殖珍珠、宝石或半宝石、贵金属、包贵金属及其制品；仿首饰；硬币	1410	4146	8	-18.9
第十五类 贱金属及其制品	12584	6643	3	-5.3
第十六类 机器、机械器具、电气设备及其零件；录音机及放声机、电视图像、声音的录制和重放设备及其零件、附件	74987	47432	3.8	-0.7
第十七类 车辆、航空器、船舶及有关运输设备	7710	6706	-0.7	-11.7
第十八类 光学、照相、电影、计量、检验、医疗或外科用仪器及设备、精密仪器及设备；钟表；乐器；上述物品的零件、附件	5489	7126	7	1
第十九类 武器、弹药及其零件、附件	10	1	-9.7	29.9
第二十类 杂项制品	12383	580	11.6	1.3
第二十一类 艺术品、收藏品及古物	52	58	313.1	399.7
第二十二类 特殊交易品及未分类商品	800	705	124.2	-18.3

资料来源：国家海关总署，http://www.customs.gov.cn/customs/302249/302274/302277/302276/2851276/index.html。

表10.7　2014—2019年中国对主要贸易伙伴出口额占出口总额的比重

（单位:%）

国家/地区	2019年	2018年	2017年	2016年	2015年	2014年
美国	16.7	19.2	19	18.3	18	17
欧盟	17.2	16.4	16.4	16.1	15.6	15.9
中国香港	11.2	12.2	12.3	13.8	14.6	15.5
日本	5.7	5.9	6.1	6.1	6	6.4
韩国	4.4	4.4	4.5	4.5	—	4.3

资料来源：世界贸易组织（WTO）Trade Profile 2015、2015、2017；《中华人民共和国2017年国民经济和社会发展统计公报》。

表10.8　2014—2019年中国对主要贸易伙伴进口额占进口总额的比重

（单位:%）

国家/地区	2019年	2018年	2017年	2016年	2015年	2014年
欧盟	13.3	12.2	13.3	13.1	12.4	12.4
韩国	8.4	9.6	9.6	10	10.4	9.7
日本	8.3	8.5	9	9.2	—	8.3
中国台湾	8.3	8.3	8.4	8.8	8.6	7.8
美国	5.9	7.2	8.4	8.5	9	8.2

资料来源：世界贸易组织（WTO）Trade Profile 2015、2015、2017；《中华人民共和国2017年国民经济和社会发展统计公报》。

表10.9　2019年中国与主要经济体的月度贸易　（单位：亿美元）

时间/国家	美国	欧盟	东盟	日本	俄罗斯
1月	458	645	517	269	93
2月	306	429	330	205	70
3月	432	550	523	270	82
4月	418	575	509	258	90
5月	485	600	524	251	92

续表

时间/国家	美国	欧盟	东盟	日本	俄罗斯
6月	486	579	515	261	93
7月	498	622	544	267	94
8月	477	618	555	261	95
9月	471	606	573	280	96
10月	452	569	573	258	97
11月	466	596	614	282	102
12月	459	650	641	287	105

资料来源：国家海关总署。

表 10.10　　中国自由贸易区建设现状

已签协议的自贸区（18个）		正在谈判的自贸区（12个）		正在研究的自贸区（8个）	
协定名称	签署时间	协定名称	谈判启动	协议名称	启动时间
中国—毛里求斯	2019年10月	中国—秘鲁自贸协定升级谈判	2018年11月	中国—蒙古国	2017年5月
中国—巴基斯坦第二阶段	2019年4月	中国—巴勒斯坦	2018年10月	中国—瑞士自贸协定升级	2017年1月
中国—新加坡升级	2018年11月	中国—巴拿马	2018年6月	中国—孟加拉国	2016年10月
中国—马尔代夫	2017年12月	中国—摩尔多瓦	2017年12月	中国—加拿大	2016年9月
中国—智利升级	2017年11月	中国—韩国自贸协定第二阶段谈判	2017年12月	中国—巴布亚新几内亚	2016年7月
中国—格鲁吉亚	2017年5月	中国—新西兰自贸协定升级谈判	2016年11月	中国—尼泊尔	2016年3月
中国—东盟（"10+1"）升级	2015年11月	中国—以色列	2016年3月	中国—斐济	2015年11月

续表

已签协议的自贸区（18个）		正在谈判的自贸区（12个）		正在研究的自贸区（8个）	
协定名称	签署时间	协定名称	谈判启动	协议名称	启动时间
中国—澳大利亚	2015年6月	中国—斯里兰卡	2014年9月	中国—哥伦比亚	2012年5月
中国—韩国	2015年6月	《区域全面经济伙伴关系协定》（RCEP）	2012年11月		
中国—瑞士	2013年7月	中日韩	2012年11月		
中国—冰岛	2013年4月	中国—挪威	2008年9月		
中国—哥斯达黎加	2010年4月	中国—海合会	2004年7月		
中国—秘鲁	2009年4月				
中国—新加坡	2008年10月				
中国—新西兰	2008年4月				
中国—智利	2008年4月				
中国—巴基斯坦	2006年11月				
中国—东盟	2002年11月				

数据来源：根据中国自由贸易区服务网公布的信息整理而成。

注：本报告涉及的自贸协议是经济外交意义上的，主要指国家行为体层面的经济往来。港澳台地区同属于一个中国，不适用经济外交的概念，故不将《内地与港澳更紧密经贸关系安排》列入考察范围。

（三）货币

表 10.11　　　　2014—2019 年中国外汇储备规模统计　　　（单位：亿美元）

年份	金额
2019	31079.24
2018	30727.12
2017	31399.49
2016	30105.17
2015	33303.62
2014	38430.18

资料来源：中国人民银行。

表 10.12　　　　　　人民币外汇市场交易量　　　　　（单位：亿美元）

年份	人民币外汇交易量	全球占比（%）
2019	2840	4.3
2016	2021	4.0
2013	1196	2.2
2010	343	0.9

资料来源：国际清算银行。

表 10.13　　　　2014—2019 年跨境贸易人民币结算量

（单位：万亿元人民币）

年份	跨境贸易人民币结算量
2019	6.04
2018	5.11
2017	7.25
2016	5.23
2015	7.23
2014	6.55

资料来源：中国人民银行。

表 10.14　2008 年以后中国人民银行签订的货币互换协议统计

（单位：亿元人民币）

互换对象国/地区	签订时间	互换规模	现在是否有效
韩国	2017.10.13	3600	是
韩国	2014.10.11	3600	否（后续新约）
韩国	2011.10.26	3600	否（后续新约）
韩国	2008.12.12	1800	否（后续新约）
马来西亚	2018.8.20	1800	是
马来西亚	2015.4.17	1800	否（后续新约）
马来西亚	2012.2.8	1800	否（后续新约）
马来西亚	2009.2.8	800	否（后续新约）
白俄罗斯	2015.5.10	70	是
白俄罗斯	2009.3.11	200	否（后续新约）
印度尼西亚	2018.11.19	2000	是
印度尼西亚	2013.10.1	1000	否
印度尼西亚	2009.3.23	1000	否（后续新约）
阿根廷	2018.11.8	600	是
阿根廷	2017.7.18	700	是
阿根廷	2014.7.18	700	否（后续新约）
阿根廷	2009.4.2	700	否（后续新约）
冰岛	2016.12.21	35	是
冰岛	2013.9.30	35	否（后续新约）
冰岛	2010.6.9	35	否（后续新约）
新加坡	2019.5.10	3000	是
新加坡	2016.3.7	3000	否（后续新约）
新加坡	2013.3.7	3000	否（后续新约）
新加坡	2010.7.23	1500	否（后续新约）
新西兰	2017.5.19	250	是
新西兰	2014.4.25	250	否（后续新约）
新西兰	2011.4.18	250	否（后续新约）

续表

互换对象国/地区	签订时间	互换规模	现在是否有效
乌兹别克斯坦	2011.4.19	7	否
蒙古	2017.7.6	150	是
蒙古	2014.8.21	150	否（后续新约）
蒙古	2012.3.20	100	否（后扩资）
蒙古	2011.5.6	50	否（后续新约）
哈萨克斯坦	2018.10.12	70	是
哈萨克斯坦	2014.12.14	70	否（后续新约）
哈萨克斯坦	2011.6.13	70	否（后续新约）
泰国	2018.1.8	700	是
泰国	2014.12.22	700	否（后续新约）
泰国	2011.12.22	700	否（后续新约）
巴基斯坦	2018.5.24	200	是
巴基斯坦	2014.12.23	100	否（后续新约）
巴基斯坦	2011.12.24	100	否（后续新约）
阿拉伯联合酋长国	2015.12.14	350	是
阿拉伯联合酋长国	2012.1.17	350	否（后续新约）
土耳其	2019.5.30	120	是
土耳其	2015.9.26	120	否（后续新约）
土耳其	2012.2.21	100	否（后扩资）
澳大利亚	2018.3.30	2000	是
澳大利亚	2015.3.30	2000	否（后续新约）
澳大利亚	2012.3.22	2000	否（后续新约）
乌克兰	2019.12.10	150	是
乌克兰	2015.5.15	150	否（后续新约）
乌克兰	2012.6.26	150	否（后续新约）
巴西	2013.3.26	1900	是
英国	2018.11.12	3500	是
英国	2015.10.20	3500	否（后续新约）

续表

互换对象国/地区	签订时间	互换规模	现在是否有效
英国	2013.6.22	2000	否（后扩资）
匈牙利	2016.9.12	100	是
匈牙利	2013.9.9	100	否（后续新约）
阿尔巴尼亚	2018.4.3	20	是
阿尔巴尼亚	2013.9.12	20	否
欧洲央行	2019.10.25	3500	是
欧洲央行	2016.9.27	3500	否（后续新约）
欧洲央行	2013.10.10	3500	否（后续新约）
新西兰	2017.5.19	250	是
新西兰	2014.4.25	250	否（后续新约）
瑞士	2017.7.21	1500	是
瑞士	2014.7.21	1500	否（后续新约）
斯里兰卡	2014.9.16	100	否
俄罗斯	2014.10.13	1500	否
卡塔尔	2014.11.3	350	否
加拿大	2014.11.8	2000	否
苏里南	2019.2.11	10	是
苏里南	2015.3.18	10	否（后续新约）
亚美尼亚	2015.3.25	10	否
南非	2015.4.10	300	否
智利	2015.5.25	220	否
塔吉克斯坦	2015.9.3	30	否
摩洛哥	2016.5.11	100	否
塞尔维亚	2016.6.17	15	否
埃及	2016.12.6	180	否
尼日利亚	2018.4.27	150	是
日本	2018.10.26	2000	是

资料来源：中国人民银行。

表 10.15　　联合声明中涉及本币结算的国家情况统计

对象国	时间	政治事件	公报/协议	相关内容
俄罗斯	2018.11.8	俄罗斯联邦政府总理德·阿·梅德韦杰夫访华	《中俄总理第二十三次定期会晤联合公报》	促进本币结算、扩展代理网络、畅通银行间业务运行，为中俄经贸合作保驾护航
俄罗斯	2018.6.8	俄罗斯联邦总统普京访问中国	《中华人民共和国和俄罗斯联邦联合声明》	继续加强中俄金融领域合作，推动增加本币在贸易和投融资领域的比重
俄罗斯	2017.7.5	习近平主席访问俄罗斯	《中华人民共和国和俄罗斯联邦关于进一步深化全面战略协作伙伴关系的联合声明》	推动扩大贸易、投资及金融领域本币使用规模
俄罗斯	2014.5.20	俄罗斯联邦总统普京访问中国	《中俄关于全面战略协作伙伴关系新阶段的联合声明》	推进财金领域紧密协作，包括在中俄贸易、投资和借贷中扩大中俄本币直接结算规模
俄罗斯	2013.10.22	俄罗斯联邦政府总理德·阿·梅德韦杰夫访问中国	《中俄总理第十八次定期会晤联合公报》	在双边贸易、直接投资和信贷领域扩大使用本币
俄罗斯	2011.10.12	俄罗斯联邦政府总理普京访问中国	《中俄总理第十六次定期会晤联合公报》	扩大两国本币结算，促进贸易和投资增长
俄罗斯	2010.11.24	时任总理温家宝访问俄罗斯	《中俄总理第十五次定期会晤联合公报》	推动扩大双边本币结算范围的重要步骤
俄罗斯	2010.9.28	俄罗斯联邦总统梅德韦杰夫访问中国	《中俄关于全面深化战略协作伙伴关系的联合声明》	为开展双边本币结算创造有利条件
俄罗斯	2009.10.13	俄罗斯联邦政府总理普京访问中国	《中俄总理第十四次定期会晤联合公报》	边贸本币结算业务稳步发展；研究进一步拓展双边本币结算业务

续表

对象国	时间	政治事件	公报/协议	相关内容
俄罗斯	2009.6.18	时任国家主席胡锦涛访问俄罗斯	《中俄元首莫斯科会晤联合声明》	做好边贸和边境地区旅游服务本币结算工作，为扩大人民币和卢布结算创造良好条件
塔吉克斯坦	2017.9.1	塔吉克斯坦共和国总统埃莫马利·拉赫蒙访问中国	《中华人民共和国和塔吉克斯坦共和国关于建立全面战略伙伴关系的联合声明》	双方将深化金融合作，推动在双边贸易中使用本币结算
塔吉克斯坦	2014.9.13	9月11日至12日，上海合作组织成员国元首理事会第十四次会议在杜尚别举行	《中塔关于进一步发展和深化战略伙伴关系的联合宣言》	推动双边贸易本币结算
塔吉克斯坦	2012.6.7	塔吉克斯坦共和国总统埃莫马利·拉赫蒙访问中国	《中华人民共和国和塔吉克斯坦共和国联合宣言》	鼓励并支持在双边贸易中使用本币结算，支持两国银行建立代理行关系并开展多种形式的合作
哈萨克斯坦	2018.6.8	哈萨克斯坦总统访华	《中华人民共和国和哈萨克斯坦共和国联合声明》	拓展两国金融领域合作，扩大本币结算在贸易和投融资领域的使用规模，继续落实包括两国央行本币互换协议等已签署的双边协议
哈萨克斯坦	2017.6.8	习近平主席访问哈萨克斯坦	《中华人民共和国和哈萨克斯坦共和国联合声明》	扩大本币结算在贸易和投融资领域的使用规模
哈萨克斯坦	2015.12.14	哈萨克斯坦共和国总理卡里姆·马西莫夫访问中国	《中华人民共和国政府和哈萨克斯坦共和国政府联合公报》	推动双边本币结算

续表

对象国	时间	政治事件	公报/协议	相关内容
哈萨克斯坦	2015.8.31	哈萨克斯坦共和国总统努尔苏丹·纳扎尔巴耶夫访问中国	《中华人民共和国和哈萨克斯坦共和国关于全面战略伙伴关系新阶段的联合宣言》	扩大两国贸易、投融资领域本币结算
哈萨克斯坦	2013.9.7	习近平主席访问哈萨克斯坦	《中华人民共和国和哈萨克斯坦共和国关于进一步深化全面战略伙伴关系的联合宣言》	努力为扩大两国贸易、投融资领域本币结算和落实已签署的双边协议创造条件
哈萨克斯坦	2012.6.7	哈萨克斯坦共和国总统努尔苏丹·纳扎尔巴耶夫访问中国	《中华人民共和国和哈萨克斯坦共和国联合宣言》	落实好双边货币互换协议，探讨在双边贸易中使用本币结算
哈萨克斯坦	2012.4.2	哈萨克斯坦共和国总理卡里姆·马西莫夫访问中国	《中哈总理第一次定期会晤联合公报》	推动双边本币结算发展
哈萨克斯坦	2011.6.14	时任国家主席胡锦涛访问哈萨克斯坦	《中华人民共和国和哈萨克斯坦共和国关于发展全面战略伙伴关系的联合声明》	双方将推动双边贸易本币结算，欢迎两国银行建立合作伙伴关系并开展代理业务
吉尔吉斯斯坦	2018.6.7	吉尔吉斯斯坦总统访问中国	《中华人民共和国和吉尔吉斯共和国关于建立全面战略伙伴关系联合声明》	双方支持深化金融领域合作，扩大本币结算在贸易和投融资领域的使用规模
吉尔吉斯斯坦	2015.12.17	吉尔吉斯斯坦总理捷米尔·萨里耶夫访问中国	《中华人民共和国政府和吉尔吉斯共和国政府联合公报》	推动双边本币结算

续表

对象国	时间	政治事件	公报/协议	相关内容
乌兹别克斯坦	2013.9.9	习近平主席访问乌兹别克斯坦	《中华人民共和国和乌兹别克斯坦共和国关于进一步发展和深化战略伙伴关系的联合宣言》	加快落实2011年4月19日签订的双边本币互换协议，推动双边贸易本币结算
蒙古	2014.8.22	习近平主席访问蒙古	《中蒙关于建立和发展全面战略伙伴关系的联合宣言》	支持以本币进行贸易结算
俄罗斯 蒙古	2015.7.10	中俄蒙元首第二次会晤	《中华人民共和国、俄罗斯联邦、蒙古国发展三方合作中期路线图》	在相互贸易中扩大使用本币结算
上海合作组织成员国	2018.6.11	上海合作组织成员国领导人举行元首理事会会议	《上海合作组织成员国元首理事会青岛宣言》	成员国支持进一步深化金融领域务实合作，研究扩大本币在贸易和投资中使用的前景
上海合作组织成员国	2015.12.16	上海合作组织成员国政府首脑（总理）理事会第十四次会议	《上海合作组织成员国政府首脑（总理）关于区域经济合作的声明》	开展本币互换
上海合作组织成员国	2018.10.13	上海合作组织成员国政府首脑（总理）理事会第十七次会议	《上海合作组织成员国政府首脑（总理）理事会第十七次会议联合公报》	各代表团团长支持在相互贸易中进一步扩大使用本币结算
加拿大	2014.11.9	加拿大总理哈珀访问中国	《中加联合成果清单》	提高本币在中加贸易和投资中的使用

续表

对象国	时间	政治事件	公报/协议	相关内容
中东欧国家	2018.7.9	第七次中国—中东欧国家领导人会晤	《中国—中东欧国家合作索非亚纲要》	各方鼓励中国与中东欧国家金融机构在自愿基础上加强现有投融资合作，并根据市场需求开辟投融资新渠道，推出新的融资工具，增强银企联动，探讨开展人民币融资及发行绿色金融债券合作。中方欢迎中东欧国家央行将人民币纳入外汇储备
中东欧国家	2014.12.16	第三次中国—中东欧国家领导人会晤在塞尔维亚贝尔格莱德举行	《中国—中东欧国家合作贝尔格莱德纲要》	推动本币结算成为促进贸易与投资的有效方式之一，鼓励中国和中东欧国家企业在跨境贸易和投资中采用人民币结算
白俄罗斯	2016.9.30	白俄罗斯共和国总统亚历山大·卢卡申科访问中国	《中华人民共和国和白俄罗斯共和国关于建立相互信任、合作共赢的全面战略伙伴关系的联合声明》	积极推动双边贸易和投资使用本币结算
白俄罗斯	2015.5.11	习近平主席访问白俄罗斯	《中华人民共和国和白俄罗斯共和国关于进一步发展和深化全面战略伙伴关系的联合声明》	推动双边贸易本币结算

续表

对象国	时间	政治事件	公报/协议	相关内容
捷克共和国	2016.3.29	习近平主席访问捷克共和国	《中华人民共和国和捷克共和国关于建立战略伙伴关系的联合声明》	视情推动在双边贸易和投资中使用本币结算
匈牙利	2017.5.13	匈牙利总理欧尔班·维克多应邀来华出席"一带一路"国际合作高峰论坛，并对华进行正式访问	《中华人民共和国和匈牙利关于建立全面战略伙伴关系的联合声明》	推动在双边贸易和投资中使用本币结算
塞尔维亚	2016.6.29	习近平主席访问塞尔维亚	《中华人民共和国和塞尔维亚共和国关于建立全面战略伙伴关系的联合声明》	推动在双边贸易和投资中使用本币结算
韩国	2014.7.4	习近平主席访问韩国	《中韩联合声明》	认识到推动本币结算有利于两国经贸往来发展
韩国	2013.6.28	朴槿惠总统访问中国	《充实中韩战略合作伙伴关系行动计划》	双方将在贸易结算领域推动本币结算
马来西亚	2015.11.24	李克强总理出席东亚合作领导人系列会议并访问马来西亚	《中华人民共和国和马来西亚联合声明》	跨境贸易、投资和资金流动中扩大两国本币使用
印度尼西亚	2018.5.8	李克强总理访问印度尼西亚	《中华人民共和国政府和印度尼西亚共和国政府联合声明》	双方将推动双边贸易和投资更多使用本币结算，促进经贸合作便利化

续表

对象国	时间	政治事件	公报/协议	相关内容
澜湄六国	2016.3.23	澜沧江—湄公河合作首次领导人会议	《澜沧江—湄公河合作首次领导人会议三亚宣言》	推进双边本币互换和本币结算
澜湄六国	2018.1.1	澜沧江—湄公河合作第二次领导人会议	《澜沧江—湄公河合作五年行动计划（2018—2022）》	继续开展研究与经验交流，以促进双边货币互换、本币结算和金融机构合作
越南	2013.10.15	李克强总理访问越南	《新时期深化中越全面战略合作的联合声明》	在2003年两国央行签署边境贸易双边本币结算协定基础上，继续探讨扩大本币结算范围，促进双边贸易和投资
越南	2013.6.21	越南国家主席张晋创访问中国	《中越联合声明》	鼓励在边境贸易中使用本币支付结算
菲律宾	2018.11.21	习近平主席访问菲律宾	《中华人民共和国与菲律宾共和国联合声明》	推动双边贸易和投资更多使用本币结算，加强两国海关交流合作，促进经贸活动便利化
菲律宾	2016.10.21	菲律宾共和国总统罗德里戈·罗亚·杜特尔特访问中国	《中华人民共和国与菲律宾共和国联合声明》	扩大双边贸易和投资本币结算
泰国	2013.10.11	李克强总理访问泰国	《中泰关系发展远景规划》	推动更多使用两国本币作为两国贸易和投资结算货币
"一带一路"沿线30个国家	2017.5.15	"一带一路"国际合作高峰论坛圆桌峰会举行	《"一带一路"国际合作高峰论坛圆桌峰会联合公报》	推动签署双边本币结算和合作协议

续表

对象国	时间	政治事件	公报/协议	相关内容
斯里兰卡	2013.5.30	斯里兰卡总统马欣达·拉贾帕克萨访问中国	《中斯联合公报》	双方领导人同意鼓励扩大本币在双边贸易和投资中的使用
金砖五国	2018.7.26	金砖国家领导人第十次会晤	《金砖国家领导人第十次会晤约翰内斯堡宣言》	继续在遵循各国央行法定职能的前提下加强货币合作，并探索更多合作方式
金砖五国	2017.9.4	金砖国家领导人第九次会晤	《金砖国家领导人厦门宣言》	通过货币互换、本币结算、本币直接投资等适当方式，就加强货币合作保持密切沟通，并探索更多货币合作方式
科威特	2018.7.9	科威特国家元首访问中国	《中华人民共和国和科威特国关于建立战略伙伴关系的联合声明》	两国愿加强金融领域合作，就开展货币合作的可能性进行探讨，更多发挥本币在双边贸易和投资中的作用
尼日利亚	2014.5.8	李克强总理访问尼日利亚	《中尼联合声明》	双方同意，两国中央银行推进本币结算
莫桑比克	2016.5.18	莫桑比克共和国总统菲利佩·雅辛托·纽西阁访问中国	《中华人民共和国和莫桑比克共和国关于建立全面战略合作伙伴关系的联合声明》	支持双方企业在投资和贸易中使用本币结算

续表

对象国	时间	政治事件	公报/协议	相关内容
拉共体成员国	2018.2.2	中华人民共和国—拉美和加勒比国家共同体论坛（中拉论坛）第二届部长级会议	《中国与拉共体成员国优先领域合作共同行动计划（2019—2021）》	支持扩大拉美和加勒比国家间以及拉美和加勒比国家同中国的本币结算
阿根廷	2018.12.2	习近平主席访问阿根廷	《中华人民共和国和阿根廷共和国联合声明》	深化本币互换合作，扩大在双边贸易和投资中使用本币结算，鼓励金融机构到对方国家设立分支机构，为双方合作项目提供融资支持和金融服务

资料来源：中华人民共和国外交部。

表10.16　　人民币可直接交易货币一览表

启动时间	可交易币种
2018.11.20	菲律宾比索
2018.9.6	哈萨克斯坦坚戈
2018.2.5	泰国泰铢
2017.9.13	柬埔寨瑞尔（银行间市场区域交易）
2017.8.11	蒙古图格里克（银行间市场区域交易）
2016.12.12	瑞典克朗
2016.12.12	挪威克朗
2016.12.12	匈牙利福林
2016.12.12	丹麦克朗
2016.12.12	波兰兹罗提
2016.12.12	土耳其里拉
2016.12.12	墨西哥比索
2016.11.14	加拿大元

续表

启动时间	可交易币种
2016.9.26	阿拉伯联合酋长国迪拉姆
2016.9.26	沙特里亚尔
2016.6.27	韩元
2016.6.20	南非兰特
2015.11.10	瑞士法郎
2014.10.27	新加坡元
2014.9.25	哈萨克斯坦坚戈
2014.9.29	欧元
2014.6.18	英镑
2014.3.18	新西兰元
2013.4.9	澳大利亚元
2012.5.29	日元
2010.11.22	俄罗斯卢布
2010.8.19	马来西亚林吉特

资料来源：中国外汇交易中心。

表10.17　　中国签署的建立货币清算机制的备忘录

时间	对方央行	清算银行
2018.11.20	菲律宾中央银行	中国银行马尼拉分行
2018.10.26	日本银行	中国银行东京分行
2016.12.7	阿拉伯联合酋长国中央银行	中国农业银行迪拜分行
2016.9.23	俄罗斯中央银行	中国工商银行莫斯科股份有限公司
2016.9.21	美联储	中国银行纽约分行
2015.9.17	赞比亚中央银行	赞比亚中国银行
2015.9.17	阿根廷中央银行	中国工商银行（阿根廷）股份有限公司
2015.7.1	南非储备银行	中国银行约翰内斯堡分行
2015.6.25	匈牙利中央银行	匈牙利中国银行
2015.5.25	智利中央银行	中国建设银行智利分行

续表

时间	对方央行	清算银行
2014.12.22	泰国银行	中国工商银行（泰国）有限公司
2014.11.17	澳大利亚储备银行	中国银行悉尼分行
2014.11.10	马来西亚国家银行	中国银行（马来西亚）有限公司
2014.11.8	加拿大中央银行	中国工商银行（加拿大）有限公司
2014.11.3	卡塔尔中央银行	中国工商银行多哈分行
2014.7.3	韩国银行	交通银行首尔分行
2014.6.28	法兰西银行	中国银行巴黎分行
2014.6.28	卢森堡中央银行	中国工商银行卢森堡分行
2014.3.31	英格兰银行	中国建设银行（伦敦）有限公司
2014.3.28	德国联邦银行	中国银行法兰克福分行
2013.4.2	新加坡金融管理局	中国工商银行新加坡分行

资料来源：中国人民银行。

（四）投资

表 10.18　　　　　2014—2019 年中国对外直接投资统计

年份	流量 金额（亿美元）	流量 同比增长（%）	存量 金额（亿美元）
2019	1171.2	-18.1	20993.9
2018	1430.4	-9.6	19822.7
2017	1582.9	-19.3	18090.4
2016	1961.5	34.7	13573.9
2015	1456.7	18.3	10978.6
2014	1231.2	14.2	8826.4

资料来源：中华人民共和国商务部。

注：2019 年数据根据中国对外全行业直接投资简明统计得出。

表 10.19　　中国对外直接投资存量前 10 位的国家/地区　　（单位：亿美元）

位次	2018 年	存量	占总额比重（%）	2017 年	存量	占总额比重（%）
1	中国香港	11003.9	55.5	中国香港	9812.7	54.2
2	开曼群岛	2592.2	13.1	开曼群岛	2496.9	13.8
3	英属维尔京群岛	1305.0	6.6	英属维尔京群岛	1220.7	6.7
4	美国	755.1	3.8	美国	673.9	3.7
5	新加坡	500.9	2.5	新加坡	445.7	2.5
6	澳大利亚	383.8	1.9	澳大利亚	361.8	2.0
7	英国	198.8	1.0	英国	203.2	1.1
8	荷兰	194.3	1.0	荷兰	185.3	1.0
9	卢森堡	153.9	0.8	卢森堡	139.4	0.8
10	俄罗斯	142.1	0.7	俄罗斯	138.8	0.8
	合计	17230	86.9	合计	15677.9	86.6

资料来源：中华人民共和国商务部；国家统计局；国家外汇管理局；《中国对外直接投资统计公报》。

表 10.20　　中国对外直接投资流量前 10 位的国家/地区　　（单位：亿美元）

位次	2018 年	流量	占总额比重（%）	2017 年	流量	占总额比重（%）
1	中国香港	868.7	60.7	中国香港	911.5	57.6
2	美国	74.8	5.2	英属维尔京群岛	193.0	12.2
3	英属维尔京群岛	71.5	5.0	瑞士	75.1	4.7
4	新加坡	64.1	4.5	美国	64.2	4.0
5	开曼群岛	54.7	3.8	新加坡	63.1	4.0
6	卢森堡	24.9	1.7	澳大利亚	42.4	2.7
7	澳大利亚	19.9	1.4	德国	27.2	1.7
8	印度尼西亚	18.6	1.3	哈萨克斯坦	20.7	1.3
9	马来西亚	16.6	1.2	英国	20.7	1.3
10	加拿大	15.6	1.1	马来西亚	17.2	1.1
	合计	1229.4	85.9	合计	1435.1	90.6

资料来源：中华人民共和国商务部；国家统计局；国家外汇管理局；《中国对外直接投资统计公报》。

表 10.21　　2014—2019 年中国吸收外商直接投资统计

（单位：亿元人民币）

	2019 年	2018 年	2017 年	2016 年	2015 年	2014 年
全国设立外商投资企业数量	36747	60533	35652	27900	26575	23778
实际使用外资金额	8459.4	8856.1	8775.6	8132.2	7813.5	7363.7

资料来源：中华人民共和国商务部（截至 2019 年 11 月）。

表 10.22　2015—2019 年中国吸收外商直接投资主要来源经济体排名

（单位：亿美元）

排名	2019 年 1—10 月		2018 年		2017 年		2016 年		2015 年	
1	中国香港	797	中国香港	960.1	中国香港	989.2	中国香港	871.8	中国香港	926.7
2	新加坡	55.2	新加坡	53.4	新加坡	48.3	新加坡	61.8	新加坡	69.7
3	韩国	50.4	中国台湾	50.3	中国台湾	47.3	韩国	47.5	中国台湾	44.1
4	中国台湾	35.2	韩国	46.7	韩国	36.9	美国	38.3	韩国	40.4
5	日本	33.3	英国	38.9	日本	32.7	中国台湾	36.2	日本	32.1
6	美国	27	日本	38.1	美国	31.3	中国澳门	34.8	美国	25.9
7	英国	20.3	德国	36.8	荷兰	21.7	日本	31.1	德国	15.6
8	中国澳门	15	美国	34.5	德国	15.4	德国	27.1	法国	12.2
9	德国	14.4	荷兰	12.9	英国	15	英国	22.1	英国	10.8
10	荷兰	10.3	中国澳门	12.9	丹麦	8.2	卢森堡	13.9	中国澳门	8.9
合计		1058.1		1284.6		1246.0		1184.6		1186.4

资料来源：中华人民共和国商务部。

（五）能源

表 10.23　　2014—2019 年中国原油和天然气进口规模

	2019 年	2018 年	2017 年	2016 年	2015 年	2014 年
原油（万吨）	50589	45927	41471	37807	33263	30778
天然气（亿立方米）	1342	1214	911	711	571	565

资料来源：中华人民共和国海关总署；国家统计局。

表10.24　　　2018—2019年中国原油进口主要来源国　（单位：亿美元）

排名	2019年	进口额	2018年	进口额
1	沙特阿拉伯	401.6	俄罗斯	381.2
2	俄罗斯	373.5	沙特阿拉伯	296.9
3	伊拉克	238.1	安哥拉	250.4
4	安哥拉	231.5	伊拉克	224.4
5	巴西	191.1	阿曼	174.1
6	阿曼	165.1	巴西	164.6
7	科威特	108.1	伊朗	150.2
8	阿拉伯联合酋长国	74.8	科威特	118.8
9	伊朗	70.7	委内瑞拉	70.7
10	英国	63.9	美国	68.1

资料来源：国家海关总署。

表10.25　　　2018—2019年中国天然气进口主要来源国　（单位：亿美元）

排名	2019年	进口额	2018年	进口额
1	澳大利亚	131.1	澳大利亚	112.5
2	土库曼斯坦	86.1	土库曼斯坦	79.6
3	卡塔尔	46.6	卡塔尔	50.8
4	马来西亚	27.0	马来西亚	25.0
5	印度尼西亚	21.1	印度尼西亚	24.0
6	缅甸	17.5	乌兹别克斯坦	14.3
7	巴布亚新几内亚	15.1	巴布亚新几内亚	13.2
8	哈萨克斯坦	15.0	哈萨克斯坦	11.8
9	乌兹别克斯坦	11.9	美国	11.0
10	俄罗斯	11.3	缅甸	10.7

资料来源：国家海关总署。

（六）"一带一路"

表10.26　2015—2019年中国企业在"一带一路"沿线国家对外承包工程统计

	2019年	2018年	2017年	2016年	2015年
签约国家（个）	62	61	61	61	60
新签对外承包工程项目合同（份）	6944	7721	7217	8158	3987
新签合同额（亿美元）	1548.9	1257.8	1443.2	1260.3	926.4
占同期中国对外承包工程新签合同额比重（%）	59.5	52	54.4	51.6	44.1
新签合同额同比增长率（%）	23.1	-12.8	14.5	36	7.4
完成营业额（亿美元）	979.8	893.3	855.3	759.7	692.6
占同期完成营业总额比重（%）	56.7	52.8	50.7	47.7	45
完成营业额同比增长率（%）	9.7	4.4	12.6	9.7	7.6

资料来源：中华人民共和国商务部。

表10.27　2015—2019年中国企业对"一带一路"沿线国家直接投资统计

	2019年	2018年	2017年	2016年	2015年
投资国家（个）	56	56	59	53	49
非金融类直接投资额（亿美元）	150.4	156.4	143.6	145.3	148.2
非金融类直接投资额同比增长率（%）	-3.8	8.9	-1.2	-2	18.2
占同期中国对外非金融类直接投资总额比重（%）	13.6	13	12	8.5	—
投资主要流向	新加坡、越南、老挝、印度尼西亚、巴基斯坦、泰国、马来西亚、阿拉伯联合酋长国、柬埔寨和哈萨克斯坦等	新加坡、老挝、越南、印度尼西亚、巴基斯坦、马来西亚等	新加坡、马来西亚、老挝、印度尼西亚、巴基斯坦、越南等	新加坡、印度尼西亚、印度、泰国、马来西亚等	新加坡、哈萨克斯坦、老挝、印度尼西亚、俄罗斯和泰国等

资料来源：中华人民共和国商务部。

表10.28　2019年"一带一路"国际合作重大工程项目盘点

项目名称	承接工程的中方企业	所在国家	建设地点	项目状态
中巴经济走廊项下阿扎德帕坦水电站	中能建葛洲坝	巴基斯坦	杰鲁姆河流域中下游杰鲁姆河流域中下游	拟于2020年开工建设
印度尼西亚爪哇7号燃煤发电工程	国家能源集团国华电力公司	印度尼西亚	爪哇岛万丹省	正式投产
阿祖尔炼油厂	中石化洛阳工程有限公司等	科威特	阿祖尔	竣工
喀喇昆仑公路二期工程	中国路桥工程有限责任公司	巴基斯坦	赫韦利扬－曼塞赫拉	通车
黑山风电项目	上海电力（马耳他）控股有限公司	黑山	莫祖拉山	竣工
卡纳普里河底隧道	中国交通建设股份有限公司、中国路桥工程有限责任公司	孟加拉国	吉大港市	在建
血吸虫病防治供水工程	—	坦桑尼亚桑	奔巴岛	落成
中建埃及新首都CBD项目	中建埃及分公司	埃及	开罗	在建
PKM高速公路	中建集团	巴基斯坦	苏库尔－木尔坦	落成
刚果（布）布拉柴维尔商务中心项目	中国航空工业	刚果（布）	布拉柴维尔	竣工
卡塔尔世界杯主体育场	中国铁建	卡塔尔	卢赛尔新城	在建
皎喜电站	山东电力建设第三工程有限公司（中国电建子公司）	缅甸	曼德勒地区	竣工投产

续表

项目名称	承接工程的中方企业	所在国家	建设地点	项目状态
安哥拉中部奎托机场	中国铁建二十局集团有限公司	安哥拉	安哥拉	竣工
蒙古国扎门乌德市政公路项目	中铁二十一局	蒙古国	扎门乌德市	竣工
恒逸石化大摩拉岛综合炼化项目	中国浙江恒逸集团	文莱	—	投产
印度尼西亚雅万高铁项目	中国中铁	印度尼西亚	雅加达—万隆	在建
肯尼亚内罗毕—马拉巴标轨铁路（内马铁路）	中国交建	肯尼亚	内罗毕—奈瓦沙段	一期工程通车
中白合资柴油发动机厂	中国潍柴集团	白俄罗斯	中白工业园	投产
援布隆迪总统府项目	湖南建工集团	布隆迪	布琼布拉市东北郊	竣工启用
苏吉吉纳里水电站项目	中国能建葛洲坝集团	巴基斯坦	昆哈河	在建
恒逸石化大摩拉岛综合炼化项目	—	文莱	—	投产
中马友谊大桥	中国交建第二航务工程局有限公司	马尔代夫	马累	通车
阿穆尔河大桥	—	俄罗斯	黑河到布拉戈维申斯克黑龙江	在建
萨希瓦尔电站项目	电建核电公司、山东电建一公司	巴基斯坦	—	投产

续表

项目名称	承接工程的中方企业	所在国家	建设地点	项目状态
科伦坡港口城	中国交建集团	斯里兰卡	科伦坡	填海造地工程完工以及市政设施建设陆续启动
胡努特鲁电厂	中国国家电力投资集团公司子公司上海电力、中航国际成套设备有限公司	土耳其	—	在建
巴西美丽山±800千伏特高压直流输电二期工程	中国国家电网公司	巴西	美丽山	在建
孟加拉国帕德玛水厂	中工国际工程股份有限公司	孟加拉国	达卡	竣工
俄罗斯波罗的海化工综合体（BCC）项目FEED+EPC总承包合同	中国化学工程第七建设有限公司	俄罗斯	乌斯特卢加	签署合同
巴布亚新几内亚埃德武水电站	中国葛洲坝集团有限公司	巴布亚新几内亚	巴布亚新几内亚	签署合同
胡布燃煤电站	国家电投集团中国电力国际有限公司	巴基斯坦	国家电投集团中国电力国际有限公司	投产
塞尔维亚E763高速公路	山东高速集团	塞尔维亚	奥布雷诺瓦茨—利格	通车
斯里兰卡首都排水隧道工程	中国石油管道局工程有限公司	斯里兰卡	科伦坡	在建
肯尼亚电气现代化改造项目	中国电建湖北工程公司	肯尼亚	—	在建

续表

项目名称	承接工程的中方企业	所在国家	建设地点	项目状态
中缅皎漂港项目	中国中信集团有限公司等	缅甸	皎漂港	在建
中老铁路	中国铁建所属中铁十二局	老挝	—	在建
埃及水井钻探项目	中国中曼石油天然气集团有限公司	埃及	—	在建
登嘉楼开启桥	中国华西企业有限公司	马来西亚	登嘉楼东海岸专属经济开发区	通车
坦桑尼亚维多利亚湖大桥	中土公司和中铁十五局	坦桑尼亚	坦桑尼亚	签署合同
科特迪瓦PK24工业园一期项	中国港湾公司	科特迪瓦	阿比让	在建
马来西亚地铁2号线B标	中国交建	马来西亚	吉隆坡	贯通
南俄3水电站	电建股份有限公司	老挝	万象	在建
黑山南北高速公路	中国交通建设股份有限公司、中国路桥工程有限责任公司	黑山	波德戈里察-塞尔维亚首都贝尔格莱德	在建
蒙古国新机场高速公路	中国中铁四局集团	蒙古国	中央省色尔格楞县、阿勒坦布拉格县以及首都乌兰巴托市汗乌拉区	竣工
孟加拉国帕德玛桥	中铁大桥局	孟加拉国	帕德玛河下游	在建
密克罗尼西亚联邦国家会议中心工程	中建钢构有限公司	密克罗尼西亚联邦	波纳佩州帕利基尔	中标

续表

项目名称	承接工程的中方企业	所在国家	建设地点	项目状态
厄瓜多尔米拉多铜矿项目	中铁建铜冠投资有限公司	厄瓜多尔	厄萨莫拉—钦奇佩省	投产
莫斯科地铁第三换乘环线维尔纳茨基大街站至米丘林站隧道	中国铁建股份有限公司	俄罗斯	莫斯科	在建
中哈苏木拜河联合引水工程改造	—	哈萨克斯坦	苏木拜河	竣工
万象 500/230 千伏环网项目	国家电网有限公司下属企业中国电力技术装备有限公司	老挝	万象	在建
中缅油气管道	中国石油天然气集团公司	缅甸	—	已完工
塔尔煤电项目	—	巴基斯坦	信德省	投产
安哥拉国道 120 道路	中江国际集团安哥拉公司	安哥拉	罗安达—万博	通车
罗安达和第二大城市万博	中国电力国际有限公司	巴基斯坦	—	投产
哥斯达黎加城市供水项目	中铁四局市政公司	哥斯达黎加	卡尼亚斯市	在建
黎巴嫩国家高等音乐学院	—	黎巴嫩	—	签署合同
中俄同江铁路桥	中国铁路哈尔滨局集团有限公司	俄罗斯	阿穆尔河	在建
安哥拉卡奇温戈-希尼亚马公路项目	—	安哥拉	卡奇温戈—希尼亚马	竣工

续表

项目名称	承接工程的中方企业	所在国家	建设地点	项目状态
苏艾高速公路项目	中铁国际中海外—中铁一局东帝汶联营体公司	东帝汶	苏艾	在建
斯里兰卡 B385、B278 道路升级项目	中航国际工程公司	斯里兰卡	—	竣工
克里米亚波尔特变电站	中国西电集团	俄罗斯	克里米亚半岛	投产
尼泊尔纳拉扬加特—布德沃尔高速公路路段扩建	中国建筑工程总公司第七工程局有限公司	尼泊尔	布德沃尔	在建
科特迪瓦斜拉桥项目	中国路桥工程有限责任公司	科特迪瓦	阿比让市	在建
乌干达伊辛巴水电站	中国水利电力对外公司	乌干达	卡永加地区	竣工
蒙古国额尔登特电厂改造项目	中国湖南省工业设备安装有限公司	蒙古国	鄂尔浑省额尔登特市	在建
莫赫曼德水电站项目	中国能建葛洲坝集团	巴基斯坦	开普省莫赫曼德特区	签署合同
南阿古桑省戒毒中心	中国建筑第三工程局有限公司	菲律宾	南阿古桑省	竣工
巴西特里斯皮尔斯二期项目	国家电网有限公司	巴西	马托格罗索州	投产
桑河二级水电站	中国华能集团	柬埔寨	上丁省桑河	投产
越南河内城铁"吉灵—河东"线	中铁六局	越南	吉灵—河东	竣工（暂未移交）
卡罗特水电站	中国长江三峡集团有限公司	巴基斯坦	旁遮普省卡罗特地区	在建
科特迪瓦运河工程	中国港湾工程有限责任公司	科特迪	瓦弗里迪运河	竣工

续表

项目名称	承接工程的中方企业	所在国家	建设地点	项目状态
阿特巴拉水利枢纽电站	中国电建水电五局	苏丹	卡萨拉州与加达里夫州交界处	竣工
菲律宾帕西格河EP大桥	中国路桥集团	菲律宾	帕西格河	在建
EETC500千伏输电工程布鲁斯—沙曼诺、沙曼诺—本哈两条线路段	中国电建集团所属湖北工程公司建设公司	埃及	北部三角洲地带	投产
布鲁斯—沙曼诺、沙曼诺—本哈两条线路段	—	柬埔寨	金边	在建

注：本表格并未包含"一带一路"国际合作的所有工程项目，而是汇总了"中国一带一路网"项目案例中列举的重点工程项目，其中"项目状态"是指该项目截至2019年的进展情况。

资料来源：中国一带一路网。

（七）其他

表10.29　　　　2014—2019年中国出境游主要数据统计

	2019年	2018年	2017年	2016年	2015年	2014年
出境人次（万人次）	15500	14972	13051	12197	11700	10700
境外旅行消费（亿美元）	—	1300	1152.9	1098	1045	896
入境人次（万人次）	14531	14121	13948	13844	13382	12850
外国旅游境内旅游消费（亿美元）	1313	1271	1234	1200	1136.5	569.13

资料来源：中国旅游研究院。

主编后记

一生二，二生三，三生万物。《中国经济外交蓝皮书》已经走到了第三辑。由于有过两次编辑出版的经历，我们的项目组已经更有经验，各项工作的协调配合也更加有序化和制度化，一切都按照既定的程序和框架按部就班地推进，特别是两位副主编始终齐心协力，执行高效，我这个主编也开始当得更加轻松。

这一辑我们除了继续坚持2019年的基本框架外，新增了中国经济外交年度十件大事，这十件大事是我们项目组集体讨论的结果。多年之后，我们希望可以通过年度十件大事的变迁来观察中国经济外交的基本演进逻辑。

与2018年相比，2019年中国经济外交面临的国际环境更加严峻，中美经贸关系面临脱钩压力，世界经济正在进行新的分化组合，"一带一路"建设告别了之前的高歌猛进，逐渐进入稳定推进期。我们几经斟酌，决定用"负重前行"一词来形容2019年的中国经济外交。

在2019年中期，有四位项目成员因为毕业或升学等原因离开了项目组，而有三位同学新加入进来。作为新成员，他们很快就接受了项目组的集体文化，并以饱满的精神在某个领域中挑起了大梁。我们的团队成员通过这个集体项目孵化出许多个人研究计划，并多有发表。不仅如此，项目组也已经俨然正在发展成为一个小型的学术共同体，大家通过这种集体学术活动，增进知识，加强切磋，共同进步。

2019年年底，我承担的中国人民大学明德研究品牌计划"中国经济外交的理论与实践"（项目编号：14XNJ006）被评估为优秀，因而可以获得第三轮滚动资助。这个项目并不专门支持我们的蓝皮书，但我只能通过"挪用"该项目的一部分经费来维持蓝皮书的运行。

第三辑蓝皮书的编写与出版，仍然有赖于中国人民大学国家发展与战略研究院和中国人民大学国际关系学院的大力支持，前者继续为本书的出版提供了出版经费，而后者继续为我们的月度例会提供了会议室。

是以为记。

2020年1月31日